대학행정총서 4

UNIVERSITY
ADMINISTRATION

대학발전계획
이론과 실제

집필책임자 **김영철**
공동집필자 **강무섭 · 조석훈**

학지사

머리말

변화를 갈망하는 꿈과 미래에 대한 비전 없이는 발전을 기약할 수 없다. 대학발전을 위해서는 미래의 대학에 대한 꿈과 비전을 가져야 한다. 대학발전계획은 바로 우리 대학의 비전을 제시하고, 그 비전을 실현하기 위한 전략과 과제를 구체화한 것이다.

최근 지식기반사회의 진전과 정보화, 세계화가 급속히 진행되면서 대학경쟁력을 강화해야 할 필요성이 절실해지고 있다. 더욱이 대학진학 적령인구가 감소하는 가운데 저출산 현상이 지속될 것으로 예상되면서 학생 유치를 위한 대학 간 경쟁은 더욱 치열해질 것으로 보인다. 이와 같은 국내외적인 대학환경의 급변에 따라 대학들은 개혁을 서두르고 있다. 대학개혁을 성공적으로 추진하기 위해서는 미래사회의 변화 전망에 따른 대학의 목표 설정과 함께 그 목표를 달성하기 위한 타당성 있고 실현 가능성 높은 정책방안들이 수립되어야 한다. 이런 작업은 바로 대학발전계획 수립을 통해 가능하다.

또한 최근에는 정부의 대학정책에서 대학평가가 강조되면서 대학발전계획은 대학을 평가하기 위한 주요한 참고자료로 활용되기도 한다. 대학평가에서는 현재까지 이룩한 제반 영역의 실적과 미래의 대학운영정책을 주로 평가하게 된다는 측면에서 대학발전계획의 중요성이 강조된다. 이런 측면에서 대학들은 각 대학의 전통과 특성을 살려 경쟁력 있는 대학발전계획을 수립하기 위해 고심하고 있다.

이번에 홍익대학교 특성화사업단에서 발간하는 『대학발전계획 이론과 실제』는 이런 필요에 따라 기획 · 추진된 것이다. 크게 두 부분으로 나누어 제1부에서는 대학발전계획 수립 및 추진 등에 필요한 이론적 기저를 다루었고, 제2부는 대학발전계획의 실제로서 대학의 주요 기능을 망라하는 영역별 계획의 실제를 다루었다. 이 책이 우수한 대학발전계획을 수립하기 위한 지침서가 되기를 기대하면서 미진한 부분이나 잘못이 있다면 추후 보완 · 발전시킬 수 있도록 기탄없는 질책과 지도를 바란다.

이 책은 김영철 박사(한국교육정책연구원)가 1, 2, 3, 4장을, 강무섭 교수(강남대학교)가 5, 6, 7, 8장을, 조석훈 교수(청주교육대학교)가 9, 10, 11, 12장을 집필하였다.

끝으로, 대학행정총서 발간을 기획한 서정화 위원장과 기획위원들에게 감사드리고, 이 책이 나오기까지 잡다한 일로 수고를 아끼지 않은 홍익대 특성화사업단에 감사를 표한다.

2009년 8월

저자 일동

차 례

제2부 • 대학발전계획의 실제

제 1 부

대학발전계획의 이론적 기저

대학발전을 위해서는 미래의 대학에 대한 꿈과 비전을 가져야 한다. 미래는 불확실성(uncertainty)을 내포하고 있다. 미래의 특성인 불확실성은 미래 상황의 예측이나 전망을 어렵게 한다. 이 때문에 미래에 관한 결정이나 계획 수립을 어렵게 하는 측면이 있다. 그런가 하면 이러한 불확실성 때문에 미래에 대한 폭넓은 꿈을 그릴 수 있다. 미래의 변화가 정확히 예측 가능하고 그 미래가 숙명론적으로 전개된다면, 미래 예측이나 전망은 용이할지 몰라도 미래의 변화를 도모하려는 꿈과 비전을 가질 가능성은 그만큼 줄어들 것이다.

그렇지만 불확실성이 많다고 하여 미래의 꿈이 시간이 흐르면서 저절로 실현되는 것은 아니다. 아무런 준비 없이 미래를 맞는다는 것은 미래에 대한 꿈을 스스로 포기하는 것이고, 설령 꿈을 갖는다고 하더라도 의지가 담긴 꿈이 아닐 경우, 그 꿈은 실현 가능성이 희박해질 것이다. 미래를 준비하기 위해서는 불확실성 가운데서도 예측 가능한 범위 내에서 확실성이 있는 미래 변화를 도모해야 한다. 미래의 꿈을 실현하기 위해서는 이를 구체화시켜 계획하고, 계획한 바에 따라 단계적으로 실천해 나가는 노력이 필요하다. 이러한 의미에서 볼 때, 계획은 이상적인 꿈을 현실화시키는 필수적 과정이자 수단이 된다고 하겠다.

현대사회가 산업혁명 이후 지금까지 진행되어 온 산업사회를 벗어나서 지식기반사회로 진입하고, 정보화와 세계화 추세가 급속히 진행되면서 사회 구조가 더욱 복잡해짐과 동시에, 고등교육기관의 기능과 역할도 다양해지고, 대학조직도 점차 복잡해지고 있다. 이에 따라 대학행정의 전문화와 과학화가 요구되고 대학운영의 효율화가 절실히 요청되고 있다. 이러한 측면에서 대학행정의 주요 과정의 하나이면서 대학행정의 시발점에 해당하는 활동인 대학발전계획의 중요성이 그 어느 때보다 강조되고 있다.

최근 대학 간 경쟁도 치열해지고 있다. 지금까지 대학은 대학 진학기회의 희소성 때문에 공급자 주도의 시장 구조를 유지해 왔다. 하지만 대학 진학자원이 대학정원을 밑돌면서 학생 유치를 위해 경쟁할 수밖에 없는 상황이 되었다. 이런 현상은 앞으로 상당기간 심화될 것이다. 이와 함께 세계화 추세 속에서 교육시장이 개방되면서 국내 대학뿐만 아니라 외국 대학과도 경쟁해야 하는 상황이 되었다.

현재 우리는 대학교육 현장의 문제를 해결하고, 미래 사회변화에 대학이 적절히 대응하며, 동시에 그러한 미래 사회변화를 대학이 적극적으로 주도하기 위한 노력이 절실하다. 그러나 아무리 혁신적인 대학개혁 아이디어라도 그것을 실행에 옮길 수 있는 구체적인 실천계획 없이는 탁상공론에 그치게 된다. 이런 측면에서 우리는 대학발전계획을 이해하여 활용할 수 있는 전문적 지식과 기술을 습득할 필요가 있다. 이러한 대학발전계획의 중요성에 비추어, 제1부에서는 대학발전계획의 필요성에 대하여 살펴보고, 대학발전계획의 성격과 의의 등을 기초로 하여 대학발전계획의 수립 과정 및 절차에 대하여 살펴보고자 한다. 그리고 대학발전계획의 방법론으로 미래 변화에의 접근방식과 예측 기법 등에 대해 살펴보고자 한다.

제1장

대학발전계획 수립의 필요성

대학발전계획을 수립해야 할 필요성은 대학체제 내외의 급격한 변화로 대학개혁이 불가피한 데서 나오고 있다. 우선 대학의 외부환경이 급속히 변화하고 있다. 21세기의 사회변화로서 지식기반사회가 전개되고 정보화와 세계화가 진전되면서 대학체제의 구조적 · 기능적 변화를 요구하고 있다. 또한 우리나라 대학이 직면하고 있는 여러 가지 문제들도 대학개혁을 불가피하게 하고 있다. 이 장에서는 대학의 환경변화와 우리나라 대학의 현주소를 살펴본 후, 최근 정부가 추진하고 있는 대학개혁 정책과 외국의 대학개혁 동향을 살펴본다.

1. 대학환경의 변화

대학발전계획을 수립해야 할 필요성으로 최근 대학환경이 급속히 변화하고 있다는 점을 들 수 있다. 급변하는 환경에 대응하기 위해 대학체제의 변화가 불가피하고, 대학체제의 변화를 시도하기 위해 대학발전계획을 수립해야 할 필요성이 제기된 것이다. 즉, 대학환경의 급속한 변화에 따라 개별대학들은 새로운 시스템의 구축을 요구받고 있고, 이를 구현하기 위한 대학 나름의 정책개발 및 발전계획 수립의 필요성이 절실해지고 있다.

우리나라 대학환경의 변화는 여러 가지 측면에서 나타나고 있다. 우선, 21세기의 사회변화로서 지식기반사회가 전개되고 정보화와 세계화가 진전되면서 대학체제의 구조적 · 기능적 변화를 요구하고 있다. 우리 사회가 지식기반사회로 이행되면서 지식사회를 선도할 인적자원 개발의 중요성과 함께 새로운 지식의 창출 · 보급 · 확산 · 활용의 중요성이 부각되면서 대학에 대한 요구와 기대도 높아지고 있다. 대학은 지식사회의 핵심적 활동인 지식의 창출 · 보급 · 확산 · 활용 모두를 담당하는 유일한 기관이다. 대학의 연구활동을 통해 새로운 지식의 창출과 활용이 이루어지고, 교육활동을 통해 새롭게 창출된 지식을 보급 · 확산하며, 이를 통해 지식사회에서 필요한 인적자원인 인재를 양성하고 있다. 이런 측면에서 대학은 지식활동의 전진기지(보루)로서 지식기반사회를 선도하고 있다고 볼 수 있다. 지식사회에서의 국가경쟁력도 바로 이러한 지식활동과 인재양성 능력에 의해 결정된다.

둘째, 정보통신기술(ICT)의 발달로 정보화가 급속히 진전되고 있다. 그래서 '언제 어디서나 존재한다.'는 유비쿼터스 사회를 예견하게 한다. 이에 따라 비대면 사회의 새로운 경제 및 사회체제가 구축될 것으로 전망된다. ICT 혁명은 산업 부문의 생산성 향상은 물론 경제 부문의 자유화와 세계화를 촉진하게 될 것이다. 정보화의 진전은 과거 캠퍼스 중심의 전형적 대학 개념에 근본적인 변화를 가져오고 있고, 수업 방식 · 대학경영 등에도 많은 변화를 가져오고 있다. 이런 예로서, e-learning을 활용한 온라인 교육이 확대되고 있고, 고등교육의 대안적 학제로서 사이버대학과 대학원 등과 같은 사이버 학제가 설치될 가능성이 높아지고 있다.

셋째, 세계가 시간적 · 공간적으로 압축되면서 국가 간 인적 · 물적 교류가 증대되고, 국가 간 상호 의존 및 상호작용이 지속적으로 확대되고 있다. 세계화가 광범위하게 진행되는 경제 분야에서는 국제 산업구조 재편과 자유무역체제(FTA)의 확산 등으로 글로벌 경제가 일반화되어 새로운 시장경제질서가 형성되고, 동시에 세계화의 영향으로 민주주의 정치체제 및 문화의식의 범지구화 현상이 확산되고 있다. 국가 간 장벽이 사라지는 세계화의 진전으로 국가 간 인적 · 물적 자원의 교류와 자본이동은 물론 무형의 지식정보의 이동도 자유로워지면서 모든 부문에서의 국가 간 경쟁은 더욱 치열해지고 있다. 이에 따라 세계 각국은 국가경쟁력을 좌우하는 교육경쟁력을 강화하기 위한 차원에서 대학개혁을 서두르고 있다.[1] 또한 세계화가 급속히 진행됨에 따라 지금까지 주로 국가별 특성을 반영했던 교육제도에서 탈피하여 국제적으로 통용될 수 있는 국제적 표준(global standard)에 의한 교육제도의 도입이 필요하게 되었다. 이런 측면에서 각급 학교의 교육 단계, 수업연한, 졸업학위 자격 및 학기제 등이 국가 간 상호 통용되도록 재조정할 필요성이 제기되고 있다.

넷째, 최근 우리나라의 대학진학 수요가 급감하면서 나타난 대학 수급의 불균형도 대학체제의 재편을 불가피하게 하고 있다. 최근 고교졸업자가 급감하면서 많은 대학들이 대학정원을 채우지 못해 경영난을 겪고 있고, 적지 않은 대학들이 폐교 위기에 직면하게 될 것으로 보인다. 현재 이런 대학정원 미충원 현상은 지방소재 전문대학과 대학에서 심각하게 나타나고 있으며, 앞으로 저출산 현상이 지속

1) 주요국의 대학개혁 동향은 4절에서 다루어질 것이다.

되면서 더욱 심화될 전망이다. 지금까지는 대학 진학 기회에 비해 대학 진학 수요가 많았기 때문에 대학은 공급자 주도의 시장 구조에서 대학팽창 위주의 정책으로 일관하는 데 별다른 문제점이 없었다. 하지만 최근 대학 진학 수요가 지속적으로 감소하면서 많은 대학들은 감량 경영은 물론 대학의 존폐까지 걱정해야 할 상황이 되었다. 이와 같은 대학 수급의 불균형 심화 현상은 대학의 가장 큰 위기 요인으로 작용하여 대학체제 개편의 불가피성으로 이어지고 있다.

이와 같은 국내외 대학환경의 변화에 따라 대학 간 경쟁이 치열해지고 있다. 대학 간 경쟁은 앞서 살펴본 국내 고등교육 수요가 지속적으로 감소하면서 생존 차원에서 국내 대학 간에 치열해지고 있고, 국가 간에는 글로벌 경제의 출현으로 국경을 초월한 대학들 간의 경쟁도 치열해지고 있다. 이런 문제의식에서 정부의 대학정책은 대학 경쟁력 강화에 초점이 맞추어져 있고, 대학경쟁력 강화를 위해 다양한 형태의 대학 특성화 사업들이 입안되어 추진되고 있다.

2. 우리나라 대학의 현주소

우리나라 대학은 교육의 질을 담보할 수 있는 교육여건이 전반적으로 열악하고 교육 및 연구성과도 높지 않은 것으로 나타나고 있다. 대학의 교수 1인당 학생 수는 최근 대학개혁사업 추진으로 나아지고 있지만, 선진국과 비교해 볼 때 여전히 과다한 수준이고, 초·중등학교의 교원 1인당 학생 수보다도 열악한 수준이다. 대학교육을 받은 졸업생에 대한 기업의 평가는 매우 낮고 연구성과도 선진국 수준에 크게 미달하고 있다. 이와 같은 우리나라 대학의 낮은 경쟁력은 각종 지표(대학경쟁력 순위, 대학 순위 등)의 국제 비교를 통해 여실히 나타나고 있다.

1) 한국 대학의 낮은 경쟁력

우리나라의 대학교육은 그간 양적으로는 급속하게 성장하여 세계 최고 수준의 대학 진학률을 보이고 있다(2004년 우리나라 고등교육 진학률은 81.3%로 미국 63.3%, 일본 49.1%보다 훨씬 높은 수준임). 하지만 대학교육의 질적인 수준은 미흡하다는 평가를 받고 있다. 그러한 결과가 한국 대학의 저조한 경쟁력 순위로 나타나고 있다.

스위스 경영개발원(IMD)의 국가경쟁력 순위에 의하면, 우리나라 고등교육 이수율(25~34세 인구 중 고등교육 이상의 학력을 가진 고학력자의 비중)은 2008년의 경우 55개국 중 4위로 상당히 높게 나타나지만, 대학교육의 경쟁력은 1999년 이후 줄곧 최하위권에 머물고 있다. 2004년에 60개국 중 59위에서, 2008년에 55개국 중 53위로 다소 개선되었지만 여전히 최하위권에 머물고 있다. IMD의 대학교육 경쟁력은 대학교육이 경쟁사회의 요구에 부응하는 정도를 기업을 대상으로 조사한 것으로, 산업발전 추세와 산업체 요구를 반영한 대학교육의 사회적 적절성이 매우 낮다는 것을 암시하는 대목이다.

표 1-1 IMD의 한국 대학경쟁력 순위

구분	1999년	2000년	2001년	2002년	2003년	2004년	2005년	2006년	2007년	2008년
대학교육 경쟁력	47	43	47	41	28	59	52	50	40	53
조사대상국	47	47	47	49	30	60	60	61	55	55

※ 대학교육이 경쟁사회의 수요에 부응하는 정도에 대한 기업 CEO 대상 설문조사 결과임.
출처: IMD. The World Competitiveness Yearbook. 해당 연도.

표 1-2 한국 연구자의 SCI 변화

구분	2000년	2001년	2002년	2003년	2004년	2005년	2006년	2007년
논문편수	12,013	14,162	14,916	17,785	18,497	23,515	23,297	25,494
세계 순위	16	14	13	13	13	14	13	12
점유율(%)	1.37	1.53	1.66	1.75	2.21	2.33	2.47	2.17
증가율(%)	10.5	17.9	5.3	19.2	4.0	27.1	-0.9	9.4

출처: 교육인적자원부 학술정책과(2004). 2003년도 SCI 논문 종합분석 결과; 중앙일보(2005. 5. 13); 교육과학기술부(2008.9.10) 보도자료.

한편, 최근 한국 연구자들의 과학논문인용지수(SCI) 발표논문 편수가 지속적으로 증가하여 세계 순위도 향상되고 점유율도 높아지고 있다. 이는 최근 BK21사업의 영향으로 학술논문이 증가한 것에 기인한 바도 큰 것으로 추정된다. 이와 같은 최근의 연구논문 증가에도 불구하고 SCI 논문편수는 아직도 미국의 1/10, 일본, 영국, 독일의 1/3 수준에 불과한 실정이다.[2] 또한 1999년 44개국을 대상으로 지식기반 경쟁력을 비교한 결과를 보면 우리나라 지식기반 경쟁력은 24위로 나타나고 있고, 이를 지식기반 부문별로 비교해 보면 지식투입기반은 7위, 지식창출기반은 42위, 지식활용기반은 24위로 나타나고 있다. 이것은 우리나라 지식기반이 전반적으로 투입에 비해 산출이 저조한 구조를 가지고 있음을 보여 주는 것이다(권용수 · 박병무, 2000).

이런 결과로, 외국 대학평가 기관들이 평가한 대학순위에서 한국 대학의 순위는 전반적으로 저조한 것으로 나타나고 있다. 2006년 「*The Times*」가 선정한 세계 200대 대학에 3개 국내 대학만이 포함되

2) SCI 논문발표 세계 100대 대학을 국가별로 보면 미국이 49개, 영국이 9개, 일본이 8개, 독일이 5개, 캐나다와 이탈리아가 4개이고, 한국은 1개 대학만이 포함되었다(이주호 외, 2004).

었고, 2006년 「*Newsweek*」가 선정한 세계 100대 대학에는 국내 대학이 하나도 포함되지 않았다. 반면에 「*The Times*」가 선정한 세계 대학에 동양에서 일본의 도쿄대, 교토대, 중국의 베이징대, 싱가포르 국립대, 대만 국립대, 인도 공대 등이 상위권에 포함되어 있고, 「*Newsweek*」가 선정한 세계 100대 대학에는 동아시아권에서 일본의 5개 대학(도쿄대 16위, 교토대 29위, 오사카대 57위, 도호쿠대 68위, 나고야대 94위)과 홍콩의 3개 대학(홍콩 과학기술대 60위, 홍콩대 69위, 홍콩 중문대 96위), 싱가포르의 2개 대학(싱가포르 국립대학 36위, 난양 기술대 71위)이 포함되어 있다.

2) 사회수요에 부응하지 못하는 대학교육: 대학 특성화 미흡

과거 우리나라 대학들은 사회적 요구나 산업수요와는 무관하게 대학 프로그램을 백화점식으로 개설하고 대학규모를 확장하면서 종합대학교를 지향해 왔다.[3] 지나치게 세분화된 학과와 학부 등의 전공영역들 간의 높은 벽과 폐쇄적인 운영으로 학문발전은 물론 학생들의 요구와 사회적 수요에도 적절히 대응하지 못했다는 지적을 받아왔다. 이에 따라 대학 특성화가 이루어지지 못한 채 대학별 역할과 기능이 모호하거나 중복되어 재정투자의 비효율을 초래한 측면이 있었다.

이처럼 산업발전 추세와 산업현장의 수요를 반영하지 못한 대학교육은 기업의 불만 요인이 되고 있다. 전경련 조사(2002)에서 보면 신입사원들이 대학에서 습득한 지식과 기술은 기업에서 필요한 수준의 26%에 불과한 것으로 나타나고 있다. 이런 결과로 기업 CEO들이 본

3) 참고로 미국 대학의 경우 3,500개가 넘는 대학 중 연구중심대학은 125개에 불과하고, 박사학위 수여 대학까지 합해도 200여 개에 불과하다.

우리나라 인적자원 부문의 경쟁력에서도 인적자원의 풍부성을 제외한 교육 시스템과 인적자원 능력 등의 경쟁력이 전반적으로 낮게 나타나고 있다. 이러한 대학교육의 사회적 적절성 미흡은 대학교육의 생산성 저하로 이어지고, 대학교육에 대한 기업의 불만은 물론 사회 일반의 기대에도 반하게 된다.

표 1-3 CEO가 본 우리나라 인적자원 부문 경쟁력

분야	항목	최고 국가	한국 수준(%)
교육 시스템	전체 교육 시스템	미국	52
	대학교육 시스템	미국	40
	커리큘럼의 효율성	미국	35
	CEO 육성 교육기관	미국	35
인적자원 능력	영어 구사 능력	싱가포르	27
	제2외국어 구사 능력	독일	20
	기초학문 및 전문성	미국	33
	두뇌 유출입 정도	미국	42
	인적자원 풍부성	중국	87
인적자원 총괄		미국	46

출처: 전경련(2002). CEO가 본 한국의 국가경쟁력.

3) 대학적령인구의 감소: 정원미달 사태

최근 대학적령인구의 감소로 대학입학 자원이 감소함에 따라 대학들이 정원을 채우지 못하는 미달 사태가 심화되고 있다. 이런 현상은 앞으로 저출산 현상이 지속되면서 더욱 심화될 전망이다. 대학입학 자원인 고졸자와 대학정원 간의 격차는 2002년에 균형을 이룬 후, 대학 진학 수요와 공급 간의 격차가 날로 심화되고 있다. 그 결과, 2005

년 대학 미충원율이 누적적으로 증가하여 수도권대학 1.3%, 지방대학 12.2%에 이르고 있다. 특히, 지방소재 대학 중에서도 전문대학의 학생 부족 현상이 더욱 심각하게 나타나고 있다.

표 1-4 대학 미충원 추이 (단위: 명)

연도	전문대학			4년제 대학			계		
	모집 인원	등록 인원	미충원 인원(%)	모집 인원	등록 인원	미충원 인원(%)	모집 인원	등록 인원	미충원 인원(%)
2001	291,971	287,382	4,589 (1.6)	378,306	365,409	12,897 (3.4)	670,277	652,791	17,486 (2.6)
2002	293144	270,286	22,858 (7.8)	365,580	345,609	19,971 (5.5)	658,724	615,895	42,829 (6.5)
2003	285869	235,516	50,353 (17.6)	382,770	347,089	35,681 (9.3)	668,639	582,605	86,034 (12.9)

출처: 한국대학교육협의회 · 한국전문대학교육협의회 내부자료(2003).

2003년 현재 정원의 30% 이상 미충원율을 보이는 대학은 우리나라 전체 356개 대학 중 전문대학이 48개 대학에 이르고 4년제 대학도 24개에 달하고 있다. 이러한 미충원율은 지방소재 대학에서 특히 심한 것으로 나타나고 있다. 2004년 현재 전문대학의 미충원율은 수도권이 2%인 데 비해 지방은 28%에 달하고 있다. 4년제 대학의 미충원율은 특히 호남의 대학 등에서 심각하여 전남 33%, 전북 29.1%에 달하였고, 강원도는 24%의 미충원율을 기록하였다. 이러한 대학 미충원율 증가 추세는 2010년경에 다소 완화되는 추세를 보일 것을 제외하고는 그 이후에도 지속될 것으로 예상된다.

대학의 미중원 사태는 현실적으로 대학의 가장 큰 위기 요인으로 작용하고 있으며, 대학 내 · 외부에서 구조개혁의 필요성과 공감대를 확산시키는 주요 동인이 되고 있다(신현석, 2005). 특히, 이러한 고등교육인구의 감소 현상은 대학재정에서 등록금 의존도가 높은 대학들에게 커다란 재정손실을 가져다주게 될 것이다. 이러한 대학 재정난은 심각한 경영난으로 이어져 도산하는 대학이 속출할 가능성이 높다. 이와 같은 현상에 대응하기 위한 자구책으로 대학들은 대학 내 조직 및 인원 등을 경량화하거나 대학 간 통폐합 등을 도모하게 될 것이다.

4) 대학 교육여건의 열악성

우리 대학의 교육여건은 전반적으로 열악한 것으로 나타나 있다. 교수당 학생 수가 지나치게 높고 교육시설도 열악하다. 특히, 우리 대학의 교수당 학생 수는 2008년 현재 35.8명, 전문대학은 63.7명으로, OECD 국가의 평균치인 15.3명(2006년)보다도 턱없이 높고, 우리나라 초·중등학교의 교원당 학생 수와 비교해도 매우 열악한 수준이다. 참고로 2008년 우리나라 초등학교 교원당 학생 수는 21.3명, 중학교 18.8명, 일반고 16.4명, 실업고 13.4명이었다.

‖ 표 1-5 ‖ 우리나라 고등교육 일반 현황 지표 추이(1980~2006)

구분	1980년	1985년	1990년	1995년	2000년	2005년	2006년
고등교육기관 취학률	11.4	22.9	23.6	36.0	52.5	65.6	67.8
고등교육기관 진학률	27.2	36.4	33.2	51.4	68.0	82.1	82.1
고등교육기관 수	237	262	265	327	373	419	412
학생 수	601,494	1,277,825	1,490,809	2,343,984	3,36,3549	3,548,728	3,545,774
전임교원 수	15,022	26,670	34,889	47,959	45,031	52,656	54,833
교원당 학생 수	40.0	47.9	42.7	48.9	74.7	67.4	64.7

출처: 교육부·한국교육개발원(해당 연도). 교육통계연보.

‖ 표 1-6 ‖ 고등교육 교수 1인당 학생 수

구분		1990년	2000년	2004년	2008년
대학	계	41.1	39.7	39.1	35.8
	국립	30.5	32.4	31.4	29.6
	사립	46.1	42.3	41.7	37.7
전문대학	계	52.7	78.0	75.6	63.7
	국립	32.3	40.5	39.4	54.9
	사립	56.0	79.9	77.1	64.0

출처: 한국교육개발원(2004). 한국의 교육·인적자원지표; 교육부·한국교육개발원(2008). 교육통계연보.

5) 고등교육 투자의 열악성

우리나라 고등교육 재정은 전반적으로 열악하다. 고등교육 재정이 전체 교육재정에서 차지하는 비중이 낮고, OECD 국가 등의 고등교육 재정 지원 규모와 비교해 볼 때도 매우 열악한 수준이다. 전체 교육재정 중 초·중등교육에 대한 재정투자 비중은 87% 수준인 데 비해 고등교육은 12% 수준에 불과하다. 그리고 최근의 재정투자 증가율도 초·중등교육이 연평균 9.1%인 데 비해 고등교육은 상대적으로 낮은 6.2%이었다. 또한 GDP 대비 고등교육 재정투자 비중은 0.4%로서 OECD 평균 1.0%에 크게 미달하고 있다. 반면 고등교육에 대한 민간투자 비중은 2.3%로 OECD 평균인 0.3%를 크게 상회하고 있다.

우리나라 고등교육 취학률(또는 진학률) 수준은 선진국과의 비교에서도 상당히 높다는 측면에서 보면, 고등교육 재정지원 규모는 상대적으로 더욱 부족하다고 볼 수 있다. 이처럼 저조한 공부담 고등교육 재정지원은 결국 학생 등록금과 같은 사부담 교육비에 의해 보완되었다고 할 수 있다.

▌표 1-7▐ 교육재정 투자 현황 (단위: 조 원, %)

구분	1999년	2000년	2001년	2002년	2003년	2004년	2005년	증감률
합계	17.90	19.73	21.58	22.53	24.90	26.58	27.98	
초·중등 교육	15.28 (85.4)	17.02 (86.3)	18.72 (86.7)	19.43 (86.2)	21.64 (86.9)	23.08 (86.8)	24.26 (86.7)	9.1%
고등교육	2.45 (13.7)	2.46 (12.5)	2.47 (11.4)	2.73 (12.1)	3.12 (12.5)	3.19 (12.0)	3.46 (12.4)	6.2%
평생·직업교육	0.17 (0.9)	0.25 (1.3)	0.39 (1.8)	0.37 (1.6)	0.14 (0.6)	0.31 (1.2)	0.26 (0.9)	-

※ 예산총계 기준(인건비, 기본사업비는 고등교육 부문에 포함), ( )은 구성비.

3. 정부의 대학개혁 정책

정부의 최근 대학개혁 정책은 대학경쟁력 강화에 초점이 맞추어져 있다. 대학경쟁력 강화 정책은 교육인적자원부(현 교육과학기술부)가 2003년 11월 '소득 2만 불 시대 도약을 위한 대학경쟁력강화방안'을 발표하면서 본격 추진되었다. 대학경쟁력 강화 정책의 기본계획에 해당하는 이 방안에서는 대학경쟁력 강화를 위한 핵심 과제로 ① 대학의 자율역량 강화, ② 경쟁을 통한 교육·연구력 제고, ③ 대학지원 정책의 획기적 전환 등을 제안하였고, 이에 따라 다음과 같은 세부적인 대학경쟁력강화방안을 제시하였다.

첫째 과제인 대학의 자율역량 강화 방안으로는 대학 자율성 및 책무성 확대와 과감한 대학 구조조정사업을 추진하도록 되어 있다. 대학 자율성 및 책무성 확대 방안으로 대학규제 개혁, 자율적인 학사행정, 평가제도 혁신, 공부하는 대학여건 조성 등이 포함되었고, 과감한 대학 구조조정 방안으로 국립대학 연합체제 구축, 사립대학 간 자발적 인수 · 합병 및 퇴출, 학생정원 감축과 학과 통폐합, 대학경영의 민주성 · 효율성 제고 등이 포함되었다.

둘째 과제인 경쟁을 통한 교육 · 연구력 제고 방안으로는 대학의 연구역량 제고와 지방대학 육성 및 수요자 중심의 교육 및 인력을 양성하도록 되어 있다. 대학의 연구역량 제고 방안으로는 연구중심대학 집중 육성, '기초학문육성사업5개년계획' 수립 추진, 대학 연구지원 방식 개선, 우수 이공계 연구인력 확보 등이 포함되었다. 그리고 지방대학 육성 방안에는 국가 균형발전의 핵심 전략으로 '지방대학혁신역량강화사업' 추진이 포함되었으며, 수요자 중심의 교육 및 인력 양성 방안으로 고급전문인력 수요에 부응하는 전문대학원 활성화, 교육과정의 현장적합성 제고, '산학협력단' 운영 활성화, 다양한 산학협력 활동 촉진, 대학교육의 국제화 · 정보화 등이 포함되었다.

셋째 과제인 대학지원 정책의 획기적 전환 정책으로는 대학의 유형 및 특성에 기초한 정책을 추진하고, 선택과 집중에 의한 투자를 확대하도록 하였다. 선택과 집중에 의한 대학지원 정책의 획기적 전환 방안으로 대학 유형화의 자율적 유도, 대학 유형에 따른 행 · 재정 지원, '선택과 집중'에 의한 지원 및 고등교육 재정의 획기적 확충 등을 포함하고 있다.

이처럼 '대학경쟁력강화방안'은 대학경쟁력 강화 정책의 기본계획(master plan)의 성격을 지니고 있다. 이후 추진되는 대학경쟁력 강화를 위한 개혁 방안들도 기본계획 성격의 대학경쟁력강화방안을 구체화한 방안으로 입안되어 추진되고 있다. 다음에서는 대학경쟁력 강화를 위해 별도로 입안 · 추진되고 있는 대학개혁사업 중 핵심적인 사업인 대학자율화사업, 대학구조개혁사업, 두뇌한국21(Brain Korea 21)사업, 지방대학혁신역량강화사업(NURI), 수도권대학특성화사업, 전문대학특성화지원사업 등의 성격을 개략적으로 살펴본다.

1) 대학 자율화

우리나라 고등교육 정책은 과거 오랫동안 중앙집권적 행정 방식으로 이루어지면서 교육제도 및 교육정책의 추진 과정에 많은 규제 요소를 지녀 왔다. 1990년대에 들어오면서 정부는 교육 분야를 포함한 행정 전 분야에 걸쳐 규제개혁을 추진하여 왔다. 특히, 교육 분야에서는 1995년 5 · 31교육개혁방안의 일환으로 교육규제완화방안이 제시되었고, 이에 따라 교육규제완화위원회를 설치한 후 고등교육 분야의 규제를 포함하여 각종 교육규제를 완화하는 노력을 기울여 왔다. 2004년 3월부터는 교육인적자원부가 대학 규제개혁 및 대학의 자율역량을 신장시키기 위한 목적으로 '대학자율화추진위원회'를 구성 · 운영해 오고 있다(이 위원회는 구성 후 얼마 안 되어 대학 구조조정 업무를 심의하는 기능까지 부여되면서 '대학자율화 · 구조개혁위원회'로 개명되었다).

이와 관련하여 교육인적자원부는 대학에 대해 자율화에 대한 수요조사를 실시하여 여기에 제기된 자율화 요구 업무를 중심으로 심의하여 자율화 추진 계획을 수립하였다. 대학자율화추진계획에서는 다음과 같은 자율화의 기본원칙을 견지하고 있다(교육인적자원부, 2004).

대학의 학생선발제도 자율화는 대학의 자율성과 책무성을 동시에 강조하되, 학교교육 정상화와 대입전형의 공정성 확보를 위해 '최소제한 사항'(논술고사 외 필답고사, 고교등급제, 기여입학제)을 유지하도록 하였다. 학생정원 정책은 대학의 자율과 책임 원칙 하에 결정하도록 하되, 타부처 협의 및 교육목적의 특수성, 공익성 등이 특히 요구되는 분야의 정원 조정은 정부가 하도록 하였다. 사학 및 법인 분야에서는 사립대학 운영의 핵심적 · 본질적 규제는 존치하되, 이사회 운영의 자율성은 강화하도록 하였다.

2) 대학 구조개혁

최근 대학 내외의 상황변화에 따라 대학 위기에 대한 공감대가 확산되면서 대학 구조개혁 등의 대학혁신 요구가 증대되었다. 이런 필요에 따라 당시 교육인적자원부는 민 · 관 · 학이 참여하는 대학자율화구조개혁위원회를 통해 '대학경쟁력 강화를 위한 대학구조개혁방안'을 수립하여 2004년 12월 발표하였다. 이 방안에서는 대학의 구조개혁이 대학의 양적 감축뿐만 아니라 질적 수준의 향상을 가져올 수 있도록 대학 특성 및 지역산업과 연계하여 기능별로 대학을 재구조화하는 전략을 담고 있다. 이를 위해 대학정보를 공개하고, 평가 및 재정지원 등을 차등화하며, 구조개혁이 자발적으로 추진될 수 있도록 대학 자율화 정책을 지속적으로 추진하도록 하였다.

이 방안에 포함된 대학 구조개혁의 중점 추진 과제는 ① 대학의 정보공개, ② 교육여건 개선 및 특성화 촉진, ③ 국립대학 구조개혁 추진, ④ 사립대학 구조개혁 지원, ⑤ 대학원 구조개혁 추진 등이다.

대학의 정보공개 방안에서는 대학의 주요 정보를 상시 공개하는 '대학정보공시제'를 도입하여 대학교육 수요자에게 대학정보를 공개토록 하고 있다. 이처럼 대학정보를 공개하는 것은 학교 선택 및 평가에 반영토록 함은 물론 대학의 경쟁을 촉진하기 위한 것이다.

교육여건개선 및 특성화촉진방안에서는 2009년까지 국립대학 입학정원의 15%를 감축하여 전임교원당 학생 수를 2004년 현재 29명에서 2009년 21명으로 개선하고, 사립대학은 교원확보 기준을 연차별로 개선토록 하고 있다. 이 계획에 의하면, 일반대학(연구중심)의 경우 교원 확보율을 2009년까지 65% 수준으로 개선하도록 되어 있다.

국립대학구조개혁추진방안에서는 대학 간 통합을 유도하고 연합대학 체제를 구축토록 하기 위해 해당 대학에 행·재정지원을 강화하도록 하였다. 여기서 대학 간 통합 시 참고할 수 있는 대학 간 통합 모형으로 ① 대학-대학 간 통합, ② 대학-전문대학 간 통합, ③ 대학-산업대학 간 통합, ④ 대학-교육대학 간 통합 유형을 제시하고 있다. 이와 함께 국립대학의 국고일반회계와 대학기성회계를 통합하는 방향으로 국립대학 회계제도를 개선하고, 대학평의원회, 교수회, 학생회, 직원회를 법제화하고, 총·학장 선출방식을 개선하는 등 국립대학 운영체제를 개편하는 방안이 포함되어 있다.

사립대학구조개혁지원방안에서는 사립대학 간의 통합, 인수, 합병 등의 구조개혁을 자발적으로 추진하도록 유도하고, 이를 촉진하기 위해 위기 수준이 지속되는 대학에 집중자문 팀을 구성하여 자문토록 하고 있다. 이와 함께 기준초과 교육용 재산의 수익용 재산으로의 전환을 포함한 사립대학 재산의 효율적인 활용을 지원하고, 정상적인 교육 기능 수행이 곤란한 법인에 대해 해산 시 출연금의 일부를 재산출연자에게 환원토록 하였다.

대학원구조개혁추진방안에서는 학문 영역별로 자율적 인증제도 실시와 재정지원을 연계하는 대학원 평가 시스템을 구축하고, 학문 분야가 유사한 소규모 대학원을 통폐합하고 정원을 감축하여 대학원 규모를 적정화하도록 하였다.

3) 두뇌한국 21사업

교육인적자원부(현 교육과학기술부)는 세계 수준의 대학원 육성과 연구인력 양성을 목적으로 두뇌한국 21(Brain Korea 21)사업을 1999년부터 추진해 오고 있다. 구체적 사업으로 세계 수준의 대학원 육성, 대학원 발전을 위한 기반 조성, 지역 거점 대학의 육성, 대학원의 연구역량 제고 사업 등이 추진되었다. 정부는 이 사업을 위해 1999~2005년까지 7년간에 걸쳐 1조 2천억 원을 투자하였다. 이 사업을 통해 대학 내 연구지원 중심의 환경이 조성되고, 대학의 연구 산출이 증가하였으며,[4] 우수 연구인력을 양성하는 성과를 거둔 것으로 평가되고 있다.

BK21 후속사업인 제2단계 BK21 사업이 2006년부터 2012년까지 추진되고 있다. 이 사업에서는 1단계 사업으로 구축된 연구 인프라를 기반으로, 사업성과를 확대·발전시킬 수 있도록 기본 기조를 유지하면서 지속 추진한다. 이와 관련하여 국가발전을 선도할 과학기술 분야를 중심으로 선택과 집중에 의한 지원을 대폭 강화하고, 고급 연구인력 양성을 위해 석·박사과정생 인건비 지원, 국제 교류협력 활동 지원, 혁신적 교육 프로그램 개발 지원 사업 등을 중점 추진한다.

4) 지방대학 혁신역량 강화

지방대학혁신역량강화사업(New University for Regional Innovation: NURI)은 지역 균형발전의 틀 속에서 수도권을 제외한 지방소재 대학의 교육역량을 강화하기 위한 목적으로 추진하고 있다. NURI 사업은 지방대학이 지자체, 기업, 연구소 등 지역 내 유관기관과의 연계를 통해 지방대학을 다양화 및 특성화하고, 지방대 학생의 취업경쟁력을 제고하며, 지역혁신의 중추기관으로서 지방대학의 역할을 활성화하려는 것이다.

---

4) BK21 사업 기간 중 과학기술 분야의 SCI급 논문 수가 크게 증가하였으며, 2002년의 경우 BK21을 통하여 발표된 논문이 우리나라 전체 SCI 논문 수의 39%에 해당한다(교육인적자원부, 2003. 11).

이 사업은 수도권을 제외한 13개 광역자치단체별로 권역을 설정하고, 권역 내 대학이 사업단을 구성하여 추진하며, 사업 유형은 사업 목적 및 사업비 규모 등에 따라 대형, 중형, 소형으로 구분하여 추진하도록 하였다(이병식 외, 2004). 사업참여 조건은 신입생 충원율을 대학 전체가 매년 60% 이상을 유지하고(사업 팀은 90% 이상), 교원확보율은 대학 전체가 선정 시 50% 이상, 연차적으로 60% 이상 달성하도록 하였다.

5) 수도권대학 특성화

대학재정지원사업은 2003년도까지는 지역구분 없이 공·사립대 특성화지원사업, 국립대발전계획추진사업, 지방대학육성사업 등으로 시행해 왔지만, 2004년부터 비수도권대학에 대한 재정 지원이 지방대학혁신역량강화사업으로 통합됨에 따라 수도권대학을 대상으로 특성화 지원 사업을 별도 추진하고 있다(교육인적자원부, 2005. 3). 이 사업의 목적은 각 대학의 자율적인 결정에 따른 비교우위 분야의 특성화 추진을 적극 유도하여 대학경쟁력을 제고하고, 우수인재를 양성하며, 사회의 수요를 반영하는 교육과정 개발, 기자재 구입 등의 교육여건을 개선하여 대학교육의 질적 수준을 제고하는 것이다.

6) 전문대학 특성화

전문대학특성화지원사업은 현장기술(실무) 인력 양성을 목적으로 산업·고용 구조와 인구 구조의 변화에 대응하는 구조조정 및 특성화를 촉진하고, 지역경제·산업·문화·복지 등 지역발전과 전문대학 발전 간의 연계를 강화하며, 교육여건 확충을 통해 교육의 질 제고와 산학협력을 활성화하는 것이다.

이 사업은 크게 영역별 특성화 사업과 주문식 교육사업으로 구성된다. 영역별 특성화 사업의 목적은 대학의 경쟁력 있는 분야를 중심으로 구조조정을 통해 영역별 특성화를 촉진하고, 교육여건을 확충하며, 지자체와 산업체와의 협력을 촉진하고, 실업고-전문대-4년제 대학 간 연계교육을 활성화하는 것이다. 그리고 주문식 교육 지원 사업의 목적은 산업현장의 기술변화를 수용하고 미취업 졸업자, 산업체 근로자의 재교육·전직교육 등의 단기과정 운영을 통해 성인 평생직업교육 및 산학연계 체제를 구축하는 것이다. 이 사업에 참여하기 위한 요건으로 대학은 산학협력단을 법인으로 설립해야 하고, 전임교원 확보율 42% 이상, 전체 교원 확보율 70% 이상, 신입생 충원율 55% 이상의 교육요건 등이 충족되어야 한다(교육인적자원부, 2005. 2).

7) 고등교육개혁사업 투자 계획

교육인적자원부(현 교육과학기술부)는 대학 구조개혁과 자율화, 두뇌한국 21, 지방대학혁신역량강화사업, 수도권대학특성화사업, 전문대학특성화사업 외에도 차세대 동력산업 인력 양성, 건전사립대학육성사업 등을 계획하였다. 이와 같은 고등교육 개혁사업을 위해 상당히 의욕적인 재정투자를 할 계획을 수립하였다.

이 외에도 교육인적자원부는 다음과 같은 대학개혁 관련 정책을 발표하였다. 즉, 현행 국립대학 총장직선제가 대학자치에 기여한 바 있지만 대학 내 파벌 형성, 과열선거운동 등의 폐단이 나타남에 따라 총장을 대학 내·외부 인사가 함께 참여하는 총장추천위원회에서 선임하는 것을 원칙으로 하였다. 하지만 대학구성원 과반수 이상이 동의하는 경우에만 총장직선제가 가능하도록 하였다. 그리고 국립대학이 총장직선제를 선택하는 경우 선거관리위원회에 위탁관리하도록 하였다.

교육인적자원부는 또 국립대의 자율성과 책무성을 높이기 위해 기성회계와 국고회계를 통합한 '대학회계제도'를 도입하여 자율경영체제가 이뤄지도록 지원하고, 자율경영능력이 있는 대학이 스스로 법인화를 선택하는 경우 법인화할 수 있는 제도를 마련하였다.

교육인적자원부는 특히 대학 구조개혁의 경우, 특성화를 통해 경쟁력을 높이는 방향에서 대학 간 통폐합뿐 아니라 학과 간 교환, 학과의 정비, 자체 구조조정 등의 다양한 구조개혁 방안 중 대학이 자율적으로 선택해 전략적으로 특성화시키려는 부분에 인적 · 물적 자원을 집중하고 경쟁력이 없는 분야는 정비한다는 방침을 표방하였다.

4. 외국의 대학교육개혁 동향[5]

외국의 경우 이미 오래전부터 대학생 수가 감소하면서 입학정원을 축소하고, 산학협력 및 대학 특성화를 통해 대학 구조개혁을 활발히 추진해 왔다. 즉, 1990년대부터 대학재정 지원 감소, 연구비 지원 감소, 대학 입학자원 감소 등 자원의 제약과 교육시장의 요구 증대, 학문적 수요의 변화, 학문적 경쟁력 취약 등으로 고등교육 체제를 개혁해야 한다는 대학 내 · 외부로부터의 압력을 받아 왔다. 이에 따라 세계의 주요 대학들은 대학규모의 적정화를 통해 재정투자의 효율성을

5) 이 절의 내용은 남궁근 외(2005)의 대학의 규제 완화를 통한 자율혁신역량 강화 및 구조개혁 방안 연구'에서 발췌하여 작성되었다.

증대하고, 산학협력 및 대학 특성화 등을 통해 국제경쟁력을 제고하기 위한 대학 간 M & A 등 구조개혁 및 자율화를 위하여 많은 노력을 기울이고 있다. 여기서는 이런 노력을 기울이고 있는 미국, 일본, 영국, 프랑스, 핀란드, 중국 등 주요 국가의 대학 교육개혁 사례를 살펴본다.

1) 미국의 대학개혁

미국의 대학들은 정부의 재정지원 감소 등으로 촉발된 대학의 위기를 내학소식을 슬림화하는 구조개혁을 통해 극복하려고 한다. 대학개혁의 필요성은 대학 내 · 외적 요구로부터 나오고 있다. 대학 내부로부터는 대학 내 학과 간 구조개혁의 필요성이 제기되고, 학문적 수요가 변화하며, 지역사회 내 대학 간 · 학과 간 통폐합의 필요성이 승대하고 있다. 대학 외부로부터의 요구는 지식정보사회의 도래, 국가경쟁력 제고를 위한 우수한 고등교육인력 수요 증대, 고등교육의 보편화 및 대중화에 따른 학생들의 욕구 다양화 등이 주된 요인이 되고 있다.

미국은 연방정부와 주정부로부터의 대학에 대한 재정지원이 감소하게 되면서 대학들도 이에 대응하여 ① 연구 분야의 선택과 집중, ② 소수 대학에 연구비 집중, ③ 연방정부의 지원 축소에 따른 산업계와의 파트너십 구축, ④ 동문 등으로부터 기부금 및 헌금 확대, ⑤ 등록금 인상 등의 조치를 통해 변화된 환경에 대한 대응능력을 증대시키는 데 초점을 두고 있다(홍성욱 외, 2002). 또한 대학교육의 대중화 추세에 따라 대학원 중심의 연구중심교육과 학부 중심의 일반교육이라는 이원화 체제를 형성하여 고등교육의 차별화와 전문화를 지속적으로 추진하고 있다(민철구 외, 2002).

2) 일본의 대학개혁

최근의 일본 대학체제의 변화는 다양성 없이는 대학발전을 기대할 수 없다는 관점에서 출발하고 있다. 그동안 획일화된 체제로 통치되어 양적으로 성장하긴 했으나, 질적 측면에서는 미흡하다는 반성에서 비롯된 것이다. 일본은 21세기에 대비하기 위하여 과거의 추월정책을 지양하고 '임시교육심의회'가 1984년에 수상의 자문기구로서 발족하고, 1987년 보고서 '집권보다는 분권으로' '획일성보다는 다양성으로' '경직성보다는 유연성으로'라는 기치 아래 개혁을 본격화하였다. 개혁의 기본 방향으로는 ① 개성중시의 원칙, ② 생애학습 체계의 이행, ③ 국제화, 정보화 등 국가사회 변화에의 대응 등이 제시되었다.

이런 기본 방향에 따라 일본의 국립대학은 구조개혁을 지속적으로 추진하고 있다. 대표적인 구조개혁 정책으로 '도야마 플랜'이 있는데, 이는 2001년부터 추진되었으며, 국립대학의 재편 · 통합, 국립대학의 민간경영 도입, 제3자 평가에 의한 경쟁원리 도입 등 세 측면에서 접근하고 있다. 이는 국제경쟁력을 갖춘 국립대학 재건과 국립대학의 책무성 제고를 위해 구조개혁을 추진하는 것으로, 국립대학을 통폐합하여 그 수를 12개로 감축하고, 민간 경영 기법을 도입하여 대학운영의 자율성을 확대하기 위해 국립대학을 전면 법인화(2004. 4. 1)하며, 전문가 · 민간인이 참가한 제3자 평가 시스템을 도입(대학평가 · 학위수여기구)하고, 평가 결과를 학생 · 기업 · 조성단체 등 사회에 전면공개 및 평가 결과에 따라 자금을 배분하는 것 등을 주요 내용으로 하고 있다.

‖ 표 1-8 ‖ 일본 (국립)대학의 구조개혁 방침(2001. 6)

구분	개혁 방향	내용
국립대학의 재편 · 통합 및 법인화	scrap and build로 활성화	• 각 대학이나 분야별 상황을 고려한 재편 · 통합 -교원양성 계열 등의 규모 축소 및 재편 -의과대학 등 단과대를 다른 대학과 통합 및 이전 -현(縣)의 경계를 넘는 대학 · 학부 간의 재편 및 통합 • 국립대학 수 대폭 축소
국립대학의 민간경영 도입	새로운 국립대학 법인으로 조기 이행	• 대학임원과 운영조직 등에 외부 전문가 기용 • 경영책임을 명확히 하여 기동적 · 전략적으로 운영 • 능력주의와 업적주의에 입각한 새로운 인사제도 도입 • 국립대학의 기능 일부를 분리 · 독립하는 독립채산제 도입
제3자 평가에 의한 경쟁원리 도입	국 · 공 · 사립대학 30개교를 세계 최고 수준으로 육성하고 대학을 중핵 연구 거점화함	• 전문가와 민간인이 참여하는 제3자 평가체제 도입 -'대학평가 · 학위수여기구(NIAD)'의 활용 • 평가 결과를 학생 · 기업 · 지원단체 등 국민과 사회에 전면 공개 • 평가 결과에 따른 자금의 중점 배분 • 국 · 공 · 사립을 망라한 경쟁적 자금 확충

출처: 남궁근 외(2005). 대학의 규제 완화를 통한 자율혁신역량 강화 및 구조개혁 방안 연구. 교육인적자원부.

3) 영국의 대학개혁

영국의 교육기술부(Department for Education and Skill)는 2003년 1월 고등교육백서인 『고등교육의 미래(*The Future of Higher Education*)』를

발표하였다. 영국 교육기술부는 고등교육기관의 자율적인 운영이 원칙이고 고등교육기관은 서로 다른 이해당사자 사이의 이해관계를 조정할 수 있는 조정자로서의 역할도 수행해야 한다는 정부의 개혁입장을 표명하고 있다. 정부의 개입은 교육기회의 접근성(access), 질(quality) 또는 기준(standards)들이 위기상태에 빠졌을 때이거나 또는 대학이 충분한 기회를 가지지 못하였을 경우에 국한한다는 기준을 밝히고 있다. 이를 근거로 할 때 영국 고등교육의 개혁 방향은 고등교육기관이 가지는 강점을 유지 · 발전시키면서 체계적인 지원을 통해 관련 기관 간, 고등교육 기관 내의 효율성을 도모하고, 자발적인 구조조정을 유인하여 장기적 고등교육의 국가경쟁력 확보를 목적으로 하고 있다.

교육기술부와 파트너십을 구축하고 있는 대표적인 기구인 고등교육재정위원회는 2003년 6월 발표한 전략보고서를 통해 4개의 핵심전략목표와 3개의 횡단지원목표(cross-cutting supporting aims)를 설정하였다. 고등교육재정위원회는 개별적으로 각 목표들을 실행하는 것은 다른 목표의 달성에 영향을 미칠 수 있으므로, 통합적인 전략 아래 각 목표의 핵심 요소를 도출하는 계획을 수립하였다.

표 1-9 영국 고등교육 개혁목표와 추진사항

개혁목표	추진사항
연구역량의 증대	• 2005/06년까지 현재에 비해 30% 증가된 R&D 자금 투자 • 협력연구 및 뛰어난 대학 및 학과 연구에 대한 투자 증대 • 연구 · 개발을 발전시키고 출현시키기 위한 새로운 유인정책의 개발 • 대학원에 투자하는 정부지원 연구에 새로운 엄격한 기준을 적용, 재능 있는 연구자를 개발

고등교육과 산업체와의 연계 강화	• 고등교육혁신기금(Higher Education Innovation Fund: HEIF)의 강화를 통해 대학들이 지역적 · 국가적으로 기업들과 실제적인 공동작업(비연구 분야)을 할 수 있는 체제 마련 • 산학협력 중심 고등교육기관의 지원을 위해 지식교환(knowledge exchanges) 네트워크 고등교육혁신기금을 통해 자금지원 • 고등교육기관과 지역개발위원회(Regional Development Agencies) 간의 협력체계 구축 및 강화
강의 및 학습의 강화	• 수준 높은 강의를 위해 보상체제 구축과 강의 및 실험정보 등 공유체계 마련 - 연구에서뿐만 아니라 강의에서도 마찬가지로 금전적 보상을 추진하고 훌륭한 강사에게 더 좋은 조건의 교수임용 등의 혜택 • 학생이 양질의 수업을 선택할 수 있게 외부검사자보고서(external examiners' report)를 출판, 학생설문 결과 등 다양한 정보 제공 • 수준 높은 강의를 촉진 · 발전시키기 위해 국가기구(teaching anality academy)와 강의에 대한 새 국가전문 기준 마련
고등교육 참여 확대 및 공정한 경쟁	• 2년 과정의 직업훈련 과정에 파운데이션 하위과정(foundation degrees) 설치, 고등교육 참여율을 18~30세 인구의 50%까지 상승 - 파운데이션 과정에 기업들의 참여를 독려하며 고등교육과 계속교육(further education)의 연계를 강화하고 학생들에 대한 재정적 지원을 제공 • 파트타임 학위를 취득하려는 학생들의 지원을 개선하며 다양한 학생들의 요구에 부합하는 유연한 교과과정을 지원 • 저소득층의 고등교육 참여를 확대하기 위한 조치로서 저소득층 자녀를 위한 보조금의 부활, 입학허가의 공정성, 전문성, 투명성 확보하기 위한 독립적인 access regulator의 도입
고등교육기관의 자유 확대	• 대학에 재정지원 시 단기 지원, 중장기 지원이 가능하게 관련 제도 변경 추진 • 대학들이 기금을 축적할 수 있는 유인 제공 • 졸업생의 기부금이 교육에 대한 비용으로 처리될 수 있도록 승인 • 저소득층 자녀에게 재정적 지원과 대부 지원, 대부금의 상환 조건 완화 추진

출처: 남궁근 외(2005). 대학의 규제 완화를 통한 자율혁신역량 강화 및 구조개혁 방안 연구. 교육인적자원부.

4) 프랑스의 대학개혁

프랑스의 고등교육은 1970년대 이후 고등교육에 대한 수요가 급증하면서 성장해 왔다.[6] 프랑스 고등교육 체제는 대학입학 자격고사 합격자라면 누구나 진학할 수 있는 일반대학 코스와 고도의 경쟁과 선발 과정을 거쳐 입학하는 그랑제콜 코스의 이원적 구조를 이루고 있다. 1984년 이후 DESS(고급전문기술학위)의 창설로 대학이 그랑제콜과 같은 전문학위를 부여함과 동시에 그랑제콜도 대학 학위인 DEA, DESS 및 박사학위를 수여할 수 있는 권한을 점차적으로 가지게 되었고, 또한 기술전문대학인 IUT 학생들의 대부분은 DUT 학위 취득 이후 대학으로 편입하고 있다. 이것은 일반대학의 직업교육화가 이루지고 고등교육 체계 간의 상호 협력 및 교류가 활발함을 말해 준다.

프랑스 정부는 2002년 10월 국가 고등교육의 새로운 비전을 수립한 후 개혁에 착수하였다(이부련, 2005). 대학개혁을 통해 전국 각 지방도시에 종합대학을 설립하거나 확장하고 대학에 학기제, 학점제, 교육과정의 직업화, 재교육과 연수제도 등을 정착시켰다. 또 DESS, MSG, 과학기술계 석사, 마지스테르와 같은 각종 직업기술계 학위를 신설하였고 IUT, IUP, IUFM 같은 특수 분야의 인력 양성을 목적으로 하는 새로운 형태의 대학도 설립하였다. 그리고 그랑제콜의 교육환경과 교육과정 질의 우수성은 널리 인정되고 있다. 특히, 개인과제지도(TIPE)라는 신교수학습법으로 실험적 교수학습 모델을 제시하고 있으며, 또 교육과정의 다양화와 입학제도의 유연화로 입학생의 사회계층도 확대되었으며 진로지도의 질도 우수하다.

---

6) 프랑스 대학생 수는 1960년대 31만 명, 1970년대 85만 명, 1980년대 118만 명, 1990년대 초 171만 명으로 증가하였고, 1995년 이후부터 지금까지 약 200만 명 선을 유지하고 있다.

프랑스 교육부는 상보(subsidiarité)관계의 3천년대 행정체계를 수립하고 교육행정 및 서비스의 정보화로 교육의 질적 개선을 이룩한다는 것을 양대 목표로 삼았다. 이를 위한 세부목표는 다음과 같다. 첫째, 상보관계의 3천년대 행정체계 수립은 연구정책 개선, 고등교육의 자율성 확보, 국립 공공기관의 교육적 역할과 기능 재정립, 계약제 개선을 통하여 결과에 대한 평가 강화다. 둘째, 교육행정 및 서비스의 정보화는 계약제와 지방이양, 교육기관의 기획, 운영, 평가, 통제, 예산관리와 전망 수립을 위한 도구 설치, 행정의 효율성 및 수요자와의 의사소통, 신정보기술의 도입이다.

표 1-10 프랑스의 고등교육 개혁원칙 및 주요 내용

목표	세부목표	주요 내용
교육행정 및 서비스의 정보화	연구정책 개선	• 평가의 국제 수준 및 담당 평가기관의 자율성을 보상 • 연구단체 및 신진 연구단체의 창설 및 개척기회를 지원 • 대학과 그랑제콜, 기타 연구망 간의 교류와 협력을 증진 • 유럽망의 질을 강화하여 지역의 요구에 부응 • 연구기관 조직의 발전과 연구활동의 효율적인 연계
	고등교육의 자율성 확보	• 국립 공공기관과 대학 및 연구기관 간의 상호 협력 • 연구 결과의 홍보 및 기술이전을 추구 • 유럽국가 간 학위제 등 지역 및 세계 연구기관과의 교류 확대
	국립학교의 교육적 역할과 기능 재정립	• 국립 공공기관 활동에 대한 평가 도입 • 국립 공공기관의 자원관리에 대한 자율성을 강화

교육행정 및 서비스의 정보화	계약제 개선을 통하여 결과에 대한 평가 강화	• 연구기관들과 다년제 계약을 수립하고 연구원 및 연구 결과의 교류 확대 • 다년제 계약으로 국가와 대학 간 공동의 목표, 방법 및 실천방안을 추구 • 국립원격교육센터나 국립교육자료센터와의 실험적 다년제 계약을 체결
	계약제와 지방이양의 원활한 실천	• 지방이양에 따른 새로운 교육 인사이동을 실천 • 도 교육청에 계약제 실천을 위한 공정한 자원분배, 특수 사이트 개설 • 교육부와 근대화 추진기관과의 협력 및 정보 시스템 수립 • 인적자원 정책과 고등교육 인사관리의 지방이양 관련 공동계획 수립 • 사회의 발전에 따른 교육인적자원의 직업발전에 대한 전망 수립 • 학술, 문화, 직업계 공공기관의 엔지니어 및 기술, 행정직의 필요와 요구에 부응하는 직업모형의 수립 모색
	기획, 운영, 평가, 통제, 예산관리와 전망 수립을 위한 도구 설치	• 교육부 내 전국 정보센터와 지역교육행정 지원 서비스 설치 • 교육부의 평가 및 추후지도와 재정관리 능력 향상(프로그램 ADAGIO)
	행정의 효율성 및 수요자와의 의사소통	• 교육부 신정보기술에 의한 의사소통 체계를 완비, 인트라넷 및 원격통신망을 통한 중앙행정과 도 교육청 간 공동작업 및 영상회담 체제 구축 • 행정 공문서, 통계와 관련하여 무상 온라인 서비스 제공
	신정보기술의 도입	• 대학 및 중등학교의 인터넷망 연결 완비, 원격교육 활성화, 교수기술 플랫폼과 온라인 튜터제, 가상강좌 실시 • 신정보기술에 대한 교사교육 실시 • 신정보기술에 의한 통신망과 학교 및 대학 연계체제 구축(프로그램 RENATER)

교육행정 및 서비스의 정보화	신정보기술의 도입	• 위성통신을 통한 원격교육 및 영상교육의 발전 (프로그램 SATELLITE) • 정보영상교육 자료 제작과 홍보 지원: 국립교육자료센터(CNDP)와 국립 텔레비전 방송(TV5)과의 협력 • 연구교수들에 의한 멀티미디어 제작실 창설 지원

출처: 남궁근 외(2005). 대학의 규제 완화를 통한 자율혁신역량 강화 및 구조개혁 방안 연구. 교육인적자원부.

5) 핀란드의 대학개혁

핀란드는 1992~1993년 경제위기 이후 대대적인 교육개혁을 단행하였다. 전국 200여 개 직업기술훈련원을 통합하여 4년제 직업기술대학(Polytechnic)을 세웠다. 1996년 핀란드 고등교육개혁은 핀란드 정부가 제시한 국가경영 청사진의 핵심 목표 중 하나로, 핀란드의 경제정책위원회가 작성한 '핀란드: 지식기반사회'라는 마스터플랜에 따른 것이다. 마스터플랜의 골자는 대학을 연구 · 개발(R & D)의 전략적 기지로 만들고 이를 통해 기업의 경쟁력을 강화하자는 것이다. 대학을 기업과 연결시키는 전략은 지식 · 정보화 시대의 승자가 되기 위하여 국민역량을 총집결하려는 것이다. 국가경영 청사진을 입안한 같은 해인 1996년에 핀란드 정부는 '교육과 대학 연구를 위한 발전계획'에서 고등교육 개혁방안을 제시하였다.

고등교육 개혁방안의 주요 내용은 다음과 같다. 첫째, 지식정보화 사회에서 교육훈련과 연구는 필수적이며 이를 위한 훈련 및 연구 프로그램을 수행한다. 둘째, 고등교육의 핵심은 지속적인 학습 과정이므로 평생학습을 증진시켜야 한다. 따라서 훈련에서 고용보다 고용에서 훈련을 중시한다. 셋째, 세계화에 걸맞는 국제적인 연구를 수행하기 위하여 세계 각국과 대학교류 및 연구와 관련한 상호 교류를 확대하며, 이를 위한 다양한 언어교습 프로그램을 기본적으로 확충하려고 노력한다. 넷째, 수학과 과학, 문화, 예술에서의 교육 수준을 높이기 위하여 초 · 중등교육에서 이들 분야를 확대시키고, 연구와 예술에 있어 상위의 교육기관을 설립하거나 행 · 재정적으로 지원한다. 마지막으로, 엄격한 평가를 통하여 교육과 훈련에서의 질을 보증한다.

이를 위해서 하이테크 산업 분야의 연구개발 투자를 늘리고 산업별 특성에 따라 기업과 대학을 연결하는 협력체제를 구축하였다. 구체적인 실천 프로그램으로 산업 클러스터(industrial cluster)를 육성하고 있는데, 운송정보통신 클러스터, 환경 클러스터, 복지 클러스터 등이 대표적이며 이들 클러스터에 대하여 정부는 강력한 지원책을 펴고 있다. 여기에서 대학의 주도적인 연구활동이 필수 요소가 된다. 이러한 산학 협동을 지원하기 위하여 정부는 정부기술기금(SITRA)과 산업부 내에 국가기술센터(TEKES)를 신설하여 민간 및 대학이 제시한 연구 프로젝트를 선별하고 사후심사를 담당한다. 또한 이를 지원하기 위한 핵심 기관으로 국가과학기술정책위원회(Science and Technology Policy Council: STPC)를 설치하였다.

6) 중국의 대학개혁

중국의 개방과 시장경제 도입 이후, 고급인재의 수요 증가에 부응할 수 있는 인력양성 체제로의 전환이 필요하고, 21세기를 대비하여 세계적인 신기술혁명의 도전에 대응하기 위해 100여 개 대학과 800여 개 중점 학과를 집중 육성하기 위한 방안으로 '211공정'을 추진하고 있다. 1996년부터 2000년까지 제1기 공정을 추진하였고, 2001년부터 제2기 공정을 추진해 오고 있다. 1992~2002년까지 총 733개 대학을 288개 대학으로 합병하는 등 다양한 형식의 협력과 합병을 추진하였다. 이는 중복투자와 학과 세분화 등 기존의 문제점을 해소하고, 정부 주도의 강력한 구조조정 및 종합대학화를 추진하며, 중점대학을 집중 지원하기 위한 것이다.

211공정의 추진과 함께 1998년부터는 일부 소수대학을 세계적 반열에 올려 놓는다는 목표 아래 예산을 집중 지원하는 '985공정'을 추진하고 있다. 2003년에 총 34개 대학이 선정되었는데, 1차 선정된 베이징대와 칭화대는 세계 최고 수준 대학으로, 2차 선정된 10개 대학은 최고 수준의 대외인지도가 있는 대학으로, 3차 선정된 22개 대학은 국내외 인지도가 있는 대학으로 육성하는 것이다. 985공정 참여대학들은 통폐합 대상 대학들을 흡수하여 종합대학으로 변모하면서 연구중심대학으로 구조화되고 있다. 특히, 합병 과정에서 강력한 내부 구조조정을 통해 경영혁신을 꾀하고 있고, 국 · 공립대의 일부 캠퍼스를 민간기업 등과 합작해 독립법인을 설립하기도 하였다. 이런 예로서 중화과기대의 무창 분교와 무한대의 성시학원 등이 있다.

이와 같은 정부 주도의 강력한 대학개혁사업을 통해 대학체제가 정비되어 대학운영의 효율성이 증대되고 연구성과가 급속히 향상되는 등 상당한 성과를 거두고 있는 것으로 나타나고 있다. 그러나 시간을 두고 자연스럽게 진행되어야 할 대학발전사업을 국가가 강제하는 것에 대한 우려도 있다.

제2장

대학발전계획의 성격 및 의의

1. 대학발전계획의 개념

대학발전계획의 성격을 이해하기 위해서는 계획의 개념을 간략히 살펴볼 필요가 있다. 계획을 수립하는 활동은 전통적으로 행정의 주요 과정의 하나로 생각되어 왔다. 1900년대 이래 많은 행정학자들은 행정가의 기능은 무엇인가 그리고 행정의 주요 과정은 무엇인가를 밝히려고 노력하였다. 그 결과, 이들은 행정의 주요 과정을 몇 가지로 요약·제시하고 있는데, 이 과정 중에 기획[1]을 행정의 주요 과정의 하나로 그리고 첫 번째 과정으로 제시하고 있다.

예를 들면, Fayol(1949)은 행정의 과정을 기획(planning), 조직(organizing), 명령(commanding), 조정(coordinating), 통제(controlling)로 분류하였고, Gulick과 Urwick(1937)은 기획(planning), 조직(organizing), 인사(staffing), 지시(directing), 조정(coordinating), 보고(reporting), 예산

1) 기획(planning)은 계획을 수립하는 과정을 뜻하고, 기획의 과정을 거쳐서 얻어지는 결과적인 산물, 즉 미래의 행동에 대한 일련의 의사결정을 계획(plan)이라고 한다.

(budgeting)으로 분류하였다. 다른 행정학자들도 거의 예외 없이 행정의 주요 과정에 기획이나 의사결정 및 프로그래밍 등을 포함하고 있다(Knezevich & Stephen, 1975).

Dror(1963)는 "기획은 최적의 수단으로 목표를 달성토록 하는 미래 행동에 대한 일련의 의사결정을 준비하는 과정이다."(Planning is the process of preparing a set of decisions for action in the future, directed at achieving goals by optimal means)라고 정의하였다.

계획의 의미는 계획의 개념을 분석적으로 살펴봄으로써 보다 잘 이해될 수 있다. 여기서는 Dror의 기획에 관한 개념 정의를 토대로 계획의 개념에 담겨진 의미와 성격을 살펴본다.

첫째, 기획은 하나의 과정이다. 이것은 기획활동이 지속적으로 이루어져야 하고 이를 위해서는 자원의 투입도 계속되어야 함을 뜻하는 것이다. 이런 의미에서 Dror는 '미래 행동에 관한 일련의 의사결정'인 계획(plan)과 그 과정인 기획(planning)이 구분된다고 하였다.

둘째, 기획은 '일련의 의사를 결정하는 것(making a set of decisions)'이라기보다는 '일련의 의사결정을 준비하는 것(preparing a set of decisions)'이다.

셋째, 기획은 일련의 의사결정으로 이루어진다. 의사결정은 한 시점에서 이루어질 수 있다. 그렇지만 기획은 상호 관련성과 일관성을 가진 일련의 의사결정으로 이루어진다. 이런 측면에서 기획과 의사결정은 개념적으로 구분된다고 볼 수 있다.

넷째, 기획에서 다루어지는 의사결정은 행동에 관한 것이다. 기획은 행동하는 것을 전제로 하는 것이고, 기획 과정에서 계획담당자의 전문성이 배양되거나 집단 간에 원활한 의사소통이 이루어지도록 하는 것은 기획의 부차적 목표에 불과한 것이다. 그러므로 기획활동이 행동화되지 못한다면 그것은 자원의 낭비만을 초래하는 것이라고 볼 수 있다.

다섯째, 기획에서 다루는 행동은 미래에 관한 것이다. 이것은 기획의 가장 중요한 속성으로, 이러한 속성 때문에 기획에서는 불확실성이 높은 미래를 예측하게 된다.

여섯째, 기획에서 다루는 행동은 목표를 지향하는 것이다. 그러므로 조직이 지향하는 목표가 잘 정립되어 있지 않으면 기획 과정도 무의미하게 된다.

일곱째, 기획에서 지향하는 목표는 최적의 수단으로 달성되어야 한다. 기획의 가장 기본적인 속성은 목표와 수단 간의 관계에 달려 있다. 그러므로 기획에서는 합리적 과정을 통해서 설정된 목표를 달성하기 위한 최적의 수단을 제시하게 된다.

반면에 Drucker는 기획이라는 용어의 다양한 의미와 복잡성을 피하기 위해 다음과 같이 부정적 의미에서 정의하려고 하였다. ① 기획은 단순한 예측이 아니다(Planning is not forecasting). ② 기획은 미래의 결정을 하는 것이 아니다(Planning does not deal with future decisions). ③ 기획은 위험을 제거하기 위한 시도가 아니다(Planning is not an attempt to eliminate risk).

Anderson은 Dror의 정의를 기초로 이 정의의 주요 요소를 다음과 같이 설명하였다. ① 기획은 미래를 지향하는 것이다. ② 기획의 초점은 지식의 획득이라기보다는 행동에 관한 것이다. ③ 기획에는 사색적으로 노력하는 과정이 내재되어 있다. ④ 기획에는 일련의 상호 연관된 의사결정들 간의 상호 의존성이 있다. ⑤ 이러한 의사결정 범위 내에서 요소들 간에 일관성(consistency)이 있다. ⑥ 기획에서는 불가피하게 여러 가능한 행동들 중에서 부족한 자원을 배분할 필요가 있다.

이와 유사하게 김종철은 계획의 성격을 다음과 같이 설명한다.

- 계획은 미래에 관한 것이다. 인간이 미래에 대비하여 행동하는 데 있어서만 계획이 의미를 가진다.
- 계획은 행동을 위한 의사결정 내지 정책결정에 선행하는 과정이다. 계획은 반드시 어떤 행동을 예상하며 실천하기에 앞서서 결심하는 데 필요한 하나의 준비 과정이다.
- 계획은 사물을 처리하고 문제를 해결하는 데 있어서 합리주의를 추구하는 과정이다. 목적을 달성하는 데 있어서 효율적으로 자원을 활용하고 최적의 수단과 방법을 동원하려는 데서 계획은 성립된다.
- 계획은 지적 분석의 과정이며 지식과 정보를 필수적인 요건으로 한다. 계획의 합리성을 보장해 주는 것은 그것이 지식을 토대로 하는 지적 과정임을 전제로 가능한 일이다.
- 계획은 하나의 의사결정이나 결심과는 구분되며 일련의 상호 관련된 결정을 포함하는 순서 또는 과정을 의미한다. 계획은 어떤 결심이나 결정에 선행되는 준비 과정이기도 하나, 그것은 또한 여러 가지 상호 연관성을 가지며 계열에 따라서 조직된 일련의 결정을 포함하고 있다.

기획이 목표달성을 위한 최적의 수단을 제시해야 한다는 입장은 Psacharopoulos의 기획에 관한 개념 설명에서도 잘 나타나 있다. 그는 "기획이란 조직목표에 따라 실현 가능한 대안을 검증하여 최적 대안을 선정하는 것"이라고 하였다. 그러므로 기획에는 실증적 요소로서 실현 가능한 대안의 범위와 규범적 요소로서 대안 선정 기준이 함께 포함되어야 한다. 그의 정의에 따르면, 기획에서 대안이 없는 경우 선택의 여지도 없음은 물론 기획의 존재의의도 잃게 된다고 볼 수 있다.

이상과 같은 계획에 관한 개념 정의를 기초로 하여 김종철(1974)은 교육계획이란 "미래의 교육활동에 관하여 교육목표의 달성을 위한 효율적인 수단과 방법을 제시함으로써 교육정책 결정의 효율성과 안정성을 보장해 주는 지적 준비 과정 내지 그 소산을 의미한다."고 하였다.

이러한 맥락에서 본다면 대학발전계획은 "대학이 지향하는 교육이념에 따른 교육목적과 교육목표를 최적의 수단으로 달성하도록 하는 미래의 행동에 관한 일련의 의사결정 및 그 산출"이라고 정의할 수 있을 것이다.

2. 대학발전계획의 기본 원리

1) 대학발전계획의 성격

대학발전계획은 기본적으로 미래지향성, 목적지향성, 행동지향성, 수단의 효율성 등의 성격을 지니고 있다. 김종철(1974)의 교육계획의 기본 성격을 기초로 하여 대학발전계획의 기본적 성격을 정리하면 다음과 같다.

(1) 교육정책의 결정을 위한 대안 선정 준비 과정

대학발전계획은 교육정책의 결정이 아니라 교육정책의 결정을 위한 대안 선정을 준비하는 과정이다. 대학발전계획은 교육정책의 결정 그 자체와는 구분되는 것으로, 정책결정의 선행 과정으로서 합리적 대안을 준비하고 정책결정자로 하여금 타당한 대안을 선정할 수 있도록 하는 것이다. 여기서 중요한 점은 대학발전계획의 미래지향성과 대안선택성이다. 대학발전계획은 미래에 관한 대학정책의 합리적 대안을 마련하는 것이며, 정책결정자가 대학운영에 관한 시행착오를 범하지 않도록 사전에 충분한 준비를 갖추어 주는 작업의 과정이라 할 수 있다.

(2) 교육활동에 관한 조직적 예견장치 및 합리적 통제 기제

대학발전계획은 교육현상이나 교육활동에 관한 단순한 예측이 아니라 합리성을 토대로 하는 조직적 예견장치이며, 교육활동에 관한 합리적 통제의 기제다. 대학발전계획은 과거 추세나 동향을 미래에 투사한 단순한 예측이 아니라, 미래에 관한 목표를 설정하고 그것을 효과적으로 달성하기 위한 수단과 방법을 제시하는 합리적이고 조직적인 예견장치다. 또한 대학발전계획은 교육활동을 자연 추세에 방임하지 않고 사회적 정의와 사회적 책임 실현, 교육활동의 효율성과 생산성 보장 등 보다 높은 교육적 선의 실현을 위하여 합리적으로 통제하려는 장치다. 대학발전계획은 미래의 대학정책에 대하여 길잡이가 될 수 있는 일련의 궤도를 마련하고, 그것을 거쳐서 도달할 수 있는 목표와 순서 및 방법을 제시하고 있으며, 대학정책 결정자들에게는 하나의 로드맵과 같은 구실을 하는 것이다. 그러므로 여기서 강조되는 것은 대학발전계획의 합목적성 내지 목적지향성과 통제성이다.

(3) 대학개혁과 발전을 위한 지원 구조의 강화 수단

대학발전계획은 대학개혁과 발전을 위한 지원 구조의 강화 수단이고 교육행정의 합리화를 위한 기술적 수단이자 도구다. 대학발전계획은 원래 교육행정 과정의 필수적인 영역으로 발전해 왔고, 그 후

하나의 독자적인 의미를 가지는 과정으로 확대·발전해 왔다. 그러나 확장된 의미에서의 대학발전계획이라 할지라도 교육행정의 합리화를 위한 하나의 수단적 도구에 불과하다는 점에는 변함이 없다. 그것은 교육행정이 교육활동을 위한 수단적 기술이라는 사실과 상통되는 점이고 이는 대학발전계획의 수단성 내지 도구성이라 할 수 있다.

(4) 가치판단을 위한 자료와 기준 제시

대학발전계획은 대학발전을 위한 가치판단이 아니라 가치판단을 위한 자료와 기준을 제시하는 것이다. 이런 의미에서 대학발전계획은 비도덕적, 비정치적, 전문적 기술의 적용 과정이라고 볼 수 있다. 대학발전계획은 윤리적 선악, 정치적 이데올로기를 떠나 효율성의 논리에 따라 가치판단을 위한 자료와 정보를 제시하는 것이다. 가치판단을 하는 것은 정책결정자의 몫이라고 볼 수 있다. 이런 점에서 대학발전계획의 전문성과 중립성이 강조된다고 볼 수 있다.

(5) 미래에 관한 행동 설계

대학발전계획은 수많은 가정을 토대로 하여 작성된 미래에 관한 행동의 설계다. 대학발전계획은 대학 내외의 사회경제적 변인에 관한 수많은 가정을 토대로 하여 수립된다. 따라서 대학발전계획의 전제가 되는 가정이 변화하게 되는 경우 계획 자체를 근본적으로 수정하는 것이 불가피할 수도 있다. 이런 점에서 대학발전계획의 계속적인 수정 가능성과 신축성을 강조하게 된다.

2) 대학발전계획의 기본 원리

대학발전계획에서는 다음과 같은 기본 원리가 준수되어야 한다.

(1) 타당성의 원리

대학발전계획은 대학의 건학정신, 교육목적, 교육목표 등에 비추어 타당한 것이어야 하고 대학의 교육목적과 교육목표 달성에 공헌할 수 있어야 한다.

(2) 효율성의 원리

대학발전계획에서는 효율성의 원리가 중시되어야 한다. 이런 입장에서 대학발전계획에 포함된 교육정책이나 사업들은 투입된 재원의 효과를 극대화시킬 수 있는 것이어야 한다.

(3) 민주성의 원리

대학발전계획은 민주적 방식과 절차에 의해 수립되어야 한다. 대학발전계획을 수립하는 과정에 대학 구성원들의 참여가 보장됨은 물론 대학발전계획을 확정하는 경우에도 구성원들의 의견이 존중되어야 한다.

(4) 전문성의 원리

대학발전계획은 전문성의 기초 위에 수립되어야 한다. 이런 측면에서 대학발전계획을 수립하는 과정에는 각 분야의 전문가들이 참여해야 한다.

(5) 중립성의 원리

대학발전계획은 객관성, 타당성이 담보될 수 있도록 합리성과 효율성 등의 기준에 의해 결정되어야 한다.

(6) 적응성의 원리

대학발전계획은 국내외 상황변화와 가정이나 전제의 변경 등 사태의 변화에 신축성 있게 적응할 수 있도록 수립되어야 한다.

(7) 안정성의 원리

대학발전계획은 대학정책의 일관성과 안정성에 기여할 수 있도록 보장되어야 하고 너무 자주 수정되어서도 안 된다.

(8) 균형성의 원리

대학발전계획은 여러 요인에 대한 종합적이고 균형적인 판단을 토대로 수립되어야 한다. 효율성과 민주성, 민주성과 전문성, 적응성과 안정성 사이에도 균형의 원리가 작용해야 한다.

(9) 통합성의 원리

대학발전계획은 각 부문 사이에 논리적인 체계가 명료하고, 전체를 일관하는 철학과 원칙이 확립되어 있어야 하며, 하나의 계획으로서 통합이 이루어져야 한다.

(10) 계속성의 원리

대학발전계획은 수립에서 시행이 종료되는 시기까지 계속적인 연구와 평가활동이 지원되어야 한다. 그리고 사업 종료 후의 평가는 물론 사업 추진 중에도 평가활동이 지속되어 그 결과가 항시 피드백되어야 한다.

3. 대학발전계획의 목적과 기능

1) 대학발전계획의 목적

대학발전계획의 궁극적인 목적은 대학이 지향하는 목적과 목표를 효율적으로 실현하기 위한 것이다. 보다 구체적으로, 대학발전계획의 목적은 대학의 주된 기능인 교육과 연구활동의 내적 효율성과 외적 생산성을 향상시키기 위한 것이다. 여기서 내적 효율성은 대학체제 내부의 성과를 올리는 것을 의미한다. 대학의 내적 효율성에서는 일반적으로 학생의 학업성취도 향상과 교수들의 연구역량 향상 등을 추구하게 된다. 외적 생산성은 교육 및 연구활동의 사회적 목표에 대한 타당성과 효율성을 의미하며 외부 사회에 대한 성과를 향상시키는 것을 말한다. 교육의 외적 생산성에서는 사회적 요구에 부응하는 것으로, 사회에서 요구하는 교육받은 사람의 자질 향상에 관심을 둔다. 구체적으로는 대학교육을 통해 양성된 인력의 규모와 사회에서 요구하는 자질의 보유 정도를 가지고 판단하게 된다.

대학발전계획에서 실현하려는 목적들은 국가사회의 전통과 시대적 상황 등에 따라 달라질 수 있다. 최근 선진국 교육정책에서는 수월성(excellence), 평등성(equality), 효율성(efficiency), 자유성(freedom, liberty), 선택(choice) 등이 강조되고 있다. 여기서는 대학발전계획에서 중점적으로 추구해야 할 방향을 중심으로 대학발전계획의 목적을 살펴본다.

(1) 대학교육의 경쟁력 강화

최근 모든 대학의 주된 관심사는 대학교육의 경쟁력 강화에 맞추어지고 있다. 대학의 주된 기능인 교육과 연구역량을 강화하여 대학의 경쟁력을 강화하는 것이다. 이를 위해 급변하는 사회의 요구에 따라 교육 내용을 개편하고 효과적인 교육 방법을 적용하여 교육효과를 제고하려고 한다. 여기서 중요한 것은 학사제도를 개선하여 교육의 질을 제고하는 것이다. 이와 동시에 대학의 연구역량을 강화하기 위해 연구 지원 및 관리를 체계화해야 한다. 물론 대학교육의 경쟁력 강화를 위해서는 대학경영 방식의 선진화도 필요하다.

(2) 대학교육 수요의 충족 및 교육의 외적 생산성 증대

대학교육에 대한 사회적 수요와 인력수요를 반영하여 개인과 사회의 교육적 필요와 요구를 충족시켜서 교육의 내적 효율성과 외적 생산성을 증대시켜야 한다. 여기서 사회적 수요는 사회 일반으로부터 나오는 교육에 대한 요구로서, 일반적으로는 대학진학 수요와 같은 학생수요를 의미한다. 그리고 인력수요는 기업 및 산업체로부터 나오는 수요로서, 교육받은 사람의 양적 측면인 인력 규모와 질적 측면인 인력의 질적 수준을 모두 일컫는다.

(3) 대학행정의 민주화 · 자율화 촉진

대학운영의 민주화, 자율화와 관련하여 최근 대학에서의 자율적 운영을 보장하고 대학 내에서도 구성원들의 의견이 존중되는 민주적 운영 등이 강조되고 있다. 특히, 최근에는 교육행정의 자율화 및 교육정책에 시장원리의 도입과 관련하여 대학정책에서의 탈규제 방향의 규제개혁과 교육수요자의 선택을 존중하는 수요자 중심 교육 등이 강조되고 있다.

(4) 대학재정의 적정화 · 효율화

교육 및 연구활동을 원활히 수행하기 위해서는 적정 수준의 대학재정이 우선적으로 확보되어야 한다. 그리고 제한된 교육재원을 가지고 투자효과를 극대화할 수 있는 합리적인 대학재정의 배분 및 효율적인 집행이 필요하다.

2) 대학발전계획의 기능

대학발전계획은 대학정책의 기본 방향을 제시하고, 대학개혁을 촉진하며, 대학정책의 실현 가능성을 제고하고, 대학정책 추진에 대해 합리적으로 통제하여 대학정책을 안정화하며, 대학재원의 확보와 대학재정의 합리적 배분을 용이하게 한다.

(1) 대학정책의 기본 방향 제시

대학발전계획은 대학정책의 기본 방향을 제시하는 기능을 수행한다. 대학발전계획의 가장 중요한 기능은 향후 개별대학이 지향하게 될 정책의 기본 방향을 명료하게 제시해 주는 것이다. 이를 통해 합리적인 대학정책의 수립이 가능하고, 향후 추진하게 될 대학정책을 대외적으로 공개하여 교육 관련 당사자들의 관심을 집중토록 할 수 있다. 특히, 대학발전계획에서는 대학정책의 기본 방향과 관련하여 대학정책의 중점사항과 우선순위 등을 제시하게 됨으로써 대학정책의 강조점을 분명히 하여 혼선 없이 대학정책을 추진할 수 있도록 한다.

(2) 대학개혁의 촉진

대학발전계획은 대학개혁을 촉진하는 계기가 된다. 대학발전계획에서는 대학환경 변화에 능동적으로 대처할 수 있는 대안을 제시함으로써 대학개혁을 촉진하는 계기를 마련하게 된다. 대학발전계획을 통해 대학개혁을 촉진하는 기능은 대학정책의 안정화에 기여하는 기능과 상충되는 측면이 있다. 그러나 대학개혁이 대학정책의 안정화를 일시적으로 저해할 가능성은 있지만, 장기적으로는 대학의 문제를 해결함으로써 대학정책의 안정화에 기여하게 된다.

(3) 대학정책의 실현 가능성 제고 및 대학정책 추진에 대한 합리적 통제

대학발전계획은 대학정책의 타당성, 실현 가능성을 제고하고 대학정책 추진에 대한 합리적 통제의 기능을 수행한다. 즉, 대학발전계획의 과정을 통해 대학정책 방안의 타당성을 제고하고 대학정책 실천의 실현 가능성을 제고한다. 동시에 대학발전계획은 대학정책의 입안부터 집행과 평가에 이르는 전 과정을 합리적으로 통제하게 된다.

(4) 대학정책의 안정화

대학발전계획은 대학정책의 안정화에 기여한다. 대학발전계획은 대학정책의 수립과 집행에 있어서 위험성을 예견하여 사전에 방지하고 시행착오를 피하게 하여 대학정책의 안정성과 일관성을 기하게 한다. 특히, 우리나라 교육정책은 조령모개라는 비난을 받을 정도로 일관성 없이 즉흥적으로 추진된 사례가 많았다. 대학발전계획을 통해 즉흥적이고 전시행정적인 대학정책을 예방하여 대학정책의 안정화를 기할 수 있게 된다.

(5) 대학재정 확충 및 대학재정의 합리적 배분

대학발전계획은 대학재정 확충을 용이하게 하고 대학재원을 합리적으로 배분하는 기능을 수행한다. 대학발전계획에서는 향후 중점 추진하게 될 교육연구사업 등을 제시하게 되므로 이를 통해 대학재정을 확보해야 할 타당성과 논리적 근거가 제시됨으로써 대학재정 확충을 용이하도록 한다. 그러나 대학재원은 재정의 속성상 대학재정 소요에 비추어 볼 때 언제나 제한적일 수밖에 없다. 따라서 대학재원의 확보와 함께 한정된 대학재원을 합리적으로 배분하는 것도 중요하다. 대학발전계획은 한정된 대학재원을 대학정책의 중점사항과 우선순위에 따라 합리적으로 배분하여 대학투자 효과를 극대화한다.

3) 대학발전계획의 제약성

대학발전계획을 수립하는 데 있어서 일반적으로 발생하는 제약점을 살펴보면 다음과 같다.

(1) 대학발전계획 수립을 위한 정보자료의 한계

대학발전계획 수립을 위한 기초자료와 정보가 미비하여 사실 파악에 있어서 정확성을 기하기 어려운 경우가 많다. 기초자료와 정보가 부족하거나 정확성이 낮으면 그것은 바로 대학발전계획의 신뢰성을 낮추는 결과로 이어지게 된다.

(2) 미래 예측의 한계

대학발전계획을 수립하기 위해서는 학생, 교원, 시설, 재정 전망 등에 관한 미래 예측이 필요하다. 하지만 정보자료와 인간의 예견능력에 한계가 있기 때문에 신뢰성 있는 미래 예측이 곤란해진다.

(3) 대학발전계획에서의 기본 가정의 변화

대학발전계획은 정치, 경제, 사회, 문화 등 여러 부문에 걸쳐서 수많은 가정을 전제로 하고 있으며, 기본적인 가정이 변화하면 계획 자체의 변화가 불가피해진다.

(4) 목표와 수단 간의 괴리

대학발전계획에 있어서 목표 달성을 위한 적정한 수단, 방법을 찾기가 어렵고 계획의 목표와 수단 사이에 괴리가 생기기 쉽다.

(5) 인적 · 재정적 · 시간적 제약

대학발전계획에 있어서 재정적 제약은 물론 시간과 인력의 제약이 있게 마련이다. 이러한 인적, 재정적, 시간적 제약은 결과적으로 대학발전계획의 신뢰성을 낮추게 된다.

(6) 대학 내외의 압력

대학발전계획을 수립하는 데 있어서 대학 내외의 정치적, 사회적 압력이 작용할 수 있다. 전문가집단에 의해 수립된 계획(안)은 대학 구성원들의 의견수렴 과정을 거쳐 확정된다고 볼 수 있는데, 이 과정에서 전문성과 민주성이 상충할 가능성이 있고, 그렇게 되면 당초 계획 내용의 변질을 가져올 수 있다.

이상과 같은 여러 가지 대학발전계획 수립의 제약성으로 인해 대학발전계획이 수정되거나 변질될 가능성이 발생하게 된다.

4. 대학발전계획의 유형

대학발전계획의 유형은 그 계획의 성격과 특성 등에 따라 여러 가지 형태로 구분된다. 일반적으로 교육계획에는 다음과 같은 유형이 있다.

1) 계획의 주체에 따른 구분

일반적으로 계획을 수립하는 주체는 국제기구, 국가, 지방자치단체, 단위기관 등이 될 수 있다. 이들 주체에 따라 수립되는 교육계획이 국제계획, 국가 간 (지역)계획, 국가계획, 지역계획, 단위기관계획 등이 될 것이다. 교육 분야에서는 국제적인 규모의 교육계획이 유네스코, OECD 등에 의해서 주로 추진된 바 있다. 그리고 국가 및 지방자치단체 수준의 교육계획은 정부 정책에서 계획이 강조되던 1960년대와 1970년대에 많이 추진되었다. 이런 예로서, 의무교육완성 5개년계획이나 장기종합교육계획이 수립되기도 하였고, 1960년대에는 경제개발사업을 추진하면서 경제개발계획의 일환으로 교육 부문 계획이 수립되기도 하였다. 그리고 각급학교와 대학 등에서도 단위기관의 교육계획을 수립하기도 한다. 대학발전계획이 이런 예가 될 것이다.

2) 계획의 기간에 따른 구분

계획기간에 따라 장기계획, 중기계획, 단기계획 등으로 구분된다. 일반적으로 3년 내지 5년간의 계획을 중기계획으로 보고, 그 이상은 장기계획으로, 그 이하는 단기계획으로 구분하는 경향이 있다. 1960

년대 말에 수립된 장기종합교육계획(1972~1986년)은 15년간의 계획 기간을 포함한 장기계획이었고, 의무교육완성 5개년계획이나 1960년대에 착수한 경제개발계획 등은 5년 단위의 중기계획이라 할 수 있다.

3) 계획의 범위에 따른 구분

계획의 내용 및 범위의 포괄성 정도에 따라 종합계획, 부문계획 등으로 구분된다. 교육계획에서 교육의 전 분야를 포괄하는 것을 종합계획이라 하고, 교육 분야의 특정 부문만을 계획하는 것을 부문계획이라 한다. 종합계획의 예로는 1960년대 말에 수립된 장기종합교육계획(1972~1986년)이 대표적이고, 부문 계획의 예로는 의무교육완성 6개년계획, 교원수급계획, 교육여건확충계획, 대학교육 5개년계획, 경제개발계획에 포함된 교육 부문 계획 등이 있다. 대학발전계획은 개별대학의 종합계획으로 수립될 수도 있고 필요에 따라 특정 부문의 계획으로 수립될 수도 있다.

4) 계획의 위계에 따른 구분

계획의 위계에 따라 기본운영계획(master plan)과 집행계획(action plan)으로 구분된다. 기본운영계획은 사업 수행을 위한 기본적인 원칙이나 방침, 사업의 개요 등을 구상한 것이고, 집행계획은 기본운영계획을 실천하기 위한 세부 활동계획이라고 볼 수 있다. 집행계획은 다시 계획 내용의 구체성 정도에 따라 사업계획(program), 단위사업계획(project), 세부계획(sub-project) 등으로 구분할 수 있다. 이와 유사한 맥락에서 계획을 전략적 기획(strategic planning), 전술적 기획

(tactical planning), 운영기획(operational planning) 등으로 구분하기도 하고, 계획 내용의 수준에 따라 정책계획, 행정계획, 관리계획 등으로 구분하기도 한다.

5) 계획의 강제성 정도에 따른 구분

계획의 자발성이나 강제성 정도에 따라 강제적 기획, 유도기획, 예측기획 등으로 구분된다. 강제적 기획은 계획의 내용이 강제적 구속력을 지닌 것으로, 계획의 내용이 필수적으로 추진되어 소기의 계획목표를 달성해야 하는 것이다. 1960~70년대의 우리나라 경제개발계획이 이런 성격의 계획이라고 볼 수 있다. 유도기획은 강제적 구속력 없이 정책 방향이나 계획목표를 추구해 나가도록 유도하는 계획이다. 1980년대의 정부 계획이 이런 방향을 표방하였다. 예측기획은 관련 기관들이 정책판단을 하는 데 도움을 줄 수 있도록 미래 상황에 관한 예측이나 추정 정보만을 제공하는 것이다. 민주화, 자율화 수준이 높은 선진국 등에서 많이 사용되는 방식이다.

6) 계획의 고정성 여부에 따른 구분

계획의 고정성 여부에 따라 고정계획과 연동계획 등으로 구분된다. 고정계획은 한 번 수립된 계획 내용에 변화를 가하지 않는 것이고, 연동계획은 상황변화 등에 따라 계획 내용을 맞추어 가는 방식이다. 최근 사회변화가 급속히 이루어지면서 고정계획 방식보다 연동계획 방식의 적용이 늘어나고 있다.

제3장

대학발전계획의 수립 및 추진 절차

1. 교육계획의 주요 과정

바람직한 교육계획을 수립하기 위해서는 교육계획을 수립하는 과정이 합리적으로 이루어져야 한다. 지금까지 학자들은 계획을 수립하기 위한 과정을 다양하게 제시해 왔다. 이런 예로서, Newman(1950)은 계획의 주요 과정을 ① 문제의 명료화, ② 대안의 선정, ③ 자료의 수집, ④ 자료분석, ⑤ 의사결정이라 하였다. 여기서 문제의 명료화는 무엇이 문제인가를 명확히 하는 것이고, 대안의 선정은 문제해결을 위한 대안을 선정하는 것이며, 이에 따라 자료의 수집 및 분석 과정을 거쳐 의사결정을 하게 된다는 것이다.

또한 Kaufman은 교육문제 해결을 위한 체제접근 방법으로 ① 문제 확인, ② 문제해결을 위한 대안 창출, ③ 문제해결을 위한 전략 수립, ④ 전략의 시행(implement), ⑤ 효과분석, ⑥ 필요에 따른 체제수정의 여섯 단계를 제시하였다.[1] 이러한 접근 방법은 교육계획의 수립

---

1) Roger A. Kaufman, *Educational System Planning* (Englewood Cliffs, N. J.:

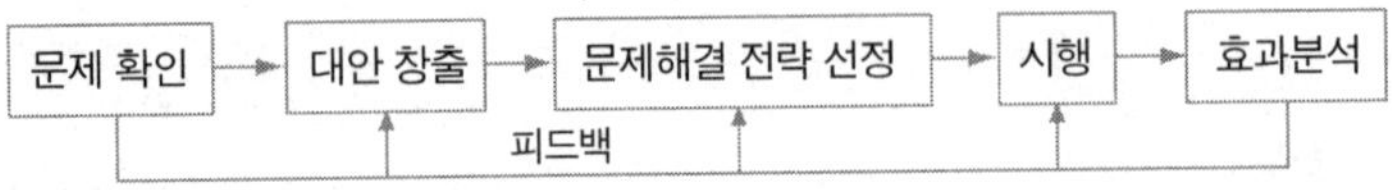

[그림 3-1] 교육체제 계획 모형

과정에도 직접 활용될 수 있는 것이다.

1) 문제 확인

교육계획에서 가장 먼저 이루어져야 할 과제는 교육문제를 확인하는 것이다. 하지만 교육문제는 보는 관점에 따라 달리 인지될 수 있다. Stufflebeam은 문제를 분석하는 관점으로 ① 차이적 관점, ② 집합적 관점, ③ 진단적 관점, ④ 분석적 관점을 들고 있다. 여기서 차이적 관점은 문제를 기대와 실제와의 차이로 보는 관점이고, 집합적 관점은 다수가 문제로 인지하는 것을 문제로 보는 관점이며, 진단적 관점은 전문가(예: 의사)의 진단에 의해 문제를 확인하는 관점이고, 분석적 관점은 체제접근 방식 등의 과학적 접근방식으로 상황을 종합적으로 분석하여 문제를 확인하는 관점이다.

이와 관련하여 Kaufman은 문제를 요구 수준의 확인에 의해서 파악할 수 있다고 한다. 이때 요구 수준은 현재의 상태(what is)와 바람직한 상태(what should be) 간에 차이에 의해서 파악될 수 있다. 여기서 현실적 상태란 현재의 교육 상황이고 당위적 상태란 앞으로 개선되어야 할 교육 상황이다. 그러므로 현재의 교육 수준과 앞으로 개선되거나 달성되어야 할 교육 수준 간에 차이가 적으면 교육에 대한 요구도 적다고 하겠고 그 차이가 많으면 교육에 대한 요구도 많다고 하

Prentice-Hall, Inc., 1972), p. 21.

겠다. 그리고 그 차이가 심한, 즉 교육에 대한 요구가 많은 것이 교육문제로 제기되는 것이다. 이런 방법의 요구분석을 통해 문제를 확인하게 된다. 이 외에도 회의, 의견조사 방법 등이 활용될 수 있다.

2) 대안 창출

요구조사와 같은 방법으로 교육의 문제가 확인되면 그와 같은 교육문제를 해결하기 위한 대안을 탐색해야 한다. 여기서 대안이라고 하는 것은 문제해결을 위한 기본 방향과 구체적인 실천방안은 물론 각 대안의 장·단점까지 의미하는 것이다. 대안 창출을 위해서는 아이디어 도출을 위한 회의, 질문조사, 델파이 기법, 브레인스토밍 방법 등이 활용될 수 있다.

3) 문제해결 전략 선정

앞 단계에서 창출된 여러 가지 대안들을 비교·분석하여 최적안을 선택하게 된다. 여러 대안들을 비교·검토하기 위해서는 비용-수익분석, 비용-효용분석, 비용-효과분석 등의 비용분석(cost analysis), 모의상황기법(simulation), 기획예산제도(PPBS) 등의 방법이 사용된다.

4) 전략의 시행

문제해결을 위한 최적대안을 시행하는 단계다. 계획을 실시하기 위해서는 수많은 인적·물적 그리고 재정적 투입이 불가피하고 이를 효율적으로 관리하기 위해서는 과학적인 경영·통제체제가 필요하다. 그래서 이 단계에서는 프로그램 평가기법(PERT)과 주요공정기법

(CPM) 등과 같은 네트워크를 통한 경영 기법들이 유용하게 활용될 수 있다(이 외에도 기초적인 기법으로 Gantt chart 〈bar chart〉, flow chart 등이 있다).

5) 평가

문제해결을 위한 전략에 따라 사업이 수행되고 나면 이에 대한 효과를 분석해야 한다. 이러한 효과분석에는 학생들에 대한 학력평가를 포함하여 교원, 시설, 학교경영 등에 대한 종합적인 교육평가가 포함될 수 있다.

6) 체제 수정

평가의 결과는 어느 단계의 과정이 수정 또는 보완되어야 할 것인가를 보여 주게 된다. 그러므로 평가의 결과는 앞 단계로 환류(feed back)되면서 체제를 수정하게 한다. 이러한 환류 과정은 사업이 종료된 후에만 이루어지는 것이 아니고 각각의 단계에서마다 평가되면서 수정 · 보완될 수 있다.

2. 대학발전계획의 수립 과정

대학발전계획의 과정은 일반적으로 대학발전계획의 준비, 대학발전계획의 수립, 대학발전계획의 실시, 대학발전계획의 평가 및 피드백 단계 등으로 구분된다.[2] 여기서는 대학발전계획을 수립하여 추진

2) 유네스코에서는 교육계획의 과정을 ① 계획 준비(pre-planning), ② 계획 수

하는 절차를 중심으로 그 과정을 살펴본다.

1) 대학발전계획 준비 단계

대학발전계획 준비 단계는 대학발전계획을 수립하기 위해 사전에 준비되어 있어야 할 사항들을 확립하는 단계다. 이 단계에서는 계획 수립 업무를 담당할 기구, 조직, 기능 등의 추진체제를 구성하고, 계획 수립 절차를 결정하며, 계획 수립에 필요한 기초자료를 수집하고 분석하는 일들을 수행하게 된다.

대학발전계획을 수립하여 추진하기 위한 기구와 조직 등을 구성하는 것은 대학발전계획의 수립 및 추진의 성패를 좌우한다고 볼 수 있을 정도로 매우 중요하다. 대학발전계획을 수립하기 위한 기구로는 대학발전계획추진위원회와 같이 별도 테스크포스를 구성하여 설치할 수도 있고, 기존 조직에 임무를 부여하여 수행할 수도 있다. 대학발전계획추진위원회를 구성하는 경우에는 대학발전계획추진위원회의 하부 조직으로 대학발전계획을 수립하는 실무를 담당할 조직으로 대학발전계획추진실무위원회 등을 둘 수 있다. 이 경우 대학발전계획추진위원회는 대학 구성원의 대표성을 갖도록 직종, 직급을 대표하는 인원으로 구성하는 것이 바람직하고, 대학발전계획을 수립하는 실무위원회는 담당 분야의 전문성을 중시하면서 실무에 밝은 인사로 구성하는 것이 바람직하다. 그러나 많은 대학들이 실제로는 대학발

립(planning), ③ 계획 입안(plan formulation), ④ 세부계획 입안(plan elaboration), ⑤ 계획 실시(plan implementation), ⑥ 계획의 평가 및 수정·보완(evaluation, revision and replanning)의 6단계로 구분하고 있다. UNESCO, *Foundations of Educational Planning* (Bangkok: UNESCO Regional Office for Education in Asia, 1976), p. 16.

전계획을 수립하는 데 역점을 두고 대학발전계획을 추진하는 데에는 관심이 줄어들어 대학발전계획 수립을 위한 위원회만 구성하는 경우가 많다. 대학발전계획의 수립도 중요하지만 대학발전계획을 추진하는 것도 중요하다. 대학발전계획을 추진하는 기구가 별도로 구성되지 않은 경우에는 기존의 공식조직 중 기획업무를 담당하는 기획처 등의 부서에서 대학발전계획을 전담하여 추진하는 것도 한 가지 방법이 될 것이다.

2) 대학발전계획 수립 단계

대학발전계획 수립 단계는 대학발전계획을 수립하는 단계로서 대학의 문제를 진단하고, 대학발전을 위한 기본 정책을 결정하며, 미래 요구와 이에 따른 재정소요를 예측하고, 목표를 설정하여 대학발전계획을 수립하는 과정 등이 포함된다. 특히, 대학의 문제진단 과정에서는 현재의 대학 상황이 지니고 있는 문제를 분석하고 진단하게 된다. 이때 진단의 준거는 국가의 교육정책이나 대학의 발전목표 등이 되며, 이러한 준거에 비추어 현재의 교육적 노력이 얼마나 적절한가를 판단하게 된다. 이러한 문제진단의 준거를 보다 더 세분하면 적절성(relevance), 효과성(effectiveness), 효율성(efficiency) 등으로 구분해 볼 수 있다.

여기서 적절성이란 현재 대학의 교육적 노력이 국가사회의 요구와 대학에 대한 기대 등에 부합하는가를 판단하는 것이고, 효과성이란 현재 대학의 교육적 노력이 국가 교육목표나 대학 발전목표를 얼마나 달성했는가를 판단하는 기준이 되며, 효율성은 앞의 효과를 극대화시키기 위해 적정의 인적·물적자원을 사용했는가를 판단하는 기준이 된다. 그러므로 효율성은 계량화된 지표에 따라 비용분석

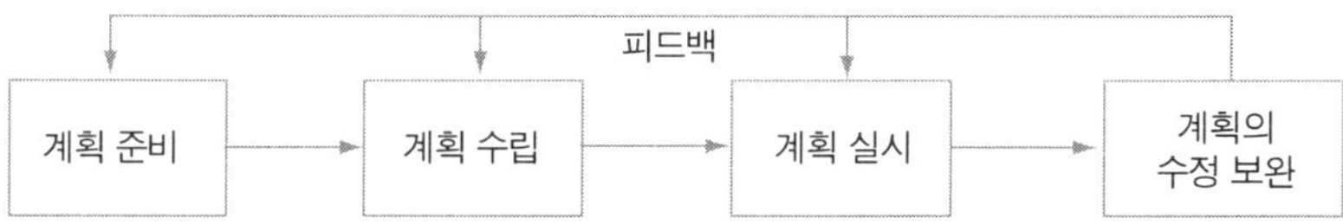

[그림 3-2] 대학발전계획의 주요 과정

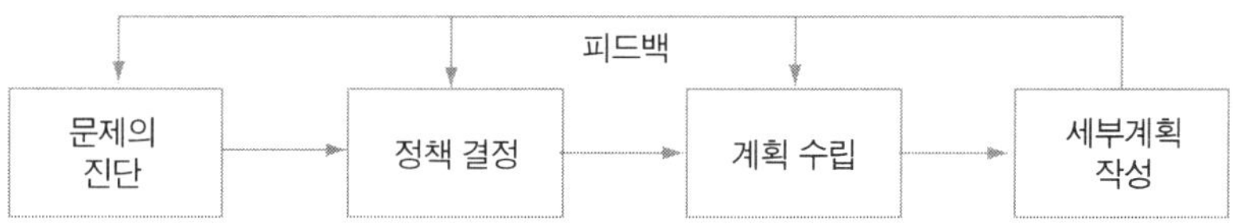

[그림 3-3] 대학발전계획 수립의 주요 과정

등의 방법으로 양적 분석이 가능하지만, 적절성과 효과성은 계량화가 곤란하기 때문에 질적 분석을 해야 한다.

이러한 질적 분석에서는 일반적으로 체제접근(systems approach) 방법을 활용함으로써 많은 도움을 받을 수 있다. 체제접근은 그 체제의 목표, 투입, 과정, 산출의 모든 요소들을 상호 관련지어 분석하는 방법이다. 모든 체제는 그 나름대로의 설정된 목표를 가지고 있다. 그러므로 그 체제에서 나오는 산출은 설정된 목표와 일치해야 한다. 만약 산출과 목표 간에 합치되지 않는 점이 발견된다면 그것은 투입 단계에서나 투입을 산출로 전환시키는 과정 단계에 문제가 있는 것이다.

대학의 문제가 진단되면 그 문제를 해결하기 위한 정책 결정이 이루어지게 된다. 새로운 대학정책은 교육현장을 개선시킨다는 측면에서 대학개혁의 수단이 된다. 그런데 이 과정에서 주의해야 할 점은 대학정책은 대학발전계획을 수립하는 사람들에 의해 수립되는 것이 아니고 정책결정자나 정책결정을 담당하는 부처에 의해 수립된다는 것이다. 그렇지만 대학발전계획을 수립하는 사람은 대학정책 수립 과정에서 대학정책 결정자에게 전문적이고 기술적인 조언을 하는 주요한 역할을 수행하게 된다.

대학발전을 위한 기본 정책이 결정되면 그 정책의 구체화를 위하여 미래 요구를 인적 · 물적 측면에서 조사하게 된다. 그렇지만 이 단계에서는 재원의 조달 가능성이나 정책의 실현 가능성을 고려할 필요가 없다.

정책에 대한 미래 요구가 파악되면 이 미래 요구를 구현하기 위한 재정소요를 예측하게 된다. 미래의 요구를 예측하고 이에 따른 재정소요를 예측하게 되면 재정투자사업 중에서 우선순위를 결정하고 이에 따라 실현 가능한 목표를 설정하게 된다. 이 단계에서는 한정된 재정범위 내에서 적절성과 효과성이 가장 높은 목표를 찾게 된다.

(1) 대학 내외 환경 및 요구 분석

대학의 문제진단은 대학경영진단 등의 이름으로 이루어지기도 한다. 대학경영진단은 관점과 강조점 등에 따라 여러 가지 방식으로 분석될 수 있다. 최근에는 대학 내외의 환경과 대학 내의 역량을 중심으로 대학의 장점(strengths)과 단점(weaknesses) 그리고 기회(opportunities)와 위협(threats) 요인을 중점 분석하는 SWOT 분석방식이 많이 사용되기도 한다.

대학의 문제 상황을 종합적으로 진단하거나 대학경영을 종합적으로 진단하기 위해서는 기본적으로 대학의 외부환경과 내부역량을 잘 분석하여야 한다.

① 대학의 외부환경 분석

대학의 외부환경 분석에서는 거시적인 환경을 포함하여 국가의 교육정책, 국가 및 지역사회 여건, 인력 양성 · 공급 측면 등이 분석되어야 한다. 이런 대학의 외부환경은 대학발전을 위한 기회와 위협요인이 될 것이다.

거시환경에서는 교육 부문은 물론 사회 전반에서 일어나고 있는 변화 중에서 교육 부문, 특히 대학에 영향을 미치는 변화나 추이 등을 중심으로 분석하게 된다. 현재는 물론 미래 대학발전을 구상하는 데 고려해야 할 주요 변화로 지식기반사회, 정보화, 세계화, 다원주의적 사고와 문화의 전개 등 메가트렌드(megatrend)와 국내의 최근 상황으로는 저출산, 고령화 추세 등이 지적될 수 있다(이에 관한 내용은 제1장을 참조).

대학경영진단에 정부의 교육정책도 주요하게 고려해야 한다. 대학의 자율성이 강조된다고 하여도 국가의 교육정책과 무관하게 대학이 운영되기는 어렵기 때문이다. 국가의 대학통제가 심한 경우 국가 교육정책의 대학에 대한 영향력은 절대적이라고 할 것이다. 최근 우리나라 대학정책에서도 대학경쟁력 강화를 위한 대학개혁을 강조하면서 대학정책에 높은 비중을 두고 일련의 대학개혁 정책들을 입안·시행해 오고 있다. 이런 정책으로 대학 자율화 정책, 대학구조개혁사업, 두뇌한국 21(Brain Korea 21) 사업, 지방대학혁신역량강화사업(NURI), 수도권대학특성화사업, 전문대학특성화지원사업 등이 있다(이에 관한 내용은 제1장을 참조).

대학경영진단에서는 국가 및 지역사회 여건 분석도 중요하다. 대학이 위치하고 있는 지역의 특성이나 지역 또는 국가 내에서 대학의 활동 및 상호관계 등이 분석되어야 한다. 대학 수준에서는 공통적으로 국가와 지역사회 여건 분석이 중요하다. 보다 세분해서 본다면 학생 자원이 전국에서 모이거나 교수들이 전국적인 규모에서 활동하는 대학의 경우에는 해당 지역여건 분석과 함께 국가여건 분석도 못지않게 중요하겠지만, 활동범위가 제한된 지역 대학인 경우에는 국가의 여건보다는 해당 지역의 여건이 상대적으로 중요하게 고려되어야 한다.

인력 양성 · 공급 측면에서는 국가 또는 지역 내 인력수요를 감안하면서 해당 대학 졸업생들이 산업사회의 요구에 얼마나 잘 부응하고 있는가를 분석하게 된다. 여기서는 취업률과 같은 양적 측면 외에도 산업사회에서 요구하는 수준의 인력을 양성했는가라는 질적 측면도 분석되어야 한다.

② 대학의 내부역량 분석

대학의 내부역량 분석에는 대학의 기본 기능인 교육, 연구, 사회봉사라는 측면에서의 인적 · 물적 · 인프라 등의 역량, 대학의 주요 기능을 수행하기 위한 인적 · 물적 · 재정적 지원 시스템 등이 포함될 수 있다. 이런 대학의 내부역량은 대학발전을 위한 대학의 강점과 약점이 될 것이다.

대학의 내부역량 분석에서는 부문별 역량평가에 앞서 해당 대학을 이해하기 위한 배경적 상황에 대한 분석이 필요하다. 대학의 배경적 상황으로는 대학의 발전 역사, 대학의 현황 등을 분석하고 대학의 현안과제와 현행 전략 등을 분석 · 소개하는 것이 필요하다.

대학의 부문별 역량 분석에서는 대학의 기본 기능에 해당하는 교육, 연구, 사회봉사 측면의 실태를 분석하게 된다. 대학의 본질적 기능인 교육과 연구의 수월성 수준을 대학경쟁력 차원에서 분석하고 교육연구의 여건으로서 제반 인프라와 구성원의 양적, 질적 수준을 진단하게 된다. 또한 대학의 수월성을 고양하는 시스템으로서 각종 제도의 현황과 문제점 등을 분석하고 교육과 연구의 성과를 분석하여 대학의 경쟁력 수준을 평가하게 된다.

대학의 행정역량으로 교육과 연구의 수월성을 촉진하는 지원체제를 진단하게 된다. 대학의 행정역량으로는 조직의 구조와 기능, 지배구조, 행정력의 근본적 요인으로서 인적자원의 역량을 진단한다. 특히, 총학장 등 대학행정가의 리더십과 조직 구성원들의 혁신지향성 등이 중점적으로 진단되어야 한다.

대학발전을 위해서는 대학 행정역량의 한 요소로서 재원확보 및 재정운영 등에 관한 재무관리 역량도 중요한 요소다. 대학의 재원확보 노력과 재원확보 전망 및 대학에서 운영되는 각종 재무, 회계체제 등이 진단되어야 한다.

(2) 비전, 목표 및 전략 수립

비전은 간단히 개별대학들이 성취하려는 미래의 대학 모습이다. 구체적으로 대학개혁이나 대학발전계획의 추진 등을 통해 성취하려는 미래의 대학 모습이 바로 비전이 된다. 이런 비전은 대학 구성원들의 요구와 기대 그리고 꿈과 의지 등이 종합적으로 반영되어 설정되는 것이 일반적이다. 대학발전계획은 바로 이 비전을 실현하기 위해 수립하는 것이다.

비전은 구체적인 목표들을 통해 실현될 수 있다. 따라서 목표는 비전을 실현하기 위한 수단이 될 수도 있고, 상위 비전에 대한 하위 비전의 성격을 가질 수도 있다. 이 목표들은 추진기간 및 목표달성 시기 등에 따라 장기, 중기, 단기목표 등으로 세분화될 수도 있다. 그리고 이 목표들은 다시 세부계획 등을 통해 실현된다.

(3) 세부계획 수립

목표가 설정되면 이에 따른 계획을 수립하게 된다. 계획은 일반적으로 그 사업을 담당하여 수행할 기관의 청사진을 보여 주고, 아울러 일련의 의사결정이 이루어진 것을 정부로부터 승인받기 위해서 수립된다. 그러므로 계획에서는 어떤 사업이 수행되고, 왜 그 사업이 수행되어야 하며, 그 사업이 어떻게 수행되어야 할 것인가에 관하여 명백히 기술해야 한다. 일반적으로 하나의 계획(plan)은 여러 가지 하위사업(programme)으로 구성되고, 그 프로그램은 다시 세분된 여러 가지의 세부 하위 사업(project)으로 구성된다.

대학발전계획의 세부계획은 대체로 교육(학부 및 대학원과정의 조직 및 학사제도 등), 연구(연구지원 및 관리제도 등), 학생(학생활동, 장학, 취업 및 후생 · 복지 등), 교수(교수 임용 및 업적평가 등), 대외협력(대학 간 협력체제, 국제교류, 산학협동 등), 지원체제(학술정보활동, 언론출판활동 등), 시설(시설 및 기자재 확충, 유지 · 관리 등), 대학행정(의사결정기구, 보직제도, 행정직원 관리 등) 및 대학재정(재원 확보, 예산관리 등) 분야별로 수립하게 된다.

(4) 의견수렴 및 확정

대학발전계획(안)이 성안되면 대학 구성원들의 의견을 수렴하게 된다. 대학 구성원 모두의 의견을 수렴하기 곤란하다면 대학 구성원을 대표하는 직능단체나 직능대표자들을 통해 의견을 수렴할 수 있을 것이다. 각계 의견을 수렴하는 방법으로는 직능단체와의 일련의 회의를 개최하는 방식과 공청회를 통해 모든 직능단체나 대표자들의 의견을 수렴하는 방식도 가능하다. 그리고 대학 내 구성원들의 주관적 의견을 보완하기 위한 취지로, 가능하다면 대학 외부인사의 평가나 의견을 듣는 것도 좋은 방법이 될 것이다. 이와 같은 의견수렴 과정을 거치면서 대학발전계획(안)이 수정 · 보완될 가능성도 있다. 이런 과정을 거쳐 성안된 대학발전계획은 대학의 최종 정책결정권자의 결재를 받아 확정된다.

3) 대학발전계획의 실시

대학발전계획이 수립되어 확정되면 그 계획은 대학의 일상적인 행정 과정을 거치면서 시행에 옮겨지게 된다. 대학발전계획의 추진을 체계적으로 관리하기 위해서는 대학발전계획추진위원회와 같은 별도 조직으로 설치하여 특별관리할 수도 있을 것이다. 대학발전계획의 시행 과정에서도 추진 상황을 수시로 점검하여 대학발전계획 추진 과정에 반영하는 것이 필요하고, 이를 위해 PERT 등의 사업관리 기법 등이 활용될 수 있다.

4) 대학발전계획의 평가 및 피드백

대학발전계획이 실시되고 나면 평가 단계에 들어선다. 그렇지만 대학발전계획의 평가가 반드시 그 계획이 완료된 후에만 이루어지는 것은 아니다. 즉, 대학발전계획의 실시 단계에서도 사업의 진척을 확인하면서 계획에 대한 평가 및 수정 · 보완을 지속적으로 수행하게 된다. 이처럼 계획 기간 내에 수시로 계획을 평가하면서 비현실적인 목표 등을 수정 · 보완하는 계획의 예로서 연동계획(rolling plan)을 들 수 있다.

3. 대학발전계획 수립 과정에서 고려해야 할 사항

대학발전계획 수립 과정에서는 계획사업의 중요성, 실현 가능성, 적절성, 한정성, 간결성, 융통성, 시간성 등이 고려되어야 하고, 이러한 요인들을 고려하여 수립된 계획이라 하더라도 계획이 종료되기까지 지속적인 평가와 확인이 이루어져야 한다.

1) 중요성

대학에서 수행되는 모든 사업이나 활동은 대학의 교육목표를 달성하기 위한 것이지만 개개 사업이나 활동의 중요성은 교육목표 달성도라는 측면에서 볼 때 각기 다르다. 그러므로 대학발전계획에 포함된 사업 및 활동은 대학의 교육목표에 비추어 정책의 타당성과 중요성 등이 반영되어야 할 것이다. 대학발전계획의 수립 과정에서 설정되는 이러한 기준은 제3자에 의해서도 객관적으로 평가될 수 있도록 작성되어야 한다.

2) 실현 가능성

대학발전계획에서 사업의 중요성이 인정된 후에는 그 사업의 실현 가능성이 검토되어야 한다. 실현 가능성의 검토에서는 정책적인 승인도 중요하지만 이 외에도 기술적인 실현 가능성과 재원조달 가능성 등도 계획의 집행을 위해서 중요하게 고려되어야 한다. 상위 계획과의 일관성 결여나 정책결정자의 승인을 받지 못하는 경우 그리고 계획에 따른 사업집행 예산을 조달할 수 없는 경우 계획은 수립되고서도 실천에 옮기지 못하게 된다.

대학발전계획 수립 과정에서 검토되어야 할 실현 가능성으로는 정치적 실현 가능성, 재정 · 경제적 실현 가능성, 기술적 실현 가능성, 행정적 실현 가능성 등이 있다(Patton & Sawicki, 1993). 정치적 실현 가능성은 대학의 정책결정 과정에서 대학발전계획이 대학정책 결정자, 대학 행정가, 교직원, 학생, 학부모, 동창회 등의 대학 구성원 등에 의해 수용될 가능성에 관한 것으로, 여기에는 수용성, 적절성, 대응성, 합법성, 형평성 등이 포함된다. 재정 · 경제적 실현 가능성은 대학발전계획의 경제적 효율성에 관한 것으로, 경제적 효율성을 평가하기 위해서는 가시적-비가시적, 화폐적-비화폐적, 직접적-간접적, 단기적-장기적 비용-효과(cost-benefit)가 모두 포함되어야 한다. 기술적 실현 가능성은 대학발전계획의 효과성과 충족성에 따라 실현 가능성을 검토하는 것이다. 행정적 운영 측면의 실현 가능성은 대학 내에서 대학발전계획의 성공적인 추진 가능성을 검토하는 것으로, 여기에는 대학 정책결정권자의 권위, 기관의 공약, 역량, 조직의 지원 등이 포함된다.

3) 적절성

교육계획 기법이 고도화되면서 적절성 문제가 더 많이 제기되고 있다. 대학의 교육목표를 달성하기 위한 대학발전계획을 수립하기 위해서는 적절한 계획 기법이 대학발전계획 수립 과정에서 사용되어야 한다. 교육계획에서 사용되는 미래 예측 기법에 관해서는 제4장에서 자세히 다루어질 것이다.

4) 한정성

대학발전계획이라고 해서 대학에서 수행되는 모든 사업들이 계획에 반영될 수는 없다. 따라서 대학발전계획을 수립하기 이전에 계획에 포함되어야 할 사업들이 규정되어야 한다. 이처럼 대학발전계획 수립 단계에서 계획의 한계를 분명히 규정해 둠으로써 대학발전계획에 포함되지 않는 사항들의 돌발적인 변화에도 즉시 대응할 수 있다.

5) 간결성

대학발전계획은 가장 간결한 방법으로 제시되어야 한다. 대학발전계획에는 많은 요소들이 서로 얽혀서 수립되기 때문에 그 결과는 가능한 한 간결한 방법으로 제시되어야 한다. 그래야만 전체 계획 내에 포함된 부문 계획의 각 대안들이 보다 더 면밀히 검토될 수 있고 의사결정자가 최적 대안을 선택하는 기준을 개발하는 데에도 도움을 주게 된다.

6) 융통성

대학발전계획은 정태적인 것이기보다는 동태적인 것이어야 한다. 대학교육과 관련하여 새로운 정보 또는 변화가 생긴 경우 그것은 계획에 즉시 투입되어야 하기 때문에 대학발전계획은 지속적으로 수정되어야 한다. 그래야만 그 계획이 현실성을 지니게 되고 대학의 발전 목표 달성도 보다 더 수월해진다.

7) 시간성

대학발전계획은 현재 시점에서 미래의 대학에 관한 사항을 설계하는 것이다. 그러므로 대학발전계획에는 향후 추진되어야 할 사업들이 선후 개념에 따라 포함되어야 한다.

8) 평가 · 확인

점검은 대학발전계획에 포함된 여러 사항들이 효과적으로 운영되고 있는가를 확인하기 위해서 필요하다. 이러한 입장에서 사업 진척에 대한 확인은 계획기간 중에 계속하여 이루어져야 한다. 대학발전계획을 평가하는 기준으로는 정책평가 기준으로 사용되는 효과성, 효율성, 충족성, 형평성, 대응성, 적절성 등을 원용하여 활용하는 것도 도움이 될 것이다(한국교육행정학회, 1995).

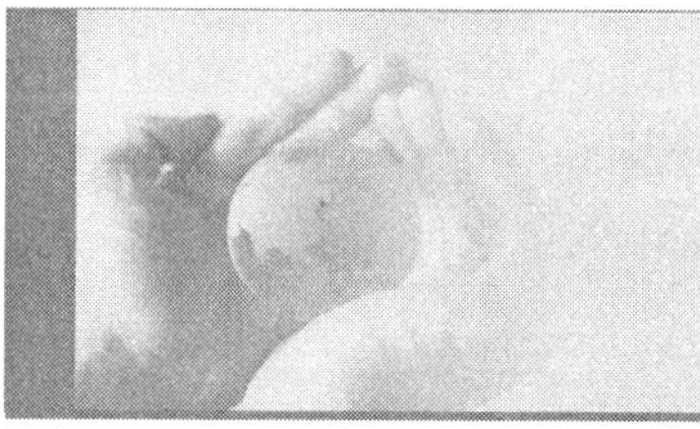

제4장
대학발전계획 방법론

1. 미래 변화 접근방식[1]

우리가 일반적으로 관심을 가지고 있는 미래든, 계획의 대상이 되는 미래든 그것은 인간의 마음속에 주관적으로 생성되어 존속하는 것이다. 때문에 그 미래의 내용은 '있음직한(probable) 미래'와 '있을 수 있는(possible) 미래' 그리고 '선호하는(preferable) 미래' 혹은 '바람직한(desirable) 미래' 등으로 집약된다(Toffler, 1972).

'있음직한 미래'란 지금까지의 추세에 입각하여 그런 추세가 앞으로도 계속되리라는 것을 가정할 때 또는 특별한 조건들을 추가로 고려해 넣을 때 미래에도 그러한 현상이 유사하게 일어날 것임을 예측할 수 있는 개연성이 높은 미래를 의미한다. 그리고 '있을 수 있는 미래'란 과거의 추세나 특정한 가정과는 상관없이 어차피 일어날 수 있는 모든 가능성을 가진 미래와 상상할 수 있는 미래로서, 실제로 그

1) 미래 변화 접근방식은 '김영철 외(1996), 한국교육비전 2020: 세기의 대전환, 한국교육개발원'의 내용 중에서 발췌하여 작성하였다.

것이 일어나든 아니든 또는 그것이 바람직스러운 것이든 아니든 상관없이 가능한 미래를 의미한다. '선호하거나 바람직한 미래'란 위의 두 가지 미래와는 별도로 개인이나 집단이 원하고 선호하고 가치 있고 옳다고 판단하는 미래를 의미한다(Toffler, 1972).

이와 같은 미래에 대한 논의는 미래를 전망한다거나 예측할 때 연구자들이 어떠한 접근 시각으로 미래를 그리느냐에 따라 시간과 장소 혹은 환경조건이 같은 미래를 그리는 데도 서로 다른 예측의 결과가 나올 수 있음을 암시한다. 즉, 이러한 논의는 같은 미래라고 해도 그 전망의 접근법의 차이에 따라 서로 다른 미래를 그릴 수 있다는 것을 보여 준다.

그동안 수행되어 온 미래 연구를 분석하여 보면 그 접근법에 따라 점진주의적 관점과 전환주의적 관점, 급진주의적 관점 등이 발견되는데, 이들 관점을 보다 자세히 살펴보면 다음과 같다(하인호, 1995).

첫째, 점진주의적 관점은 하나의 변화는 돌발적으로 나타나는 것이 아니라 과거로부터 현재까지의 변화추세가 미래로 연결되면서 나타나는 것이라고 보는 입장이다. 즉, 점진주의적 관점은 과거로부터 현재까지의 추세의 연속을 중시하며, 미래 예측을 위해 외삽주의적 입장을 취한다. 물론 여기서 중시되는 추세는 여타 다른 국가나 사회의 과거 경험에서도 얻어질 수 있으며, 한 사회의 되풀이되는 과거 역사로부터도 얻어질 수 있다. 이와 같은 점진주의적 관점을 취하고 있는 사람들은 비교적 낙관적인 입장인 사람들이 많으며, 특히 서구식 자본주의와 산업발달의 성과, 과학 · 기술공학의 발달에 따른 생활 수준 향상 등을 신뢰하는 입장에 있는 사람들이 많다. 많은 미래학자들이 이러한 관점을 견지하고 있으며, 대표적인 학자로는 Herman Kahn[2]과 Gerard K. O'Neill[3] 등이 있다.

둘째, 전환주의적 관점은 변화를 경직되고 획일적인 흐름으로 보지 않고 질적이고 확산적인 변화에 치중하는 입장이다. 즉, 사회변화를 어떤 분기점이나 전환점을 계기로 경계를 이루면서 실행되는 것으로 보고 있다. 이러한 연구로는 Daniel Bell(1976)의 '탈산업사회의 도래(The Coming of Post-industrial Society)'와 John Naisbitt(1984)의 '대경향(Megatrend)' 등이 있다.

셋째, 급진주의적 관점은 극단적인 변화의 결과를 중시한다. 급진주의적 관점에 속해 있는 사람들은 과거나 미래의 변화를 불연속성이나 분리, 혁명, 총체적 위기, 혼란 또는 충격으로 보고 있다. 즉, 이러한 극단적인 것들에 의해 새로운 변화가 일어난다고 보는 입장이다. 전환주의와 급진주의는 변화의 속도, 변화의 폭과 깊이 등에서 차이를 보이게 된다. 급진주의적 관점에서의 변화는 급속히 진행되고 그 변화의 폭과 깊이도 전환주의적 변화보다는 훨씬 크게 나타난다. 즉, 전환주의에서는 변화기간이 비교적 장기간이지만 급진주의에서는 단기간에 나타나게 되고, 변화의 정도도 전환주의에서는 총체적 변화로까지 이어지지 않지만, 급진주의에서는 극단적이고 총체적인 변화(혁명)까지 나타나게 된다.

미래 사회를 예측하는 데 있어서 인구증가, 자원변화, 경제성장 그리고 대학체제 내에서의 학생인구, 교원, 시설 등은 일반적으로 일정한 흐름을 유지하면서 점진적으로 변화해 간다. 그러나 지식기반사회화, 정보화, 세계화, 다원주의적 경향 등의 흐름은 질적 변화와 함께 구조적 변화를 보일 것으로 예상된다.

미래 사회의 변화 모습을 예측하는 것은 미래 사회의 변화에 따라

---

2) Kahn의 저서로는 『*The Year 2000*』(1967) 『*The Next 2000 Year*』(1976) 『*World Economic Development*』(1979) 등이 있다.

3) O'Neill의 저서로는 『*2081: A Hopeful View of the Human Future*』(1981) 등이 있다.

대학체제가 어떻게 영향을 받고 그 과정에서 대학체제가 어떻게 주도적인 역할과 활동을 해야 할 것인가를 시사받기 위한 것이다. 그러나 미래 사회의 망라적인 변화 모습을 예측할 수 없기 때문에 교육적 시사가 클 것으로 예상되는 영역을 선별적으로 분석할 필요가 있다. 일반적으로 미래 변화가 크면 클수록 대학체제에 주는 영향과 시사도 많다고 볼 수 있다.

2. 미래 예측 기법[4]

Cornish(1978)는 미래 예측의 기본 원리로서 '연속의 원리'와 '유추의 원리'를 들고 있다. 연속의 원리(the principle of continuity)는 역사의 흐름에서 오늘은 과거의 연속이고, 미래는 어제가 오늘을 거쳐 내일로 연속되는 모습이라는 것이다. 연속이라는 말에는 정태적인 것, 변하지 않는 것이 남아 있거나 반복된다는 뜻 그리고 변하는 것이 변화의 추세가 계속됨으로써 자꾸 변한다는 의미가 담겨 있다.

유추의 원리(the principle of analogy)는 인과관계에서와 같이 어떤 결과에는 그렇게 만든 계기가 있다는 것이다. 즉, 한 가지 현상이 일어나고 이어서 곧 다른 현상이 일어나 둘 사이에 인과적인 관계가 관찰되면, 미래에도 그 원인 현상이 일어나면 유사한 결과가 일어날 것으로 기대하고 예측할 수 있다는 것이다.

이러한 두 원리는 미래 전망이 예측의 작업을 의미하는 것이라는 점을 분명히 하고 있다. Cornish의 이러한 주장과 유사한 주장을 하

---

4) 미래 예측 기법은 '김영철 외(1996), 한국교육비전 2020: 세기의 대전환, 한국교육개발원'의 내용 중에서 발췌하여 작성하였다.

‖ 표 4-1 ‖ 예측(forecasting)의 유형

예측의 형태	전망의 기초	논거의 일차적 초점
추정	현재 및 과거의 추세	추세 추정 및 유사사례 분석
추론	이론적인 가정	원인, 유추
추측	주관적(직관적)	판단, 통찰, 동기

출처: William N. Dunn(1981). *Public policy analysis: An introduction*. N.J.: Prentice-Hall Inc.

고 있는 학자는 Dunn(1981)이다. 그는 미래 예측에는 추정, 추론, 추측 등 세 가지 기본적인 유형이 있다고 하였다.

추정(projection)은 이들 중 가장 합리적이고 객관적이며 비교적 정확도가 높은 방법으로, 현재 및 과거의 추세를 외삽하는 방법에 기초를 두는 것으로서 주로 귀납적인 접근을 하는 것이다. 그리고 추론(prediction)은 추정보다는 정확도가 떨어지지만 이론적인 가정에 기초를 두고 인과관계를 분석하며 유추를 하는 방법으로 연역적이며 비교적 추측보다는 과학적인 접근이기 때문에 미래 예측에 자주 사용될 수 있다. 마지막으로, 추측(conjecture)은 직관에 의해 주관적으로 미래를 예측하는 것으로서, 주로 개인의 통찰력이나 동기에 의존하기 때문에 정확도는 낮지만 개인이 보다 전문성을 갖고 있는 경우 활용 가치가 높다.

Dunn(1982)은 이러한 논리에 따라 이들 세 가지 형태별로 가장 적당한 미래 예측의 기법들을 소개하고 있다. 즉, 추정은 추세 외삽에 기초한 외삽적 예측 접근의 형태로서 고전적 시계열분석법 등이 이에 적당한 기법이라고 보고 있다. 그리고 추론은 이론에 기초한 예측으로서 이론도식법 등이 적당한 미래 예측 기법이라고 한다. 또한 추측은 직관에 기초한 주관적인 예측으로서 델파이법 등이 적당하다고 본다.

Dunn이 제시하고 있는 이들 기법들을 간단히 살펴보자. 먼저 외삽적인 기법들로 고전적 시계열분석법(classical time-series analysis)은 어떤 시간의 장기적 추세, 계절적 변인, 순환적 변동 등을 찾아내어 이를 바탕으로 미래를 예측하는 방법이다. 흑선기법(black-thread technique)은 일정한 과거 시간대에서 일단의 경향을 찾아내어 정확하지는 않으나 일직선을 그려 보아 그 선이 미래에도 계속된다고 보는 기법이다. 그리고 최소자승화경향분석법(least-squares trend estimation)은 흑선기법에서처럼 일정 경향선을 찾되 수학적인 방법으로 보다 정교하게 찾아내어 미래를 예측하는 방법이다. 지수양화법(exponential weighting)은 일정 시간대의 경향을 수학적인 방법을 통해 일정 지수로 양화한 뒤 그 지수를 가지고 증가 혹은 감소 경향을 예측하는 방법이다. 또한 데이터 변형법(data transformation)은 주어진 각종 데이터를 수학적인 방정식에 의해 연구자의 의도에 따라 변형한 뒤 일정 경향선을 보다 정교하게 확인하여 성장 혹은 퇴보라는 미래 형태를 예측하는 방법이다. 급변법(catastrophe methodology)은 일정 시간대에서 갑작스런 예기치 않은 변화가 나타났을 때, 주위의 환경이 비슷할 때 그러한 급변이 다시 나타나는 경향을 찾아내는 미래 예측 기법이다.

이론적 미래 예측 기법으로서 이론도식법(theory mapping)은 이론 혹은 인과법칙 하에서 한 가지 원인이 일어나면 그에 의한 한 가지 결과가 나타나든가, 여러 결과가 동시에 나타난다든가, 연속적인 결과가 나타난다든가, 아니면 순환적인 결과가 나타난다든가 하는 가설을 바탕으로 미래를 예측하는 기법이다. 경로분석법(path analysis)은 어떤 경향이 나타나면 그 경향이 움직이는 경로가 무엇인가를 찾아내어 이론화한 뒤 이를 바탕으로 비슷한 경로로 가는 것을 찾아내어 미래를 예측하는 방법이다. 그리고 투입-산출분석법(input-output analysis)은 투입과 산출을 분석하여 비슷한 투입이 이루어지면 비슷한 결과가 발생한다는 식으로 미래를 예측하는 기법이다. 선형기획법(linear programming)은 어떤 자료가 어떠한 일정 경향을 가지고 있는가, 아니면 가지고 있지 않은가를 통계적으로 처리하여 그 결과로 미래를 예측하는 기법이다. 회귀분석법(regression analysis), 보간법(interval estimation), 상관관계분석법(correlational analysis) 등도 위의 기법들을 바탕으로 보다 수학적인 정교함을 내포시키는 데 약간의 차이를 보이고 있는 기법들이다.

표 4-2 미래 예측 기법

구분	접근	기초	기법
추정	외삽적	추세	• 고전적 시계열분석법 • 흑선기법 • 최소자승화경향분석법 • 지수양화법 • 데이터 변형법 • 급변법
추론	이론적	이론	• 이론도식법 • 경로분석법 • 투입-산출분석법 • 선형기획법 • 회귀분석법 • 보간법 • 상관관계분석법
추측	직관적	주관적 판단	• 정형 델파이법 • 정책 델파이법 • 교차영향분석법 • 실현가능성평가기법

출처: William N. Dunn (1981). *Public policy analysis: An introduction*. N.J.: Prentice-Hall Inc.

한편, 직관적 예측 기법으로서 정형 델파이법(conventional delphi)

은 고전적인 델파이 방법으로 전문가들이 조사 질문지를 가지고 회의하듯이 운영하는 개인의 직관적인 의견합의 방법이며, 정책 델파이법(policy delphi)은 연구자의 관점에 따라 보다 변형된 기법으로서 정형화된 델파이법보다 다양한 조사 내용과 조사집단, 조사대상의 수적 비대, 보다 구체적인 통계처리 등이 요구될 때 사용되는 델파이 방법이다. 그리고 교차영향분석법(cross-impact analysis)은 어떠한 하나의 현상과 또 다른 현상이 상호 교차할 때 나타나는 새로운 현상을 찾아내는 미래 예측 기법이며, 실현가능성평가기법(feasibility assessment technique)은 전문가들이 자신의 식견을 바탕으로 어떤 현상이 일어날 수 있는 가능성을 따져 보는 방법으로 미래를 예측하는 기법이다.

그러나 이러한 Dunn의 미래 예측의 방법은 주로 공공정책 결정을 위주로 하는 예측 방법이기 때문에 보다 정확하고 타당한 의사결정을 시도하기 위해 각종 자료나 정보를 가지고 예측하는 수학적, 경제학적, 계량적 접근이 많아 일반적으로 단기의 정책결정을 위해서는 유용한 미래 예측이지만, 장기적인 관점에서 정책과는 다른 다양한 부문에 걸쳐 미래를 예측하는 기법으로서는 사용되기 어렵다는 단점을 가지고 있다.

이런 측면에서 Martino(1975)는 의사결정을 위한 미래 예측 기법으로 델파이법, 유추법, 성장곡선법, 추세외삽법, 분석모형법, 급진적 예측, 복합적 예측 등을 제시하였고, 김경동(1988)은 천재의 예보, 추세외삽법, 합의법, 모의실험법, 교차충격행렬법, 시나리오법, 결정의 나무, 형태학적 기법, 역사적 유추, 투입-산출분석, 게임법 등을 제시하였다. 이 밖에도 미래 예측에 관한 다양한 접근 방법이 있으나, 획일적으로 논의될 문제가 아니고 사안에 따라 그리고 미래 예측의 수준에 따라 그에 적절한 기법들이 활용되어야 한다.

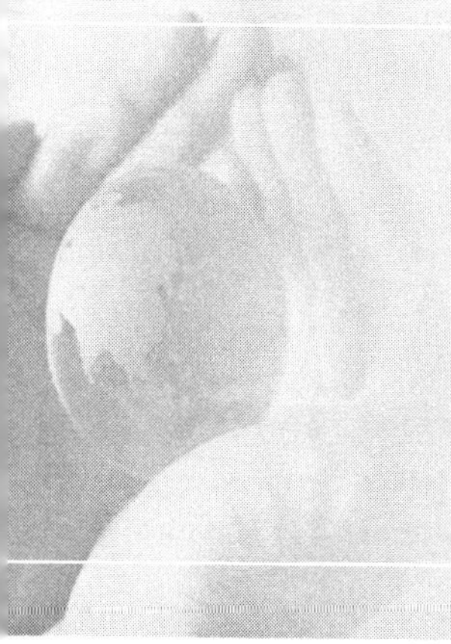

제 2 부

대학발전계획의 실제

제5장
학사관리발전계획

학사관리는 넓은 의미에서 대학에서 이루어지고 있는 모든 행정업무를 의미한다고 할 수 있으며, 대학행정의 핵심적인 업무다. 오늘날 대학의 경쟁력은 대학이 지향하는 이념과 성격에 부합하도록 학사관리를 합리적으로 특색 있게 혁신하는가에 달려 있다. 이 장에서는 학사관리의 개념과 업무 내용의 영역과 범위 등을 살펴보고 구체적인 업무 영역별 동향과 발전계획 등을 제시하고자 한다.

1. 학사관리의 개요

1) 학사관리의 의미와 영역

학사의 사전적 의미는 '학문에 관계되는 모든 일'을 뜻하며, 대학에서의 학사관리는 대학에서 이루어지는 학문에 관계되는 모든 일을 관리 · 지원하는 것을 의미한다(이현청 외, 2001: 6). 학사관리는 대학의 핵심적인 행정 분야로서 대학교육 수요자인 학생들과 직접적으로 관련된 업무이기 때문에 가장 관심을 가져야 하는 분야이기도 하다. 그러나 학사관리를 어떻게 규정하느냐에 따라 학사업무의 영역이 달라질 수도 있다. 일반적으로 학사관리는 교육수요자인 학생의 관점에서 규정하기도 하고 대학 구성원인 교수, 학생 그리고 교직원 상호관계를 중심으로 논의하기도 하며, 법으로 명문화된 업무를 중심으로 규정하기도 한다.

우선 학사관리를 교육수요자적 관점에서 논의하면 학생과 관련된 대학의 모든 행정업무라고 할 수 있다. 학생이 없으면 대학이 존재할 수도 없는 것처럼 대학의 모든 행정이 학생과 직 · 간접적으로 관련이 있다고 보면 대학행정 그 자체가 학사관리다. 그러나 일반적으로 협의의 개념으로 학사관리란 대학에서 학생을 선발하고 관리하여 졸업시키는 전 과정을 의미한다. 어떤 전공 분야에 얼마만큼의 학생을 선발하고 어떤 교과과정을 이수시켜서 졸업시킬 것인가에 관련된 모든 업무가 학사관리에 해당된다.

대학 구성원 관계 차원에서의 학사관리는 학생 교육활동의 관리를 위하여 교수와 학생, 행정직원과 학생 그리고 교수와 행정직원 사이에서 이루어지는 상호작용적 활동을 의미한다(이현청 외, 2001). 교수와 학생 간에는 교수-학습활동이 이루어지며, 이러한 활동에 관계되는 것으로 교육과정 편성과 운영, 수업 방법과 평가 등이 있다. 또한 행정직원과 학생 사이에서 이루어지는 학사관리 업무는 주로 교육소비자인 학생에 대한 행정직원들의 서비스 활동이다. 학생들이 학교생활을 하는 데 필요한 정보제공에서부터 후생복지, 취업지도 등 다양한 업무들이 여기에 해당된다. 그리고 학생교육과 학교생활을 위한 교수와 행정직원 사이의 중요한 관계는 교수들이 질 높은 교육 서비스를 제공하도록 지원하는 업무다. 이와 같이 학생교육을 위한 대학 구성원 간의 업무관계를 중심으로 규정하는 학사관리의 개념은 상당히 포괄적이라 할 수 있다.

법규적 차원에서의 학사관리는 대학의 자율성이 전제되어 있지만 헌법, 고등교육법, 대학학사관리지침, 개별대학의 학칙 등 관련 규정에 따라 학생, 교직원, 학교에 대해 자격과 역할 및 기능을 명시하고 엄정하게 관리하는 것을 의미한다(교육부, 1999). 즉, 학교의 지도 및 감독, 학교규칙, 교육과정의 운영, 다양한 수업 방법에 관한 규정, 학생선발에 관한 규정 등 학사관리 관련 법규를 마련하고, 이를 근거로 하여 개별대학의 학사지침 및 학칙 등을 통해 실제적인 학사를 관리하는 것을 말한다. 특히, 대학의 자율성이 크게 확보되지 않았던 시절에는 법규적으로 규정한 범위 내에서 학사관리가 이루어져야 했다. 따라서 이때 학사관리의 의미를 가장 잘 설명할 수 있는 것이 법규적 차원에서의 학사관리의 의미일 것이다.

이와 같이 하나의 관점으로 학사관리를 규정하는 데는 한계가 있다. 특히, 오늘날 대학에 많은 자율성이 주어지고 있고 대학들이 지향하는 이념과 성격 등이 학사관리에서 구체적으로 나타나고 있다는 측면도 고려되어야 한다. 그러나 학사관리의 중요한 의미는 대학에서 다루고 있는 학문에 관계되며, 그 학문을 연구하고자 하는 교육수요자인 학생과 밀접하게 관련된 업무임에 틀림없다. 즉, 교육수요자들에게 어떤 분야에 어떤 프로그램을 제공할 것인지, 이러한 프로그램을 이수할 수 있는 학생을 얼마만큼 어떻게 선발할 것인지, 어떤 교과과정을 통하여 어떻게 교육을 시킬 것인지 그리고 교과과정 이수 결과를 어떻게 사정하여 학위를 수여할 것인지 등에 관련된 업무가 학사관리다.

따라서 여기서는 대학이 지향하는 이념과 성격에 부합하도록 교육조직과 교육과정을 편성하고, 편성된 교육과정을 통하여 교육을 받을 수 있는 적격자를 선발하여 교육시키고, 그 학적을 관리하여 졸업시키는 전 과정을 학사관리로 규정한다. 이와 같이 학사관리를 규정할 경우 구체적으로 대학에서 이루어지고 있는 학사관리 업무 영역은 다음과 같이 4개 영역으로 구분하여 논의할 수 있을 것이다.

첫째, 교육조직과 정원관리 업무다. 교육조직은 대학, 학부 그리고 학과 등과 같이 교육이 이루어지는 단위조직을 의미하며, 이 단위조직별로 책정된 학생 수가 정원을 의미한다. 그리고 정원은 학생을 선발할 때 모집단위라고 할 수 있는 입학정원과 전 학년의 학생 수인 편제정원이 있다.

둘째, 입학 및 편입학관리 업무다. 입학관리는 편제된 교육조직에 따라 책정된 모집단위별로 교육과정을 이수할 수 있는 적격한 학생을 선발하는 데 관련된 업무다. 학생선발권이 대학에 완전히 일임되지 않았기 때문에 입학관리 업무가 많은 제약을 받고 있지만 대학이 가장 신경을 써야 하는 학사관리임에는 틀림없다. 그리고 편제정원에 따라 부족한 학생 수를 채우기 위하여 학생을 선발하는 것이 편입학이다.

셋째, 교육과정 편성 · 운영 업무다. 편제된 교육조직의 최하위 단위에 따라 교육과정을 설계하고 교과과정을 개발하는 것이 편성업무이고, 편성된 교과과정을 학생들에게 전달하는 것이 운영업무다. 교육과정 편성은 우선 교육목표를 설정하고 설정된 교육목표를 달성하기 위하여 교양과 전공 그리고 필수와 선택과목 등을 정하는 것이 핵심적인 업무다.

마지막으로, 학적관리 업무다. 학적관리는 학생들이 규정된 학칙에 따라 편성된 교과과정을 이수하여 학점을 취득하고 학위를 받기까지의 전 과정에 관련된 업무다. 그러나 학적관리는 학생들이 학위를 취득한 이후를 관리하는 업무까지 포함하고 있다. 이 장에서는 학적관리와 관련된 부분이라고 할 수 있는 등록, 학점이수 그리고 졸업 등은 대학에서 일상적으로 처리하는 업무들이라는 관점에서 다루지 않기로 한다.

이상과 같이 포괄적인 의미와 내용을 담고 있는 학사관리는 학부과정과 대학원과정의 공통부분도 있지만 다른 부분도 많다. 그러나 일반적으로 학사관리라고 하면 학부과정을 중심으로 논의한다. 최근 대학의 성격과 유형을 크게 학부중심 또는 교육중심대학과 연구중심 또는 대학원중심대학 등 둘로 나누고 있는데, 이 경우 학사관리 업무의 내용과 비중이 달라질 수 있다. 또한 동일한 교육중심대학을 지향하는 대학일 경우에도 교육조직의 편제, 즉 대학의 핵심 전공 분야가 무엇인가에 따라 학사관리는 달라질 수 있다.

2) 대학 학사관리의 의의

학사관리 업무는 그 대학이 지향하는 이념과 성격을 부각시킬 뿐만 아니라 사회 일반이나 교육수요자가 그 대학을 잘 인지하도록 하는 데 중요한 역할을 한다. 최근 대학들이 교육의 질 관리와 대학의 경쟁력 제고 차원에서는 물론 학령인구 감소에 따른 학생자원 확보를 위하여 구조조정과 변화와 혁신을 시도하고 대학의 특성화 등을 추진하고 있는데, 이 모든 것들이 학사관리와 밀접하게 연관되어 있다. 이런 관점에서 대학경영이나 행정에서 학사관리 부문의 발전적 변화와 혁신이 갖는 중요한 의의를 정리해 보면 다음과 같다.

첫째, 학사관리가 어떤 방향으로 어떻게 변화하고 발전하는가를 보면 그 대학이 지향하는 이념과 성격을 분명히 알 수 있다. 모든 대학이 교육이나 연구의 수월성을 추구하는 것은 공통적이지만, 대학이 연구중심이나 대학원중심대학의 성격을 지향하면 교육과정이나 교육조직 편제가 광역화되는 추세를 보이게 된다. 그리고 교육중심 대학을 지향하는 경우에도 학문지향인지 아니면 직업지향인지에 따라 교육과정은 물론 학생선발 방식 등도 달라질 수 있다. 직업교육을 지향하는 대학은 세분화된 전문 직업 분야 중심으로 교육조직을 편제하고 실용 중심의 교과과정을 편성할 것이다. 그러나 학문 중심을 지향하는 대학은 대학원 진학을 위한 기초학문 교육에 비중을 많이 두게 될 것이다. 대학의 학사관리는 이와 같이 대학이 지향하는 이념이나 성격과 밀접하게 관련되어 있으므로 학사관리의 혁신과 변화를 통하여 그러한 것들을 부각시켜서 사회나 교육수요자에게 알릴 수 있을 것이다.

둘째, 대학교육의 질 관리를 통하여 대학의 경쟁력을 제고할 수 있다. 학사관리는 대학행정의 핵심적인 영역인 동시에 대학교육의 질 관리와 직결되는 업무다. 학생의 선발에서부터 교육과정 편성과 운영 그리고 학적관리 등 어느 것 하나 대학교육의 질과 직접적으로 관련되지 않은 업무가 없다. 학사관리를 철저하고 엄격하게 잘 관리하는 대학이 결국 질적으로 우수한 대학인 동시에 경쟁력이 있는 대학이다. 오늘날 대학의 경쟁력이 반드시 학생교육의 결과에 의하여 결정되는 것은 아니지만, 대학의 질이나 대학의 경쟁력을 논의할 때 가장 핵심적인 부분이 학사관리와 직결된 교육력이다. 특히, 교육중심 대학의 경우는 더욱 그러하다. 대학에서 학사관리가 중요한 것은 바로 이와 같이 대학교육의 질 관리를 통해서 대학의 경쟁력을 높일 수 있다는 데 있다.

셋째, 하드웨어가 아닌 소프트웨어 중심의 대학 특성화를 추진할 수 있다. 대학의 특성화는 대학이 지향하는 이념과 성격에 따라 이루어지고 있으며, 이는 그 대학의 미래 발전 방향과도 일치한다. 최근 대학의 특성화는 제도나 시스템보다는 주로 학사관리와 관련된 프로그램 중심으로 이루어지고 있다. 즉, 대학이 다른 대학과 차별화되고 경쟁력을 갖기 위해서는 교육과정 등과 같은 학사관리 부문을 특성화해야 한다는 것이다. 아직도 대학에 대한 규제가 부분적으로 상존하고 있고 정부가 평가를 통하여 대학에 대한 재정을 지원하고 있어 학사관리의 특성화가 제한되고 있지만, 대학에 대한 자율성이 더 확대되고 재정문제가 해결된다면 학사관리는 더욱 다양화되고 특성화될 것으로 전망된다.

넷째, 교육수요자의 대학교육에 대한 만족도와 대학의 사회적 인지도를 제고할 수 있다. 21세기 대학의 학사관리는 대학이 원하는 수준의 질을 유지하면서도 학생들이 대학으로부터 원하는 것을 얻어갈 수 있도록 지원하고 관리하는 것에 초점을 두어야 한다. 즉, 교육수요자인 학생들이 대학교육에 대해 만족할 수 있도록 해야 한다. 그리고 다른 한편으로 엄정한 학사관리 등을 통하여 교육의 질적 수준을 유지하고 경쟁력을 제고함으로써 대학의 사회적인 인지도를 높여 나가야 한다. 이러한 관점에서 대부분의 대학들이 지속적으로 학사관리를 포함한 전반적인 대학경영을 혁신하고, 전략적인 혁신기획을 위해 노력하고 있다.

3) 학사관리의 혁신 동향

(1) 주요국 대학의 학사관리 혁신[1]

세계 각국의 대학들은 대학의 경쟁력 강화와 교육수요자인 학생들

---

1) 이 부분은 이현청 외(2001), 21세기 대학 학사관리체제 개선방안 연구를 참고하여 작성하였다.

에게 더 만족스러운 교육의 성취를 경험할 수 있도록 하기 위하여 지속적으로 대학의 학사개혁을 추진하고 있다. 특히, 모든 분야에서의 무한경쟁을 예고하면서 나날이 심화되고 있는 세계화 추세는 대학에서도 예외가 아니다. 또한 첨단 정보통신기술의 확산도 대학 학사관리의 전반적인 변화에 영향을 미치고 있다.

미국 대학의 학사관리는 학생들이 대학에 들어와서 졸업할 때까지 대학으로부터 받는 교육적 서비스에 초점을 두고 있다. 최근 미국 대학들이 강조하고 있는 학사관리의 주요한 프로그램과 내용을 보면 다음과 같다. ① 학교적응 프로그램의 운영 내실화: 학생들이 처음 대학에 입학하여 적응하도록 돕는 오리엔테이션과 수학능력이 부족한 학생의 학력보완 프로그램 운영 등이다. ② 학생지도 체제 강화: 학생들이 만족스러운 대학생활과 학업을 유지하도록 지원하기 위하여 지도교수제와 상담실 등을 운영하고 있다. ③ 교육과정과 학점운영 등의 혁신: 학생이 자신이 이수하고자 하는 교육과정을 설계하고 학점을 이수하도록 지원하고 있다. ④ 학생진로지도 강화: 입학 후 장래 취업 등을 고려하여 진로를 선택 · 결정하여 준비하도록 전문적인 지도를 하는 것이다. 이 외에도 세계화 추세에 발맞추어 교육과정의 국제화와 개방화를 추진하고, 외국 대학과의 학점 교류 등을 활성화하고 있으며, 다양한 사이버 프로그램을 운영하고 있다.

영국의 대학은 최근 급격한 제도변화를 경험하고 있다. 대학 밖의 환경변화는 물론 사회의 대학에 대한 요구 등으로 한편으로는 대학의 전통을 지키면서도 다른 한편으로는 이러한 변화와 요구를 수용하기 위하여 새로운 길을 모색하고 있다. 특히, 세계화와 정보통신기술의 급속한 변화에 부응하여 교육과정을 포함한 학사관리의 혁신을 시도하고 있다. 세계인을 위한 인터넷 프로그램을 병설하고 일반 성인들을 위한 다양한 학위과정의 평생교육 프로그램(야간, 주말, 계절학기 과정 등)을 확대하고 있다. 또한 대학들이 교육의 책무성을 위하여 학생들에 대한 서비스를 확대하고 산학협동을 적극적으로 추진하고 있다. 전통적인 옥스퍼드 대학의 사례를 보면 '계속교육학부'를 설치하고 일반인을 위한 다양한 과정을 개설하여 학사관리의 탄력화, 국제화, 정보화에 나서고 있다. 그리고 학부 및 대학원생들을 위한 다양한 진로지도 프로그램을 개발하여 진로지도 서비스를 제공하고 있다.

프랑스도 대학의 학사개혁을 대학경쟁력 강화에 초점을 두고 있다. 특히, 경제에서의 강한 시장논리가 대학에까지 영향을 미쳐 대학들도 경제논리를 중심으로 재편되고 있다. 대학들이 우선 노동시장과 연계하여 대학의 전체적인 양적 수요는 물론 전공별 수요를 파악하여 학생 정원을 결정하고 있다. 그리고 대학과 대학원의 학과와 전공별 교육과정과 교육 내용을 산업사회나 직업세계의 변화 등에 맞추어 개편하고 있다. 파리8대학의 사례를 보면, 학부제를 중심으로 교육조직을 구성하고 있지만 다양한 전공을 허용하고 있다. 즉, 대학의 하위 단계에서는 주 전공은 아니지만 독자적인 전공 분야가 있어 주 전공이 확정되기 이전에 폭넓은 교육과정을 이수할 수 있도록 하고 있다. 그리고 중 · 상위 단계에서는 하위 단계의 교육과정을 성공적으로 이수한 학생들을 중심으로 특성화 그리고 전문화된 교육 구조를 가지고 교육 내용을 설정하고 있다. 또한 특성화, 전문화된 상위 단계의 교육 구조와 교육 내용은 고도의 학문적인 연계를 바탕으로 통합적인 교육으로 접근하고 있는 것이 특징이다.

일본은 고등교육의 개성화, 다양화를 촉진하기 위하여 대학설치기준 등의 여러 가지 기준을 개정하였다. 특히, 대학의 학사관리를 강화하기 위한 내용과 함께 교육과정의 편성방침과 방법을 개혁하였다. 교육과정의 편성에서 대학은 학부 등의 전공에 관계되는 전문교육은 물론 폭넓은 교양교육 그리고 종합적인 판단력의 배양과 인간성의 함양을 위한 교육을 강조하고 있다. 교육과정은 필수과목, 선택과목 및 자유과목으로 각 연차에 따라 편재하도록 하고 있다. 대학의 교육과정 편성 · 운영을 포함한 학사관리의 혁신에서는 대학의 자율성을 최대한 보장하고 자율에 따른 대학의 책무성을 강조하고 있다.

(2) 우리나라 대학의 학사관리 혁신 동향

1990년대 대학 자율화 조치 이후 우리나라 대학들도 특성화, 다양화, 차별화하는 방향으로 변화와 혁신을 추구하고 있다. 특히, 1990년대 중반부터 밀어닥친 국제화, 세계화의 추세는 대학에서도 예외는 아니어서 대학들이 국제경쟁력 제고를 위한 다각적인 노력을 경주하게 되었으며, 특히 대학교육의 질적인 수준과 직결된 학사관리의 혁신에 대부분의 대학들이 노력을 경주하였다. 그동안 대학들은 양적 성장에 치중하여 질적인 관리에는 큰 관심을 가지지 못하였으며, 양적 성장 과정에서 전공 분야가 세분화되고, 세분화된 전공은 대학 내에서 폐쇄적으로 운영되어 대학의 질적 수준 제고는 물론 효율적인 학사관리에 어려움이 많았다. 당시 교육부는 1994년 '학과통합으로의 정책 대전환 추진계획'을 발표하여 유사학과의 통폐합을 유도하였으며, 1996년 학부제 도입으로 대학의 교육조직은 물론 학사관리 전반에 획기적인 변화와 혁신을 초래하였다.

학부제 도입으로 21세기 지식기반사회가 요구하는 다학문적 능력을 갖춘 인재의 양성, 학과 간의 장벽으로 인한 폐쇄적인 학사운영 지양, 유사학과의 중복 투자의 해소 그리고 학생들의 적성에 따른 전공선택 기회 확대 등의 효과가 있었다는 분석이 있다. 반면 학문적인 연계가 약한 전공학과의 무리한 통합, 인기학과 학생편중 현상, 기초학문의 붕괴, 전공교육의 부실화와 학생지도의 애로, 교수와 학생의 연대감 부족 등과 같은 부작용이 있다는 비판의 소리도 높았다. 학부제가 장·단점을 가지고 있는 것은 당연한데, 대학들이 지향하는 이념과 성격 그리고 여러 가지 여건과 입지조건 등을 잘 고려하지 않고 무리한 개혁을 추진한 데서 빚어진 문제라 볼 수 있다. 물론 이 과정에 정부가 무리하게 학부제 시행을 대학의 평가 그리고 평가 결과에 따른 행·재정적인 지원과 연계한 것도 문제였다.

학부제의 도입과 같은 제도변화와 함께 대학 학령인구의 급격한 감소 그리고 정부에서 추진한 대학의 다양화와 특성화 정책으로 대부분의 대학들이 구조조정과 대학개혁, 특히 대학경쟁력과 직결된 학사개혁과 혁신을 추진하였다. 선진국과 같이 대학이 지향하는 성격과 특성이 투명하지는 않지만, 소위 연구중심대학과 교육중심대학 등의 특성화가 추진되고 이러한 대학의 특성과 성격에 따라 다양한 형태의 학사관리에 변화를 가져오고 있다. 대학 유형에 따른 최근의 변화와 혁신, 특히 학사관리와 관련된 부분의 변화 동향을 간략히 살펴보면 다음과 같다.[2]

우선 연구중심대학을 지향하는 대학들은 학부제 또는 전공 광역화를 추구하는 방향으로 교육조직을 개편하거나, 아예 전공을 분류하기 이전에 학부대학의 교육조직을 두는 형태를 취하여 학생 모집단위를 확대하고 있다. 그리고 교육과정은 교육과 기초학문 분야의 교과과정을 확충하고 인문, 사회, 자연과학을 결합한 통합교과 등을 확

2) 류지성 외(2006), 대학혁신-7대 유형별 전략, 서울: 삼성경제연구소. 이 연구보고서에서 저자는 대학을 크게 연구중심대학과 교육중심대학으로 구분하고, 이들은 다시 각각 종합형과 집중형으로 분류하고 있으며, 다시 이를 전국기반인지 아니면 지역기반인지를 기준으로 지역거점 연구중심대학, 지역거점 실무교육형, 현장연계 교육형 등으로 분류하고 있다.

대하고 있다. 그리고 학생들의 전공선택과 진로지도를 강화하고 있다.[3] 이 외에도 최소전공이수학점제를 도입하여 다전공 이수를 활성화하고 있다. 연구중심대학 중에서 특정 분야에 집중되어 있는 대학, 예를 들면 포항공대와 같은 대학은 오히려 일반교양보다 전공을 중시하여 학부과정에서부터 연구 프로젝트에 참여시키고 있다.

둘째, 교육중심대학은 단단한 학부교육을 통하여 우수한 학사를 많이 배출하는 데 역점을 두는 대학이라 할 수 있는데, 이러한 유형의 대학은 교육조직도 다양한 양상을 보이고 있으며, 이에 따라 학생 모집단위도 다양하다. 예를 들면, 숙명여자대학교의 경우 전 학년에 학부제를 실시하여 학생들에게 전공탐색과 선택의 기회와 자율성을 부여하고 있다. 특히, 여성 리더십 교육을 특성화하여 경쟁력 있는 여성 리더를 육성하는 데 강조점을 두고 있다. 그리고 교육중심대학을 표방하고 있는 한동대학교(〈표 5-1〉 참조)의 경우도 모집단위의 구분 없이 무전공 무학과로 입학하여 자유로운 전공선택의 기회를 부여하고 입학 후 합리적이고 엄격한 학사지도를 통하여 전공선택 기회를 부여하고 있다. 즉, 담임교수 또는 팀제도를 통하여 학사지도를 하고 예비학부제와 전공선택을 위한 다양한 프로그램을 운영하고 있다.

셋째, 지역을 거점으로 하는 연구중심대학은 다양한 기능을 수행해야 하는 대학으로, 지역의 연구와 교육을 동시에 리드해야 하는 대학이다. 그래서 대학의 교육조직도 복잡한 양상을 보이는 것이 특징이다. 즉, 학부제, 전공학 등을 혼합하고 있는 것이 일반적이다. 입학하는 학생들의 진로도 그에 따라 다양한 것이 특징이다. 특히, 교육과정 운영에서 지역사회와 지역산업과의 밀접한 연계를 고려해야 한

3) 예를 들면, 성균관대학교는 Road Map 교육과정을 개발하여 학생들의 다양한 진로(학문지향형, 취업지향형, 복수전공형, 자격취득형 등)에 부응할 수 있도록 하고 있어, 교육과정과 진로지도를 바로 연결시키고 있다.

표 5-1 한동대학교의 수요자 중심 전공편제

전공편제	내용
복수전공제도	• 전공당 33학점, 총 66학점의 전공학점 이수
다전공제도	• 3개 이상의 전공 이수 가능
부전공제도	• 선택한 1개 전공 이외의 전공을 부전공으로 선택
자유로운 전공선택	• 개인의 적성에 따라 입학 후 정원과 성적제한 없이 전공선택 • 계열 간 교차선택 허용
자유로운 전과 허용	• 전공선택 후 전과 허용, 전공 및 계열 간 전과 허용 • 전과 시 정원 및 성적제한 없음 • 전과 학생을 위한 프로그램 제공(계절학기, 개별연구)

출처: 류지성 외(2006). 전게서, p. 232.

다. 예를 들면, 경북대학교는 '샌드위치 교육과정'을 개발하여 지역사회 기관 및 기업과 현장실습교육 프로그램을 운영하고 있다.

넷째, 지역거점의 실무교육형과 현장연계 교육형의 대학도 지역사회 및 지역 산업체와 연계 협력을 강조하고 있는데, 특히 특성화 전공 등을 통하여 특정 분야의 산업과 연계를 강화하고 있다. 그리고 교육조직은 특성화 학부를 중심으로 학문 분야 간에 다차원적 연계구조를 형성하고 있다. 학부제를 기본으로 하면서도 전공을 비교적 쉽게 변경할 수 있는 것도 특징이다. 예를 들면, 동서대학교는 전공 간 교차학습 체계를 통해 복수전공을 허용하여 학생들로 하여금 자유롭게 교육과정을 선택하게 하고 실무 위주의 현장감 있는 교육을 하고 있다. 또한 현장연계 교육형은 학부교육에 중점을 두면서 산업클러스터별로 연구도 활성화하고 있는 대학들이다. 교육과정을 현장과 밀착시켜 실험실습교육을 강화하고 있으며, 학생자원도 산업현장의 근로자들이 많은 것이 특징이다.

2. 교육조직과 학생정원관리

1) 교육조직

대학은 교육, 연구, 사회봉사의 기능을 목적으로 하고 있기 때문에 대학의 조직은 이러한 기능을 수행할 수 있도록 구성되는 것이 원칙이다. 일반적으로 ① 통치기구, ② 교육조직, ③ 연구조직, ④ 행정조직, ⑤ 지원조직, ⑥ 부속기관, ⑦ 부설기관 등으로 조직되어 있다. 그러나 대학이 지향하는 목표에 따라 대학의 조직은 다양하게 구성될 수 있다. 대학의 조직도 대학이 지향하는 이념과 성격에 따라 달라질 수 있으며, 조직이 갖는 기능과 역할도 다르게 규정될 수 있다. 연구중심대학은 연구조직이나 대학원과 관련된 조직 그리고 교수의 연구활동을 지원하는 조직이 큰 비중을 차지하지만, 교육중심대학은 교육조직과 학생의 교육활동과 교수의 교수활동을 지원하는 행정이 큰 비중을 차지할 수밖에 없다. 그러나 대학의 성격과 특성에 관계없이 학사관리와 직접적으로 관련된 것은 교육조직이며, 교육조직이 어떻게 구성되느냐에 따라 학생정원관리나 입학관리가 달라질 수 있다.

교육조직이란 교수-학습활동이 이루어지는 단위조직을 의미한다. 전통적으로 교육조직은 학문 분야에 따라 구분되는 전공학과를 기본단위로 하여 조직되는 것이 원칙이었다. 학문의 전문화와 세분화 추세에 따라 그동안 학과들이 세분화되어 왔으며, 국가에 따라 대학의 전공학과를 분류하는 기준 또한 다양한 것이 특징이라 할 수 있다.

최근에는 대학의 특성에 따라 다양한 형태로 조직되고 있다. 특히, 1990년대 후반부터 학부제가 도입되면서 대학마다 교육조직이 학부제를 중심으로 더욱 다양한 양상을 보이고 있다. 전통적으로 학부라는 의미는 대학원과정에 대한 학사과정(undergraduate courses)을 지칭하는 것이었다. 그러나 현재 우리나라 대학에서 사용하고 있는 학부제는 여러 가지의 의미와 형태로 사용되고 있다(신현석, 2001). 우선 2개 이상의 전공학과를 묶어서 큰 규모의 학과로 만들고 그 밑에 또 전공을 두는 형태가 있다. 간학문(interdisciplinary)적인 접근 추세에 따라 관련 학문 분야를 하나의 단위로 묶는 형태도 있다. 그리고 소위 학생들의 진로선택 기회를 확대하기 위해 전공 영역을 광역화하는 의미의 학부제도 있다. 또한 학과로 하기에는 규모가 크고 단과대학으로 하기에는 전공이 단일한 경우 학부로 이름을 붙이고 있다. 또한 학부제를 유사학과 또는 영세한 학과들을 통폐합하는 단위로 보는 경우, 1970년대 실험대학에서 시행하였던 학군제 또는 계열별 모집제도로 이해하는 경우 그리고 학생 모집단위로 이해하는 경우도 있다(홍성훈, 1999).

현재 학부제를 중심으로 한 교육조직의 유형은 교육과정 편성 · 운영에 초점을 둔 것인가 아니면 학생모집의 단위에 초점을 둔 것인가에 따라 다양하게 분류되고 있다(이현청 외, 1997; 홍성훈, 1999). 학생모집단위인 정원관리와 연계하여 학부제를 중심으로 교육조직을 분류하면 다음과 같다.

- 학과중심형: 현재의 학과중심 체제를 존중하면서 부분적으로 학부제의 특징을 도입하거나 학과의 명칭만을 학부로 전환하는 유형의 교육조직이다. 이 유형은 학과를 통합하여 학부로 조직하기에는 학과의 학문적인 성격이나 교육과정 편성 · 운영상 많은 부작용이 있다.
- 단과대학형: 전통적인 단과대학 전체를 하나의 학부로 통합하고 학부 내에 기존 학과를 기준으로 한 전공을 두는 유형이다. 이 유형은 학과중심 체제와 학부제의 절충형으로서 학부제와 학과중심 체제의 장점을 살리려는 교육조직이다.

- 계열통합형: 학문 성격상 계열로 분류되는 2개 이상의 전공학과를 통합하여 학부의 교육조직을 구성하는 유형이다. 이 형태는 대체로 전문인 양성과 관련된 전공 영역이나 기초과학 그리고 이공계 계통에서 흔히 볼 수 있는 대표적인 학부제다.
- 광역통합형: 학문적 성격상 동일 계열 내에서의 학과 통합이 아니라 2개 이상의 학문 구분에 속해 있는 학과를 통합하여 학부제로 조직하는 유형이다. 이 유형은 통합된 하나의 전공을 새롭게 만들어 유형화하는 것이 일반적이다.
- 대학통합형: 대학 전체를 하나의 학부로 통합 · 운영하는 유형으로서 소규모 대학이나 전문형 단설대학 그리고 대학원대학에서 흔히 찾아볼 수 있다.

이러한 학부제로서의 교육조직 이외에도 대학의 성격에 따라 다양한 형태의 교육조직이 있을 수 있다. 특히, 대학이 지향하는 성격이나 특성 그리고 교육과정 편성 · 운영과 연계하여 다양한 형태의 교육조직이 구성될 수 있다.

2) 학생정원관리

교육조직에 따라 학부 또는 학과가 편제되면 이러한 편제에 따라 학생정원을 배정하게 된다. 과거에는 대학설치기준령과 학생정원령이 있어 대학이 자율적으로 학부나 학과를 설치할 수 없었으며, 학생정원도 학과별로 정부의 승인을 받아 책정하도록 하였으나, 1996년부터 대학의 자율성 확대 정책에 따라 학과나 학부의 설치 · 폐지는 물론 학생정원도 대학이 자율적으로 책정하도록 하고 일부 사항은 교육인적자원부(현 교육과학기술부)와 협의하여 결정할 수 있게 하였다.

고등교육법 제32조에 "대학(산업대학 · 교육대학 · 전문대학 · 방송 · 통신대학 · 기술대학 및 각종 학교를 포함한다)의 학생정원에 관한 사항은 대통령령이 정하는 범위 안에서 학칙으로 정한다."라고 규정하고 있다. 이에 따라 고등교육법 시행령 제28조에서 ① 법 제32조의 규정에 의한 대학의 학생정원은 입학정원을 기준으로 하여 학칙이 정하는 모집단위(이하 '모집단위'라 한다)별로 정하되, 교육과학기술부장관이 학교의 여건상 필요한 경우로서 교원 1인당 학생 수 등에 관한 정원책정 기준을 정한 경우에는 당해 기준의 범위 안에서 정하여야 한다. ② 제1항의 규정에 의한 모집단위를 정함에 있어서 대학(대학원 및 대학원대학을 제외한다)은 복수의 학과 또는 학부별로 이를 정한다. 다만, 대학의 장이 의 · 약학계 등 학문의 특성 또는 교육과정의 운영상 필요하다고 인정하는 경우에 해당 관련 학과별로 모집단위를 정할 수 있다. ③ 제1항의 규정에 의하여 학칙으로 모집단위별로 입학정원을 정함에 있어서 교육과학기술부장관이 정하는 다음 각 호에 관하여는 별도 법이나 규정에 따라야 한다.

- 교원의 양성과 관련되는 모집단위별 정원
- 다음에 해당하는 인력양성과 관련되는 모집단위별 정원
  - 의료법 제2조 제1항의 규정에 의한 의료인
  - 의료기사 등에 관한 법률 제1조의 규정에 의한 의료기사
  - 약사법 제2조 제2항의 규정에 의한 약사 및 한약사
- 수도권정비계획법 제18조 제3항의 규정에 의하여 총량규제가 적용되는 학교
- 국립학교의 정원
- 공립학교의 정원

④ 제3항의 규정에 의하여 교육과학기술부장관이 제2호 내지 4호에 관한 사항을 정하는 때에는 관계 중앙행정기관의 장과 협의하여야 하며, 제5호에 관한 사항을 정하는 때에는 관계 지방자치단체의 장의 의견을 들어야 한다.

이상의 법령에 따라 사립대학의 학생 입학정원은 대학 자율로 결정하고 국·공립대학은 교육과학기술부와 일부 사항만을 사전협의하도록 하고 있다. 즉, 사립대학이 입학정원을 증원하려면 대학설립·운영규정(대통령령)에서 정한 교사(校舍), 교지 및 수익용 기본재산을 갖추어야 하고, 국·공립대학의 입학정원 증원은 교원 증원 및 시설 확대 등으로 예산 및 법령 개정이 수반되므로 교육과학기술부와 협의하도록 하고 있다. 그리고 보건·의료학과, 수의학과 및 사범계 관련학과의 학생정원 증원은 보건복지가족부, 농림수산식품부의 인력수급계획 그리고 수도권대학의 학생 증원은 수도권 인구정책과 관련되므로 관계부처와의 협의를 거쳐 교육과학기술부에서 조정하도록 하고 있다.

교육과학기술부는 대학들이 자율적으로 정원을 책정·관리할 수 있도록 하기 위하여 매 학년도 상반기에 다음 연도 학생 정원정책의 기본 방향과 이에 관련된 정보자료 등을 제공하고 있다. 예를 들면, 중장기 인력수급 전망 및 진로직업 정보 그리고 취업 통계자료 등을 제공하고 있다. 한편, 교육과학기술부는 고등교육의 질 제고와 고등교육의 국제경쟁력 강화를 위하여 특성화 방향에 따른 대학의 구조조정을 유도하고, 교원확보율 등 교육여건 개선과 아울러 향후 예상되는 고등학교 졸업자의 감소추세 등에 따른 학생정원 감축을 유도하기도 한다.

대학에서는 이러한 교육과학기술부의 정원정책 방향과 각종 정원 책정에 관련된 통계정보 자료 등을 활용하여 학생정원을 자율적으로 조정·책정하고, 나중에 이를 반영한 학칙을 교육과학기술부에 보고하면 된다. 그리고 교육과학기술부는 추후 '정원책정 기준' 이행 여부를 확인하고, 이행하지 않은 경우 행·재정적 제재를 함으로써 대학의 자율성 확대에 상응하는 책무성을 확보하게 하고 있다. 참고로 교육과학기술부가 설정한 정원책정 기준은 교원, 교사, 교지 및 수익용 기본 재산 확보를 의미하며, 2007학년도부터는 대학설립 · 운영규정에서 규정한 기준을 100% 충족시키도록 하였다.

대학의 학생 입학정원 결정 또는 조정 과정을 대학이 자율적으로 결정하는 경우와 사전조정이 필요한 경우로 구분하여 다음과 같이 요약 제시할 수 있으며, 구체적으로 국 · 공립대학과 사립대학 그리고 지방사립대학의 자율사항과 사전협의 사항을 보면 〈표 5-2〉와 같다.

표 5-2 2006학년도 대학 학생정원 조정 개요

구분	조정원칙	대학 자율사항	교육인적자원부 협의사항
국 · 공립 대학	• 총 정원 범위 내 자율조정 -국가 재정부담 및 국립대학 역할 등을 고려하여 결정	• 학과(부) 명칭 변경, 모집단위 간 정원조정 ※ '07년까지 '04년 대비 입학정원 10% 의무 감축 추진	• 정원 증원, 학과 신설, 주야간 전환, 학생 보십난위
수도권 사립 대학	• 총 정원 범위 내 자율조정. 다만, 수도권 인구집중 유발 방지를 위한 증원 규제	• 총 입학정원 범위 내에서 학과 설 · 폐 • 모집단위 간 정원조정 등	• 정원 증원 • 보건 · 의료 관련 학과 • 사범계 정원
지방 사립 대학	• 대학 자율 결정 -정원책정 기준 범위 내에서 대학 자율 조정	• 정원 증원 조건을 충족할 경우 증원 가능	• 보건 · 의료 관련 학과 • 사범계 정원
공통 사항	• 보건 · 의료 관련 학과 -보건복지부 협의사항: 의료인(의사, 치과의사, 한의사, 간호사), 의료기사(임상병리사, 방사선사, 물리치료사, 작업치료사, 치과기공사, 치과위생사) 및 의무기록사, 안경사, 응급구조사 -농림부 협의사항: 수의사 • 사범계 관련 학과 -교육인적자원부 교원양성연수과에서 조정		

출처: 교육인적자원부(2006). 고등교육정책 바로 알기, p. 6.

(1) 대학자율로 결정하는 사항

① 교육과학기술부가 학생정원 정책을 수립하여 대학에 제시, ② 대학에서 정원을 자체하여 학칙 변경, ③ 교육과학기술부에 학칙 변경 보고

(2) 사전조정이 필요한 사항

① 교육과학기술부에 입학정원 조정 신청(보건 · 의료계열 등), ② 보건복지가족부 등 관계부처 협의, ③ 정원을 조정하여 대학에 통보, ④ 대학은 정원조정 내용을 학칙에 반영하여 학칙 변경, ⑤ 학칙을 교육과학기술부에 보고

3. 학생모집과 입학관리

1) 학생의 모집과 선발

(1) 학생의 모집 방법

대학의 학사관리는 학생모집에서부터 시작된다. 특히, 최근 대학입학 자원이 줄어들면서 대학의 학생모집에 대한 관심이 증대하고 있다. 대학이 대학교육과정을 성공적으로 이수할 수 있는 적격자를 선발하기 위해서는 우선 학생모집이 성공적으로 이루어져야 한다. 학생모집을 효율적으로 하기 위해서는 고등교육시장에 보다 많은 관심을 가지고 시장지향적인 전략을 수립하고 노력해야 한다. 현행 대학입시제도가 수험생이 많은 대학에 동시에 지원할 수 있고, 대학이 다양한 전형자료를 근거로 학생을 선발할 수 있도록 하고 있기 때문에 모집 전략은 더욱 중요하다.

대학이 학생모집을 효과적으로 하기 위해서는 거시적인 접근과 미시적인 접근을 동시에 병행해야 한다. 거시적 접근은 대학진학 수요에 영향을 미치는 요인을 분석하여 대처하는 것이다. 우선 장래 대학진학 수요인 학령인구의 변화 추이를 예측해야 한다. 그리고 대학의 경쟁 환경을 분석해야 한다. 즉, 전체 대학의 경쟁력은 물론 인근 대학들의 경쟁력을 분석해야 한다. 또한 대학진학 수요자들은 노동시장에 민감하게 반응하고 있기 때문에 장래의 노동시장, 특히 학생모집 분야의 인력수요 등에 대한 자료를 분석해야 한다. 미시적 접근은 대학 내부의 역량, 즉 대학진학 예정자들이 선호할 수 있는 환경과 여건을 마련하는 전략이다. 우선 우수한 교수를 확보하고 좋은 교육 환경을 갖추고 있는가가 중요하다. 그리고 학생들의 등록금 부담, 기숙사의 유무, 장학금 수혜 정도 등도 학생들을 유치하는 데 직접적으로 영향을 미치는 요인들이다. 전자의 거시적인 접근은 대학이 아무리 노력해도 직접 학생모집에 긍정적으로 작용하게 할 수 없다. 그러나 후자의 미시적인 접근은 대학이 학생 유치를 위해 노력하면 해결할 수 있는 부분이다. 미시적인 접근에서도 그동안 긴 역사를 통하여 축적된 대학의 전통, 명성, 이미지 등은 대학이 하루아침에 해결할 수 있는 부분이 아니다.

대학들은 학생모집을 위하여 다양한 방법을 동원하고 있다. 대학의 정보공개가 제도화되어 시행될 것이지만 아직까지 대부분의 수험생들이 대학에 대한 충분한 정보를 가지고 대학을 선택 · 지원하는 것 같지 않다. 그러나 대학입학 자원이 급격하게 감소하면서 많은 대학들이 다양한 홍보 전략을 수립하여 연중 대학을 홍보하고 있으며, 입시철 전에는 다양한 홍보 전략과 학생모집 방법이 동원되고 있다. 대학들의 구체적인 학생모집 방법을 예시하면 다음과 같다(권기욱, 1996; 대교/한국교육평가센터 편, 2005).

- 홍보자료의 발간 · 배포: 대학을 홍보할 수 있는 전반적인 내용은 물론 학생선발과 관련된 구체적인 주요 내용을 홍보하는 다양한 자료를 발간하여 대학진학 관련 기관이나 진학수요자에게 배포한다. 가장 일반적이고 전통적인 학생모집 방법이다.
- 홈페이지 관리: 모든 대학들이 홈페이지를 통하여 대학을 홍보하고 있으며, 학생모집을 위하여 입시 관련 홈페이지를 별도로 운영하고 있다. 홈페이지는 수험생은 물론 학부모 그리고 관련 기관 관계자들이 진학지도 등에 가장 많이 활용하는 방법이기 때문에 대학들은 홈페이지에 모든 관련 자료들을 공개하고 있다.
- 각종 입학설명회 개최: 고등학교 교장, 진학부장, 교사를 대상으로 간담회를 개최하고 학부모나 학생 등을 대상으로 수시 또는 정시모집 등의 입시설명회를 개최한다. 이러한 설명회는 대학들이 집단으로 개최하기도 하고 개별대학이 단독으로 개최하기도 한다. 또한 최근 대학 국제화 추세에 발맞추어 그리고 부족한 입학자원을 해외 유학생으로 대체하기 위하여 해외에서의 간담회나 입시설명회 등을 개최하는 대학들도 늘어나고 있다.
- 캠퍼스 투어: 교사들을 대학으로 초청하여 홍보하기도 하고, 학부모와 학생들에게 대학에 대한 관심을 유도하고 예비대학생활을 체험해 볼 수 있는 기회를 제공하기 위하여 대학을 소개하는 방법이다.
- 고등학교나 입시학원의 관리: 고등학교나 입시학원 등을 직접 방문하여 대학을 홍보하고 학생모집의 협조를 당부하는 방법이다. 또한 최근 해당 대학에 지원자를 많이 보내 준 고등학교나 입시학원에 자료를 제공하여 직접 관리하는 방식이다.
- 대중매체를 통한 홍보: 최근 대학입학 자원이 급격히 감소하면서 지방대학을 중심으로 연중 대중매체를 통해 홍보하고 있으며,

모든 대학이 학생모집 요강 등을 일간신문 등에 홍보하고 있다.

- 산업체를 통한 홍보: 최근 일반대학보다는 전문대학을 중심으로 성인학습자들을 유치하기 위하여 산업체와 협약을 체결하거나 산업체 인사를 대학 교수진으로 활용하는 등 다양한 방법을 활용하고 있다.

(2) 학생의 선발정책과 준거

학생모집이 이루어지면 모집된 학생 중에서 해당 대학에 가장 적합한 학생을 추려내는 것이 학생선발이다. 대학은 해당 대학에 가장 적합한 학생을 선발하기 위하여 입학관리 이전에 학생선발 정책을 수립하고 학생선발의 준거를 설정할 필요가 있다. 바로 이러한 학생선발의 정책과 준거는 해당 대학의 학생선발 방법이라 할 수 있는 입학전형 방법을 결정하는 기준이 된다.

대학의 학생선발 정책은 우선 대학들이 현재의 학생선발 정책을 분석하는 데서부터 출발해야 한다. 현재 재학생의 수준, 학업성취도, 중도탈락률 등을 분석하여 그동안 대학이 지향하는 성격과 특성에 부합하는 학생들을 선발하였는지, 학생들은 해당 대학에 입학하여 얼마나 만족하고 있는지 그리고 대학의 교육목표와 사회정책 등에 부합하는지 등을 파악하여 새로운 학생선발 정책을 수립해야 한다. 대학은 학생선발 과정에 모든 학생들에게 균등한 기회를 제공해야 하며, 합리적인 기준에 근거하여 공정하게 선발하여야 한다. 대학들이 결정하는 학생선발 정책에서는 다음과 같은 사항들이 반드시 고려되어야 한다.

첫째, 학생선발 정책은 대학이 지향하는 성격과 특성 그리고 사립대학의 경우 건학이념 등이 충분히 반영되어야 한다. 대학이 지향하는 성격과 특성이 연구중심대학인지 아니면 교육중심대학인지에 따라 학생선발 정책은 달라질 수 있기 때문이다.

둘째, 학생선발 정책은 반드시 그 사회가 지향하는 정책 등을 반영하여야 한다. 어느 사회에서나 지향하는 가장 중요한 정책이 기회균등이다. 특히, 우리 사회는 교육의 결과에 따라 사회적 성취가 결정되는 사회이기 때문에 교육에서의 기회균등, 특히 대학진학에서의 기회균등은 무엇보다 중요한 정책이다.

셋째, 대학의 학생선발 정책은 대학교육을 이수할 수 있는 적격자를 선발할 수 있도록 수립되어야 한다. 최근 대학입학 자원이 감소하면서 대학교육을 이수할 수 있는 기초능력을 갖추지 못한 학생들이 선발되고 있는 것이 현실이다. 이러한 경우 대학은 선발 후 기초학력을 보충할 수 있는 교육 프로그램을 반드시 제공해야 한다.

넷째, 대학의 학생선발 정책은 대학의 역량과 여건 등을 고려하여 설정되어야 한다. 대학이 성적 중심으로 우수한 학생을 선발하는 데 초점을 두고, 우수한 학생을 선발한 후 그들의 요구를 충족시켜 주지 못한다면 실패한 학생선발 정책이다. 또한 성인학생이나 만학자 등을 우선 선발한다는 정책을 설정한 대학이 이들을 교육시킬 수 있는 준비가 되어 있지 않다면 역시 실패한 학생선발 정책이다.

마지막으로, 대학의 학생선발 정책은 입학예정자들에게 분명한 메시지를 전달할 수 있어야 한다. 학생모집 단계에서 충분한 정보를 제공하고 대학지원서에서도 많은 정보를 제공하고 있지만, 대학이 지향하는 학생선발 정책은 전달되지 않을 수 있다. 학생들을 어떻게 선발한다는 정책도 중요하지만, 선발된 이후 학교가 학생들에게 제공하는 각종 서비스에 대한 정보도 제공해야 한다. 그래야만 입학 후 대학에 대한 만족도를 제고할 수 있다.

대학의 학생선발 정책은 포괄적이지만, 어떤 자질과 능력을 가진

학생들을 선발할 것인가를 보여 주는 학생선발의 준거는 보다 구체적이다. 이것은 대학입시제도와도 직결되는 부분이다. 그리고 그 대학에 적격한 학생을 선발하는 것도 바로 선발의 준거에 따라 결정된다. 학생선발의 준거야말로 대학의 교육목적 그리고 대학이 지향하는 성격이나 특성 등과 합치해야 하기 때문에 한 대학에 부합하는 선발준거가 다른 대학에도 부합할 수 없으며, 한 대학 내에서도 교육프로그램에 따라 학생선발의 준거는 달라질 수 있다. 학생선발의 자율성이 보장되어야 하는 것도 바로 이러한 연유에서다. 그러나 우리나라에서는 학생선발 준거가 중등교육과정에는 물론 사회적인 이슈인 사교육과도 직결되기 때문에 대학들이 더욱 신중하게 설정해야 한다.

대학은 대학교육과정을 이수할 수 있는 자질과 능력을 갖춘 학생을 선발하는 것이 일차적인 목적이기 때문에 중등학교의 교육 결과가 가장 중요한 준거가 될 수밖에 없다. 중등학교의 교육 결과는 학업성취도뿐만 아니라 인성의 발달, 건강과 신체적인 발달, 학습잠재능력, 문제해결능력 등 다양한 요소들이 포함될 수 있다(한국교육행정학회, 1995: 236-238). 이 외에서 추천서, 면접, 활동기록, 지리적인 입지, 봉사활동 등 다양한 준거들이 포함된다. 대학들이 독자적으로 설정한 선발준거로서 논술 등도 있다.

현재 우리나라 대학들이 설정하고 있는 학생선발의 준거는 고등학교에서 제공하는 내신성적을 포함하여 학교교육 결과를 모두 포함하고 있는 학교생활기록부, 국가시험 결과인 대학입학수학능력시험 결과 그리고 대학별로 독자적으로 선택하여 실시하는 논술이나 면접 등이 있다. 이러한 학생선발의 준거를 활용하여 대학이 설정할 수 있는 대학입시 방식은 다양하다.

2) 대학별 입학전형관리

입학전형관리는 입시관리와 입학전형과 관련된 전반적인 업무를 수행하는 학사행정관리를 의미한다. 입학전형관리를 전문적으로 수행하기 위해서는 우선 입학전형 업무를 직접적으로 담당하는 부서와 이러한 업무를 지원하는 각종 기구들이 구성 · 운영되어야 한다. 현재 대부분의 규모가 큰 대학들은 입학전형 업무를 전담하는 입학처 또는 입학관리처 등의 단위조직을 설치하고 있으며, 그렇지 못한 대학들은 교무처 또는 학생처 등에서 업무를 관장하고 있다. 대학에 따라서는 입학전형 업무를 관장하는 별도의 특별 팀 등을 조직하여 운영하고 있다. 그러나 많은 대학들이 소수의 인력으로 전문성이 결여된 단순한 행정체제에 그치고 있다. 대학의 입학전형관리 업무를 전담하는 부서의 구체적인 관리업무를 보면 다음과 같다.

- 입학전형 기본계획 수립: 최근 대학별 입학전형 방법과 절차 등이 복잡하고 연중 계속되는 업무들이 많기 때문에 구체적인 기본계획을 수립하여 시행하는 것이 무엇보다 중요하다. 입학전형관리 기본계획 수립 이전에 우선 교육조직에 따른 모집단위와 입학정원이 결정되어야 한다. 그리고 결정된 모집단위와 입학정원에 따라 학생모집 방법과 학생선발 정책과 선발준거 및 방식 등을 결정해야 한다. 입학전형관리의 기본계획에는 이러한 결정사항들을 포함하는 것은 물론 이러한 결정에 따라 입학전형을 관리하고 시행하는 구체적인 계획을 포함해야 한다. 특히, 수시모집과 정시모집 계획뿐만 아니라 편입학과 재외국민 그리고 외국학생 모집 등에 대한 구체적인 내용도 포함하게 된다. 그리고 구체적인 연중 전형계획표와 업무 내용에 따른 타부서의 협조사항과

내용 등도 포함하게 된다.

- 입학전형 업무의 진행: 기본계획에 포함된 입학전형관리와 연중 시간계획 등에 따라 업무를 진행시킨다. 우선 학생모집 요강을 작성하여 공고하고 이를 인쇄하여 배포한다. 이 과정에서 대학의 타부서의 협조 등을 의뢰해야 한다. 그리고 수시 및 정시모집에 맞추어 대학지원원서를 교부하여 접수하고 접수자의 데이터와 각종 서류 등을 관리해야 한다. 그리고 단계별 고사(서류전형, 면접고사, 필답고사, 실기고사 등)를 실시하고, 고사별 평가사정을 실시하여 최종 합격자를 선발해야 한다. 편입학 전형관리도 같은 절차와 과정을 통하여 수행된다.
- 입학전형 관련 위원회의 구성·운영: 입학전형제도의 개선 및 입학전형 결과의 분석, 입시 및 입학전형 관련 데이터베이스의 구축, 학생모집 홍보와 입시상담 등 입학전형 관리업무 전반에 대한 자문 협의기구로서 입시관리위원회를 구성하여 운영한다. 또한 입학전형관리 전반에 대하여 사전, 중간, 사후 자체감사를 실시하여 입학전형의 공정성을 확보하며, 입시 결과에 대한 수험생 혹은 학부모의 청원사항이나 이의 등을 심사하기 위한 기구로서 입시공정관리위원회를 구성·운영한다.
- 입학전형 관련 각종 연구위원회의 운영: 학생선발 정책의 개선 그리고 해당 대학에 적합한 적격자를 선발하기 위한 제도 및 입시모형을 연구·개발할 수 있도록 입시(정책)연구위원회를 상설적으로 설치·운영한다. 향후 대학의 학생선발 자율성이 더욱 확대되면 이러한 연구위원회의 역할이 더욱 강화될 것이다. 또한 논술고사의 출제 방향과 문제 형식, 채점 방법 등 논술고사 전반에 대한 연구를 통해 논술고사의 신뢰성을 확보하기 위한 논술고사 연구위원회도 설치·운영할 필요가 있다. 그리고 대학에 따라서

는 면접의 신뢰성을 확보하기 위한 면접연구위원회를 구성하여 운영하고 있다.

3) 대학입시제도 변화 전망

(1) 대학입시제도의 의의와 기능

대학의 학사관리에서 그 대학이 지향하는 성격과 이념에 부합하는 적격자를 어떻게 선발할 것인가에 관련된 업무가 입학전형관리이고 각 대학 입학전형관리의 가이드라인이 되는 것이 대입제도다. 우리나라의 경우 국가에서 주도하는 대입제도를 운영하고 있기 때문에 대학이 자율적으로 학생을 선발할 수 있는 재량의 범위는 크게 넓지 않다. 즉, 국가에서 시행하는 대학수학능력시험을 포함하여 국가가 정해 놓은 대입제도의 틀 속에서 부분적으로 대학의 자율성이 인정되고 있다.

그동안 우리나라 대입제도의 변천 과정을 보면 국가가 대학의 학생선발 과정을 통제하고 간섭하는 국가 주도의 대입제도 운영과 대학이 자율적으로 학생을 선발하고자 하는 대학 주도의 대입제도 운영 간의 갈등의 역사였다 해도 과언이 아니다. 이러한 갈등은 지금도 계속되고 있으며, 최근 정부가 대학의 자율적 학생선발권을 옥죄는 소위 3불 정책(대학 본고사 시행불가, 고교등급제 적용불가 그리고 기여입학제의 금지)도 바로 이러한 갈등에서 비롯된 것이다.

국가가 주도하는 대입제도를 채택하는 배경은 대학에 학생선발의 많은 자율권을 부여하게 되면 중등교육의 비정상화를 초래할 수 있다는 것이고, 대학이 학생선발의 자율권을 주장하는 배경은 대학교육을 받을 수 있는 자질을 갖춘 적격자를 대학이 알아서 선발해야 한다는 것이다. 바로 이 두 가지의 갈등적인 측면이 대입제도가 가지고 있는 중요한 의의인 동시에 기능이다. 전자가 대입제도가 갖는 대학 외적인 의의와 기능이라면 후자는 대학 내적인 의의와 기능이라 할 수 있다.

우선, 대입제도의 대학 내적인 의의와 기능은 바로 대학이 대학교육을 받을 수 있는 자질과 자격을 갖춘 적격자를 선발한다는 것이다. 그러나 대학입학 적격자를 어떻게 규정할 것인지는 관점에 따라 달라질 수 있다. 예를 들면, 이론적으로 대학입학 적격자란 대학에 진학하여 성공적으로 학업을 이수할 수 있는 적성이 있는 사람을 말한다. 여기에서의 적성이란 학업적성을 의미한다. 학업적성을 토대로 적격자를 선발할 경우 현재의 능력뿐만 아니라 장래의 가능성이라고 할 수 있는 잠재능력까지를 포함하여 평가해야 한다. 엄밀하게 말하면 대학에서 성공적으로 학업을 이수하는 것은 물론 졸업 후 사회에 진출하여 성공할 수 있는 능력까지 평가할 수 있어야 한다는 것이다. 그러나 대학입시에서 이런 것까지 고려하여 평가한다는 것은 현실적으로 가능하지 않다.

일반적으로 학업적성은 언어적 능력과 수리적 능력의 측정이 핵심을 이루고 있으며, 학업적성이 학력과는 연속선상에 있지만 양자는 구별되는 영역으로 보고 있다. 우리나라에서 지금 시행되고 있는 대학수학능력시험이 학업적성을 측정하는 것이라면 고등학교 내신성적은 학력이라고 할 수 있다. 대학입학 적격자를 선발하는 데는 학업적성이나 학력이 주로 많이 활용되고 있지만 이외 다른 전형 기준이나 준거도 활용될 수 있다. 따라서 대학은 대입제도를 통하여 그 대학의 입학적격자를 선발하기 위하여 전형 방법, 전형자료와 기준 등을 지속적으로 연구할 필요가 있다.

둘째는, 대입제도의 대학 외적인 의의와 기능으로서 하급 학교교육의 방향을 설정하는 것이다. 우리나라의 경우는 대입제도가 바로 아래 단계인 고등학교뿐만 아니라 중학교 그리고 초등학교 교육에까지 영향을 미친다는 측면에서 중요하게 생각하고 있다.

(2) 현행 대학입시제도

현행 대학입시제도의 기본 골격은 1994학년도부터 적용되었다. 즉, 1994학년도부터 대학입학학력고사가 대학입학수학능력시험으로 대체되었고, 이 시험 결과와 함께 내신성적 그리고 면접이 대학입시의 주 전형자료였다. 그리고 1997년부터는 대학입학전형의 자율성이 확대되고 학교생활기록부와 논술이 추가되었다. 즉, 1997년부터 기존의 내신이 학교생활기록부로 대체됨으로써 입학전형은 대학수학능력시험, 학교생활기록부, 논술, 면접 등의 방법을 사용하였다. 이로써 입시의 세 주체인 국가가 주도하는 대학수학능력시험, 고등학교의 학교생활기록부와 추천서, 대학이 독자적으로 실시하는 논술과 면접이 전형 방법으로 자리잡게 되었다.

2008학년도 대입전형에서도 대학수학능력시험, 학교생활기록부 그리고 대학별로 실시하는 논술이나 면접 등 전형요소의 큰 틀에 변화는 없지만 세부적으로는 많은 변화가 있었다. 우선 대입전형에서 학교생활기록부가 주요 전형자료로 활용되고 대학수학능력시험과 학교별로 실시하는 논술과 면접 등은 보완적인 전형자료로 활용하도록 한다는 것이다. 구체적으로 각 전형요소별 변화된 내용을 정리하면 다음과 같다(교육인적자원부, 2007).

- 학교생활기록부: 대입전형에서 학교생활기록부가 주요 전형자료로 활용될 수 있도록 공정하고 신뢰성 있게 평가하고 기록한다는 전제 하에 기존의 '수우미양가'의 과목별 평어를 없애고 과목별 원점수, 평균, 표준편차를 표기한다. 그리고 기존의 석차 대

신 과목별로 9개의 석차 등급을 기재하도록 하였다. 또한 교과 성적 이외에 비교과 영역에서도 독서활동 강화, 학교생활기록부 기재 매뉴얼 보급, 증빙자료 구비 등을 통해 내용을 충실히 기재하여 객관성과 신뢰성을 확보하도록 하였다.

- 대학수학능력시험: 대입전형에서 대학수학능력시험의 과도한 영향력을 완화하고 생활기록부의 보조자료로 활용될 수 있도록 하였다. 그리고 수능시험의 성적은 기존에 영역과 과목별로 표준점수, 백분위, 등급(9등급)을 제공하던 것을, 영역과 과목별로 등급(9등급)만을 제공하도록 변화를 가져왔다.
- 대학별 고사: 대입전형에서 대학이 독자적으로 시행하는 대학별 고사는 필요한 범위 내에서 최소화하고 본고사로서 편법적으로 활용될 수 없도록 하였다. 특히, 서술형 평가 비중 확대, 독서교육 강화, 교수-학습방법 개선 등을 통해 학교교육을 통해 논술 준비가 가능하도록 하고 EBS 논술강좌 등으로 보완하도록 하였다.

이와 같은 현행 2008학년도 대학입시제도는 시행 이전부터 대학들이 많은 문제를 제기하였다. 고등학교 내신성적을 대입전형의 주요 자료로 하여 실질반영률을 확대하도록 정부에서 요구하고, 대학은 현실적으로 학교차가 존재하고 있음에도 불구하고 내신등급만을 반영하여 학생들을 선발할 수 없다는 것이었다. 그리고 그동안 변별력 문제로 항상 문제가 제기되었던 대학수학능력시험도 등급만을 반영하도록 함으로써 대학들은 대학별 고사의 변별력을 높여 학생을 선발할 수밖에 없다고 반발하였다. 그러나 정부에서는 고등학교등급제, 대학본고사, 기여입학제 등을 법으로 금지하는 소위 '3불 정책'을 단행하여 대학입학전형 자율화에 쐐기를 박았다. 1990년대 들어

와서 부분적으로 대학의 학생선발에 대한 자율성이 확대되어 왔으나, 2008학년도에 시행한 대학입학전형에서는 대학의 자율성이 오히려 후퇴하였다는 비판의 소리가 높았다.

(3) 대학입시제도 변화와 과제

현행 대학입시제도는 시행 1년 만에 새 정부에 의해 전면적으로 개편될 것으로 전망되고 있다. 새 정부의 대학입시정책은 대학자율협의기구(한국대학교육협의회)가 자율적으로 협의 · 조정하는 것을 전제로 대학의 학생선발권을 완전 자율화한다는 것이다. 새 정부가 제시하고 있는 대학입시의 단계적 자율화의 내용을 보면 [그림 5-1]과 같다.

2009학년도		2012학년도		2013학년도
• 수능등급, 표준점수, 백분위 병기 • 학생부 및 수능반영 자율화 • 학생 다양성에 관한 정보 제공	⇨	• 수능 응시과목 5개로 축소(탐구영역, 제2외국어영역에서 최대 2과목 선택)	⇨	• 수능의 영어과목 폐지 • 수능 4과목으로 축소 • 영어능력평가로 전환

[그림 5-1] 대입 자율화 3단계 로드맵

2012년 이후 대학의 학생선발권이 완전 자율화되며 새 정부는 이를 입법화하겠다는 것이다. 그리고 2013년부터는 소위 3불정책이 완전히 폐지될 것으로 전망된다. 대학이 지향하는 성격이나 특성에 따라 원하는 적격자를 자유롭게 선발할 수 있을 것으로 기대된다. 2012년 이후 대학입시 자율화에 대처하여 각 대학들은 자체 대학입전형제도와 방식을 다각적으로 연구해야 할 것이다. 구체적으로 학생선발 자율화에 따라 대학이 해야 할 과제를 예시하면 다음과 같다.

우선 대학들은 입시업무를 관장하는 부서나 조직을 가지고 있지만 관리보다는 해당 대학이 지향하는 이념과 성격 그리고 대학의 중·장기적 발전 등을 고려하여 그 대학에 가장 적합한 대학입학전형제도와 방식을 지속적으로 연구·개발하는 체제를 구축해야 한다. 유사한 대학을 벤치마킹할 수도 있지만 이제 대학들은 학생선발에서부터 종래 볼 수 없었던 경쟁을 치러야 한다. 따라서 대학의 독자적이고 차별화된 대학입학전형제도를 구안해 내는 것이 무엇보다 중요하다. 현재는 일부 대학이 도입하고 있지만 대학의 특성에 적합한 학생을 선발하기 위해서는 '입학사정관제도'를 도입하는 것이 바람직하다.

4. 교육과정 관리

1) 교육과정의 설계

교육과정은 넓은 의미에서 보면 학생들이 대학에서 하는 경험의 총체이며, 좁은 의미에서 보면 학생들이 대학에 들어와서 졸업할 때까지 이수해야 할 교과목들을 모은 교육계획표라고 할 수 있다. 대학은 대학의 사명을 근거로 타당한 교육목표를 설정하고, 이를 실현하기 위하여 교육과정을 적절하게 편성하여 충실하게 운영하여야 하며, 주기적으로 교육과정을 개편하여 발전하는 학문세계의 성과를 반영하여야 한다.

교육과정은 인위적으로 채택하기보다는 학생들의 요구와 교육목적에 근거하여 자연스럽게 채택되어야 한다. 교육과정의 설계는 교육목적을 가장 효과적으로 성취할 수 있도록 구성되어야 하며, 제한된 교육여건을 최대한 고려하여야 한다. 따라서 교육과정을 합리적으로 설계하기 위해서는 교육목적을 재검토하고, 현재의 교육과정을 평가하거나 교육에 관련된 학생들의 요구를 사정하여야 한다. 최근 학문의 발전은 물론 사회 및 직업세계의 변화, 대학의 경쟁력 제고 등 여러 가지 관점에서 교육과정 개혁이 모든 대학에서 핵심적인 과제로 부각되고 있다. 그러나 대학에서의 교육과정 개혁은 쉬운 일이 아니기 때문에 치밀한 계획 하에서 추진되어야 한다. 대학 교육과정의 개혁 또는 설계를 위해서는 크게 다음과 같은 단계가 필요하다.

- 대학의 아카데믹 리더의 인식: 비록 대학교육과정 재검토나 재설계 등에 대한 학문적인 지식이나 정보는 교수들이 더 많이 가지고 있지만, 총장이나 학장 등 대학의 리더들이 이것의 필요성은 물론 책무성을 충분히 인식하고 있어야 한다. 대학 내에서 가장 갈등이 많고 정치력이 요구되는 것이 교육과정 개혁이나 설계이기 때문에 총장이나 학장 등의 지원이 없이는 성공적으로 이 과업을 수행할 수 없다. 총장이나 학장이 교육과정 재설계의 필요성을 인식하고 있어야만 대학의 타부서(예산 등)의 협조를 이끌어 낼 수 있으며, 대학 내의 교수들의 지지를 얻어 낼 수 있다.
- 대학 교육목적의 재확인: 대학의 교육목적은 세 가지 수준의 목적이 있다. 첫 번째는 모든 학생들이 성취해야 할 넓은 의미의 교육목적이고, 두 번째는 학생들이 전공하는 분야에서 성취해야 할 목적이며, 마지막으로 학생들이 선택하는 교과를 통하여 성취하고자 하는 교육성과다(Diamond, 2002). 교육과정 설계에서는 이러한 세 가지의 교육목적을 분명하게 설정해야 하며, 교육과정평가나 학생평가 그리고 교과목평가 등에서 이러한 목적들이 확인되어야 한다. 그리고 이러한 평가의 결과들이 교육과정

설계의 주요한 데이터로 제공되어야 한다. 또한 교육과정은 이러한 교육목적을 효율적이고 효과적으로 성취할 수 있도록 설계되어야 한다. 교육과정 설계에서 최종목표는 각 프로그램의 교수-학습이 어떻게 이루어질 것인가를 분명하게 보여 주는 것이다. 즉, 교수목표가 분명해야 하고 평가는 어디서 어떻게 이루어질 것인가를 결정할 수 있어야 한다.

- 현행 교육과정의 검토: 현행 교육과정에 대한 각종 정보와 데이터는 항상 지속적으로 축적되어야 하지만, 교육과정의 개혁이나 재설계를 위해서는 현행 교육과정에 대한 문제의식을 갖는 것이 첫출발이 되어야 한다. 위에 서술한 대학의 교육목적을 달성하기 위하여 교과과정은 정상적으로 편재되어 있는지, 학점 배분은 합리적으로 이루어졌는지 등이 검토되어야 한다. 특히, 모든 학생들이 공통적으로 이수해야 할 교육과정은 무엇인지, 각 전공 또는 부전공에서 학생들이 필수적으로 이수해야 할 교과와 선택적으로 이수해야 할 교과는 무엇인지 그리고 이들 각각의 비중(학점 배분)은 어느 정도가 적당한지 등이 검토되어야 한다. 또한 교육과정을 통하여 학생들의 요구가 충족되고 있는지 반드시 검토되어야 한다. 이 과정을 통하여 교수들이 대학교육과정 개혁 또는 재설계의 필요성을 인식하도록 해야 한다. 그리고 무엇보다 중요한 것은 현행 교육과정 검토에서 얻어진 결과가 반드시 총장이나 학장이 다음 단계의 실행을 결정할 수 있도록 분명한 메시지를 전달할 수 있어야 한다.
- 교육과정 개혁을 위한 재정의 확보와 지원: 여기서 교육과정 개혁 또는 재설계를 위한 재정의 확보는 두 가지 의미를 가지고 있다. 하나는 교육과정 재설계를 위한 연구와 작업 등을 위한 경비와 위원 등의 운영을 위한 경비다. 그리고 다른 하나는 교육과정의

재설계는 실행을 전제로 이루어지는 것이기 때문에 새로 설계되는 교육과정을 적용하여 교과과정을 개발 · 운영하는 데 소요되는 재정 확보다. 후자는 전자보다 훨씬 더 많은 재정을 소요하기 때문에 총장은 교육과정 개혁이나 재설계를 착수할 때는 이에 소요되는 재정 확보 여부를 분명히 확인할 필요가 있다.

- 교육과정 설계를 위한 전담 팀 또는 위원회의 구성: 교육과정의 설계를 위해서는 별도의 위원회나 전담 팀을 구성하여 추진하여야 한다. 교육과정 설계에는 대학 내의 정치적인 갈등, 교수들의 이해관계 등이 복합적으로 작용하고 있기 때문에 이 위원회나 전담 팀 구성은 신중하게 이루어져야 한다. 뿐만 아니라 교육과정의 설계는 학생모집은 물론 교수 확보나 재정의 배분 등에 영향을 미치기 때문에 공정성과 개방성이 반드시 확보되어야 한다. 교육과정 설계와 관련된 위원회나 전담 팀 구성에서 유의해야 할 점은 ① 하나의 학문 영역이나 전공 분야 등에 치우치지 않는 중립적인 인사를 위원장으로 선정하고, ② 위원은 가급적 학문 영역이나 전공 분야 등을 대표할 수 있는 교수들로 구성하며, ③ 위원은 교육과정 개편에 거부감을 가지고 있지 않고 시간 할애 등 헌신적으로 일할 수 있는 교수로 구성하여야 한다.

교육과정은 학문세계의 발전, 사회의 요구 그리고 교육수요자인 학생의 요구 등을 고려하여 이상적으로 설계되어야 하지만 실현 가능성 등 현실적인 요인들을 고려하지 않을 수 없다. 대학들이 새로운 교육과정을 설계할 때 고려해야 할 제약요인들은 다음과 같다.

첫째, 대학 전체에서 우선순위, 즉 대학의 사명과 교육과정의 관계를 어떻게 설정할 것인가다. 대학의 사명 이외에도 대학이 지향하는 이념과 목표 그리고 대학의 성격과 특성 등도 교육과정 설계에서 반드시 고려해야 할 우선순위다.

둘째, 교육과정 개발 · 운영에 활용할 수 있는 자원이다. 이러한 자원에서 가장 중요한 것이 재정이고, 다음이 물리적인 시설 및 설비, 즉 교실공간, 도서관 및 장서, 정보화 관련 시설 등이다.

셋째, 교직원의 전문성과 헌신 정도다. 교육과정의 설계는 고도의 전문적인 지식과 기술 그리고 관련된 많은 정보가 필요하기 때문에 이러한 전문성을 가진 교직원들이 확보되어야 하고, 이러한 교직원들이 시간의 투입 등 헌신적으로 일할 수 있는 자세와 여건이 되어야 한다.

넷째, 캠퍼스의 정치적 풍토를 고려해야 한다. 교육과정 설계는 교수들의 이해관계에 따라 갈등이 야기될 수 있을 뿐만 아니라 학문 영역이나 전공 분야에 따라 파벌 등이 조성될 수 있기 때문에 사전에 이러한 대학 내의 정치적인 동태를 잘 고려해야 한다.

마지막으로, 새로운 교육과정 설계에 투입되는 비용에 대한 효과성을 고려해야 한다. 교육과정의 설계는 이상적으로 할 수 있지만 그 실천을 위한 자원의 확보 등이 뒷받침되지 않으면 설계 그 자체로 만족해야 한다. 또한 새로운 교육과정을 설계하는 데는 물론 그것을 실행하기 위해 너무나 많은 재정이 소요된다면 그만한 투자를 할 가치가 있는지를 꼭 따져 봐야 할 것이다.

2) 교육과정의 개발

(1) 교육과정 개발모형

대학교육과정이 설계되면 구체적인 교육과정 또는 교과과정을 개발해야 한다. 교육과정 개발은 대학에 따라 또는 대학 내에서도 학문 영역이나 전공 분야 등에 따라 다양한 접근 방법과 모형이 있다. 조광제(2004)는 Mcneil(1985)의 접근법을 중심으로 ① 요구분석모형(needs assessment model), ② 합리적 모형(rational model), ③ 미래지향모형(futuristic model), ④ 직업훈련모형(vocational training model) 등 네 가지 모형을 제시하고 있다. 요구분석모형은 현실과 이상적인 것 사이의 격차 또는 불일치를 분석하여 그 차이를 줄일 수 있는 대안을 찾는 방법이고, 합리적 모형은 목표의 설정에서부터 평가까지 합리적인 과정과 절차를 따르는 모형이다. 그리고 미래지향모형은 델파이 기법 등과 같은 미래 예측 방법을 동원하여 미래의 상황변화를 반영하는 방법이며, 직업훈련모형은 직업에서의 업무수행능력과 직무분석을 통한 접근법이다.

권기욱(1996)은 대학교육과정 개발에서 일반적으로 적용할 수 있는 접근 방법을 과정모형, 연구모형 그리고 목적모형 등 세 가지로 제시하고 있다. 여기서 과정모형은 학습의 과정에 초점을 두고 학습내용의 선택 및 절차의 원리를 적용하는 데 관심은 가지는 모형이고, 연구모형은 가설과 검증의 과정을 거쳐서 체계적으로 교육과정을 연구 · 개발하는 모형이며, 목적모형은 바람직한 교육목적을 설정하고 그것을 달성할 수 있도록 교육목표를 체계화하고 학습경험을 선택하여 교육과정을 구성하는 모형이다.

또한 Kent L. Gustafson과 Robert M. Branch(1997)는 보다 구체적인 교과과정을 설계하고 개발하는 모형으로 교실모형(classroom model), 산출개발모형(product development model), 체제설계모형(system design model) 등 세 가지를 제시하였다. 교실모형은 교수가 강의실에서 실제 수업하는 내용에 초점을 두는 모형이며, 산출개발모형은 일정 시간 또는 날짜에 요구되는 가장 최적의 학습량에 초점은 두는 모형이며, 체제설계모형은 하나의 전체 교과과정 또는 교육과정에 초점을 두는 모형을 의미한다.

(2) 교육과정 개발 과정

교육과정 개발모형에 따라 개발의 과정이나 절차 등이 달라질 수 있지만 여기에서는 일반적으로 대학들이 많이 접근할 수 있는 목적 모형을 중심으로 교육과정 개발의 단계를 수정하여 제시한다(권기욱, 1996: 15-16).

- 1단계-대학 교육목적의 확인과 우선순위 결정: 대학은 국가사회가 요구하는 고유목적은 물론 개별대학이 지향하는 교육목적이 있다. 교육과정 개발은 이러한 교육목적을 확인하는 것에서부터 출발해야 한다. 물론 사회변화나 시대정신 등을 반영하여 새로운 교육목적을 설정할 수도 있다. 그리고 대학은 다양한 교육목적을 가지고 있기 때문에 이러한 목적 중에서 어느 것에 우선순위를 두느냐가 교육과정 개발에서 중요하다. 또한 대학이 교육에 투입할 수 있는 자원에 제약을 받지 않고 모든 교육여건을 갖출 수 있다면 다양한 교육목적을 동시에 추구할 수 있지만 그렇지 않는 한 우선순위가 필요하다. 최근 대학들이 교육과정 측면에서 특성화를 추구하는 것도 바로 다양한 교육목적 중에서 특정 교육목적에 우선순위를 두는 것이라 할 수 있을 것이다.
- 2단계-교육목적을 교육목표 또는 교과과정목표로 전환: 대학의 교육목적은 광범위하면서 추상적인 개념으로 기술되어 있다. 이러한 교육목적을 바로 교과과정을 결정하고 교육 내용을 선정하는 것으로 연결시키는 데는 한계가 있다. 따라서 교육목적을 보다 구체화된 교육목표나 교과과정목표로 전환하여야 한다. 구체화된 교육목표 또는 교과과정의 목표는 교육과정평가는 물론 학생들의 성취 등 대학교육의 성과를 총체적으로 평가할 수 있는 가이

드라인 또는 지표가 된다.

- **3단계–현행 교육과정의 진단과 분석**: 설정된 교육목적과 교육목표에 비추어 현행 교육과정을 진단 · 분석할 수 있으며, 다른 한편으로는 이상적인 교육과정의 모형을 설정할 수도 있다. 현행 교육과정의 전반적인 체제나 교과과정의 편제 등도 분석되어야 한다. 그리고 현행 교육과정은 교육목표를 달성하기 위한 교과과정을 설정하고 있는지, 선정된 교육 내용은 적합한지 등이 분석되어야 한다. 또한 교육목표 달성을 위하여 투입된 시간, 자원 등은 적절하였는지도 동시에 검토되어야 한다. 현행 교육과정 진단 · 분석에서 무엇보다 중요한 것은 교육의 산출이라고 할 수 있는 학생들의 성취 수준이 목표만큼 달성되었는지 검토하는 것이다.
- **4단계–학생들의 교육과정에 대한 요구분석**: 교육과정에 대한 학생들의 요구분석은 현행 교육과정과 학생들이 이상적으로 바라는 교육과정과의 격차, 즉 차이를 규명함으로써 새로운 교육과정 개발에 필요한 정보 자료를 얻고자 하는 것이다. 이를 위해서는 현행 교육과정을 학생들이 명확하게 파악할 수 있어야 하며, 이 교육과정을 통하여 학생들이 성취한 수준도 파악되어야 한다. 그리고 잠정적이지만 이상적인 교육과정의 틀과 체제 그리고 구체적인 교육과정의 내용도 함께 제시되어 학생들이 현행 교육과정과 비교할 수 있도록 해야 한다. 교육과정에 대한 학생들의 요구조사를 통하여 새로운 교육과정의 틀을 만들고 개발하는 데 반영될 수 있는 요구사항의 목록을 체계적으로 정리해야 한다.
- **5단계–현행 교육과정과 학생 요구사항의 비교 및 반영**: 작성된 대학 교육과정에 대한 학생의 요구사항을 각 항목별로 현행 교육과정

과 비교하여 그 격차와 차이를 찾아내야 한다. 이러한 차이는 설정된 교육목적과 교육목표는 물론 교육과정의 전체적인 틀인 체제 그리고 선정된 교과과정과 교육 내용 등을 포함한다. 그리고 경우에 따라서는 현행 교육과정에 포함되지 않은 내용까지 포함할 수 있다.

- 6단계-교육과정 체제의 개선 및 교과과정 및 교육 내용의 선정: 대학이 추구하는 교육목적과 교육목표를 달성할 수 있도록 교육과정 체제 전반의 개선뿐 아니라 교과과정과 교육 내용 등을 선정해야 한다. 여기에서는 교육목적이나 교육목표를 달성할 수 있는 교육과정 체제는 물론 교과과정과 내용의 대안이 다양하게 있을 수 있으므로 최소의 비용으로 최대의 성취, 즉 성과를 낼 수 있는 방안을 모색해야 한다. 그리고 교육과정이 운영될 수 있는 환경과 여건 그리고 교육과정 개선에 투입될 수 있는 자원 등을 고려하여 대안을 모색해야 한다.

이상의 교육과정 개발 과정은 일반적으로 현행 교육과정을 점진적으로 개선하는 데 적합한 접근 방법이라 할 수 있다. 이 외에도 대학의 성격이나 대학의 교육과정 개혁 의지에 따라 다양한 접근 방법을 동원할 수 있다. 특히, 미래 사회변화를 예측하면서 대학교육과정을 전면적으로 개혁한다면 미래지향모형을 적용할 수 있을 것이다. 그리고 직업교육 중심의 교육과정을 운영하는 대학의 경우 학생들의 취업에 우선을 두어야 하기 때문에 직무분석을 통한 교육과정 개발모형을 적용할 수도 있을 것이다. 대학교육과정 개발의 정도라고 할 수 있는 모형은 없으며, 대학이 지향하는 성격과 이념, 대학이 처한 입지와 여건 그리고 대학이 보유하고 있는 전문인력 등을 감안하여 적합한 접근 방법을 찾아야 할 것이다. 경우에 따라서는 대학교육과정이나 대학경영 개혁을 전문적으로 컨설팅하는 업체를 동원할 수도 있을 것이다.

3) 교육과정의 평가

(1) 교육과정평가의 의의와 목적

대학의 교육과정은 개발로 끝나는 것이 아니라 개발된 교육과정을 실행하고 평가하여 다음 교육과정 개발에 피드백하는 순환적인 과정을 거쳐야 한다. 그래서 교육과정 개발의 과정을 확대하면 교육과정 평가도 하나의 단계로 볼 수 있다. 교육과정평가는 대학 간의 경쟁이 심화되고 기업체 등 대학 교육수요자의 대학교육에 대한 기대와 요구가 증대하면서 그 중요성이 더욱 강조되고 있다. 또한 교육과정 개발과 운영에 많은 자원이 투입되면서 투자효율성과 효과성에 문제가 제기되고, 국가사회 그리고 교육수요자의 대학교육에 대한 책무성을 강조하면서 교육과정의 평가가 강조되고 있다. 그러나 교육과정의 평가는 평가 자체에 의의가 있는 것이 아니라 교육과정 개선을 위한 필요한 정보를 제공하는 데 포괄적인 활동으로서의 의미가 있다.

대학들이 실제 이렇게 중요한 의미를 가지고 있는 교육과정의 평가를 실행하는 사례는 많지 않은 것 같다. 특히, 정교한 교육과정의 평가모형과 평가지표 등을 적용하여 평가하는 대학은 많지 않다. 그러나 교육과정의 평가는 현행 교육과정의 실태와 문제점을 분석하는 것 이상의 목적을 가지고 있다. 우선 교육과정의 평가는 현행 교육과정의 강점과 약점 등을 확인하고 새로운 교육과정의 설계와 개발에 필요한 정보자료를 제공하는 것이 1차적인 목적이다. 그리고 교육과정평가를 통하여 교육과정 개발과 운영에 투입되는 자원의 중복을

피하고 투자된 자원에 대한 효과를 분석할 수 있다. 또한 교과과정별로 학생 등록률과 교육과정을 이수한 학생들의 취업률 등에 대한 정보를 입수할 수 있어 대학교육에 대한 국가사회 및 교육수요에 대한 책무성 등을 검증할 수 있다. 그러나 교육과정평가의 다양한 목적을 동시에 달성할 수 있는 평가의 모형은 없다. 따라서 교육과정평가의 목적에 따라 교육과정평가의 모형과 방법을 적용해야 할 것이다.

(2) 교육과정 평가모형과 방법

대학교육과정은 교육목적 그리고 교육목표를 지향하는 것이기 때문에 그것을 평가한다는 것은 가치체계를 수반할 뿐만 아니라 교육의 과정 속에서 나타는 여러 가지 사상과 조건과도 관련된다. 교육과정평가는 엄밀하게 말해 이론적으로 가설화된 상태에서 이루어지는 것이 아니라 현장에서 실제 전개되는 상황을 평가하는 활동이다. 그래서 교육과정평가는 구조화된 평가도구 등을 통하여 얻어진 객관적이고 논리적인 자료, 즉 양적인 자료(hard data)에 근거하여 이루어질 수도 있고, 비구조화된 방법을 통하여 실제의 현상에 대한 주관적인 자료, 즉 질적인 자료(soft data)에 근거하여 이루어질 수도 있다. 그러나 이 두 가지 접근은 상호 배타적이기보다는 상호 보완적인 접근 방법이다. 전통적으로 전자의 유형에 속하는 평가모형은 다음과 같이 세 가지가 있다(이성호, 1987: 327-329).

- 목표지향 평가모형: 이 모형에 의하면, 평가는 본질적으로 교육목표가 교육과정과 교육 프로그램에 의하여 구현될 수 있다는 기본 전제 하에 그러한 목표가 실제 어느 정도 구현되었는가를 결정하는 과정을 평가로 보고 있다. 따라서 목표지향 평가에서는

목표 또는 더 구체적으로는 어떤 성취 수준을 필연적으로 설정하고 있다. 목표지향 평가는 교육과정에서 설정된 교육목표의 달성 정도를 평가할 때 유익하며, 평가의 실효성을 거두기 위해서는 교육목표가 구체적으로 진술되어야 한다.

- 판단지향 평가모형: 목표지향 평가가 지나치게 목표 또는 성취 수준 지향적인 데 반하여 판단지향 평가는 탈목표의 가치판단 지향적으로 평가의 의미를 해석하려는 모형이다. 목표를 사전에 정해 놓고 평가하는 것이 아니라 평가의 과정에서 자유로운 관찰과 반응에 기초한 가치판단을 평가의 본질로 삼는 것이다.
- 의사결정지향 평가모형: 평가를 통하여 가치판단하는 것으로 끝나는 것이 아니라 한걸음 더 나아가 선택과 의사결정에 필요한 정보자료를 획득하는 데 평가의 본질적인 의미를 부여하려는 모형이다. 즉, 평가의 궁극적인 목적이 의사결정을 돕는 데 있다.

이 외에도 대학교육과정을 평가하는 데에는 다양한 접근 방법이 있을 수 있다. 특히, 개별대학들이 자체적으로 실시하는 교육과정의 평가에서는 비교평가가 널리 활용되고 있다. 비교평가는 동일 대학 내에서 새로운 교육과정의 적용 결과를 평가할 때, 과거 교육과정과 비교하는 형태가 있고 유사한 교육과정을 적용하고 있는 타대학과 비교하는 방법도 있다. 그러나 후자는 대학 간 경쟁이 심화되고 있어 현실적으로 접근하는 데 한계가 있다.

여기에서는 의사결정 평가모형의 하나로 제안된 Stufflebeam에 의한 CIPP 평가모형을 중심으로 평가의 틀과 평가 내용 및 항목 등을 예시한다(이무근 · 원상원, 1990: 269-272). [그림 5-2]에서 보는 바와 같이 CIPP 평가모형은 상황평가, 투입평가, 과정평가 그리고 결과평가로 구성되어 있다.

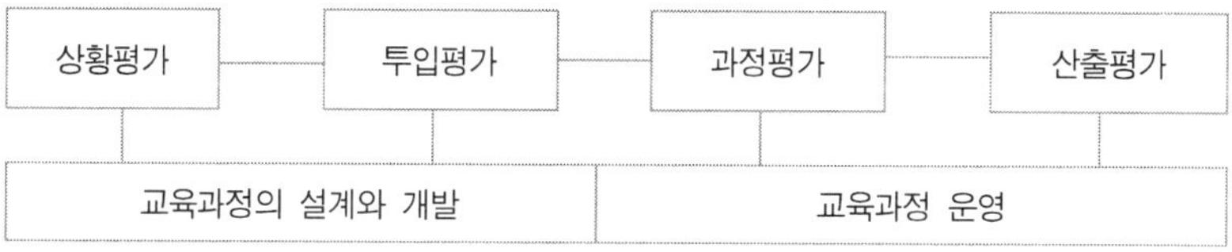

[그림 5-2] CIPP 평가모형에 의한 교육과정평가의 틀

출처: Curis R. F., & John R. C. (1999). *Curriculum Development in Vocational and Technical Education*. Allyn and Bacon, pp. 272-279.

- 상황평가: 교육과정평가에서 상황평가는 어떤 교육과정을 어떻게, 무슨 목표를 가지고 제공할 것인가에 관련된 문제를 평가하는 것이다. 즉, 대학이 교육과정을 제공하고자 하는 상황을 파악하고 그 필요성을 추출하며, 그 제한점 등을 평가하는 데 목적이 있다. 또한 상황평가에서는 교육과정 설계에 영향을 미치는 환경적인 요인이나 교육과정 수요집단들의 요구사항 등도 평가의 대상이 된다. 상황평가에는 요구조사, 직무분석, 반성법 등의 방법이 사용될 수 있다.
- 투입평가: 교육목적과 목표를 달성하기 위해서 교육과정의 개발과 운영에 많은 자원과 전략이 투입되는데, 이러한 투입요인들을 평가하는 것이 투입평가다. 투입요인은 물리적인 요인으로 시설 · 설비, 재정적인 요인, 인적 요인, 시간투입 요인 그리고 동원된 전략적인 방법 등이 될 수 있다. 투입요인은 자료분석, 전문가의 판단, 집단적인 합의 등 다양한 방법을 통하여 평가할 수 있다.
- 과정평가: 과정평가는 교육과정이 학습자에게 어떤 결과를 가져다줄 것인지를 결정하는 데 초점을 두는 평가로 교육과정 운영의 실제와 직결된 평가다. 실제 학습자를 위한 수업이 얼마나 잘 이루어졌는지, 수업을 위한 모든 지원이 적합하게 이루어졌는

지, 교육과정 운영을 위한 행정지원은 충분하였는지 등에 대한 평가가 핵심이다. 개설된 강좌의 다양성, 학생들의 교육과정 이수요건의 준수 정도, 수업 방법의 적절성, 교수의 전공과 담당강좌의 적절성 등이 평가 내용이 될 수 있다. 과정평가는 학생들에 의한 조사나 교수들에 의한 조사 등의 방법이 활용될 수 있다.

- 산출평가: 산출평가는 교육과정을 운영한 결과에 대한 평가라고 할 수 있다. 대학교육과정의 산출은 우선 교육과정의 목표를 얼마나 달성하였는지가 핵심적인 내용이며, 교육과정을 이수한 학생들의 교육과정에 대한 만족도 그리고 더 나아가 교육과정을 이수한 졸업생들에 대한 사용자(기업 등)의 만족도까지를 포함하는 내용이 될 수 있다.

대학교육과정평가는 평가모형이나 방법도 중요하지만 질 높은 평가를 위해서는 평가의 전문성을 제고하는 것이 무엇보다 중요하다. 따라서 평가자를 잘 선정하는 것이 중요하다. 대학교육과정 평가자는 평가의 기본 원리와 평가지표 그리고 평가항목 등에 대해 정확하게 인식하고 있어야 한다. 대부분의 대학들이 교육과정평가를 위한 전문가를 대학 내에서 찾고 있는데, 물론 대학 내 전문가들이 있다면 해당 대학에 대한 많은 정보를 가지고 있기 때문에 장점도 있다. 그러나 객관적이고 질 높은 교육과정평가를 위해서는 대학 내 전문가와 외부 전문가를 함께 활용하는 것이 바람직하다.

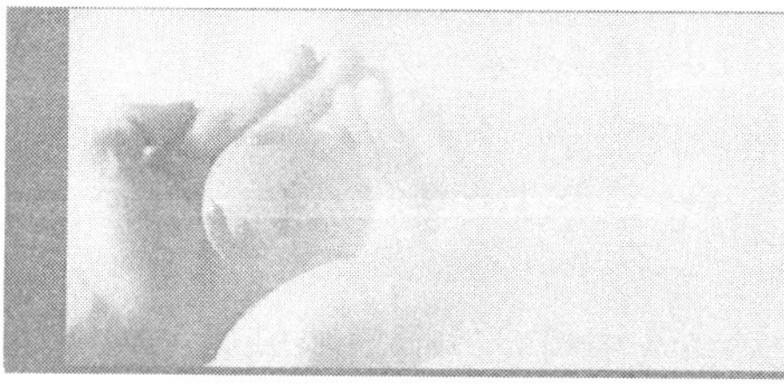

제6장
학생개발계획

대학의 가장 핵심적인 사명은 학생개발이다. 즉, 학습 및 지도를 통하여 학생들이 가지고 있는 능력이나 자질을 개발하는 것이다. 대학에서의 학생개발은 민주적인 의사결정, 사회의 조화 그리고 경제발전 등에 현명하게 기여할 수 있는 교육받은 시민과 지도자를 필요로 한다는 점에서 그 당위성을 찾을 수 있다.

이러한 학생개발은 정규 교과교육을 통해서는 물론 비정규 교육의 과정을 통해서도 이루어진다. 이 장에서는 학생개발의 핵심인 정규 교과학습과 비정규 교육의 과정이라 할 수 있는 학생생활지도, 진로 및 취업지도, 학생자치활동 등을 중심으로 대학 학생개발계획의 이론과 실제를 논의한다.

1. 학생교육과 개발

1) 학생교육과 개발의 의의

대학에서 학습의 핵심은 학생들의 인지적인 능력을 개발하는 것이다. 즉, 대학 졸업생들에게 가장 중요한 능력이라 할 수 있는 창의력, 적응력, 효과적인 팀워크 능력을 포함하여 비판적인 사고력과 문제해결능력 등과 같은 인지적인 능력을 개발하는 것이다. 대학교육을 통하여 이러한 핵심적인 능력을 개발하기 위해서는 학생들이 지적인 측면에서는 물론 정서적인 측면에서도 충분한 사전적인 잠재능력을 가지고 있어야 한다. 이것이 소위 대학에서의 수학능력이다. 그리고 대학들이 학생을 선발한다는 것은 바로 이러한 사전적인 잠재능력을 판별하는 것이라고 볼 수 있다.

대학에서의 교육개발 또는 학습은 대학에 들어온 학생들이 가지고 있는 잠재능력을 보다 높은 수준으로 개발하는 것이다. 대학에서의 학습의 목표는 지식, 기능, 태도, 가치관 그리고 삶을 효과적으로 살아가는 데 필요한 다른 지적, 정의적, 운동적인 자질을 개발하는 것이다(Gardiner, 2002: 90). 그리고 이러한 학습목표를 달성하기 위해 대학은 질 높은 학습이 이루어질 수 있고, 학습이 지속적으로 이루어질 수 있는 여건과 환경을 만들어 주는 것이 중요하다. 특히, 대학에서 질 높은 학습경험의 기회를 제공할 때 학생개발은 물론 그들의 삶의 질 향상 그리고 나아가 그들이 사회에 기여할 수 있는 능력을 개발할 수 있다.

2) 학생교육과 학습 관련 요건

오늘날 대학의 경쟁력은 얼마나 국가사회에서 필요로 하는 학생을 개발하는가에 달려 있으며, 이러한 학생개발은 바로 대학에서의 강의 또는 학생들의 학습에 달려 있다. 대학에서 질 높은 교육 프로그램 또는 학습의 기회를 제공하기 위해서는 대학교육과 학습의 목표를 분명하게 설정하고, 목표 달성에 필요한 교육과정을 개발하고, 학습 전략을 수립 · 추진해야 한다. 그리고 학습이 이루어지는 대학의 분위기나 풍토 그리고 교수들의 학생들에 대한 지도도 학생들의 교육과 학습에 영향을 미치는 중요한 요소들이다.

(1) 교육과정

대학에서의 교육과정은 국가사회가 요구하는 학생개발을 위하여 필요한 일련의 학습경험을 제공하는 데 목적이 있다. 그래서 대학교육과정은 학생들의 지적, 정의적, 운동적 능력과 전문적인 능력개발을 위하여 필요한 적정 수준의 도전과 지원을 동시에 제공할 수 있어야 한다. 대부분의 대학들은 대학이 설정하고 있는 비전이나 사명에 비추어 적정한 대학교육과정의 목표를 설정하고, 이러한 목표를 달성할 수 있도록 교육과정을 편성 · 운영하고 있다. 그리고 교육과정이 소기의 목적을 달성함으로써 학생개발에 얼마나 기여하였는가를 평가하게 된다. 대학에서의 교육의 과정이나 학습은 복잡하기 때문에 교육과정의 목표가 어느 정도 달성되었는지 그리고 의도했던 교육의 목표가 달성되었는지를 확인한다는 것이 쉬운 일이 아니다. 그러나 대학에서의 교육의 과정과 학습을 통하여 학생개발을 촉진하기 위해서는 교육과정에 대한 지속적인 평가가 이루어져야 한다.

대학에서의 학생개발을 위한 교육 및 학습 관련 요건으로서 교육과정은 전공교육과정보다는 교양교육과정이 더 중요하다. 물론 학생의 전문적인 능력은 전공교육과정을 통하여 개발되지만 일반적인 지적, 정의적인 능력은 교양교육을 통하여 더 많이 개발된다. 오늘날 지식기반사회에서 사회나 기업 등에서 요구하는 인적자원도 단순히 전문적인 지식이나 기술보다도 민주시민으로서의 자질, 창조적 지식 창출능력 그리고 자기주도적인 학습능력 등을 요구하고 있다. 이러한 자질이나 능력은 대학의 전공교육과정보다는 교양교육과정을 등을 통하여 더 잘 개발될 수 있는 부분이다.

그래서 대학에서의 학생개발을 위해서는 교양교육이 매우 중요하다. 한 연구(Astin, 1993)에 의하면, 교양교육과정의 구조, 형태와 깊이, 필수 여부, 선택의 양 등은 학생개발에 의미 있는 영향을 미치지 않지만 학생들이 손쉽게 선택한 다학문적인 핵심교과과정(interdisciplinary core curricula)은 학생들의 학습 결과에 많은 긍정적인 영향을 미치는 것으로 나타났다. 따라서 학생들의 학습을 촉진하기 위해서는 교양교육과정의 내용이나 구조보다도 어떤 교과목을 설정하고 어떻게 학생들이 접근할 수 있도록 할 것인가가 더욱 중요하다.

학생개발과 관련해서는 전공교육도 중요하지만 논의한 바와 같이 교양교육과정을 어떻게 설계할 것인가가 더욱 중요하다. 우리나라 대학들은 물론 학생들도 교양교육의 중요성과 가치를 다소 평가절하하는 경향이 있다. 대학들이 독자적인 교양과목을 개발하기보다는 대부분의 대학들이 개설하고 있는 유사한 교양과목을 개설하고 학생들은 대부분 1~2학년에서 집중적으로 교양과목을 이수하고 끝내는 경향이 있다.[1] 또한 전공교육과정은 의도하는 교육의 목표와 학습 결과가 비교적 분명하기 때문에 학생들의 학습을 촉진할 수 있지만 교양교육과정은 이 부분이 분명하지 않은 것이 일반적이다.

---

1) 미국의 한 연구(Flowers, Ostrlind, Pascarella, & Pierson, 2001)에 의하면, 56개의 다양한 대학을 표집하여 조사한 결과 약 95~98%의 학생들이 1~2학년에 교양교육과정을 대부분 이수하는 것으로 보고되었다.

따라서 대학들은 대학의 비전, 특성 그리고 사명 등을 분명히 설정하고 그에 따른 교양교육과정을 설계함으로써 대학이 의도하는 학생을 개발해야 한다. 결국 이렇게 개발된 학생이 기업으로 말하면 곧 그 대학의 상품 브랜드다. 이제 대학 졸업생을 활용하는 기업이나 사회에서는 차별화된 브랜드 가치가 있는 졸업생을 선호하게 될 것이다. 이러한 대학의 독자적이고 차별화된 학생개발은 교육과정, 특히 교양교육과정을 통하여 이루어질 것이기 때문에 이러한 교육과정을 개발하고 특색 있게 운영하는 데 더 많은 관심과 노력을 기울여야 한다. 최근 대학들이 추진하고 있는 특성화도 이러한 교육과정이나 교육 프로그램으로 귀결될 것이다.

(2) 교수 전략

교육과정은 다양한 방식으로 학생들의 교육과 학습에 영향을 미치는데, 그중에서도 중요한 것이 교수 전략이다. 교육과정에서 의도한 학습 결과를 분명하게 도출할 수 있도록 교과과정을 개발하고, 적정한 교수 방법을 활용하여 수업을 한 다음, 학습 결과를 확인할 수 있는 타당하고 신뢰로운 평가체제를 갖추는 것이 교수(수업) 전략이다. 교수 전략에서 중요한 것은 학생들이 성취할 교육목표를 구체적이고 명료하게 하고, 학생들의 학습동기와 흥미를 극대화할 수 있는 교수 방법을 활용해야 하며, 학습의 과정을 개별화하는 것이다. 교수들이 탁월한 교수 전략을 수립하여 좋은 수업을 한다는 것은 연구와는 또 다른 전문성의 측면이다.

학생교육을 위한 교수 전략에서 가장 중요한 것은 학생들의 학습을 촉진하는 것이다. 과거 전통적인 교수의 역할이나 교수 전략은 강의 위주였지만, 이제는 교수의 역할도 가르치는(teaching) 것보다는 학생들의 학습을 촉진하는(facilitating) 역할이 강조되고 있다. 또한 학습이 전통적인 교실 안에서만 이루어진다는 생각도 버려야 한다. 이러한 의미에서 다음과 같은 7가지의 원칙이 교수 전략에서 강조되고 있다.[2]

- 교수와 학생의 빈번한 접촉을 촉진해야 한다(encourages contact between faculty and students).
- 학생들 간의 상부상조와 협동심을 개발해야 한다(develops reciprocity and cooperation among students).
- 능동적인 학습을 촉진해야 한다(encourages active learning).
- 즉각적인 피드백을 주어야 한다(gives prompt feedback).
- 과제에 투여되는 시간을 강조해야 한다(emphasizes time on task).
- 높은 포부를 가지도록 의사소통해야 한다(communicate high expectations).
- 학생들의 다양한 능력과 학습 방법을 존중해야 한다(respects diverse talents and ways of learning).

대학은 이러한 원칙을 세워서 교수들이 교수 전략을 개발하여 실천할 수 있도록 다각적으로 지원해야 한다. 우선, 교수 전략을 개발하기 위한 전문적인 지식과 정보를 제공해야 한다. 최근 대부분의 대학들이 '교수학습개발센터' 등을 설치하여 운영하고 있는데, 이러한 센터의 기능과 역할 중에 가장 중요한 것이 교수들의 교수 전략 개발을 지원하는 것이다. 대학들은 교수개발을 위한 실제적인 정책을 수

---

2) James Eison(2002)은 Chickering & Gamson(1987)이 "Seven Principles for Good Practices in Undergraduate Education"에서 제안하고 있는 7가지 원칙이 지금도 강조되어야 한다고 말한다.

립하여 추진하고 있는데, 교수개발에서 역점을 두어야 하는 부분도 바로 교수들이 수업(교육)의 질을 높일 수 있도록 교수의 역량을 개발하는 것이다.

둘째는, 강의(수업)를 중시하는 대학의 풍토를 조성해야 한다. 교수들이 자기 전공 분야에 관련된 연구를 많이 해야 강의를 위한 지식과 정보를 많이 획득할 수 있는 것은 사실이지만 교수들 중에는 연구보다 강의를 소홀히 하는 교수들이 있다. 강의계획서를 체계적으로 작성하고 훌륭한 교수 전략을 수립하여 좋은 강의를 하고 이것이 학생들의 학습 결과로 나타날 수 있도록 하는 풍토가 조성되어야 한다. 이러한 측면에서 교수들의 강의평가가 다양한 형태로 이루어질 필요가 있다.

셋째는, 강의(수업)여건을 확충해야 한다. 기본적인 수업여건은 강의실의 환경, 즉 조명과 냉난방 등이다. 그리고 수업에 직접 영향을 미치는 요인들은 교수-학습 기자재나 실험실습 기자재 등이다. 우리나라 대학들은 최근 외형적인 학습여건의 확충은 물론 강의실 내 학습조건을 갖추기 위하여 많은 투자를 하고 있어 이 부분은 큰 문제가 없을 것으로 기대된다. 그러나 실제 이러한 학습여건들의 효용성 등을 주기적으로 점검하여 교수들의 강의에 지장을 초래하지 않도록 하는 것이 중요하다.

(3) 대학 풍토

대학 풍토란 강의실, 사무실, 기숙사 등을 포함한 캠퍼스 내의 정서적인 분위기를 의미한다. 대학 풍토와 학생개발 및 학업성취 그리고 대학에 대한 만족도 사이에는 높은 상관관계가 있는 것으로 많은 연구들이 밝히고 있다(Gardiner, 2002: 98). 학생들 사이에 그리고 학생들과 교수들 사이에 학문적 또는 사회적으로 통합하려는 공동체적인 의식이 강할수록 이러한 연관성은 더 높게 나타난다. 또한 교수나 행정직원들이 학생들에 대한 관심이 많을수록 이러한 공동체적인 의식이 강해진다. 그래서 학생들에 대한 높은 관심과 지원하는 대학 풍토 또는 행정 분위기는 학생들의 교육과 개발에 긍정적인 효과를 주고 있다. 특히, 학생들의 면학 풍토 조성이야말로 오늘날 대학의 경쟁력이고 우수한 학생들을 유치하는 가장 중요한 전략이다. 그러나 이러한 대학의 풍토, 특히 면학 풍토는 하루아침에 조성되는 것이 아니기 때문에 지속적으로 노력해야 한다.

(4) 학생교육지도

대학에서의 학생지도는 학생들이 대학에 입학하여 졸업할 때까지 경험하는 모든 것에 대해 지도 · 조언하는 것을 의미한다. 특히, 학생교육 또는 학생개발에 관한 지도는 학생들이 인지적, 정서적, 사회적으로 성장 · 발전하는 데 필요한 교육과정을 설계하도록 지도 · 조언하는 것이다.

최근 대학의 학생개발에 대한 지도는 학생이 필요로 하는 것을 직접 가르쳐 주는 것은 물론 대학이 교수들로 하여금 학생이 필요할 때 접근할 수 있는 기회를 만들어 주는 적극적인 자세까지 포함하고 있다. 학생교육 또는 학생개발지도에서는 먼저 학생들이 교육목표를 설정하도록 지원하고 그 목표 달성을 위하여 필요한 교과과정을 설계하도록 지원해야 한다. 결국 학생교육지도의 핵심은 학생들이 대학에서 경험하는 모든 것이다. 학생교육지도를 통하여 학생들이 교과과정을 이수하고 다양한 학생활동에 참여하게 한다. 나아가 학생들이 자신의 진로를 결정하고 졸업 후 사회에 진출하여 취업에 이를 수 있게 한다.

대학들은 학생교육 및 학생개발지도를 활성화할 수 있는 다각적인 방안을 강구해야 한다. 우선 학생들이 대학에 입학하면 대학생활에 적응할 수 있는 다양한 프로그램을 개발하여 시행해야 한다. 대부분의 대학들이 하고 있는 오리엔테이션 프로그램이 여기에 해당되지만, 대학생활에 필요한 규칙이나 절차적인 것을 알려 주는 것보다는 좀 더 적극적이고 체계적인 프로그램이 요구된다. 대학생활에 관한 것은 선배학생들을 활용한 멘토링 같은 것을 적용할 수 있고, 학문적인 것이나 학업에 관련된 것은 교수들이 직접 가이드해 주는 것이 필요하다.

특히, 학생들의 교육목표 설정이나 진로와 관련된 교육과정 이수는 지도교수제 등을 적극적으로 활용하여 학생들이 대학생활에 필요한 로드 맵을 만들어 낼 수 있도록 지원해야 한다.

3) 교육성과 관리

대학에서의 교육성과는 두 가지 측면에서 관리되어야 한다. 하나는 교수가 얼마나 학생교육과 개발에 성공적이었는가를 평가하는 것이고, 다른 하나는 교수의 강의(수업)을 통하여 학생들이 얼마나 성취하였는가를 평가하는 것이다. 전자는 교수의 수업평가[3]이고 후자는 학생의 학업성취도평가다.

3) 일반적으로 교수들의 교육성과 또는 업적에 대한 평가를 '강의평가' 또는 '수업평가'라는 용어를 사용하고 있는데, 강의는 다양한 수업 방법 중 하나일 뿐이기 때문에 강의평가보다는 수업평가라는 말을 사용하는 것이 타당하다. 수업 방법에는 강의 이외에 토론, 세미나, 실험 및 실습, 현장답사 등 다양한 방법이 있다.

(1) 교수의 수업평가

교수의 교육성과에 대한 평가는 수업에 참여한 학생들에 의한 평가가 일반적이지만 학생에 의한 평가 이외에도 졸업생, 동료 교수, 전문가 등에 의한 평가도 있을 수 있다. 수업평가의 목적은 교수의 학생교육에 대한 책무성 이행 정도를 판단하고, 학생교육과 관련된 의사결정에 필요한 정보를 제공하며, 수업의 질을 개선하는 데 있다. 그러나 실제 학생들에 의한 교수의 수업평가는 궁극적으로 수업의 문제를 진단하고 개선하는 데 초점을 두고 있다.

우선 학생에 의한 수업평가는 수업의 질을 개선하기 위한 교수 전략개발 프로그램과 연계되어 실시되어야 한다. 교수의 수업평가는 교수의 잘한 점과 잘못한 점을 발견하기보다는 교수 수업의 장점과 약점을 발견하고 약점을 보강하는 데 주안점을 두어야 한다.

또한 교수의 수업평가는 교수의 자기 개발, 특히 수업개발이나 교수 전략 개발에 필요한 정보를 제공하는 동시에 동기와 관심을 불러일으키는 데 초점을 두어야 한다. 수업평가 없이는 교수들의 교수 전략 개발 등에 대한 관심을 제고할 수 없기 때문이다. 그리고 이러한 수업평가의 결과는 해당 교수의 교수개발 프로그램에 반영되어야 한다.

교수의 수업평가는 권위 있는 의사결정체나 전문가집단의 지원 하에 실시되어야 한다. 특히, 교수들의 저항을 피하고 교수들의 충분한 인식 하에 수업평가가 실시되기 위해서는 대학의 최고 행정책임자나 최고 권위 있는 위원회의 지원과 전문가집단의 자문 등을 통하여 체계적이고 과학적으로 실시해야 한다.

교수의 수업평가 항목은 일반적인 평가항목과 수업의 성격과 특성 등을 반영한 특수항목으로 구성되어야 한다. 일반적으로 수업평가에 적용되는 평가항목의 범주에는 수업에 임하는 태도(열성 등), 수업계획(수업계획서 작성 및 배포 등), 수업조직(수업 내용의 계열, 시간배정 등), 교육 내용(난이도, 참신성, 실용성 등), 수업 방법(동기유발, 학생참여, 의사소통 등), 과제부과 및 처리(과제의 양과 질), 교육자료(학습기자재, 매체 활용 등), 수업의 성취도(교육목적 성취 정도, 만족도 등), 학생 성취평가(공정성, 적절성 등) 등이 포함된다. 그러나 이러한 일반적인 평가항목 이외의 특수항목은 해당 교수로부터 개발하도록 하는 것이 바람직하다.

(2) 학생 성취와 관련된 평가

대학의 교육성과평가로서 학생들의 학업성취도평가는 초·중등학교 학생의 학업성취도평가와는 다른 점이 있다. 우선 교육목표의 설정에서부터 교과과정 편성 그리고 교과별 교육목표 등이 다양하고 탄력적이다. 그리고 교육의 성과도 교과의 교육목표 달성 정도를 확인하는 학업성취도평가뿐만 아니라 교육 결과의 현장활용도나 직업적 또는 사회적 기여도까지를 평가해야 한다. 이러한 관점에서 보면 대학에서의 교육성과평가로서 학업성취도평가는 다음과 같은 네 가지 형태의 평가로 이루어진다.

첫째, 대학에서의 교육성과평가라 하면 우선 생각할 수 있는 것이 학생들의 학업성취도평가다. 학교교육은 목표 지향적인 활동이기 때문에 교육의 목표가 어느 정도 달성되었는지를 확인하는 길은 학생들의 학업성취도를 평가함으로써 가능하다. 목표의 성취란 결국 교육과정에서 명시한 목표가 학생의 행동으로 실현되는 상황을 의미한다. 교육목표는 학교 수준별, 학년별 그리고 교과별로 명시된다. 학교 수준별 그리고 학년별 교육목표의 성취 정도는 교육과정평가를 통하여 이루어질 수 있으며, 구체적으로 학생 개개인의 학업성취는 교과별 교육목표 달성 정도의 평가를 통하여 이루어진다고 볼 수 있다. 대학에서의 학생 개개인의 학업성취도는 학점으로 부여되고, 일정 수준의 학점을 이수하고 졸업요건이 되면 학위를 취득하는 과정을 거치게 된다. 학생들의 학업성취도평가는 대학교육의 질 관리 차원에서 엄격하고 공정하게 평가되어야 한다.

둘째, 학생 개개인 또는 학생집단 전체가 직면하고 있는 학습 장애요인을 진단하는 것이다. 교육평가란 기본적으로 교육을 잘되게 하기 위한 수단이라고 본다면, 평가활동은 교육의 과정을 부드럽게 진행할 수 있도록 돕는 역할을 담당해야 한다(박도순, 2007: 30). 학습의 장애요인은 학생 개인이나 학생집단에 관련된 요인이다. 학생 개인 또는 학생집단에 관련된 요인으로는 학생들의 선행학습 등의 준비도, 지능이나 적성 등의 기본능력 또는 정서적인 문제일 수도 있다. 대학에서의 학생선발 과정은 바로 이러한 학업성취도의 장애요인을 최소화하기 위한 장치다. 대학에서의 수학능력이 바로 이러한 요인에 직결되는 요소다. 따라서 높은 학업성취도를 획득하여 교육성과를 높이고 교육의 질적 수준을 제고하기 위해서는 대학수학능력을 갖춘 적격한 학생을 선발하기 위한 노력을 지속적으로 경주해야 한다.

셋째, 교육과정, 수업자료, 수업 절차 그리고 학습조직 등의 교육적 효과성을 평가하는 것이다. 교육평가를 교육활동이 있은 후에 이루어지는 활동으로 본다면, 결과는 교육과정이나 교육 프로그램에 의해 발생한 것이 되고, 학업성취도의 결과는 교육 프로그램의 질을 나타내는 것이 된다. 따라서 교육과정이나 교육 프로그램 전반에 대하여 학생들의 일반적인 반응을 조사·분석함으로써 보다 바람직한 교육과정이나 교육 프로그램을 운영하기 위하여 평가를 실시해야 한다. 평가의 목적은 교육 내용의 유용성이나 질에 대한 교육상의 만족도 파악, 교수의 교육준비도나 교육 방법의 적절성 평가, 교육운영 전반에 대한 학생의 의견 파악, 사전 설정된 교육목표의 충족 정도, 학습된 교육 내용의 현업적용 가능성에 대한 학생의 의견 등을 파악하기 위한 것이다.

마지막으로, 초·중등학교 교육평가와 달리 대학에서의 교육평가는 학업성취도가 실제로 현장에서 어느 정도 유용하게 활용되고 있는지를 평가하고, 더 나아가 학생들이 졸업 후 취업이나 사회생활 등에 어느 정도 기여하는지를 평가해야 한다. 이 부분의 평가야말로 대학교육의 성과 또는 결과로서 학생들의 학업성취도평가라 할 수 있다. 그러나 우리나라 대학에서는 이 부분에 대한 교육성과나 결과평가를 소홀히 하거나 기피하였다. 사실 그동안 대학교육의 실수요자, 즉 대학 졸업생을 활용하는 기업 등에서 대학교육에 대해 불만족스러워 하는 부분도 바로 이러한 평가가 결여된 채 대학교육이 흘러왔기 때문이다. 최근 OECD에서 대학교육의 성과 내지는 결과에 대한 국제 평가를 시행하겠다는 정책을 발표한 바 있다. 초·중등학생들의 학업성취도평가인 PISA와 같이, 대학교육에서 공통적으로 성취해야 할 기본적인 능력(일반적인 직업기초능력)을 중심으로 대학에서의 학생들의 학업성취도를 국제 비교하는 평가를 실시하겠다는 것이다. 그리고 우리나라에서 전국경제인연합회 등의 경제단체에서 직접 대학교육을 평가하겠다고 나서는 것도 바로 대학 졸업생의 성취능력에 대한 불만 때문이다. 즉, 경제단체들이 나서서 대학을 평가할 때 직업이나 사회생활 등에서 공통적으로 요구되는 능력을 대학 졸업생들이 얼마나 성취했는가를 평가하겠다는 것이다.

이제 대학의 교육성과를 단순히 학생들의 학업성취도평가로 한정할 수 없는 시대가 되었다. 대학교육과정에서 대학생들에게 공통적으로 요구되는 능력을 찾아내어 교육과정에 반영하고, 이것에 대한 학생들의 학업성취도를 향상시키는 노력을 경주해야 한다. 그래야만 OECD의 대학교육평가 등에서 국제적인 질적 수준을 인정받을 수 있으며, 또한 국내 기업들로부터 높은 교육성과나 결과를 인정받아 졸업생들의 사회진출을 유리하게 만들 수 있을 것이다.

2. 학생생활지도

1) 학생생활지도의 의미와 목표

(1) 학생생활지도의 의미

학생지도라는 용어는 미국을 비롯하여 여러 나라에서 사용하는 가이던스(guidance)라는 단어를 우리말로 옮긴 것인데, 가이던스란 본래 이끈다는 의미를 포함한 것으로 우리나라에서는 교도, 지도, 향도 등의 말로 사용되어 왔다. 최근에 와서는 학생지도라는 말보다는 생활지도라는 용어가 많이 사용되고 있다. 그러나 학생지도라는 의미에 대해서 전문가를 포함한 사용자들 사이에도 공통적인 의미보다는 제각기 다른 의미로 사용하고 있는 경우가 많다.

학생지도는 관점과 입장에 따라 다양하게 정의되고 있다. 즉, 단순하게 학교생활에 적응하지 못하거나 문제를 일으킨 학생들을 바르게 지도하는 것으로 보는 관점, 또 학생의 특정한 문제를 해결해 주는 것으로 보는 관점, 학생의 여가활용을 지도해 주는 것으로 보는 관점, 학생의 전반적인 적응을 도와주는 것으로 보는 관점, 또는 교과지도 이외의 모든 것을 학생지도로 보는 관점 등 사람에 따라서 다르게 정의하고 있다.

이러한 지금까지의 견해를 바탕으로 학생지도의 의미를 재분석해 보면 학생지도란 학생들이 일상생활에서 당면하는 문제들, 예를 들면 가정적, 교육적, 직업적, 신체적, 정서적, 인성적 문제를 자력으로 해결할 수 있도록 지도하기 위한 조직적인 활동을 말한다. 이러한 조직적인 활동은 정규 교과과정보다는 교과 이외의 영역에서 이루어지는 활동이라 볼 수 있다.

대부분의 대학들이 학생생활연구소 등을 설치하여 학생조사활동을 하고 학생상담실을 설치하여 학생들에게 상담 서비스를 제공하고 있다. 학생생활지도의 영역이나 내용 등이 방대하고, 특히 학생들의 교육이나 진로 등의 문제는 전공 분야 교수들의 도움이 필요하기 때문에 이제 모든 교수들이 학생들의 생활지도에 중요한 역할을 해야 한다. 그래서 교수들의 교육, 연구, 봉사 등과 같은 전통적인 역할과 함께 최근에 학생지도가 교수의 중요한 역할 중 하나로 강조되고 있다. 대학에서의 학생지도 또는 학생생활지도는 진로나 취업지도가 핵심적인 부분이기 때문에 일반적인 생활지도와 분리하여 다음 절에서 별도로 다루었다.

(2) 학생생활지도의 목적

학교 또는 대학에서의 생활지도는 정규 교육과정으로 충족시킬 수 없는 다양한 교육적 활동을 포함하고 있다. 특히, 학생들이 대학생활을 하면서 직면하는 다양한 문제들을 스스로 해결할 수 있도록 도와줌으로써 학생들의 성장과 발전을 지원한다. 이러한 측면에서 학교 또는 대학에서의 생활지도는 여러 가지 목적을 가지고 있다. 일반적인 학교에서의 생활지도의 목적을 정리하면 다음과 같다(김계현, 2000: 30-38).

- 전인적 세계시민으로서의 성장: 생활지도는 전인교육의 정신(智·德·體의 조화)에서 출발한다. 현대의 교육이 구호상으로는 전인교육을 추구하지만 실제적으로는 다분히 지식교육에 치중했던 것이 사실이다. 일반 학교교육에서는 '智'보다는 '知'에 대한 교육에 더 비중을 두었으나, 생활지도의 정신은 知-智-德-體의 고른 성장을 추구하기 위해 노력한다. 또한 전인교육은 시민교육이라는 말로도 표현되는데, 개인을 한 사회의 일원으로 이해해야 한다. 사회적 이익과 개인의 이익을 조화시킬 수 있는 태도를 가진 개인이 진정한 의미의 전인이다. 현대사회에서 사회라는 것은 작게는 '동네' 등 지역사회로부터 세계 전체에 이르는 복잡한 개념이므로, 일반적인 생활지도에서는 세계화 교육이 생활지도의 중요한 활동이 되고 있다.
- 예방: 생활지도의 중요한 목적은 예방이다. 문제가 심각해지기 이전에 문제의 잠재성을 미리 발견해서 사전에 방지하는 것이다. 대표적인 청소년 문제로서 비행문제가 있는데, 비행의 위험성은 항상 청소년의 주변에 존재하고 있으며, 비행문제는 문제가 발생하고 상습화된 이후에는 그것을 교정하는 것이 대단히 어렵다. 따라서 생활지도나 상담면접과 같은 일반적인 교육적 접근 방법으로는 문제해결이 불가능해, 심리치료나·정신치료와 같은 더 고도의 전문지식을 필요로 하는 의료적 접근 방법을 사용할 수밖에 없다. 예방의 기능은 개인의 자기 이해를 증진함으로써 신장되는데, 자신에 대한 올바른 이해가 증진되면 개인의 행동은 훨씬 더 안정되고 건강해지며 타인에게 신뢰감을 주게 된다. 일반적인 생활지도에서는 학생들의 자기 이해를 도모하기 위한 다양한 프로그램들이 개발·운영되고 있다.
- 문제해결능력의 신장: 예방을 위해서 학생들에게 가장 필요한 능

력 중의 하나는 문제해결능력이다. 문제가 심각해지기 전에 조기에 발견하는 능력, 발견된 문제를 조기에 해결하려는 의지, 문제해결을 위해 필요한 자원들을 인식하고 활용할 수 있는 능력, 문제해결의 기술 등이 문제해결능력에 속한다. 생활지도는 문제가 생긴 다음에 문제를 해결하는 일보다는 문제가 심각해지기 이전에 예방 차원에서 학생들에게 문제해결능력을 키워 주는 일을 하는 데 더 치중한다. 그래서 생활지도자들은 학생이 생활지도를 통해 결과적으로 문제를 해결하면 된다는 입장보다는 학생이 생활지도를 통해 문제해결을 경험하여 결과적으로 문제해결능력을 기른다는 입장을 취해야 한다. 일반적인 생활지도에서는 인간관계의 문제, 학업상의 문제, 성격의 문제 등 여러 영역에서 치료 자체보다는 문제해결능력 신장이라는 목적을 달성하기 위한 각종 집단상담 프로그램 등이 개발 · 운영되고 있다.

- 미래의 준비: 교육은 그 본질적 속성상 미래를 위한 준비라고 할 수 있는데, 생활지도 또한 교육활동의 일부로서 미래를 위한 준비라는 속성을 가지고 있다. 미래란 개인의 미래뿐만 아니라 사회, 국가, 세계의 미래라는 뜻도 포함되어 있으므로 교육으로서의 생활지도는 단지 한 개인만을 대상으로 하는 서비스가 아니며, 교육이란 개인을 포함해서 사회, 조직, 국가, 세계와 이익을 공유하는 고차원적인 조절이 필요한 것이다. 개인 차원의 미래를 위한 준비로서는 특히 직업인으로서의 준비가 중요한데, 생활지도의 주요 영역에도 진로지도활동이 있다. 미래에는 정보화나 세계화로 인해 새로운 직업이 출현하고 기존의 직업도 변화된다. 그러므로 저항보다는 적응의 태도를 가지도록 교육해야 하며 창의력을 강조해야 할 것이다. 창의력은 자신의 잠재력을 믿고 발휘함으로써 신장되는 것으로서, 기존의 주입식 지식교육

과는 다른 새로운 교육이 요구된다. 일반적인 생활지도는 미래를 내다보고 미래를 준비하는 활동이 되어야 하며 개인의 잠재력 개발과 관련된 다양한 활동들을 준비해야 한다.

2) 생활지도의 주요 활동영역

앞에서는 일반적인 생활지도에 대하여 그 의미와 목표를 개관하였다. 이러한 목표를 달성하기 위해 초·중·고등학교나 대학 등에서 공통적으로 실시되고 있는 일반적인 생활지도는 다양하다. 김충기(1990)는 생활지도의 주요 활동을 ① 학생조사활동(student inventory service), ② 진로정보활동(career information service), ③ 상담활동(counseling service), ④ 정치활동(placement service), ⑤ 추수활동(follow up service) 등 5개로 분류하였다. 또한 이재창(1987)은 ① 학생이해활동(student appraisal), ② 정보활동(information service), ③ 상담활동(counseling service), ④ 진로활동 및 정치활동(career guidance and placement service) 등 4개로 분류하였다. 그리고 김계현 외(2000)도 ① 학생조사활동, ② 정보제공활동, ③ 진로지도활동, ④ 상담활동 등 4개로 분류하였다.

위의 분류는 생활지도의 주요 활동을 기능 또는 방법에 따라 분류한 것이다. 이들의 생활지도 주요 활동 분류는 명칭과 분류 수에는 다소 차이가 보이나, 그 내용은 대동소이한 것으로 보인다. 이하에서는 일반적인 생활지도의 주요 활동을 기능별로 진로지도를 포함하여 다음과 같이 4개로 분류하였다. 단 진로지도는 다음 절에서 별도로 다루고 있으므로 여기에서는 생략한다.

(1) 학생조사활동

학생조사활동이란 체계적인 조사활동을 통해 학생의 특성이나 잠재력과 같은 인적사항을 과학적이고 객관적으로 파악하여 학생을 이해하기 위한 목적에서 수행되는 활동이다. 학생이해란 교육이나 생활지도를 담당하는 사람이 학생을 이해하는 것만을 의미하는 것이 아니라, 학생 본인도 자신에 대한 이해를 증진시켜 개인의 발달을 기할 수 있어야 함을 의미한다. 또한 이 활동의 근본에는 모든 학생은 각자 개성을 지닌 개인으로 존재한다는 가정이 깔려 있으며, 교육이나 생활지도 담당자는 학생들 사이에 개인차가 있음을 인식하고 이를 이해하려고 해야 한다. 이 활동을 통해 얻어진 조사 결과는 생활지도는 물론 학습지도를 위한 기초자료가 될 것이며, 학생들의 인지적 · 정의적 발달을 촉진시키는 데 중요한 역할을 하게 된다.

또한 학생조사활동은 일반적으로 ① 조사의 필요성 인식, ② 필요한 결정과 판단의 확인, ③ 결정의 구체화, ④ 판단의 구체화, ⑤ 정보수집, ⑥ 정보의 분석과 해석, ⑦ 사정 결과의 보고, ⑧ 평가와 피드백 제공 등과 같은 단계를 거쳐 수행되는데, 학생조사를 위한 방법으로는 표준화 검사와 비표준화 검사가 있다. 표준화 검사로는 지능검사, 적성검사, 학력검사, 흥미검사, 성격검사 등이 있고, 비표준화 검사로는 관찰법, 일화기록법, 체크리스트, 평정법, 질문지법, 면접법, 사회성 측정법, 누가기록, 사례연구, 자서전법 등이 있다.

(2) 정보제공활동

정보제공활동이란 학생들에게 유용한 각종 정보 및 자료를 제공하여 그들이 현명한 선택과 의사결정을 통해 복잡한 사회에 적응할 수 있도록 돕는 활동이다. 일반적인 생활지도에서 정보제공활동을 통해 학생들에게 제공되는 정보 내용은 크게 ① 교육정보, ② 진로정보, ③ 개인 · 사회적 정보 등으로 분류되는데, 이를 수집 · 보관 · 제시함으로써 학생들이 학습에서의 성취를 제고하고 사회생활에 능동적으로 적응할 수 있도록 필요한 지식과 정보를 제공하는 것이다.

- 교육정보: 교육적 기회에 관한 모든 정보, 즉 학생이 이수해야 할 정규 · 특별 교육과정은 물론 과외활동이나 장학금, 학자금과 같은 재정적 지원에 관한 정보, 상벌 등 학칙에 관한 정보 등을 의미하며, 그 외에도 효과적인 학습 방법이나 도서관, 박물관과 같은 교내외 교육적 시설 이용 방법 등 간접적으로 학생들의 학습활동에 도움이 되는 정보도 포함된다.
- 진로정보: 학교 졸업 후에 학생들이 경험하게 될 진로, 즉 대학원으로의 진학문제와 직업을 갖기 위한 취업문제와 관련된 정보로서, 대학원의 전공과 특성 등에 관한 정보와 직장과 직종에 관한 유용한 정보를 말하며, 진학 또는 취업하기 위한 조건이나 훈련 프로그램에 대한 정보, 입학 또는 채용정원이나 전형 방법 등도 이에 포함된다.
- 개인 · 사회적 정보: 개성이나 성격에 관한 지식, 개인 간의 이질성과 동질성, 개인의 발달 과정, 감정이나 이성에 관한 지식 등과 같은 개인에 대한 정보와 타인의 감정, 생각, 행동에 대한 이해, 가족에 대한 이해, 이성관계, 우정 · 예의범절 · 사교술 · 가족관계에 대한 정보 등과 같은 사회적 정보를 의미한다. 이는 자기 자신에 대한 이해와 타인과의 관계를 증진시키는 인간에 관한 정보로서, 사회에 속해 있는 개인을 이해하기 위해서는 사회를 알아야 하고, 개인의 집합체인 사회를 알기 위해서는 개인을 알아야 함을 나타내고 있다.

(3) 상담활동

상담활동은 생활지도의 핵심적인 활동이라고 할 수 있다. 상담은 내담자의 문제를 기초로 하여 시작되고 내담자와 상담자의 인간적 신뢰감이나 수용적 태도, 공감적 이해 등을 바탕으로 한 친숙한 인간관계를 통해 내담자로 하여 문제해결이나 행동변화, 의사결정 등이 자발적으로 이루어지도록 돕는 활동이다. 대학에서의 학생상담 내용은 학업, 진로, 경제적인 문제, 이성문제 등 다양한 내용을 포괄하고 있다.

3. 학생 진로 및 취업지도

1) 진로 및 취업지도의 의의와 목적

(1) 진로 및 취업지도의 의의

진로라는 말은 한 인간의 사회적 진출 문제로서 장래의 직업에 대한 관심과 이해를 중심으로 어려서부터 깨우쳐 가야 하는 인간성장의 중요한 과정이다. 따라서 진로선택은 어린 시절부터 갖게 되는 직업에 대한 환상적 관심과 흥미 중심의 선택적 사고 과정에서 출발하여 이루어지는 것이 보통이다. 대개 진로에 대한 관심은 초등학교 단계부터 인식되면서 중학교, 고등학교 단계의 진로탐색 경험을 통해 점차 확대 · 발전되어 간다. 그러므로 진로지도는 어느 특정한 시기나 단계에 이르러 진학이나 취업을 결정하는 일이 되어서는 안 된다. 인간의 성장 · 발달과 함께 끊임없이 계속되어야 하는 자기 의사결정의 과정이 되어야 하는 것이다. 이러한 측면에서 대학에서의 진로지도나 취업지도 등이 중요하게 인식되고 있다.

대학생을 위한 진로지도는 이제 대학의 핵심적인 교육적 기능으로 자리잡아 가고 있다. 우리나라 대학생들은 대학 진학만을 위한 입시 준비 교육으로 인해 대학의 전공 분야나 직업세계에 대한 기본적인 이해 없이 대학에 들어오고 있다. 그리고 이제는 대부분의 대학들이 학부제를 시행하고 전공 분야나 계열 그리고 학과 등을 광역화하고 있어, 대학에 들어온 후 전공 선택이나 직업세계에 대한 기본적인 지식과 정보를 획득할 수 있는 기회를 갖지 못한다면 대학교육의 성과나 결과를 기대하기 어렵다. 특히, 졸업 후 대학교육의 성과나 결과를 취업으로 연결시키는 데 많은 애로를 가질 수밖에 없다.

진로지도는 일반적으로 학생들이 상급학교 진학을 위한 진로를 선택 · 결정하도록 지도하는 진학지도와, 졸업 후 직업을 선택 · 결정하도록 지도하는 취업지도로 구분된다. 이론적으로 진로발달 단계를 보면 초등교육 단계는 진로에 대해 인식하는 단계이고, 중등교육 단계는 진로를 탐색 · 선택 · 결정하는 단계(중학교 졸업 후 일반계 또는 전문계 등 고교에 진학하는 진로 선택과 고등학교 졸업 후 대학 진학 또는 취업의 진로를 선택 또는 결정)이며, 대학 단계는 진로를 선택하고 결정하는 단계다. 대학에서의 진로 및 취업지도는 최종 교육 단계에서 이루어지는 것이기 때문에 진학보다는 취업지도에 비중을 두는 것이 일반적이다.

최근 대학에서의 학생을 위한 진로 및 취업지도는 그 중요성이 더욱 강조되고 있다. 대학교육과정의 변화, 대학 졸업생의 실업률 증가, 대졸인력 수급상의 괴리 심화, 대학교육에 대한 국가사회의 책무성 강조, 입시위주의 공교육 등 여러 가지 측면에서 대학에서의 학생 진로 및 취업지도에 대한 요구가 증대하고 있다. 특히, 대학에서의 학생 진로 및 취업지도는 학생 개인은 물론 대학 차원 그리고 국가사회적인 측면에서 중요한 의의를 가지고 있다.

(2) 진로 및 취업지도의 목적

진로 및 취업지도의 목적은 학생들로 하여금 자기 자신을 이해하고 직업의 세계를 탐색하여 진로를 선택·결정하도록 조력하는 동시에 결정한 직업에 취업하기 위한 준비를 시켜서 취업하도록 지원하는 것이다. 이러한 진로 및 취업지도는 학생들의 진로발달 단계에 따라 학교교육을 통하여 이루어지기 때문에 학교 단계에 따라 그 목적의 강조점이 다소 다를 수 있다. 대학 단계에서의 학생 진로 및 취업지도의 목적을 구체화하면 다음과 같다.

첫째, 자기 탐색과 자기 이해를 돕는 것이다. 진로계획을 세울 때 우선 필요한 것은 자기 자신에 대해서 아는 것이다. 자신이 누구인지, 자신의 강점과 약점은 무엇인지, 자신의 가치관은 무엇인지, 자신의 적성과 흥미는 어떠한지, 자신의 다른 심리적 특성은 무엇인지 등에 대한 지식 없이는 올바른 진로 선택을 할 수 없다. 무엇보다도 진로지도에서 선행되어야 할 것은 학생들의 신체적 조건, 적성, 흥미, 성격, 능력, 가치관, 역할 등에 대해서 정확한 이해할 수 있도록 도와주는 것이다. 그러나 지금까지 초등학교나 중학교에서는 진로지도가 거의 활성화되지 않았고 고등학생들의 대학진학을 포함한 진로결정은 자기 자신의 정확한 탐색과 이해 없이 대학합격 위주로 결정되어 온 것이 사실이다. 그래서 대학에 입학한 뒤 자기 전공에 만족하지 못하고 가장 생산적으로 보내야 할 대학생활을 불만과 회의, 절망 등으로 보내는 학생들이 많다. 이를 미연에 방지하기 위해서는 진로 설정의 첫째 조건인 자기 탐색을 철저히 해야 할 것이다.

둘째, 직업세계에 대한 정보를 제공하고 직업을 탐색하도록 하는 것이다. 학생들이 자기 자신을 정확하게 이해한 다음에는 자신이 종사할 직업세계에 대해서 알아야 한다. 즉, 직업과 관련된 정보에 익숙해져야 한다. 그러나 대부분의 학생들은 전공학과에 대한 정보와 이해 없이 합격위주로 전공을 선택하기 때문에 대부분 자기 전공과 관련된 직업세계에 대해서만 관심을 보이는 경향이 있다. 그나마도 매우 제한되고 왜곡된 정보에 국한되어 있는 경우가 많다. 따라서 학생들로 하여금 직업세계를 전체적으로 조망할 수 있도록 하고, 이러한 전체적인 틀 속에서 자신에게 맞는 전공과 직종은 어떤 것들이 있는지, 특정한 직종의 장래전망은 어떤지, 선택한 분야에서 가능한 진로는 어떤 것들이 있는지 등에 대해서 올바르게 이해할 수 있도록 해야 한다. 그러기 위해서는 학생들이 다양한 직업세계에 대한 정보를 활용할 수 있도록 정보체제를 구축해야 하고, 필요한 직업정보를 탐색하도록 다양한 교육 프로그램 및 활동을 전개해야 할 것이다.

셋째, 올바른 직업관과 직업의식을 형성하도록 하는 것이다. 대학에서의 진로교육과 진로지도의 중요한 역할 중의 하나는 학생들로 하여금 올바른 직업관과 직업의식을 갖도록 하는 것이다. 이러한 직업의식은 어려서 이미 나름대로 형성되어 있지만 잘못되었거나 왜곡된 인식은 대학에서 바로잡아야 한다. 우선 일 자체를 목적이기보다는 수단으로 여기는 경향에서 벗어나야 한다. 우리는 일을 생계를 벌기 위한 수단, 출세하기 위한 수단, 명예를 얻기 위한 수단 등으로 생각하는 경향이 있다. 그리고 직업 자체에 대한 편견을 버리도록 해야 한다. 우리는 아직 특정 직업은 귀히 여기고 어떤 직업은 매우 천시하는 경향이 농후하다. 이러한 편견이 소위 대학의 인기학과나 사회의 인기직업을 창출해 내는 요인이 되고 있다. 또한 성역할에 대한 고정관념에서 벗어나야 한다. 아직도 우리 사회에서는 어떤 직업은 여성에게 또 다른 직업은 남성에게만 적합한 것으로 생각하는 경향이 있다. 대학에서의 진로 및 취업지도를 통하여 직업에 대한 이러한 잘못된 시각과 가치관 그리고 의식을 버리고 올바른 직업관과 직업의식을 형성하도록 해야 한다.

넷째, 취업알선이다. 합리적인 의사결정 과정을 거쳐서 진로를 선택한 다음에는 실제로 그 직업을 갖는 것으로 진로 및 취업지도가 일단락된다. 즉, 진로 결정의 결과로 실현되는 것이 바로 취업이라고 할 수 있다. 따라서 진로 및 취업지도는 결국 학생들에게 취업기회의 제공, 즉 취업알선이다. 아직도 일부에서는 대학이 졸업생의 취업까지 책임져야 하는가에 대한 비판적 시각도 있지만, 결국 졸업생의 취업이 대학교육의 성과라는 측면에서 보면 진로 및 취업지도의 최종적인 목적은 취업알선이다. 특히, 이제 '대학정보공시제'가 도입되고 대학교육의 성과를 측정하는 가장 중요한 지표의 하나가 취업률이라고 보면 이러한 진로 및 취업지도의 목적은 아무리 강조해도 지나치지 않을 것이다.

마지막으로, 직업적응력의 제고와 추수지도다. 대학의 진로 및 취업지도는 취업알선으로 끝나는 것이 아니다. 현명한 진로 결정을 하려고 하는 것은 우리의 특성에 맞는 진로를 선택하기 위해서다. 이는 우리가 하는 일에 잘 적응하는 것을 의미한다. 그런데 대부분의 진로지도나 진로상담을 보면 진로적응보다는 진로 결정에 초점을 맞추고 있다. 대학에서의 진로 및 취업지도에서도 학생들이 여러 가지 요인을 고려하여 직업을 선택·결정하고, 그 직업 분야에 취업하여 잘 적응하도록 지원하고 직무성과를 높이도록 하는 데까지 관심을 가져야 한다. 직업적응에는 두 가지 요인이 관련되어 있다. 즉, 일을 하는 당사자가 갖는 만족감과 개인의 업무 수행에 대해서 갖는 고용주의 만족감이다. 전자의 만족감도 중요하지만 실제로는 후자의 만족감이 더 중요하다. 따라서 대학에서의 진로 및 취업지도는 학생들로 하여금 선택한 직업에 잘 적응할 수 있는 능력을 길러 주도록 해야 할 것이다. 최근 많은 대학들이 졸업생 리콜제도 등을 도입하고 있는 것도 바로 이러한 직업적응에 성공하지 못한 졸업생에 대한 추수지도의 일환이다.

2) 진로 및 취업지도 지원체제

대학생의 진로 및 취업지도를 지원하기 위한 대학 내의 공식적인 조직은 대학에 따라 다양한 양상을 보이고 있다. 대표적인 것으로 대학 부설연구소로 설치 · 운영되고 있는 '학생생활연구소'와 대학의 행정부서인 학생처의 조직으로 되어 있는 '취업정보센터'가 있다. 학생생활연구소는 학생들의 대학생활 적응을 돕는 동시에 학생들의 진로와 관련된 지도활동을 주로 하고 있으며, 취업정보센터는 학생들의 진로 및 취업정보 제공과 실제적인 취업알선 등에 관련된 업무를 주로 담당하고 있다. 최근 대학에서의 진로 및 취업지도의 중요성이 강조되면서 많은 대학들이 온라인으로 다양한 서비스를 제공하기 위하여 취업정보망을 구축 · 운영하고 있다.

그러나 대학생들의 진로지도나 취업지도를 담당하고 있는 학생생활연구소나 취업정보센터 등은 대학 내에서 위상이 낮을 뿐만 아니라 전문인력과 예산의 부족 등으로 체계적인 업무 수행이 어려운 실정이었다. 1997년 IMF 이후 청년실업 문제가 사회적인 이슈가 되면서 정부는 물론 대학들이 졸업생 취업대책에 비상이 걸렸다. 이에 대학들이 학생들의 진로지도 및 취업지도에 보다 더 많은 관심을 가지게 되었고, 이러한 담당부서와 조직 그리고 인력도 보강하는 추세를 보였다. 그러나 더 큰 변화는 당시 교육인적자원부가 각 대학에 진로지도 및 취업지도를 담당하는 부서를 통합 · 확대하여 '종합인력개발센터'를 설치하도록 권장한 것이다. 현재 대부분의 대학들은 명칭은 다소 차이가 있어도 기존의 학생생활연구소와 취업정보센터에서 이원적으로 수행하던 진로 및 취업지도 업무를 종합적으로 담당하는 이러한 센터를 설치하여 학생들에게 종합적인 서비스를 제공하고 있다.

이와 함께 여성가족부(현 여성부)에서는 여대생의 취업 및 경력관리를 지원함으로써 고학력 여성의 경제활동참가율을 높이고, 다양한 전문 분야로의 진출을 유도하고, 여성의 리더십 개발과 성취감의 제고 그리고 여성편견의 제거 등 대학교육에서의 양성평등을 확대하기 위한 목적으로 2003년부터 대학에 '여성커리어개발센터' 설치를 지원해 오고 있다. 이것이 계기가 되어 많은 대학들이 대학 자체예산으로 이러한 센터를 설치하기 시작하여 현재는 많은 대학들이 참여하고 있다. 그리고 2006년부터 노동부는 청년실업 문제를 완화하는 동시에 대학 졸업생들의 취업률 제고를 위하여 대학에서 운영하는 우수한 취업지도 프로그램을 공모하여 예산을 지원하는 사업을 추진하고 있다. 현재 일반대학은 물론 많은 전문대학들이 이 사업에 참여하여 우수한 취업지도 프로그램을 개발 · 운영하고 있다.

또한 최근에 많은 대학들이 대학생 진로 및 취업지도에 대한 관심은 있으나, 전문인력의 부족이나 좋은 프로그램의 부재로 민간업체를 활용하는 사례가 증가하고 있다. 특히, 취업전산망 개발을 통한 채용정보 등의 제공, 취업 준비 프로그램(예: 이력서나 자기소개서 작성법, 모의면접 등) 운영, 취업 관련 자료집(예: 취업가이드, 진로가이드, 취업대책 등) 제작, 취업 관련 강좌의 개설 · 운영 등과 같은 업무의 경우 대학이 자체적으로 운영하는 것보다 민간업체에 의존하는 경우가 많았다(임언 · 장홍근 · 윤형한, 2005). 대학 자체에서 학생들의 진로 및 취업지도를 전문적, 체계적으로 감당하기 어려울 때 이러한 전문업체에 의존하는 것도 좋지만 문제는 학생들의 요구와 수요를 잘 반영할 수 있는 방안을 강구하는 것이다.

대학에서는 이제 재학생은 물론 졸업생들에게까지 진로 및 취업지도 서비스를 확대해야 한다. 대학정보공시제가 활용되고 기업에 의한 대학평가 등이 가시화되면 대학에서의 진로 및 취업지도는 더욱 중요해질 것이다. 따라서 대학들은 종합인력개발센터 등이 대학생을 위한 진로 및 취업지도를 전담하여 종합적인 서비스를 제공할 수 있는 인프라를 구축해야 한다. 특히, 전문인력과 충분한 예산지원 등을 통하여 수요자 중심의 진로 및 취업지도 서비스를 제공할 수 있는 체제를 갖추어야 한다.

3) 진로 및 취업지도의 실제[4]

(1) 맞춤식 교육

대학들은 취업 관련 강좌를 개설하는 소극적인 형태에서 벗어나 적극적인 맞춤식 교육을 지향하고 있다. 맞춤식 교육은 교수들이 직접 기업들을 찾아나서서 기업이 원하는 교육을 학생들에게 제공하여 현장경력이 많은 인적자원들을 기업에 제공하는 제도를 말한다. 맞춤식 교육은 취업률을 높이는 데 매우 효과적인 것으로 나타나고 있어 여러 대학에서 시행하고 있다(〈표 6-1〉 참조).

예를 들어, 경북대학교의 맞춤식 교육을 소개하면 다음과 같다. 경북대학교는 맞춤식 교육의 일환으로 자동차 부품업체 (주)만도와 협약을 맺고 '(주)만도트랙 교육과정'을 운영하고 있다. 2004년부터 진행 중인 교육과정은 경북대학교 전자전기컴퓨터학부 및 기계공학부 3학년 재학생들을 대상으로 각각 10명씩 선발하여 총 20명이 참여시

---

4) 강무섭 · 전도근(2004), 청년실업문제해결을 위한 대학생 직업능력개발 방안 연구, 서울: 한국직업능력개발원.

켰다. 그리고 선발된 학생에 대하여 3~4학년 재학기간 동안 등록금 전액 및 소정의 학비보조금을 지급하며, 졸업 후 일정자격 요건을 갖춘 학생에 대하여 전원 (주)만도에 채용하게 하였다. 이러한 교육과정은 ㈜만도에 입사하면 별도의 교육을 거치지 않고도 업무를 수행할 수 있도록 교육하는 과목을 경북대에 개설하고, 수강생 중에서 일정한 요건을 갖춘 학생들을 선발해 우선 채용하겠다는 것인데, 이것은 대학 입장에서는 학생들의 취업을 보장받을 수 있고 기업 측면에서는 필요한 인재를 뽑을 수 있는 '윈-윈 게임'인 셈이다.

표 6-1 맞춤식 교육을 실시하는 대학

구분	특징	
강남대학교	주문식 맞춤교육	기업에서 요구하는 인재를 양성하기 위하여 차별화, 특성화, 세계화를 선도하는 창의성과 리더십을 겸비한 전문인을 양성하기 위한 맞춤교육을 실시하고 있다.
경동대학교 (3년 연속 취업률 97%)	300여 개 기업체와 산학협력	기업체가 요구하는 교육과정을 학생들에게 가르치는 '기업체 맞춤식 교육'을 실시하며, 기업을 대상으로 주기적인 설문조사를 하여 기업들이 요구하는 커리큘럼을 개발 · 운영해 졸업 후 산업현장에 즉시 투입 가능한 실무능력형 인재를 길러 낸다.
	학생 맞춤식 교육	학생들이 전공과 관련된 자격증을 1개 이상 반드시 따도록 교육과정과 특강을 편성해 운영하고 있다.
경북대학교	만도트랙	자동차 부품업체인 '만도'와 협력하여 기계공학부와 전자전기컴퓨터학부 3학년 학생 중 20명을 선발해 만도 기업에서 요구하는 특정 기술을 2년간 교육시킨다.

남서울대학교 (취업률 90%)	100여 개 기업체와 산학협력	국내 기업체와 산학협력을 체결해 기업에서 필요한 내용을 학교에서 미리 현장실습시켜서 배출한다.
동서울대학교 (시계정보과 취업률 100%)	주문식 맞춤교육	2000년 시계공업조합과 동서울대가 손잡고 시계쥬얼리학과를 설립, 졸업생 전원을 로만손, 리젠시코리아, 에코 등 시계업체에 공급해 인기를 얻고 있다. 시계와 관련된 제조기술, 부품, 디자인, 마케팅, 홍보 등을 집중적으로 교육한다.
한국산업기술대학교 (취업률 100%)	현장 중심 맞춤교육	2학년 여름방학부터 가족기업에 나가 현장실습을 한다.
	프로젝트 실습학점제	재학생이 산학협력을 맺은 '가족기업' 현장에서 수업을 받는 제도다. 소속업체의 CEO가 직접 학생들의 학점을 부여하며 졸업 후 신입사원으로 채용한다. 기업은 신입사원의 인성과 근무태도 등을 사전에 파악할 수 있고 학생은 기업의 근로조건 등을 미리 파악할 수 있는 장점이 있다. 이 과정에서 기업은 채용을 전제로 학생에게 장학금을 지원한다.
영동대학교 (취업률 85%)	3+1 현장실습 교육과정	3년은 학교에서 1년은 현장에서 실습 및 취업을 통해 현장감각을 익혀 기업이 요구하는 맞춤형 인재를 육성하기 위한 프로그램으로 운영한다. 학점을 최고 24학점까지 인정해 주고 있어 실질적인 현장실습이 될 수 있도록 했다.
	STC(특별주제과정)	전공 관련 국가기술자격증을 취득할 수 있도록 하는 개인별 맞춤교육 시스템으로 자격증 취득에 큰 도움이 되고 있다.

(2) 인턴십 교육

인턴제도는 학생이 일정기간 실제의 업무를 체험하는 제도다. 이것을 기업입장에서 말하면, 학생을 일정기간 받아들여 직장에서 일을 체험 · 실습시키는 제도다. 인턴제도는 대학수업의 일환으로 행해지는 경우도 있고, 수업과는 관계없이 기업의 자발적인 판단으로 행해지는 경우도 있다. 인턴제도는 채용활동, 취직활동 이전에 학생이 취업체험을 통해 기업과 접촉하는 기회를 갖게 된다. 조기 단계에서 상호 접촉하고 커뮤니케이션을 풍부하게 해서 서로의 이해를 높이는 것에 의의가 있다. 인턴제도는 새로운 제도가 아니고 지금까지 학교 밖에서의 취업경험을 대학의 교육 내용에 편입하는 형식으로 행해져 왔다. 그러한 대표적인 예로, 교원자격취득양성과정이나 의대나 치대 및 사회복지학과와 같은 경우 일정기간 실습을 의무적으로 이수하게 하는 것이 있다. 공업계 학과에서도 현장실습을 교과과정으로 도입하는 경우가 많다. 대학이나 연구실 등이 받아들일 곳을 확보해서 일정기간 실습하면 단위로 인정하거나 또는 공장실습을 단위 취득의 조건으로 한다. 최근에는 인문 · 사회계열의 학부나 학과에서도 기업실습을 교과과정으로 채택하는 대학이 증가하고 있다. 대학의 수업과는 관계없이 인턴제도라는 이름 하에 자주적 · 자발적으로 학생을 연수생, 실습생으로 받아들이는 기업도 증가하고 있다.

(3) 샌드위치 교육과정

샌드위치 교육과정은 시대적 요구와 필요에 부응하고자 학생에게는 산업현장의 생생한 체험의 기회를 제공하고 기업은 적은 임금으로 수요에 적합한 고급인력을 활용할 수 있도록 하는 것이다. 이러한 과정으로 대학은 산업현장에서 요구되는 인력수요에 보다 유연하게 대처할 수 있는 21세기형 새로운 산합협동교육 시스템을 지향하고 있다. 이러한 목적과 취지를 가진 샌드위치 교육과정은 전국 최초로 경북대학교가 1998학년도부터 시행하고 있다.

샌드위치 교육과정은 학생들로 하여금 재학 중 일정 기간 동안 사회나 실습기관에서 살아 있는 현장을 직접 체험하는 기회를 가지도록 함으로써 사회적응력을 길러 줄 수 있을 뿐만 아니라 졸업 후 진로 설정에 큰 도움을 주며, 사회나 기업에서 요구하는 전문지식을 미리 습득하여 취업이나 창업에 유리한 기회를 제공하는 데 그 목적이 있다.

샌드위치 교육과정으로 기업은 적은 임금으로 고급인력을 활용할 수 있으며, 신세대의 창의력과 대학이 보유하고 있는 연구력을 활용하여 신기술의 개발 및 R&D 비용을 절감할 수 있다. 또한 학생의 자질과 기술습득능력 및 성장잠재력 등을 사전에 파악함으로써 검증된 사원의 채용이 가능하여 별도의 실무교육에 소요되는 시간과 비용을 절감할 수 있다. 샌드위치 교육과정으로 대학은 첫째, 현장에서 요구되는 적응력 있는 유능한 인력을 배출할 수 있고, 둘째, 급변하는 21세기의 산업환경에 탄력적으로 대처할 수 있는 유연한 교육체제(flexible education system)를 구축할 수 있고, 셋째, 궁극적으로 수요자 중심의 교육이념을 구현함으로써 사회와 기업에 감동을 주는 대학으로 앞서 나갈 수 있다.

(4) 종합인력개발센터를 이용한 지원

4년제 일반대학의 종합인력개발센터는 대학생들의 직업정치활동을 전담하는 기관으로서, 대학별로 조직구성과 소속기관 및 명칭이 다양하게 사용되고 있다. 종합인력개발센터의 명칭은 취업정보실이나 진로지원 팀 등의 명칭을 사용하며, 기구의 조직과 기능 및 인적자원의 구성도 대학마다 다양하다. 각 대학마다 명칭은 다르지만 일반적으로 취업센터, 취업지원실, 취업정보실, 진로 · 취업센터 등 취업과 관련된 명칭으로 사용되고 있다. 하지만 대부분의 취업센터는 학생처 및 학생지원처와 같은 부서 산하 작은 조직이 대부분이다. 대부분의 종합인력개발센터는 학생처의 하부 기관으로 소속되어 있어 독자적인 인적자원 구성과 서비스 제공에 어려움을 겪고 있다.

4년제 일반대학의 종합인력개발센터에서는 온라인으로 다양한 서비스를 제공하고 있다. 특히, 온라인으로 제공하고 있는 서비스는 채용정보, 사이버강의, 교수나 동문들의 칼럼, 자료공유 및 링크 등의 서비스들로 구분할 수 있다. 채용정보는 기업 및 지역사회의 채용 관련 소식들과 구인정보, 구직정보, 기업정보 등이 있으며, 구인정보로는 일반기업체의 채용공고와 학교 내외의 구직정보 그리고 재학생들이 수행할 수 있는 아르바이트 정보 등을 제공하고 있다. 오프라인에서는 취업보도 및 직업검정정치기관의 부직알선, 취업알선, 학내 취업박람회 개최, 세미나 및 특강(입시설명회, 유학설명회, 고시설명회 등), 진로 및 취업 관련 상담, 직업능력개발 프로그램 운용, 기업체 인맥 형성 및 일자리 정보수집 등의 역할과 기능을 수행하고 있다. 오프라인의 진로지도와 차별되는 서비스로 학생들을 직접 대면하면서 취업상담을 수행하거나 학생들의 요구에 맞는 적절한 취업정보들을 즉각적으로 제공할 수 있다는 측면에서 서비스의 실효성이 높다고 할 수 있다.

(5) 취업 관련 강좌 개설

취업의 어려움을 느낀 대학들은 학생들의 취업을 돕기 위하여 취업과 관련된 실질적인 강좌들을 개설하고 있다(〈표 6-2〉 참조). 진로 및 취업 관련 교과목을 개설하고 있는 4년제 일반대학의 경우 국·공립대학은 6개 대학, 사립대학은 36개 대학으로 총 42개의 대학에서

표 6-2 4년제 대학들의 진로과목 개설 현황(N=42) (단위: 개, %)

설립 유형	강사 구성	신청대상	참여대상 수	주관기관 및 담당자
국·공립 6 (14.3)	교내 10 (23.5)	전 학년 27 (64.3)	99명 이하 7 (16.7)	취업담당 부서장 29 (69.0)
사립 36 (85.7)	교외 14 (33.3)	특정 학년 15 (35.7)	100~199명 12 (28.6)	학생처 2 (4.8)
	혼합 18 (42.9)		200명 이상 23 (54.7)	교무처 10 (23.8)
				연구소장 1 (2.4)

※ 교내 강사는 과목책임교수와 학내 관련 교수로 구성됨
※ 혼합 강사는 과목책임교수와 학내 관련 교수, 외부 전문강사로 구성됨
※ 특정 학년은 3~4학년이 대부분이며, 1~4학년을 대상으로 하는 곳(원광대)과 4학년만 대상으로 하는 곳(대전대, 배재대)이 있음

출처: 이지연(2001). 고등교육 단계에서 효율적인 진로지도 방안 연구. 한국직업능력개발원. p. 29.

진로 및 취업 관련 교과과목을 운영하고 있다. 대부분의 대학들이 이러한 과목들을 교양선택 또는 일반선택으로 제공하고 있으며, 조선대학교의 경우는 '진로교육'을 1~2학년 대상으로 교양필수로 운영하고 있다.

교과목 담당기관을 보면 29개의 대학에서는 취업담당 부서장의 책임으로, 나머지 13개의 대학에서는 교무처장 또는 학생처장의 책임으로 운영하고 있으며, 강사는 주로 외부 진로 및 취업 관련 기관이나 기업체의 인사담당자 등의 초빙강연 형식으로 진행하고 있다. 교양과목이기에 수강정원은 200~300명 사이가 23개 학교로 가장 많았으며, 인원 수를 100명 이하로 제한하고 있는 학교들도 있다. 그리고 이러한 교양과목을 학년에 제한을 두거나 전공에 제한을 두는 대학들도 있다. 조선대학교의 '취업스쿨 과정', 이화여자대학교의 '리더십훈련', 동아대학교의 3~4학년이 이수하는 '진로설정과 자기 개발'

그리고 서울여자대학교의 1～2학년 또는 3～4학년이 이수하는 '여성과 직업개발' 등이 그 예다.

(6) 대학교수들의 취업지원

교육과학기술부가 2008년 '대학정보공시제'를 도입하여 대학별 취업률을 공표한다고 발표하자, 각 대학 사이에서는 사활을 건 취업전쟁이 벌어지고 있다. 각 대학들은 취업률 공개가 신입생 모집저하로 이어질 수 있다는 절박함 때문에 학생 취업홍보, 대기업 취업설명회 유치 등 상아탑을 지키던 교수들이 취업 세일즈에 뛰어들고 있다. 이처럼 각 대학에서는 교수들이 본래 목적인 교육과 연구에서 벗어나 제자들의 취업에 발벗고 나서야 하는 시대가 되었다. 대학에서 교수들이 학생들의 취업을 지원하기 위한 제도는 다양한 형태를 보이고 있다.

- **책임지도교수제**: 책임지도교수제는 학생들의 전공 분야 학업성취능력, 어학능력, 학생 개인의 환경 등을 고려해 교수 1인당 6～20명 정도의 학생들을 관리 · 지도하는 제도다. 대구가톨릭대에서는 2004년 가을학기부터 4학년 공과대학 학생들을 대상으로 학생들의 취업률 향상을 위해 책임지도교수제를 실시하고 있다. 현재 전국의 많은 대학들이 대학생 진로 및 취업지도를 위하여 책임지도교수제를 채택하고 있다. 이 제도를 통해 사제 간의 유기적인 관계를 돈독히 할 수 있고 학생들의 취업지도 효과를 높여 취업률 제고에도 큰 도움이 된다는 긍정적인 측면이 있다.
- **평생지도교수제**: 평생지도교수제는 학생들이 입학과 동시에 학과(부)별로 배정받은 지도교수를 통해 취업 후까지 평생지도를 받

는 제도를 말한다. 다시 말해, 입학 시에 배정받은 지도교수로부터 개인별 적성과 자질에 맞는 학과 및 전공 선택과 각종 고충상담, 취업 준비 등 대학생활에 대한 전반적인 안내를 받을 뿐만 아니라 재학 중에도 학업, 신상, 진로 등 대학생활 전반에 대한 사항에 대하여 지도를 받을 수 있다. 그리고 취업경쟁력을 키울 수 있도록 어학, 인턴십, 취업준비교육 등에 대한 안내로 학생들이 알찬 대학생활을 영위하여 사회에 진출할 수 있도록 도와주고 있다. 나아가 대학을 졸업한 후에도 취업현장에서 발생하는 문제, 즉 환경변화에 따른 신기술 습득, 업무 추진 과정에서의 애로사항 등을 모니터링하여 훌륭한 직업인이 될 수 있도록 애프터서비스를 실시하고, 필요한 경우 기업체와의 협조를 통해 리콜을 실시하여 재충전할 수 있도록 지도하는 제도다. 조선대학교 등 많은 대학들이 입학에서부터 졸업 후에도 제자를 계속 지도하는 학과별 평생지도교수제를 도입·운영하고 있다. 평생지도교수제 도입에 따라 학생들의 대학생활에 대한 수월성 확보, 스승과 제자 간의 사제상 확립, 학교와 학생 간의 신뢰감 조성, 학교발전에 대한 동문들의 관심과 협조, 취업률 제고 등의 효과를 거둘 것으로 기대하고 있다.

- 기타 학생 취업 관련 교수 활용 사례: 경남대는 전체 교수의 30%인 100명을 도내 500개 기업체에 파견하는 '인해전술식' 홍보에 나서고 있다. 경남대 교수들이 해당 기업체 대표, 인사담당자 등을 만나 제자들의 취업을 알선하고 있다. 그리고 대학에서는 취업정보를 파악하여 보고서로 작성해 제출하도록 하고 이를 연말 교수평가에 반영한다. 동서대는 1교수 5사제도를 실시해 담당 기업체에 대한 기술지도와 자문, 학생들의 현장실습 및 취업과 연계토록 하는 '취업담임교수제'를 도입, 교수 1명당 평균 15명

의 학생을 맡아 취업알선 등에 적극 나서도록 하고 있다. 부경대는 2003년 12월 교수 68명으로 출범한 '취업상담자원봉사교수단'을 주축으로 여름방학을 맞아 각 기업체를 직접 방문, 취업 마케팅 활동을 벌이고 있다. 또한 취업상담자원봉사교수단은 학교의 지원을 받아 전공과 관련 있는 기업과 관공서 등을 찾아다니며 취업정보를 수집하여 학생들에게 현장감 있는 취업정보를 제공하고 있다. 동아대는 교수 1명당 학생 2명을 취업시키는 '제자사랑 투인원' 운동도 함께 추진하고 있고, 대구대는 2004년부터 학생 취업에 노력한 전임교원을 대상으로 '취업지도 우수교원 포상제'를 도입하여 1년간 취업지원 노력을 평가해 성과보상금을 지급하고 있다. 청주대 등은 교수들이 기업체를 찾아 학생 취업을 홍보하여 취업을 시키면 실적에 따라 인센티브를 주는 '학생취업 교수실적평가제'를 시행하고 있다.

(7) 졸업준비위원회를 통한 취업지원

졸업준비위원회는 4학년 졸업예정자들을 대상으로 졸업에 관한 제반 업무 및 사회진출과 관련된 사업을 총괄하여 담당하는 학생자치기구를 말한다. 졸업준비위원회는 대학마다 운영 형태와 재정 확보 및 취업지원활동 내용에 다소 차이가 있으나, 예비 졸업생들의 졸업준비 및 취업을 위한 제반 활동을 담당하고 있어 대학 내 진로지도의 한 기능으로 간주되고 있다.

졸업준비위원회의 활동은 단일대학의 활동에서 연합활동으로 조직과 기능을 확장해 오고 있으며, 현재는 전국단위의 졸업준비위원회와 지역단위의 졸업준비위원회가 조직 · 운영되고 있다. 서울과 경인지역의 졸업준비위원회인 서 · 경총련은 연합취업박람회 개최, 서 · 경총련 신문 발간, 우량 중소기업 홍보집 발간 등의 활동을 실시하였으며, 단일학교별로 준비하기 어려운 대규모 행사들을 추진하기도 하였다.

4. 학생단체활동

1) 학생자치활동

(1) 학생자치활동의 개념

학생자치활동은 말 그대로 대학생활에서 학생들이 스스로 자치적인 조직을 만들어 활동하는 것을 의미한다. 학생들 스스로 자율과 참여의 입장에서 자신들의 조직을 구성하고, 다양한 활동을 전개하여 학생의 권리를 옹호하고, 민주시민으로 성장하기 위한 자질을 키워 나가며, 고유한 학생문화를 표현하는 동시에 학생으로서 건전한 삶을 체득하는 활동이라고 할 수 있다. 또한 여러 가지 의사기구나 행동을 통하여 학교운영에 참여하고 학교현장의 상황에 대한 의견을 피력하는 활동도 넓은 의미에서의 학생자치활동이라고 할 수 있다. 학생자치활동은 학교생활, 즉 학교의 의사결정 구조에 대한 적극적인 참여와 학생 의사의 적극적인 표현의 측면을 강조한다. 학생들은 활발한 학생자치활동의 권한을 행사함으로써 학생의 권리인식을 증진시키고 다른 학생의 제 권리도 아울러 보장받도록 할 수 있다(김지선, 1999).

학생자치활동을 통해서 학생들은 자신들의 문화적 권리와 결사의 자유 그리고 의사표현의 자유를 향유하고, 권리 행사의 능력을 기를 수 있으며, 학교의 운영 과정에 참여함으로써 민주적인 의사결정능력과 문제해결능력을 기를 수 있다. 그러나 그동안 학생들이 학생자치활동 등을 통하여 지나치게 현실사회에 참여하는 데서 발생한 문제 등으로 인하여 학생자치활동에 대해 부정적인 시각이 많았던 것도 사실이다. 대학에서는 학생자치활동을 보장할 수 있는 제도적 기반이나 성숙된 의식도 없었고, 교수들 사이에서는 자치활동이라는 용어 자체에 대한 거부감마저 형성되어 있는 상황이었다(배경내, 1998).

학생들은 학생자치활동을 자신들이 대학생활에서 누려야 할 기본적인 권리로 인식하고, 권리를 행사하는 방법을 배우며, 학교의 주인으로서 역할을 수행하게 된다. 그러나 학생자치활동은 이처럼 많은 이점이 있음에도 불구하고, 순수한 목적에서 벗어나 학교경영이나 정치와 연관하여 활동하기 때문에 현실적으로 학생들이 자치활동에 의해 부정적인 영향을 받는 경우도 있다.

(2) 학생자치활동의 영역

학생자치활동은 과활동, 학생회활동, 학교 내의 여러 가지 의사표현기구와 활동 등을 포함하는 개념이다.

첫째, 교육조직 단위(학과, 대학, 학부 등)의 자치활동은 학교생활의 기본 단위인 조직의 주체인 학생과 지도교수가 합심하여 민주적, 자율적, 공동체적 조직을 만들어 나가는 동시에 조직 운영 전반에 걸쳐 구성원의 의견을 수렴하는 활동이라고 할 수 있다. 교육조직 단위의 자치활동의 주요한 영역으로는 학생회 조직 운영, 조직단위의 신문제작, 조직단위의 문집 출판, 환경미화, 조직 내 소모임 결성, 조직단위의 행사 진행(발표회, 체육대회, 생일잔치) 등이 있다.

둘째, 학생회활동은 학생들이 학교의 주인으로서 학생의 권익을 옹호하고 학생의 의견을 광범위하게 수렴하여 학교생활을 하면서 접하는 어려운 문제를 토론하고 해결함으로써 학생들의 원활한 학교생활을 도와주는 조직적인 학생활동이라고 할 수 있다. 학생회활동의 주요 영역으로는 학생회 운영위원회 및 대의원회활동, 학생의견수렴활동(설문조사, 건의함 등), 학생복지활동(매점, 식당문제 등), 학생총회 및 학교행사, 생활교육활동(학생징계위 참여, 학생보건, 잔디보호 등), 언론출판활동 등을 들 수 있다.

셋째, 학교 내 의사표현활동은 학생회활동 등의 과정에서 또는 그 이외의 상황에서 학교생활과 관련한 학생들의 의견을 표현하는 활동으로 건의함, 게시판, 통신, 상담과 면담 등을 이용한 활동이 있다. 앞에서 언급한 학생회활동 등과 겹치는 내용이 다소 있지만 학생들의 여론을 수렴하고 그들이 의사를 충분히 표현할 수 있도록 하는 것이다.

(3) 학생자치활동의 활성화 과제

학생자치활동이 중요함에도 불구하고, 학생들이 의사표현을 할 수 있는 공식적인 의사소통 채널이 잘 작동을 하지 않는다든지, 공식적인 채널이 있어도 자유롭게 의사소통할 수 있는 분위기가 조성되어 있지 못한 대학도 있다. 그래서 대학에 따라서는 학생들이 그런 학교생활에 그저 순응하기보다는 여러 가지 방식으로 학교에 대한 비판의 목소리를 내고 있음에 주목해야 한다. 학생들의 다양한 의사표현을 보장해 주는 대학의 노력뿐만 아니라 자신들의 목소리를 취합하고 학교측에 요구할 수 있는 학생들의 활동도 필요하다.

첫째, 학생자치활동을 향후 사회의 지도자에게 필요한 핵심 리더십을 육성하는 교육적 활동과 프로그램으로 승화시켜야 한다. 그러기 위하여 학생의 권리와 의무 그리고 학생자치활동의 조직 구성, 활동 영역, 학생자치조직과 대학의 관계 등을 명시하여 모든 학생들이 공유할 수 있도록 '학생자치활동헌장' 같은 것을 제정 · 활용해야 한다.

둘째, 대학의 경영이나 학사관리 그리고 학생행정 등 학생들이 이해관계를 가지고 있고 관심을 두어야 할 사안을 대학에 자문하거나 협의하여 건의하는 등의 대학 내 기구에 학생들의 참여를 공식적으로 확대해야 한다. 이러한 기구에 학생자치활동 기구 등의 대표 또는 대표성을 갖는 학생이 참여함으로써 자연스럽게 학생들의 의견수렴 과정을 거치게 되고, 모든 학교경영과 행정이 민주적으로 이루어질 수 있는 계기를 마련하게 된다.

셋째, 학생자치활동의 건전한 발전과 활성화를 위해서는 대학경영이 투명해야 하며, 학생들의 '알권리' 를 보장해 주어야 한다. 따라서 대학경영과 관련된 모든 것을 공시할 수는 없지만 '대학경영정보공시제'를 도입하고, 사전에 총학생회 등과 협의하여 정부공시의 내용과 범위 그리고 한계 등에 대한 공감대를 가지는 것이 중요하다. 대학이 이렇게 함으로써 학생의 자치조직이나 활동 등도 투명하게 이루어질 수 있도록 요구할 수 있을 것이다.

2) 학생동아리활동

(1) 학생동아리의 개념

대학생들은 취미, 오락, 스포츠, 문화 창조, 사상학습, 실용지식, 기술 습득, 정치 이해관계 등에 따라 다양한 동아리를 형성하고 있다. 학생동아리는 학생들이 가진 개인의 문화적, 사회적 욕구를 동호인들끼리 좀 더 효율적으로 충족시키고 자기 발전을 이루려는 자발적 소집단활동을 의미한다. 학생동아리는 노동조합, 정당 등의 이익단체와 같은 대규모 집단과는 구별되며 이익보다는 친밀한 인간관계를 유지하는 것이 목적이다. 학생들은 동아리활동을 함으로써 사회와 조직에 적극적으로 참여하게 되고, 인간성을 회복할 수 있으며, 학습 효과를 높이기도 한다.

실제로 대학생들의 동아리활동은 정규 교육과정에서 충족시키지 못하는 여러 가지 학생들의 요구를 충족시켜 주면서 그들의 사고방식과 생활양식 및 여가문화 형성에 크게 영향을 미치고 있기 때문에 적극적인 지원이 필요한 실정이다.

(2) 학생동아리의 필요성

대학생들의 동아리는 그 내용 영역이나 분야 그리고 동아리의 성격과 활동 등에 따라 다양하게 구성되어 있다. 대학생이 되면 누구나 한두 개의 동아리에 참여하지 않는 학생이 없을 정도로 동아리활동은 대학생활에서 필요한 부분이다. 그리고 동아리활동을 통하여 대학생활에의 적응은 물론 교과과정을 통하여 학습할 수 없는 다양한 지식과 정보도 얻을 수 있다. 또한 동아리활동을 통하여 향후 직업생활이나 사회생활에서 꼭 필요한 핵심 능력, 즉 리더십, 협동심과 팀워크, 인간관계기술, 문제해결능력 등도 육성할 수 있다. 구체적으로 대학생들은 동아리를 가짐으로써 다음과 같은 혜택을 얻을 수 있다.

첫째, 동아리활동은 다양한 친구를 사귈 수 있는 기회를 제공한다. 인생에서 중요한 것은 공부뿐만 아니라 원만한 대인관계를 유지하는 것이다. 대학에서의 친구 사귀기는 자신의 노력 여하에 달려 있다. 대학생은 중 · 고등학생과는 달리 자신이 원하는 과목을 선택해서 듣고 미래를 본격적으로 설계하는 시점에 놓여 있기 때문에 자신의 관심 분야가 아닌 모임이나 관계는 소홀히 하는 경향이 있다. 그렇기 때문에 같은 관심사를 가진 대학생들이 모인 동아리는 자발적이고 지속적인 참여를 유도한다. 또한 동아리활동을 통하여 다양한 관심 분야와 전공을 가진 학생들을 접할 수 있다. 이러한 관계를 통하여 대화 내용이 다양해지고 잘 몰랐던 다른 과의 생활이나 고충에 대해서도 알게 된다. 졸업하고 사회에 나갔을 때 여러 방면에 종사하고 있는 친구들을 아는 것은 자신의 인생을 더 풍부하게 해 준다.

둘째, 동아리는 자신이 관심 있었던 분야에 특기를 개발해 준다. 학생들은 입학 전에는 대입 준비로 공부 이외에 흥미 있었던 것에 시간을 할애하기 힘들었지만 대학 입학 후에는 자유시간이 생기기 때문에 의지만 있다면 자신의 특기를 계발할 수 있다. 학생들이 특기를 가지는 것은 자신감을 길러 주고 즐거운 삶을 영위하는 데 큰 도움이 된다. 동아리활동은 바로 이러한 학생들의 특기를 개발하는 데 기여한다.

셋째, 동아리는 대학생활에 만족감을 준다. 공적인 교육과정 속에서 학생들은 오히려 학교생활에 적응하지 못하는 경우가 많다. 그러나 동아리를 통해 친구도 많이 사귀고 관심 있었던 일도 하면서 애교심도 생기고 만족스러운 대학생활을 하게 된다. 동아리는 이처럼 반복되는 무료한 일상 속에서 학생들이 자기가 원하고 관심 있어 하는 일을 안정되고 지속적으로 수행함으로써 삶의 활력을 유지하도록 한다.

(3) 학생동아리의 육성 과제

동아리활동에만 심취하게 되면 공부에서 손을 떼게 되고 결국은 인생에 걸림돌이 될 수 있다. 또한 동아리활동은 자유시간을 뺏을 수 있다는 단점을 가지고 있다. 동아리의 성격에 따라 조금씩 다르겠지만, 행사가 빈번하고 활동이 활발한 동아리일수록 시간을 많이 뺏기게 되고 정신적인 스트레스를 받게 된다. 동아리도 엄연한 집단이기 때문에 어느 정도 압력이 행사되는 것은 불가피하다. 따라서 과도한 동아리활동은 학생들의 자유시간을 강탈하고 생활을 구속하게 된다.

동아리활동은 대학생활을 여러 가지 측면에서 풍요롭게 해 주지만 과도한 활동은 자신의 삶에 피해를 줄 수 있으므로 참여 정도를 적절히 조절할 필요가 있다. 따라서 대학에서는 대학 내에 건전하고 학생들에게 유익한 동아리가 육성되고 동아리활동이 발전할 수 있도록 지원해야 한다.

3) 봉사활동

(1) 봉사활동의 의의와 교육적 효과

봉사활동이라는 단어가 우리나라에서 사용된 것은 얼마 되지 않았지만 최근 들어서는 보편적 용어로 정착되었다. 하지만 봉사활동에 대한 정확한 의미 규명과 본질은 도외시된 채 활동위주의 봉사 그 자체가 되어 버렸다. 우리나라 사람들은 봉사활동에 대한 개념을 불쌍한 사람들을 돕는 일 혹은 자선이나 동정심을 베푸는 일이라고 간주하고 있다. 다시 말해서, 높은 위치에서 상대적으로 낮은 위치에 있는 사람을 돕는 일로 생각하는 것이다. 인간은 혼자 살아갈 수 없으며, 인종이나 계급, 성별, 학력, 직업에 관계없이 서로 사랑하며 돕고 살아야 한다는 것은 극히 당연한 일이다.

봉사활동이란 말은 자발적인 의지로 어려운 사람들을 받들고 섬기듯이 돕는 것을 의미한다. 또한 자원봉사는 '자유의지'라는 뜻을 가진 라틴어 'voluntas'에서 유래된 말로 자유의지를 바탕으로 한 봉사활동을 말한다. 이처럼 자원봉사활동은 남을 돕는(for) 행위로부터 이제는 타인과 함께하는(with) 활동으로, 일방적으로 주는 도움의 개념이 아니라 만남과 나눔을 통한 양방향의 활동으로 전개되고 있다. 대학생 봉사활동이란 청소년 자신의 정신적 · 육체적 자원을 활용하여, 자발적인 의도로 타인이나 사회를 위하여 의도적 계획을 가지고, 어떠한 대가를 요구하지 않으면서, 일정한 기간 동안 지속적으로 수행하는 교육적 · 사회적 활동이다.

구체적으로 대학생 자원봉사활동의 의의를 살펴보면 첫째, 다양한 전공 분야를 가진 젊은 지성인들이 집단을 이루어 지역사회 주민생활 속에 파고 들어가서 자신의 역할이 무엇인지를 스스로 모색한다는 점에서 교육적, 사회적으로 의미가 있다. 둘째, 봉사활동을 통하여 자기 완성적 사실학습 기회를 스스로 만든다. 셋째, 여러 가지 계획을 가지고 그 계획을 좀 더 전문적으로 추진할 수 있는 가능성을 구체적으로 확대해 나감으로써 사회가 요구하고 있는 실질적인 과제에 접근하여 지역사회 주민들과 더불어 발전적으로 공통점을 찾아낼 수 있다.

대학 자원봉사활동을 통해서 기대할 수 있는 교육적 효과는 크다. 구체적인 교육적 효과를 제시하면 다음과 같다. ① 자원봉사활동은 학생들로 하여금 타인과 협력하는 인간관계를 유지하게 함으로써 자기 발전과 성장의 기반이 되는 사회성을 기르고 자아를 실현할 수 있게 한다. ② 취미생활을 도모하고 여가를 보람 있게 보낼 수 있게 한다. ③ 자신의 적성을 발견할 수 있는 기회를 제공하며 새로운 기술을 학습할 수 있게 하고 이미 가진 기술을 더욱 발전시킬 수 있다. ④ 신체적, 정신적, 정서적 건강을 지닌 전인적인 인간으로 성장할 수 있게 한다. ⑤ 자신감을 가지게 하고 잠재적인 지도력을 계발하여 학습경험을 보다 풍부하게 한다. ⑥ 민주주의 사회의 기초가 되는 민주주의 정신을 함양한다. ⑦ 사회적으로 필요하고 유익한 행위의 만족스러운 체험을 통해서 사회를 올바로 이해하고 불건전한 일탈행동을 예방할 수 있게 한다.

(2) 봉사활동의 국내외 동향

대학생 자원봉사활동은 세계 각국에서 사회 전반에 걸쳐 활성화되어 있다. 1990년대 들어 미국과 일본에서는 자원봉사를 공공정책(public policy)으로 수용하고 제도화 작업에 노력을 기울이고 있다. 미국의 하버드 대학이나 컬럼비아 대학 등 명문 사학들은 자원봉사 경력을 입시 사정에 반영하고 있으며, 많은 대학들이 사회봉사센터와 같은 전담조직을 갖추고 있다. 특히, 100년 전통의 하버드 대학의 '필립스 부룩스 하우스'는 10명의 상근직원과 연간 170억 원 예산을 운영하는 미국 대학 중 최대의 자원봉사센터다. 이 센터에서 마련한 80여 개 프로그램에 참여하는 학생만도 2천여 명으로 전체 학부학생의 1/3에 해당되는 엄청난 인원이다. 전국의 대학들이 가입한 연맹조직인 Campus Compact에는 현재 305개 대학이 가입되어 있어 14만 명의 대학생들이 주 1회 이상 자원봉사활동을 하고 있고, COOL (Campus Outreach Opportunity League)에는 650개 대학이 가입해 대학생 자원봉사활동을 긴밀히 협의하고 있다. 클린턴 대통령은 1994년 미국의 자원봉사제도를 개혁하면서 학생자원봉사를 교육, 특히 교과과정에 통합시키는 방안을 제안했다.

일본의 경우 사회적으로 고령자의 증가, 맞벌이부부 증대, 도시화 · 산업화 현상이 가속화되면서 새로운 복지 욕구가 창출되고 기존의 전문인력만으로는 새로운 욕구에 대응하는 데 한계에 봉착하게 되었으며, 또한 재택 서비스의 요청과 아동 및 청소년 발달에 있어 일탈현상을 방지한다는 측면에서 복지교육이 필요하게 되었다. 이러한 복지교육의 일환으로 일본에서는 학생들의 자원봉사활동을 국가제도로 정착시키려고 하고 있다. 일본은 1977년부터 문부성 국고보조사업으로 자원봉사 협력교라는 자원봉사 육성 시범학교를 지정·운영하고 있다. 자원봉사 협력교는 학생들을 관내 불우아동, 장애인, 노인가정 및 시설들에 파견해 자원봉사활동을 펴게 하고 교내에서 비디오, 영화상영, 강연회, 전시회 등을 개최하여 학생들의 자원봉사의식을 고취시킨다. 교육현장의 학생 자원봉사 조직화는 초·중등학생들뿐만 아니라 대학교 및 대학생들의 자원봉사활동을 조직하는 단계로까지 발전하고 있다.

우리나라의 경우 고입 내신 및 대입선발 기준이 되는 '종합생활기록부'에 자원봉사 경력을 반영하도록 했으며, 여러 대학에서 자원봉사활동을 학점화하여 시행 중이다. 그리고 앞으로 더 많은 대학들이 자원봉사학점제도를 도입하게 될 것으로 전망된다. 현재 자원봉사활동을 학점화하고 있는 몇몇 대학의 예를 보면 한양대학교에서는 1995년부터 '사회봉사' 학과목을 전교생이 학년, 학교 구분 없이 1학점(pass/fail)의 교양선택과목으로 수강하도록 의무화하였으며, 사회봉사 교과목을 관장하고 실습 프로그램의 기획과 운영을 전담하는 행정조직인 '사회봉사단'을 창단하였다. 동덕여대에서도 1995년부터 2학년 대상 교양필수과목(1학점)으로 '자원봉사활동'을 학과목으로 개설하여 학기 내 48시간의 봉사활동을 하도록 하고 있다. 성공회 신학대학에서는 1994년부터 '자원봉사' 과목을 교양필수과목으로 선정하여 대학생활 4년 동안 최고 5학점까지 취득할 수 있도록 하였으며, 한동대 또한 졸업필수과목으로 '자원봉사'를 학점화하고 있다. 서강대에서는 '성서와 생활'이라는 교양선택과목에서(3학점) 자원봉사활동을 하도록 권장하고 있다.

또한 한국대학교육협의회에 부설된 한국대학봉사협의회가 정부, 기업, 대학 등의 지원을 받아 대학생 자원봉사 지원사업을 전개하고 있다. 1997년부터 대학생 동아리 자원봉사활동 공모 지원 사업, 2000년부터 대학 전공학문 연계 봉사학습 활동 공모 지원 사업 그리고 2002년부터 사회공익을 위한 대학연합 봉사활동을 추진하고 있다.

(3) 봉사활동 활성화의 과제

대학의 세 가지 기능인 연구, 교육, 사회봉사의 이념 중 실천이념인 사회봉사의 이념을 행하기 위해 대학생의 자원봉사활동을 활성화해야 한다. 대학은 구체적으로 대학생 자원봉사활동을 활성화하기 위해 다음과 같은 과제들을 추진해야 한다.

첫째, 일반적으로 동아리 참여자들의 자원봉사활동 참여가 높기 때문에 대학에서는 동아리활동 중심의 학생자치활동을 적극 지원하는 방향으로 나가야 한다. 학생자치활동에 대한 금전적인 지원을 확대하고 학교수업 프로그램 운영 등을 조정하여 누구나 쉽게 자원봉사활동에 참여할 수 있도록 유도해야 한다.

둘째, 학교 수업과목 중에서 자원봉사에 관련된 이론과목을 체계적으로 교육시킬 수 있어야 한다. 학생들이 자원봉사에 대한 분명한 개념과 필요성을 인식할 수 있도록 해야 한다. 자유선택과목을 늘려 자발성을 유도해야 한다.

셋째, 전공과목과 접목시킨 자원봉사 프로그램을 활성화해야 한다. 각 학과의 특성에 맞는 것, 예를 들어 의학계열 학생들의 의료봉사, 예체능 계열학생들의 기관실습 프로그램 운영, 컴퓨터계열학과의 기관전산망 보조 등이 좋은 예다. 각 전공학과 단위에서 자체적으로 프로그램을 개발하여 자원봉사활동을 벌이도록 대학에서 교육과정의 조정 등을 지원해야 한다. 많은 프로그램이 있다면 학생들도 전공과목을 통해 자연스럽게 자원봉사에 참여할 수 있게 될 것이다. 그러나 이것은 어디까지나 전공선택 분야로 하여야 하며 강제성을 띠어서는 안 된다.

넷째, 대학은 위와 같은 활동을 위해 사회봉사센터를 설립하여 기획, 운영, 관리, 평가, 홍보, 조사 · 연구, 장학 · 후원, 행사 주관 등을 담당하는 전문적 역할을 담당해야 한다. 이것이 사회봉사업무의 특수성을 살리고 행정의 효율성을 높이는 방법이 될 것이다.

제7장

대학연구발전계획

연구는 교육 및 봉사와 함께 가장 중요한 대학의 3대 기능 중의 하나다. 대학의 성격에 따라 경중은 다르지만 연구는 대학의 경쟁력을 결정하는 가장 중요한 요소임에는 틀림없다. 따라서 이 장에서는 대학의 연구 기능을 논의하고, 교수들의 연구지원 체제 강화와 연구업적 및 성과에 대한 보상체제의 구축 등 대학연구발전계획의 이론과 실제를 기술하고자 한다. 그리고 최근 대학 연구의 논쟁점으로 부각되고 있는 연구윤리와 연구 부정행위 방지 대책을 제시하고자 한다.

1. 대학의 연구 기능

1) 대학 연구 기능의 의의

유럽의 대학에서 먼저 사용된 연구라는 용어는 19세기 중반 미국 대학에 소개되기 시작하였다. 19세기에는 새로운 과학적 연구 방법이 적용되고 산업혁명으로 연구수요가 증대하면서 대학의 연구 기능이 크게 확충되었다. 오늘날 우리에게 익숙한 대학의 지적인 지형도라고 할 수 있는 세분화된 학과체제도 대학의 이러한 연구 기능의 산물이다(강무섭 편, 1992: 24). 이와 같은 대학의 연구 기능은 교육 및 봉사와 함께 대학의 본질적인 기능으로 자리잡았을 뿐만 아니라 대학의 위상 자체를 변화시켰다.

대학의 연구 기능은 초기에는 교육 기능을 보완하는 데 초점을 두었다. 즉, 연구는 학생들의 귀납적, 연역적인 사고 기능을 연마시키고 지적 능력을 계발시키는 데 기여한다고 하여 교육 기능과 연계시켰다. 교육이 지식을 전수하는 기능을 한다면, 연구는 교육을 위한 새로운 지식을 창출하는 기능을 한다. 그리고 이러한 새로운 지식을 창출하는 연구 기능은 교육을 위한 목적뿐 아니라 국가 경제발전과 경쟁력 제고, 사회복리의 증진 그리고 인간사회의 발전에도 기여하게 된다.

일반적으로 연구는 기초연구와 응용연구로 구분할 수 있다.[1] 전자가 가설을 설정하고 긍정과 부정을 확인하는 것이라면, 후자는 기존의 지식을 문제해결에 적용하는 것이다. 즉, 기초연구는 새로운 지식을 창출하는 데 초점을 두는 반면, 응용연구는 기초연구를 통해 창출된 지식을 응용하여 새로운 기술을 개발하는 데 초점을 두고 있다.

---

1) OECD에서는 연구를 기초연구, 응용연구, 개발연구로 구분하고 있다. 기초연구란 특수한 응용 또는 사업을 직접적 목표로 하지 않고, 자연현상 및 관찰 가능한 사물에 대한 새로운 지식을 획득하기 위하여 최초로 행해지는 이론적 또는 실험적 연구를 의미한다. 응용연구란 기초연구의 결과 얻어진 지식을 이용하여 주로 실용적인 목적과 목표 하에 새로운 과학적 지식을 획득하기 위한 독창적인 연구를 의미한다. 개발연구란 기초 · 응용연구 및 실제 경험으로부터 지식을 이용하여 새로운 제품 및 장치를 생산하거나, 이미 생산 또는 설치된 것을 실질적으로 개선하기 위한 체계적인 활동을 의미한다.

대학의 연구 기능은 학문 분야에 따라 큰 차이가 있지만 응용연구보다는 기초연구에 큰 비중을 두어 왔다. 그러나 점차 국가사회의 대학 연구 기능에 대한 기대가 높아지고 연구수요가 증대하면서 응용연구의 비중이 크게 확대되었다. 이제 대학의 연구 기능은 기초연구와 응용연구에 통합적으로 접근하는 것이 일반적인 추세다.

또한 대학의 연구 기능은 추구하는 목적에 따라 학문자치형과 사회수요형으로 구별하기도 한다. 학문자치형은 대학의 자치, 학문의 자유와 같은 이념과 연계되는 기능으로 대학의 연구자 대부분이 추구하고 있는 이념이며, 사회수요형은 대학의 연구활동이 사회적 봉사와 직접적으로 연계되어야 한다는 근거 하에 대학 연구재원의 주된 제공자인 정부, 산업계 등이 가지는 사고다(이장재, 1997: 37-38). 학문자치형이 지향하는 대학연구가 기초연구에 해당된다면, 사회수요형이 지향하는 대학연구는 응용연구에 해당된다고 볼 수 있다. 대학의 연구 기능은 전통적으로 학문자치형을 지향했으나, 점차 사회수요형의 연구가 확대되는 방향으로 발전하고 있다. 이러한 발전 추세는 대학들이 응용연구에 대한 사회의 수요에 대응한 측면도 있지만, 대학이 연구 기능을 확충하기 위하여 정부나 기업 등으로부터 필요한 재원을 획득하고자 하는 측면에도 기인하고 있다.

이제 대학의 연구 기능은 연구와 개발에 통합적으로 접근하는 연구개발(research and development: R & D) 기능으로 개념이 확대되고 있다. 학문자치형이 추구하는 기초연구가 연구 기능이라면, 사회수요형이 추구하는 응용연구는 개발 기능이라 할 수 있다. OECD는 연구개발을 "인간, 문화, 사회에 관한 지식을 포함하는 모든 사물에 대한 새로운 지식을 획득하거나 이미 획득한 지식을 이용해서 새로운 응용물을 고안하기 위해 체계적인 방법으로 수행하는 창조적인 활동"이라 규정하고 있다(임연기 외, 1998: 22에서 재인용). 이러한 의미에서 보면 연구개발은 기초적이고 원천적인 지식을 창출·활용하고 이것을 바탕으로 또 다른 새로운 지식이 창출·활용되는 순환적인 속성을 가지고 있다.

지식기반사회가 심화되면서 이러한 연구개발은 더욱 중요시되고 있으며 대학 이외의 연구집단들이 확대되고 있다. 지식기반사회에서 연구개발이 중시되고 것은 생산요소로서의 지식이 물리적 자원을 대체하고 있기 때문이다. 산업사회에서는 '실물자본의 집약화'가 경쟁력을 결정지었으나, 지식기반사회에서는 지식이 실물자본을 대체하면서 지식을 생산하고 확산하며 상업화할 수 있는 능력, 즉 지식자본의 집약화에 따라서 국가경쟁력이 결정되고 있다. OECD는 [그림 7-1]과 같이 지식의 생산, 전달, 상업화 등의 네트워킹 및 상호작용이 지식경쟁력, 나아가서 국가경쟁력을 결정한다고 보고 있다.

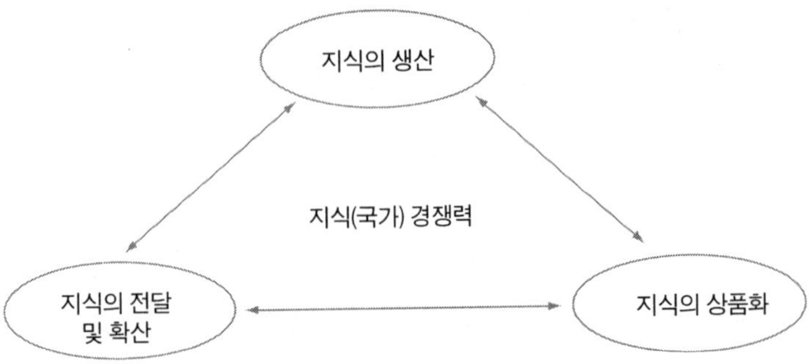

[그림 7-1] 지식의 네트워킹 구조

출처: OECD(2000). Knowledge Management in the Learning Society: Education and Skill.

지식기반사회에서는 이와 같이 지식의 네트워킹이 국가산업의 저력이다. 즉, 연구개발을 통하여 새로운 지식을 창출하며, 창출된 지식을 교육 기능을 통하여 전달·확산함으로써 인적자원을 개발하고, 다시 개발된 인적자원은 지식과 기술을 개발하여 상품화함으로써 국가산업의 저력이 확충된다(Krugman, 1996: 97). 이제 대학은 지식기반 사회에서 지식 네트워킹의 핵심적인 주체로서 역할을 하고 있다. 대학은 연구 기능을 통하여 새로운 지식을 창출하고 교육 기능을 통하여 창출된 지식 또는 기존의 지식을 전달·확산시킨다. 또한 창출된 지식을 응용하여 산업현장에서 산학연계 등을 통하거나 독자적으로 상업화하는 기능을 수행하고 있다.

2) 대학 연구 기능의 위상

대학의 연구 기능은 국가경쟁력은 물론 대학의 경쟁력을 가늠하는 중요한 지표가 되고 있다. 우리나라 대학의 연구 기능도 그동안 크게 확충되어 정부는 물론 민간기업 등에서도 대학의 연구에 많이 의존하고 있다. 그러나 연구의 규모를 보면 선진국에 비하여 아주 미흡한 수준임을 알 수 있다.

2005년 현재 우리나라의 과학기술 분야 연구개발비는 GDP 대비 2.99%로서 미국 2.68%(2004), 일본 3.18%(2004), 독일 2.51%(2005), 프랑스 2.13(2005) 등에 비하여 낮지 않으나, 연구개발비의 정부 공공부담 비중은 2005년 24.3%로 미국 36.3%(2004), 독일 30.7%(2005)에 비해 낮은 편이다(〈표 7-1〉 참조). 또한 각국의 GDP 규모에 비추어 보면 연구개발비의 절대 투자규모는 선진국에 비교하여 아주 낮은 편임을 알 수 있다.

또한 〈표 7-2〉에서 보는 바와 같이 전체 연구개발비를 연구개발 주체별로 나누어 보면 대학의 연구개발비가 선진국에 비하여 매우 낮다는 것을 알 수 있다. 2005년 현재 우리나라의 경우 전체 연구개발비 중 9.9%만이 대학에 투자되고 있으며, 나머지 13.2%가 공공연구기관 그리고 76.9%가 기업체에 투자되고 있다. 이는 2004년 기준

‖ 표 7-1 ‖ 연구개발 투자 규모

구분	1998	2003	2004	2005	비고
• 연구개발비 (억원)	113,366	190,687	221,853	24,1554	※ 각국의 GDP 대비 연구개발비 비중 미국('04) 2.68% 일본('04) 3.18% 독일('05) 2.51% 프랑스('05) 2.13%
(억달러)	(81)	(160)	(193)	(236)	
- GDP 대비 연구개발비 비중(%)	2.34	2.63	2.85	2.99	※ 정부·공공부담 비중(2004) 미국 36.3%, 독일 30.7%, 일본 24.9%
- 정부·공공부담 비중(%)	26.9	25.6	24.5	24.3	

출처: 교육과학기술부 홈페이지(www.most.go.kr).

‖ 표 7-2 ‖ 연구개발 주체별 연구개발비의 국제 비교 (단위: %)

구분	한국('05)	미국('04)	일본('04)	독일('04)	프랑스('04)	영국('03)	중국('04)
공공연구기관	13.2	16.3	11.4	13.3	18.0	13.0	23.0
대학	9.9	13.6	13.4	16.3	19.1	21.4	10.2
기업체	76.9	70.1	75.2	70.4	62.9	65.7	66.8

출처: OECD. Main Science & Technology Indicators 2006/상반기.

미국(13.6%), 일본(13.4%), 독일(16.3%), 프랑스(19.1%) 등과 비교하면 낮은 수준이다.

OECD가 분류한 연구 단계 또는 연구의 성격별로 보아 대학은 응용연구나 개발연구보다는 기초연구에 치중하고 있다. 〈표 7-3〉의 성격별 연구개발비의 투자규모를 보면 2005년 우리나라의 기초연구의 비중은 15.3%로 2003년의 일본 수준과 비슷하나 미국(2004) 18.7%,

표 7-3 성격별 연구개발비의 국제 비교

구분	한국 ('05)	미국 ('04)	일본 ('03)	독일 ('03)	프랑스 ('03)
기초연구	15.3	18.7	15.0	20.7	24.1
응용연구	20.8	21.3	23.0	79.3	36.2
개발연구	63.8	60.0	62.0		39.7

출처: OECD. Main Science & Technology Indicators 2006/상반기; 일본과학기술 요람(2004).

독일(2003) 20.7%, 프랑스(2003) 24.1%에 비교하면 아주 낮은 편이다. 이는 곧 대학에 투자되는 연구비 규모가 낮다는 것을 의미한다.

우리나라 연구인력은 〈표 7-4〉에서 보는 바와 같이 2005년 약 234,700명 정도이며 이 중 상근상당 연구원은 약 179,800명이다. 그리고 전체 연구인력 중 박사급 연구원은 24.7%이고, 박사급 연구인력 중 대학근무 비중은 69.4%나 된다. 박사급 연구인력을 대학이 가

표 7-4 우리나라 연구인력의 추이

구분	1998	2003	2004	2005	비고
연구원 수	129,767	198,171	209,979	234,702	※ 경제활동인구 천 명당 연구원 수 일본('04) 10.2, 미국('02) 9.1, 독일('05) 6.8, 프랑스('04) 7.3
(연구원 중 박사급 비중, %)	31.3	26.5	26.9	24.7	
(박사급 연구원 중 대학근무 비중, %)	76.8	72.1	71.3	69.4	
(박사급 연구원 중 기업체근무 비중, %)	9.8	14.9	15.0	17.7	
FTE(명)*	92,541	151,254	156,220	179,812	
(경제활동인구 천 명당 연구원 수)	4.3	6.6	6.7		

* 연구참여 비율을 고려하여 상근상당 연구원(Full Time Equivalent: FTE) 수로 환산한 수치.

장 많이 보유하고 있으나, 국가 전체 연구개발비는 9.9%만이 대학에 배정되고 있어 대학의 연구개발 기능이 활성화되지 않고 있다.

대학의 연구 기능이 양적으로 크게 확충되고 질적으로도 크게 향상되었지만, 주요 선진국과 비교하면 점차 지식격차가 확대됨을 알 수 있다. 대학은 기초연구를 수행하는 핵심적인 연구주체로서 새로운 지식을 생산하는 한 축을 담당하고 있다. 그리고 연구인력도 대학이 가장 많이 확보하고 있으나 연구 인프라는 아직 취약한 실정이다. 현재 연구중심대학을 지향하고 있는 일부 대학을 제외하고는 연구 기능 수행에 많은 제약을 받고 있다. 실제 대학의 연구 기능에 있어 갈등이 제기되기도 하고 여러 가지 측면에서 위기 징후도 나타나고 있다.

첫째, 대학의 교육 기능과 연구 기능 간의 갈등이 문제로 제기되고 있다. 최근 대학이 지향하는 이념과 성격에 따라 연구중심대학과 교육중심대학으로 구분하고 있지만 대부분의 대학들이 이러한 방향으로 특성화되어 있지 않다. 일반적으로 학부교육만을 놓고 보면 사회적인 수요는 인적자원개발을 강조하는 교육 기능에 무게를 두고 있다. 그러나 최근 강화되고 있는 교수업적평가에서는 교육보다는 연구업적에 높은 비중을 두고 있어 교수들이 학생교육은 뒷전이고 연구에 몰두하고 있다는 비판의 소리가 높다. 물론 이론적으로 교육의 질적인 수준 향상을 위해서는 연구가 활성화되어야 한다는 것이 일반화되어 있다. 이러한 측면에서 연구중심대학은 물론 연구 기능에 높은 비중을 두어 연구를 활성화하여야 하지만, 그렇지 않은 대학들도 교육 기능의 기반이 되는 연구 기능을 활성화해야 한다.

둘째, 기초학문 분야나 비인기 학문 분야 연구의 위축으로 인한 학문의 균형발전에 대한 위기다. 대학에서 실용학문 분야를 중심으로 연구비가 몰리고 자연 연구인력도 쏠림 현상이 두드러지게 나타나고 있다. 〈표 7-3〉에서 보는 바와 같이 국가 전체의 연구개발비 중 겨우 15.3%가 기초연구에 투자되고 나머지 84.6%는 응용 및 개발연구에 투자되고 있다. 기초연구에 투자되는 연구비 모두를 대학에서 집행한다 하여도 기초연구가 차지하는 비중은 너무 미흡한 수준이다. 최근 학제 간 연구가 활성화되고 인문학과 자연과학 그리고 인문학과 사회과학의 융합연구가 활성화되고 있는 추세이지만, 기초학문과 인문학 분야의 연구 기능은 심각한 위기 상황에 직면해 있다. 정부 차원에서 기초학문과 인문학 육성을 위한 연구지원이 확대되고 있지만 대학 자체에서 이 분야의 연구 기능을 활성화할 수 있는 노력을 강구할 필요가 있다.

셋째, 연구비 부족이 대학의 연구 기능을 위축시키고 있다. 국·공립대학과 정보통신대학교, 포항공과대학 등을 제외한 대부분의 사립대학들은 등록금 의존도가 높고, 지출 구조도 경직성 경비의 비중이 높아 자체적으로 연구비를 확충하는 데 한계가 있다. 그래서 대부분의 대학 연구비는 정부나 기업 등의 민간재원에 크게 의존하고 있다. 기업 등의 민간에서 지원하는 연구는 대부분 응용연구나 개발연구라는 점을 감안하면 정부에서 대학에 기초연구 등을 지원하지 않으면 대학의 연구 기능은 위축될 수밖에 없다.

마지막으로, 대학 연구 기능 위기의 원인은 연구인력 부족이다. 대학의 핵심적인 연구자로서 교수들은 수업부담 등으로 연구에 몰입할 수 없다고 하소연하는 경우가 많다. 대부분의 사립대학들이 교수확보율이 낮기 때문에 충분히 이해가 가는 부분이다. 그러나 문제는 교수인력보다 대학원 석·박사과정 학생 부족이다. 대학의 연구 기능을 분담해야 할 대학원 학생들이 부족하다. 대학원 학생들이 국내 대학원 교육에 만족하지 못하거나 장래 진로문제 등으로 외국 유학으로 유출되고 있다. 이에 많은 교수들이 대학원 학생이 없어 연구를 할 수 없는 상황에 이르고 있다. 뿐만 아니라 최근 대학진학 희망자들이 이공계 분야를 기피하고 있어 대학이 잠재적인 연구인력 확보에 비상이 걸리고 있다. 이러한 현상이 지속된다면 대학의 연구 기능은 심각한 위기에 직면할 수 있다.

3) 대학 연구 기능 활성화의 필요성

세계가 지식기반사회로 급진전하면서 지식은 이제 개인이나 조직 그리고 국가에 있어 경쟁력 그리고 부의 원천이 되고 있다. 이와 같은 신개념의 지식은 주로 조직화된 연구활동을 통하여 창출되고 있어 우수한 연구인력의 확보가 국가적인 과제로 대두되고 있다. 따라서 새로운 지식을 창출하는 동시에 한편으로는 창출된 지식을 보급 · 확산하는 대학의 역할이 선진국은 물론 후발국에서도 더욱 강조되고 있다.

우리나라에서도 대학의 연구 기능을 확충하는 동시에 연구후속 세대를 양성하기 위하여 대형 국책과제들을 추진하고 있다. 그 대표적인 것이 두뇌한국(Brain Korea) 21사업, 지방대학혁신사업(NURI)이다. 그리고 연구와 대학원교육을 중점적으로 추진하는 연구중심대학 육성도 가시적으로 잘 드러나고 있지는 않지만 특성화되는 추세를 보이고 있다. 대학을 둘러싸고 있는 여러 가지의 사회적 환경변화에도 불구하고 미래 지식의 산실로서 대학의 연구 기능 활성화는 시대적 그리고 국가적 과제라 할 수 있다. 대학의 연구 기능을 확충하고 활성화해야 할 필요성을 좀 더 구체적으로 제시하면 다음과 같다.

첫째, 최고 수준의 인재육성을 위하여 대학의 연구 기능이 활성화되어야 한다. 최고의 인재육성을 위해서는 학부교육도 중요하지만 연구에 중점을 두는 대학원교육이 중요하다. 지금까지 우리나라 최고 수준의 인재들은 외국 대학, 특히 미국 대학들을 통하여 육성되어 왔다 해도 과언이 아니다. 대학에서의 연구성과는 대부분 대학원 학생들의 지원과 협력으로 이루어진다. 대학원과정은 교육과 연구가 분리된 것이 아니라 연구참여 그 자체가 교육이다. 이러한 측면에서 보면 최고 수준의 인재육성을 외국 대학에 의존한다는 것은 그만큼 대학의 연구기반이 약하고 연구 기능이 위축되어 있음을 단적으로 보여 주는 것이다. 연구중심대학의 육성이 강조되는 것도 바로 이 때문이다. 우수한 인재를 국내 대학에 유치하는 것은 최고 수준의 인재육성을 위해서도 중요하지만 대학의 연구 기능 활성화를 위해서도 중요하다.

둘째, 학문적 수월성 추구와 분야별 학문의 보편적 발전을 위해서 대학연구의 활성화가 필요하다. 대학은 공공연구기관이나 기업 등의 민간연구기관에서 비인기 학문 또는 분야로 치부되는 기초학문 또는 인문학 등의 연구에 주도적인 역할을 담당해야 한다. 지식기반사회에서 기초학문이나 인문학 연구를 소홀히 하면 학문적인 자립성을 확립하지 못할 뿐만 아니라 학문적 수월성을 추구할 수 없다. 또한 학문 분야별 불균형적인 발전은 건전한 경제 · 사회발전에도 기여할 수 없다. 따라서 학문적 수월성을 추구하기 위해서는 연구 기능을 활성화해야 하며, 특히 분야별 학문의 보편적 · 균형적인 발전을 위하여 기초학문 그리고 인문학 등의 연구를 활성화해야 한다.

셋째, 대학 연구 기능이 활성화되어야 세계적인 우수인력을 흡입할 수 있다. 19세기에서 20세기에 걸쳐 학문탐구를 갈망하던 많은 학자들이 독일 대학에 모여들었다면 20세기 후반부터는 미국의 대학, 특히 연구중심대학으로 세계 최정상의 학자들이 모여들었다. 이것은 대학에서 자유롭게 원하는 연구를 할 수 있는 여건이 성숙된 결과다. 최근 우리나라 대학들도 대학의 경쟁력 제고를 위하여 외국의 지명도가 높은 석학들을 앞다투어 유치하려고 노력하고 있다. 그러나 이러한 석학들이 대학을 선택할 때 가장 중요하게 고려하는 것이 연구여건이다. 따라서 우수한 외국의 석학들이나 연구인력을 유치하기 위해서는 대학의 연구 기능을 활성화해야 한다. 뿐만 아니라 이러한 지명도가 높은 석학을 유치하게 되면 자연히 대학원과정에 외국 유학생도 유치할 수 있을 것이다.

마지막으로, 잠재적인 연구자원 활용의 극대화를 통하여 대학의 연구 기능을 활성화할 필요성 있다. 국가 전체로 보면 연구개발 기능을 수행하는 주체는 대학을 포함하여 정부출연 연구기관 등의 공공연구기관 그리고 기업체 등이 설치하고 있는 민간연구기관들이다. 이러한 연구주체들이 수행하는 연구 기능과 연구의 초점은 다소 차이가 있지만, 국가경쟁력을 제고하기 위하여 지식을 창출하고 전달·확산하며 지식을 상품화하는 지식 네트워킹이 형성되어야 한다. 특히, 대학은 기초연구, 즉 지식을 생산하고 그것을 전달·확산하는 산실의 역할을 하고 있다. 대학이 이러한 지식 네트워킹 형성을 주도하는 역량을 갖추기 위해서는 연구 기능을 활성화해야 한다. 그리고 연구 기능 활성화는 대학의 연구자원만으로는 불가능하므로 공공 및 민간 연구기관의 잠재적인 연구자원을 최대한 활용해야 한다.

2. 연구지원 관리체제

1) 연구조직과 지원조직

(1) 연구조직

대학에서 수행되는 연구의 단위는 교수 개인, 연구소, 산학협동 조직 등으로 구분할 수 있다. 종래에는 교수 개인별 단독 연구과제나 협동 연구과제를 통한 개별연구가 다수를 차지했으나, 최근에는 연구비 규모가 커지고 학제 간 연구의 필요성이 증대되면서 대학의 연구소나 단과대학 또는 대학본부 차원에서 연구과제를 수주하는 경향이 증대하고 있다.

또한 연구비를 지원하는 기관에서도 개별연구보다는 학제 간 연구의 추진 등을 촉구하고 있어 연구조직의 규모도 커지고 있다. 학술진흥재단이나 한국과학재단의 연구지원사업도 신진교수 지원이나 박사 후 연수, 학술연구, 교수 학문후세대 지원 등 연구 인적자원개발에 대한 사업을 제외하고는 대부분 대학을 통하여 연구를 지원하도록 유도하고 있다(학술진흥재단, 2001). 특히, 연구비를 집중 지원하는 연구재단이나 정부가 대학의 연구비 중앙관리제를 보다 활성화시키고 대학의 연구조직을 체계화하려는 정책을 적극적으로 추진하고 있다.

대학의 연구 기능이 확대되면서 대학 내의 주요 연구조직이라 할 수 있는 대학 부설 연구소들도 점차 증가하였다. 대학연구소는 대학에 따라 규모, 운영 형태 등이 다양하다. 대부분의 대학들이 단과대학별로 1~2개 정도의 부설 연구소를 설치하고 있다. 그러나 많은 대학 부설 연구소들은 대학 내 연구조직으로서 제 역할을 못하고 있다. 연구인력과 연구비가 부족하기 때문이다. 따라서 대학이 연구 기능을 위하여 동원할 수 있는 연구자원력 그리고 대학이 지향하는 특성화 정책 등을 고려하여 대학 연구소를 통폐합해야 한다.

(2) 연구지원 조직

대학의 연구활동을 지원하기 위한 조직도 크게 변화하였다. 대학의 연구 기능이 활성화되기 이전에는 연구지원 조직으로 기획처 등에 연구지원과 또는 연구지원계를 두고 겨우 몇 사람이 연구지원 업무를 담당하였다. 1990년대에 들어서면서 대학 연구활동에 대한 중요성이 인식되고 학술활동의 활성화와 연구결과물의 고부가가치화에 대한 관심이 높아지면서 규모가 큰 대학에서부터 '연구처' 또는 '학술연구처' 등을 신설하기 시작하였다. 주요 대학의 연구지원 조직을 보면 〈표 7-5〉와 같다.

연구처 또는 학술연구처 산하에 연구를 개발하고 진흥하는 업무를 담당하는 팀, 연구과제 및 연구비를 관리하는 업무를 담당하는 팀 그리고 기타 대학에 따라 장비관리 및 기술지원 업무를 담당하는 팀을 두고 있다.

▌표 7-5▐ 주요 대학의 연구행정 지원조직(2001년 기준)

구분	포항공대	서울대	KAIST	연세대	한양대	성균관대
처 단위	연구처 (12)	연구처 (24)	연구처 (20)	연구처 (17)	학술연구처 (23)	연구처 (14)
연구 진흥업무	연구진흥팀 (4)	연구성과 관리팀(3)	연구개발팀 (6)	연구진흥팀 (6)	연구지원과 (5)	연구진흥팀 (6)
연구 지원업무	연구지원팀 (8)	연구비 관리팀(16)	연구관리팀 (14)	연구지원팀 (11)	연구지원과 (18)	연구지원팀 (8)
기타	기술지원팀	연구인프라 관리팀	연구관리팀			

※ ( ) 안은 전임직원 수이며 기타란의 팀은 연구장비 운영 및 기술지원업무 담당임.
출처: 민철구 외(2002). 대학연구지원 관리체제 연구. 한국과학기술정책평가연구원.

대학의 연구활동을 지원하는 부서가 있음에도 불구하고 국립대학 교수가 산업체와 협력사업을 추진함에 있어 계약당사자 지위 및 의무이행 관계의 불명확성으로 인해 산업체에 신뢰를 주지 못하고, 법인격을 갖춘 연구관리체제가 구축되지 않아 연구성과의 효율적

관리와 기술이전이 원활하게 이루어지지 못하였다. 따라서 2003년 교육인적자원부는 산업교육진흥 및 산학협력촉진에 관한 법률에 근거하여 특수법인인 동시에 대학의 하부조직에 해당하는 이중적 지위를 갖는 '산학협력단'[2]을 설치 · 운영할 수 있도록 하였다. 그리고 산학협력단 설치를 '지방대 혁신역량강화사업(NURI)' 참여의 전제요건으로 하였다. 이에 따라 대부분의 대학들이 특수법인으로 산학협력단을 설치하여 산학협력 과제나 대형 국가연구 과제 등을 관리하고 있다.

그러나 산학협력단이 설치되면서 대학의 연구행정 지원조직은 다양하게 변화하였다. 즉, 대학의 규모, 특히 연구수행 역량 그리고 연구중심대학 등 대학의 성격에 따라 연구행정 지원조직은 다양하다. 기존의 대학본부에서 연구활동을 기획하고 지원하던 부서와 새로 설치된 산학협력단을 중심으로 연구행정 지원조직은 다음과 같이 크게 두 가지로 유형화할 수 있다.

첫째, 분리형은 기존의 본부 수준의 연구행정 지원조직 또는 부서를 그대로 존치하면서 산학협력단을 설치하여 각각의 역할과 업무를 재배치한 유형이다. 대체로 규모가 크면서 연구역량 면에서 연구중심대학을 지향하는 대학들이다. 그러나 규모가 큰 대학도 아니고 연구중심대학을 지향하는 대학이 아니지만, 본부의 기획실 등에 존치했던 연구기획과 등을 그대로 두고 산학협력단을 설치한 경우도 이

2) 2003년 5월 개정된 산업교육진흥 및 산학협력촉진에 관한 법률(법률 제6878호)에 의한 산업협력단에 의해 ① 산학협력 계약의 체결 및 이행, ② 산학협력사업과 관련한 회계의 관리, ③ 지적재산권의 취득 및 관리에 관한 업무, ④ 대학의 시설 및 운영의 지원, ⑤ 기술의 이전 및 사업화 촉진에 관한 업무, ⑥ 그 밖에 산학협력과 관련한 사항으로서 대통령령이 정하는 사항을 수행할 수 있게 되어, 연구계약부터 창업지원에 이르는 모든 절차를 산학협력단이 할 수 있게 되었다.

유형에 속한다. 또한 대학에 따라서는 본부의 연구행정 지원조직(연구 또는 학술연구 등)을 과나 팀 수준으로 축소하여 존치시키고 산학협력단을 별도로 두고 있는 대학도 있다.

둘째, 통합형은 대학본부의 연구행정 지원조직과 새로 설치한 산학협력단을 하나의 부서로 통합한 형태다. 이 유형도 통합의 형태는 다양하다. 우선 많은 대학이 산학협력단을 본부조직으로 편성하고 있거나 본부 조직(연구처 또는 학술연구처 등) 속에 산학협력단을 포함한 대학들도 있다. 그리고 산학협력단을 본부의 연구행정 지원조직과 통합하여 부속기관으로 설치한 대학도 있다.

연구행정 지원조직은 대학에 따라 위의 두 가지 유형보다도 더 다양한 형태로 조직할 수 있을 것이다. 문제는 조직이 아니라 조직의 성과를 통하여 대학의 연구역량을 강화하고 연구 기능을 활성화시키는 것이다. 이렇게 하기 위해서는 전문적으로 대학의 연구활동을 기획하고 진흥하여 질 높은 연구성과와 업적을 산출하며, 효율적으로 연구성과를 관리하는 조직이 되도록 해야 한다.

2) 연구재원 조달과 관리

(1) 연구재원 조달

대학 연구비의 재원은 정부, 민간기업, 외부기부금, 대학자체 재원 등 다양하다. 이 중 가장 규모가 큰 재원은 정부지원이다. 정부기관 중 직 · 간접적으로 대학에 대한 연구비를 지원하는 부처는 교육과학기술부(학술진흥재단, 한국과학재단), 지식경제부, 문화체육관광부, 농림수산식품부, 보건복지가족부, 중소기업청, 특허청 등이 있으며, 최근에는 대부분의 부처에서 연구개발사업을 추진하고 있다. 그리고 서울시, 인천시 등 지방자치단체들도 공립대학을 운영하면서 해당 대학을 포함하여 대학에 연구개발사업을 수주하고 있다.

연구지원을 포함하여 정부 및 민간 부문의 대학에 대한 재정지원은 다양한 방식으로 이루어지고 있다.[3] 우리나라의 경우 1990년 중반 이전에는 대부분 학생 수나 교수 수 등을 고려하여 재정을 배분해 주다가, 1990년대 중반 이후부터는 선택과 집중이라는 정책기조에서 경쟁을 시키고 평가를 하여 그 결과를 바탕으로 재정을 배분해 주는 방식을 취하고 있다. 즉, 시장주의에 의한 대학재정 지원방식을 취하고 있다.

시장주의에 의한 대학재정 지원방식은 정부뿐만 아니라 민간지원도 마찬가지다. 대학교육 전반에 대한 재정지원은 대학들 간의 경쟁이 이루어지지만 연구비 지원은 대학뿐만 아니라 대학 이외의 정부출연 연구기관, 민간연구기관 등과 같은 연구집단들과 경쟁을 해야 한다. 물론 연구과제의 성격, 목적, 규모 등에 따라 반드시 시장주의를 원칙으로 하여 경쟁을 통하여 연구재원을 조달하는 것은 아니지만, 대부분의 규모가 큰 연구과제일수록 공모하여 경쟁과 평가를 통하여 연구자를 선정하고 있다. 따라서 연구지원 부서에서는 항상 공모되는 연구과제에 관심을 가지고 해당 분야의 교수들이 연구과제에 공모할 수 있도록 지원해야 한다.

대학이 정부나 민간기업 등에서 수주하거나 공모하는 과제를 통하

3) 대학에 대한 정부재정 지원방식을 Harrold(1992)는 총괄배분형, 관료형, 시장형으로 구분하고, OECD(1990)는 크게 학생지원형과 기관지원형으로 구분하고 기관지원형은 다시 점증형, 수식형, 계약형으로 구분하고 있다. 또한 Ziderman과 Albreecht(1995)는 크게 간접지원형과 직접지원형으로 구분하고 직접지원형을 다시 협상형, 투입형, 산출형으로 구분하고 있다. 그리고 민철구 외(2002)는 협상형, 수식형, 시장형으로 구분하고 있다.

여 연구재원을 확보하는 것도 중요하지만 보다 적극적으로 대학이 연구과제를 발굴하고 개발하는 일에 앞장서야 한다. 이렇게 하기 위해서는 대학이 대학 자체 연구비 등을 확보하여 연구과제 또는 연구 아이디어 개발을 위한 연구를 활성화해야 한다.

(2) 연구비 관리

각 대학별로 외부의 지원금을 관리하는 부서는 지원금의 목적 및 성격에 따라 구분되고 있다. 정부, 기업 또는 민간재단 등에서 대학에 지원되는 지원금 중 목적성 지원금은 기획, 예산과 등 대부분 대학본부의 기획담당 부서에서 관리하는 것이 일반적이다. 그러나 연구사업성 지원금은 연구처나 학술연구처 또는 산학협력단 등의 연구지원과(팀) 등이 관리하고 있다. 대부분의 대학들이 명목상 연구비 중앙관리체제를 채택하고 있어, 대학본부와 연구수행 기관 중심으로 연구비가 운영 · 관리되고 있다. 그러나 일부 대학에서는 중앙관리제를 표방하면서도 연구책임자 관리가 상존하고 있다(유현숙, 2001).

연구비 중앙관리제는 연구 수행에서 발생하는 직접경비 이외에 간접연구경비를 관리하는 방식이라고 할 수 있다. 따라서 연구비 중앙관리제는 간접연구경비의 비중, 항목, 관리방식을 어떻게 규정할 것인가의 문제와 밀접한 관련이 있다. 대학의 연구 기능이 활성화되기 이전에는 간접연구경비는 물론 연구비 관리에 대한 인식이 없었다. 그리고 연구비를 지원하는 기관에서도 간접연구경비를 별도로 계상해야 할 필요성을 느끼지 못했다. 그래서 종래에는 대학들이 간접연구경비에 대한 객관적인 산정 근거 없이 일정 비율을 징수하는 것이 일반적이었다. 최근에는 학술진흥재단이나 과학재단이 재단에서 지원하는 모든 연구과제에 대해 대학별로 등급을 설정하고 이에 따라 일정 비율의 간접연구경비를 지원하고 있다. 그리고 민간기업 등에서 지원하는 연구과제나 사업들도 일정 비율의 간접연구경비를 지원하고 있지만 그 규모는 지원기관이나 지원 연구과제, 사업의 성격에 따라 다양하다.

대학에서 실제 간접연구경비를 계상하는 규모나 방식도 대학에 따라 아주 다양하지만 그동안 대학의 회계규정에 간접연구경비를 별도로 관리·운영할 수 있는 규정이 없었기 때문에 간접연구경비의 집행(규모, 사용처 등)이 명확하게 드러나지도 않았을 뿐만 아니라 그 과정에 잡음이 많았던 것도 사실이다. 그래서 대학 차원에서 간접연구경비를 지속적으로 확보·관리하도록 하는 데 많은 한계가 있었다. 뿐만 아니라 간접연구경비가 연구자에게 환원될 수 있는 체제를 갖추지 못하여 연구 기능을 활성화시키는 데 도움이 되지 못하였다는 지적도 있다. 지금은 산학협력단이 특별법인으로 설치되어 있어 전체적인 연구비의 관리는 물론 간접연구경비 관리도 효율적, 합리적으로 이루어지고 있다.

대학의 연구 기능을 활성화하기 위하여 간접연구경비에 대한 중요성 강조되고 있다. 미국의 경우 간접연구경비의 비중을, 연구를 수행하는 대학의 연구역량에 따라 직접연구경비와는 별도로 40~70%까지 계상하여 지원하고 있어, 대학의 지속적인 연구활동을 활성화하는 데 중요한 재원이 되고 있다(민철구 외, 2002: 309-310). 우리나라도 대학에 지원하는 연구과제의 간접연구경비 비중을 높이고, 대학은 간접연구경비를 대학 전체의 연구 기능 활성화를 위해서는 물론 연구자에게 직접적인 연구동기 부여를 위한 재원으로 활용해야 한다.

3) 연구지원 과정과 절차

대학의 연구조직이나 연구행정 지원조직이 다양한 것처럼 연구지원 과정이나 절차도 대학에 따라 다르다. 또한 연구과제를 지원하는 기관의 요구요건이나 과제의 성격에 따라서도 이러한 과정은 다를 수 있다. 그러나 일반적으로 대학의 연구지원은 계획서 작성 단계에서부터 성과평가까지 5단계로 정리할 수 있다.[4]

(1) 제1단계: 연구진 또는 팀 구성

최근 정부 또는 민간에서 수주하는 과제는 특별한 경우를 제외하고는 대부분 시장주의 원칙에 따라 공개경쟁을 통하여 연구자 또는 사업자를 선정한다. 연구과제나 사업의 성격과 규모에 따라 연구자 개인, 연구 팀 또는 경우에 따라 연구소 단위로 공모에 응할 수 있지만, 대형 연구과제 또는 정책적인 연구사업 등은 대학 차원에서 연구진 또는 팀을 구성하여 접근하게 된다. 후자의 경우는 일단 연구과제나 사업이 공모되면 연구관리를 주관하는 부서에 연구진 또는 팀을 구성하여 연구계획서(제안서)를 작성하게 한다. 연구과제나 사업을 수주하는 기관에서는 연구계획서 심사 과정에서 연구진을 중요하게 고려하거나 심사 기준으로 포함한다. 따라서 대학에서는 연구자의 전문성, 그 분야의 연구실적 등을 충분히 고려하여 연구진을 구성하는 것이 무엇보다 중요하다.

---

4) 민철구 외(2002)는 연구과제나 사업을 발주하는 기관 중심으로 대학의 연구지원 절차를 ① 연구자의 연구계획서(신청서) 제출, ② 연구과제 선정 · 통보, ③ 연구과제 실행, ④ 연구중간보고서 제출과 중간평가, ⑤ 연구 종결 및 사후처리 등 다섯 단계로 제시하고 있다(pp. 181-183). 여기서는 이를 참고하여 연구를 수행하는 대학의 입장에서 지원 과정과 절차를 다섯 단계로 제안하고자 한다.

(2) 제2단계: 계획서(제안서) 작성과 신청

연구자 또는 연구진이나 팀이 구성되면 연구과제나 사업의 과업지시서나 명세서에 제시된 요건에 맞추어 경쟁력 있는 연구계획서(제안서)를 작성하여 제출해야 한다. 이 단계는 주로 연구자가 추진해야 할 과제들이지만, 연구지원 부서에서는 훌륭한 연구계획서가 작성될 수 있도록 최선을 다하여 행 · 재정적으로 지원해야 한다. 특히, 연구계획서에 첨부하여 제출해야 하는 각종 문서나 자료 등을 작성하고 준비하는 업무는 연구지원 부서가 감당해야 할 일이다.

(3) 제3단계: 연구계획서 심사와 선정

이 단계는 연구과제나 사업을 수주한 기관에서 담당하는 부분이다. 연구과제의 규모가 크지 않거나 계획서 심사만으로 판단할 수 있는 과제는 심사 후 바로 선정 결과를 통보하지만, 대형 과제나 과제의 특성상 선정에 신중을 기해야 하는 경우는 대부분 발표평가나 현장방문평가가 추가된다. 따라서 연구자나 연구진 그리고 연구지원 부서는 발표평가나 현장방문평가를 준비해야 한다. 연구과제 선정을 위한 심사는 연구사업을 수주한 기관 또는 과제 성격에 따라 달라진다. 그러나 일반적으로 연구계획서 심사는 평가위원회 또는 평가단을 구성하여 실시한다. 한 예로, 학술진흥재단의 학술연구지원사업은 대체로 패널 방식에 의한 서면심사로 검토사항들에 대한 집중적인 토의를 거쳐 결정한다.

(4) 제4단계: 계약체결과 실행

연구과제 또는 사업이 선정되면 연구계약(협약)을 체결하게 된다. 연구비 중앙관리제가 도입되면서 대부분의 연구계약은 대학의 연구행정 지원부서가 주관하게 된다. 일부 연구과제의 성격에 따라 연구소나 연구자 개인단위로 계약이 이루어지는 경우도 있지만 이 경우도 계약 후 연구비는 중앙관리하게 된다. 계약이 체결되면 연구지원부서는 연구자와 협의하여 연구실행예산서 등을 작성하여 제출하고 연구비를 수령하여 연구의 실행 단계에 들어간다. 이 단계에서는 대부분의 업무들이 연구행정 지원부서가 담당해야 될 업무로서 연구자들이 계획대로 연구를 실행할 수 있도록 지원하는 것이 가장 중요하다.

(5) 5단계: 연구성과의 평가와 보고서 제출

이 단계는 연구과제의 규모, 성격, 연구기간 등에 따라 여러 가지 형태로 이루어지고 있다. 우선 연구기간이 다년도 과제이거나 아니면 연구규모나 연구성격상 중간보고나 중간평가가 필요한 형태의 연구과제나 사업이다. 이 경우는 연구의 중간성과 결과보고서 및 후속연구계획서(신청서)를 제출하여 평가를 받고, 그 결과에 따라 연구비를 받게 된다. 특히, 다년도 과제의 경우는 이 과정이 매년 이루어지게 된다. 최근 정부의 다년도 지원과제의 경우 중간평가를 통해 연구비를 삭감 또는 특별한 경우 증액도 하기 때문에 중간평가에 관심을 많이 기울여야 한다. 다음은 중간평가를 거치는 과제이든 그렇지 않는 과제이든 연구과제가 종결되면 최종 보고서를 제출하고 평가를 받는다. 예를 들면, 학술진흥재단은 종래에는 연구 결과의 학술지 게재를 의무화하거나 출판하도록 유도함으로써 간접적인 평가를 하였으나, 오래전부터 최종 보고서를 평가하여 그 결과를 연구자 개인별로 파일로 관리하고 있으며, 그 결과를 다른 연구과제 신청 시에 반영하고 있다. 또 다른 형태는 연구 결과의 사후관리까지 보고받고 평가하는 경우다. 즉, 연구사업에 따라서는 성과활용보고서나 기술적 성과 및 사업화 성과 등을 종합적으로 평가하는 경우다. 예를 들면, 지식경제부의 공통핵심기술개발사업의 경우 연구 종료 후 2개월 내에 최종 보고서를 기초로 목표달성도, 개발 결과의 질적 수준, 파급효과와 경제성 및 시장성 등을 기준으로 최종 평가를 하고 있다.

이상 대학의 연구지원 과정과 절차는 연구과제 또는 사업을 발주하는 기관에 따라 더 다양한 단계를 거칠 수 있다. 연구지원 단계가 중요한 것이 아니라 대학 연구행정 지원조직에서는 각 과정과 단계에서 필요한 과업과 직무 등을 표준화하여 전문적, 체계적으로 지원 업무를 수행하는 것이 중요하다. 대학의 연구력 그리고 대학의 연구 기능 활성화는 외부의 연구과제나 사업을 얼마나 많이 수주해 오고 우수한 연구 결과를 산출하느냐에 달려 있기 때문에 대학의 연구행정 지원은 점차 그 중요성이 강조되고 있다.

4) 연구 결과의 활용

대학의 연구수행 결과물에 대한 활용 및 처리는 연구과제의 성격에 따라 차이가 있다. 인문사회계열에서는 최종 연구보고서 심의나 학술지 게재 또는 출판 등을 통해 연구 결과를 발표하도록 하고 있으나, 그 결과의 활용 정도는 분명하지 않다. 인문사회 분야의 경우 정부부처에서 정책적인 목적으로 대학에 의뢰한 연구과제의 경우 정책 수립에 필요한 기초자료 등으로 활용되고 있다. 민간기업의 경우도 마찬가지로 기업의 경영개선 등을 목적으로 하는 연구과제 등은 그 결과를 실제 경영개선에 활용하는 것이 일반적이다.

대학에서 수행되는 연구 결과의 활용과 관련하여 가장 핵심이 되는 것은 지적재산권과 특허권, 실용신안권 등 연구 수행 결과로 발생하는 권리에 관한 것이다. 그동안 이에 대한 법령이나 규정 등이 미비하여 대학의 연구 기능 활성화에 장애가 되었으나, 지금은 대학의 지적재산권을 보호하고 기술이전 등 대학이나 연구자에게 여러 가지 혜택이 돌아갈 수 있는 방향으로 관련법과 규정 등이 많이 정비되고 보완되었다. 이 부분은 다음 절의 연구업적 및 성과관리체제에서 구체적으로 다루도록 한다.

5) 대학연구 지원관리체제의 발전과제

대학의 연구 기능을 활성화하기 위해서는 연구중심대학뿐만 아니라 모든 대학이 교수들의 연구활동을 전문적, 체계적으로 지원하고 관리해야 한다. 공공 부문은 물론 민간 부문에서의 연구개발사업이 확대되면서 대학의 연구 기능도 크게 확충되었다. 그리고 연구활동을 지원, 관리하는 대학의 행정조직도 확대되고 대학에 따라서는 전문인력도 많이 확보하고 있다. 그러나 확충되고 있는 대학의 연구 기능, 연구과제에 참여하는 교수의 증가, 연구비의 증가 등으로 대학의 연구지원 행정은 더 복잡해지고 전문화를 요구하고 있다. 이러한 측면에서 대학의 연구 기능 활성화를 위해 해결해야 할 발전과제를 제시하면 다음과 같다.

첫째, 연구지원 행정이 보다 체계화, 전문화되어야 한다. 대학본부에 연구행정 조직을 두고 있는 대학도 있고, 모든 연구행정을 특수법인인 산학협력단에 일임하고 있는 대학들도 있다. 대학에 따라 그 형태가 다양하다. 연구행정 조직이 어떻게 구성되든 연구행정은 기획, 연구과제 개발, 연구계획서 작성과 신청, 연구사업 계약과 집행, 연구 결과 보고, 연구 결과의 활용과 사후관리 등 복잡하고 다양하다. 연구행정 조직이 있고 산학협력단이 설치되어 있지만 연구행정은 대학의 다른 행정과도 유기적으로 연계되어 있다. 또한 연구행정은 단순히 지원하고 관리하는 업무에서 연구성과의 적극적인 확산, 연구과제의 개발, 재원 확보 등 연구진흥 중심으로 전환되어야 한다. 따라서 산학협력단의 기능과 역할의 확립을 포함하여 연구행정 조직을 체계화하고 연구 지원 · 관리업무의 전문성을 제고하기 위한 전문인력의 확보와 체계적인 교육 등이 이루어져야 한다.

둘째, 대학 연구 기능의 균형적인 발전과 지속적인 연구활동 지원을 위한 연구재원 확충이 필요하다. 대부분의 대학에서 연구 기능이 대학의 고유한 기능임에도 불구하고 대학 자체의 연구재원 확보가 어려워 외부재원에 의한 연구에 집중하고 있다. 대부분 공공 및 민간부문의 수탁 또는 용역과제에 의존하고 있다. 공공 및 민간 부문의 연구수요가 없는 기초학문 분야나 인문학 등의 연구는 최근 정부의 진흥정책에도 불구하고 상대적으로 위축될 수밖에 없다. 그러므로 대학 연구 기능의 균형적인 발전을 위해 대학 자체의 연구재원 확충이 요구된다. 따라서 공공 및 민간 부문에서 지원하는 연구과제 및 사업의 간접연구경비를 상향 조정하여 대학 자체의 연구비를 확보해야 한다. 장기적으로 지속적인 대학의 연구발전과 연구 기능 활성화를 위하여 '대학연구발전기금(가칭)'을 제도화하여 안정적으로 대학 자체 연구비를 확보할 필요가 있다.

셋째, 대학 연구활동을 체계적 그리고 과학적으로 지원 · 관리하기 위한 종합적인 연구관리 시스템을 구축하여야 한다. '연구종합관리 시스템'은 연구과제 수행에 필요한 정보를 신속하고 정확하게 제공하고 연구자 밀착형 연구지원체제를 확립하여 연구활동을 효과적으로 지원하는 것을 목적으로 한다. 연구종합관리 시스템에는 대학 내의 모든 연구관리를 표준화한 절차, 권한의 위임과 책임부여를 통한 책임관리체제, 명확한 내부통제 시스템, 연구비관리 시스템 등 연구 지원 · 관리의 전 과정이 포함되어야 한다. 뿐만 아니라 대학 내의 연구정보, 지적재산권의 관리, 연구결과물 관리 등도 포함해야 한다.

넷째, 교수 및 연구원들의 연구업적이나 성과에 대한 인센티브와 동기부여가 확실하게 주어져야 한다. 대학의 연구 기능 활성화는 교수들이 연구활동에 적극적으로 참여할 때 가능하다. 대부분의 대학들이 교수평가에서 연구업적평가를 가장 비중 있게 반영하고 있어 모든 교수들이 연구활동에 적극적으로 참여하지 않을 수 없지만 이것만으로 동기부여가 될 수 없다. 따라서 교수나 연구원의 사기앙양과 연구의 생산성 제고를 위하여 연구성과에 대한 인센티브 제공의 명확한 목표와 기준을 설정하여 시행해야 한다. 이러한 인센티브는 금전적 또는 비금전적 요소를 모두 포함하는 것으로 교수나 연구원들의 입장에서 볼 때 합리적인 동기부여 방안이 되어야 할 것이다.

3. 연구업적 및 성과관리체제

1) 연구업적과 지적재산권 관리

(1) 지적재산권과 특허제도

대학에서 연구활동의 결과로 나오는 각종 연구업적에 대한 효율적인 사후관리는 체계적으로 이루어져야 한다. 많은 대학들이 인터넷을 이용한 연구업적물 관리체제를 시행하고 있다. 인터넷과 교내 전산망을 이용한 데이터베이스를 구축함으로써 효율적이고 체계적인 운영이 가능하다. 이러한 실시간 연구업적관리 시스템은 연구성과에 대한 대학의 지적재산권 확보 및 기술이전 활동 등 부가가치 창출을 위한 기반을 마련해 주고 있다.

지적재산권(intellectual property right)[5]이란 두뇌활동을 통하여 만들어 낸 지적 창작물에 대한 권리를 의미한다. 현대사회에서는 과학기술의 급속한 발전, 즉 컴퓨터의 등장과 정보통신기술, 생명공학 등 첨단기술의 발달에 따라 종래 지적재산권이 보호법치주의에 포함되지 않았으나, 경제적 가치를 지닌 반도체 집적회로 배치설계, 데이터베이스, 컴퓨터 프로그램, 케이블 TV, 위성통신, 생명공학 등 신지적재산권의 개념이 등장하여 지적재산권의 보호대상이 점차 확대되고 있다. 따라서 대학에도 대학 연구 기능을 통하여 창출되는 연구결과물로서의 지적재산권을 보호하는 것이 중요한 과제로 등장하였다.

이러한 지적재산권을 보호하는 하나의 제도가 특허제도다. 즉, 발명자가 연구개발한 유용한 발명을 사회 일반에 공개하여 산업발전을 촉진하게 하고, 발명자에게는 그 공개의 대가로 일정범위 내에서 발명을 보호해 주는 것을 법으로 체계화한 것이 특허제도다. 발명이 법으로 보호되지 않는다면 타인에 의한 모방 등을 우려하여 발명을 비밀리에 추진하거나 공개하지 않기 때문에 기술발전을 촉진하는 데 기여할 수 없다. 따라서 특허제도는 기술개발 촉진 등을 통하여 산업발전에 기여하기 위하여 꼭 필요한 제도다. 대학의 연구 결과도 발명의 요건을 갖추게 되면 특허권리를 확보하여 보호하는 정책이 필요하다.

미국에서는 이미 1980년 Bayh-Dole 법령[6]을 제정하여 종전 연방정부에 귀속되던 특허권을 대학에 귀속시켜 대학의 연구 결과를 통한 발명을 기술로 이전함으로써 대학의 연구 활성화를 촉진하였다. 우리나라의 경우 대학교수의 발명은 교수의 고유한 직무수행의 결과

5) 지적재산권은 크게 산업재산권(industrial property right: 특허, 실용신안, 의장, 상표), 저작권과 신지적재산권(반도체회로 배치설계보호권, 영업비밀, 컴퓨터 프로그램 등)으로 구분된다(민철구 외, 2002: 321).

6) 'Bayh-Dole Act of 1980'은 미국 정부자금에 의한 발명에 대하여 대학, 비영리기관 및 중소기업이 소유권을 취득하는 것을 허용하였다.

라 하여 직무발명으로 규정하고 있다. 국·공립대학의 경우도 특허법에 의해 교수가 발명한 특허는 국유특허로 등록하여 특허청이 관리하였다. 그러나 2002년 개정된 특허법 및 기술이전촉진법에 의거하여 모든 국·공립대학교는 법인격을 갖는 기술이전 전담조직(Technology Licensing Office: TLO)을 설치하고 소속교수들이 연구개발한 특허권을 소유할 수 있게 되었다. 특히, 산업교육진흥 및 산학협력촉진에 관한 법률에 근거하여 특수법인으로 설치된 산학협력단의 설치목적 중 하나가 바로 교수들의 지적재산권을 효율적으로 관리하는 것이다.

(2) 체계적인 지적재산권 확보·관리

대학의 지적재산권을 확보하기 위해서는 무엇보다도 대학이 주도하는 체계적인 관리가 필요하다. 이를 위해서는 연구자와 대학 간에 특허권 귀속에 관한 내규를 제정하고 기술이전 등에 따른 보상체제를 확립해야 한다. 그리고 산업체의 수요 등에 부응하는 맞춤연구를 활성화하고 산업체 연구 결과를 대학에 귀속하는 노력도 병행해야 한다. 이와 관련하여 대학이 해야 할 구체적인 방안을 제시하면 다음과 같다(민철구 외, 2002: 327-329).

첫째, 직무발명제도를 확립해야 한다. 대학에 따라서는 산학협력단이나 기술이전센터 설치 이전에 직무발명제도를 규정화한 경우도 있지만, 특수법인으로 산학협력단이 설치된 이후 직무발명제도를 규정하여 지적재산권을 관리하고 있다. 미국의 경우 대부분의 대학들이 교수들의 발명 신고를 의무화하고, 지적재산권을 대학에 귀속시켜 효율적으로 관리하고, 그에 대한 보상체제 등을 확립하고 있다. 우리나라 대학에서도 교수들의 연구활동 활성화를 위하여 명확한 직무발명제도를 규정하여 효율적인 관리는 물론 합리적인 보상체제를 구축해야 한다.

둘째, 기술이전에 따른 보상체제를 확립해야 한다. 대학에 따라서는 기술이전에 따른 보상체제를 마련해 놓고 있지만 아직도 대학 내에서는 합리적인 보상 기준 등의 문제가 제기되고 있다. 미국의 경우 대학의 기술료 분배비율은 다양하지만 대부분 공통적으로 전체 수익금 중 행정 및 특허비용을 공제한 나머지 수익금을 발명자, 발명자의 소속학과(연구소, 부서 등) 그리고 대학이 3분의 1씩 배분하고 있다. 우리나라 대학들도 발명특허 등의 기술료에 대한 합리적인 보상체제를 마련하여 운영해야 한다.

셋째, 산업체의 연구수요에 부응함으로써 연구활동을 활성화하고 지적재산권을 확보해야 한다. 대학은 원천적으로 학문적인 연구, 즉 기초연구를 강조하고 있으나 실제 산업현장에서 필요한 응용 및 개발연구에 적극적인 관심을 가지고 참여함으로써 지적재산권을 확보하고 대학의 부족한 연구재원 확보에도 기여할 수 있을 것이다.

마지막으로, 산업체 연구 결과에 대한 대학의 권리 확보다. 정부가 지원하는 국가연구개발사업의 경우 관련 법령[7]에 의해 대학 등의 주관연구기관에 연구결과물(지적재산권)의 소유권을 양도하고 있다. 그러나 대학에서 수행한 산업체 연구과제의 경우 연구결과물의 권리를 대부분 산업체가 소유하는 것이 현실이다. 이에 관련된 사항도 정부 차원에서는 물론 대학 차원에서 정리되어야 한다.

7) 과학기술기본법 제11조의 규정에 의한 국가연구개발사업의 기획, 평가 및 관리에 관하여 필요한 사항을 규정하기 위해 과학기술부(현 교육과학기술부)가 2003년 3월 제정한 '국가연구개발사업공동관리규정'에서 정부지원 연구개발사업은 주관연구기관에 지적재산권을 귀속시킬 수 있도록 규정하고 있다.

2) 연구성과의 기술이전

(1) 기술이전의 전개 과정

대학의 연구 기능을 활성화하기 위해서는 연구성과나 발명 등의 지적재산권을 보호하는 것도 중요하지만, 보다 적극적으로 연구성과를 산업체로 확산하고 사업화하는 기술이전이 중요하다. 특히, 기술이전을 통하여 대학의 연구비 등 재정을 확충하는 시스템이 구축되어야 한다. 그동안 대학의 기술이전 활동은 지연, 학연 등 인적 네트워크를 배경으로 한 경우가 많았다. 우선 포항공과대학 등 일부 대학을 제외하고는 기술이전 추진체계가 미흡하였고, 지적재산권 확보나 기술이전을 위한 전담조직도 설치되지 않았다. 뿐만 아니라 연구성과 확산에 대한 국가 차원의 정책 및 예산지원이 미흡하였고, 기술을 이전받고자 하는 기업의 마인드도 부족하였다. 그러나 당시 과학기술부의 기술이전컨소시움사업과 중소기업청의 기술이전센터설립지원사업 그리고 기술이전촉진법의 제정 등 정부 차원의 대학 연구성과 확산에 대한 지원과 관심이 대학의 연구 기능을 활성화시키는 계기가 되었다.

우리나라의 연구성과 확산에 관련된 규정은 〈표 7-6〉에서 보는 바와 같이 다양하지만, 특히 2000년 1월에 제정된 기술이전촉진법은 기술이전을 활성화하기 위하여 대학 등에 기술이전 전담조직 설립을 인정하고 연구개발 성과의 귀속, 민간기술이전 전문기관의 육성, 기술이전 전문인력 양성 등을 규정하고 있어 기존의 기술이전 관련 법규와 비교해 볼 때 기술이전을 촉진하기 위한 획기적인 법규다. 이 법규는 그동안 침체되어 있던 대학 연구성과의 기술이전을 활성화하는 포괄적인 내용을 담고 있다.

대학 연구성과의 기술이전에 대한 인식이 바뀌고 기술이전촉진법

▌표 7-6▌ 기술이전 관련 법령 및 지원사업

정부부처	관련 법령	산하기관	지원사업
산업자원부	기술이전촉진법 산업발전법 산업기술기반조성에 관한 법 발명진흥법	산업기술평가원	산업기술개발사업(출연) 산업기술개발사업(융자)
		한국기술거래소	기술이전비용지원사업(출연) 기술이전전담조직지원사업(출연) 해외기술사업화지원사업(출연) 기술평가수수료지원사업(출연)
특허청		발명진흥회	특허기술사업화협의회지원사입
중소기업청		각 지방청 중소기업진흥공단	중소기업이전기술개발사업(출연) 중소기업기술혁신개발사업(출연) 개발 및 특허기술사업화자금(융자)
과학기술부	과학기술기본법 기술개발촉진법	산업기술	원천기술실용화지원사업(출연) 특허경비지원사업(출연)
정보통신부	정보화촉진기본법 소프트웨어개발촉진법	정보통신연구진흥원	기술이전 및 사업화촉진사업(출연)
교육인적자원부	산업교육진흥법		산학협력활성화종합대책 산학협력단 설치
환경부	환경기술개발 및 지원에 관한 법률	지역별 환경기술개발센터	환경기술개발사업 등
보건복지부		보건산업진흥원	제품화기술개발지원사업
기타 부처	부처별 기술개발 관련 법률		법률에 의해 지원되는 사업

출처: 민철구 외(2002). 대학연구 시스템의 활성화 방안. 한국과학기술정책연구원, p. 337.

이 시행됨에 따라 대학에 기술이전 전담조직이 설치 · 운영되었다. 대학들의 연구성과의 기술이전은 다양한 통로를 통하여 이루어지고 있는데, 구체적인 기술이전 형태를 보면 다음과 같다(민철구 외, 2002: 342).

첫째, 정부의 지원으로 태동한 기술이전컨소시움사업에 적극적으로 참여하는 방법이다. 현재 KAIST, KIST, RIST 및 한국생산기술연구원 네 곳을 거점으로 지정하여 운영하고 있으며 많은 대학들이 참여하여 활동하고 있다.

둘째, 한국산업기술진흥협회에서 지원하는 사단법인 대학산업기술지원단(University Industrial Technology Force: UNITEF)[8]에서 특허출원 경비지원사업과 중소기업애로기술개발사업에 참여하는 방법이다.

셋째, 중소기업청의 기술이전센터사업이다. 즉, 중소기업이 전국 20개 사립대학교에 '대학기술이전센터'를 설치하여 기술이전을 지원하는 사업이다.

넷째, 전국의 테크노파크사업과 창업보육사업에 참여하는 방법이다.

다섯째, 한국과학재단의 연구성과확산사업에 참여하는 방법이다.

이러한 대학 연구성과의 기술이전 방법 또는 형태 중에서 사립대학에 정부가 지원하는 것으로는 대학기술이전센터가 대표적이다. 이 센터는 대학의 교직원 등이 개발한 기술을 중소기업에 신속하고 효율적으로 이전하기 위하여 설치한 대학의 기술이전 부속조직 또는 기구로 운영되었다. 국 · 공립대학의 경우에는 기술이전촉진법에 의

---

8) '대학산업기술지원단'은 대학과 기업 간 협력과 교류를 확대하여 상호 신뢰의 기반을 구축하고, 중소기업의 기술력 향상을 위한 기술, 인력, 정보 등 체계적인 지원을 함으로써 궁극적으로 산업기술 혁신을 통한 국가경제의 선진화에 이바지할 목적으로 1996년 설립되었으며, 2004년 현재 174개 대학 2,800명의 교수가 회원으로 되어 있다(www.unitef.com 참조).

해 기술이전 전담조직 설치가 의무화되어 있었지만, 2002년 당시 20개 사립대학에 설치되었던 대학기술이전센터는 사립대학의 기술이전사업을 활성화하는 데 크게 기여하였다. 그리고 이 센터들이 중심이 되어 센터 간 기술이전 정보교류 및 지역 네트워크 형성을 통한 기술이전사업의 활성화를 도모하기 위하여 실무자 중심의 사단법인 한국대학기술이전협의회[9]를 구성하여 운영하고 있다.

현재는 대학에 따라 기술이전의 활성화를 위한 전문성 있는 전담조직을 두고 있는 대학도 있지만, 대부분의 대학에서는 산학협력단이 주축이 되어 기술이전 관련 업무를 지원하고 있다. 산학협력단의 주요 기능에는 이와 관련하여 지적재산권 취득 및 관리업무와 기술의 이전 및 사업화 촉진에 관한 업무가 포함되어 있다.

(2) 연구성과의 기술이전 실적

대학이 국가 연구개발의 핵심적인 주체이지만 전통적으로 학문연구에 치중한 나머지 응용 및 개발연구의 성과는 낮은 편이나, 최근 들어 이 분야의 연구성과가 증가하고 있다. 한 조사에 의하면,[10] 2005년 전국 대학의 기술이전 건수는 총 558건으로 이로 인한 기술이전료는 7억여 원인 것으로 나타났다. 기술이전 건당 이전료는 평균

9) 한국대학기술이전협의회(Kautm)는 각 대학 기술이전 전담조직(산학협력단, 기술이전센터 등)의 협력체계를 구축하고, 대학이 보유한 우수기술을 기업이 쉽게 이전받을 수 있도록 기술이전 인프라를 공동으로 구축하며, 국내외 기술이전 기관과 협력기반을 강화함으로써 대학보유 기술의 상품화와 사업화를 활성화하는 한편, 우수기술의 확산 및 기술개발의 선순환 구조 정착을 통해 국가경쟁력 제고에 기여함을 목적으로 설립되었으며, 2006년 현재 43개 대학이 회원으로 가입하고 있다(www. kautm.net 참조).

10) 한승환 외(2006), 2005년도 전국 4년제 대학 대학연구활동 실태조사 연구, 한국학술진흥재단, pp. 117-120.

1,200만 원 정도다.

학문 분야별로 기술이전 건수를 살펴보면 공학 분야가 422건으로 가장 많은데, 기술이전 총 건수의 약 75.6%에 해당되어 거의 공학 분야에서 기술이전이 활성화되고 있는 것으로 분석되었다. 다음은 의·약학 분야가 55건으로 많은데, 전체 기술이전 건수의 9.8% 수준에 머물고 있고 공학 분야의 12.4% 수준이다. 자연과학 42건, 농수해양학 33건으로 매우 낮은 수준이고 특히 사회과학, 예술체육학, 복합학, 인문학은 거의 기술이전이 없다.

(3) 기술이전의 활성화

기술이전촉진법의 제정과 기술이전 전담조직 또는 산학협력단의 설치 등으로 대학의 기술이전이 활성화되고 있다. 그러나 아직 전담조직의 업무가 체계적으로 이루어지지 않고 있으며 전문인력이 부족하여 전문조직 자체가 활성화되지 않고 있다. 따라서 대학의 기술이전을 활성화하기 위하여 기술이전 업무의 전문화와 표준화가 요구되고 있고, 이러한 업무를 담당하는 전문인력의 육성과 관련 기관과의 협력체제가 구축되어야 한다. 대학의 기술이전을 활성화하기 위해서는 다음과 같은 구체적인 방안이 실현되어야 한다.

첫째, 대학 기술이전 전담조직을 적극적으로 가동해야 한다. 이를 위해 대학 내의 관련 부서 간, 즉 기획부서와 산학협력단, 공과대학 등과 산학협력단 등의 적극적인 협력체제를 구축해야 한다. 그리고 기술이전 전담조직 직원들은 연구자 또는 발명자에게 최대한의 서비스와 기업체에 대한 원스톱 서비스를 제공할 수 있어야 한다. 그리고 대학의 기술이전 전담조직의 역량이 부족하거나 전문성이 떨어질 경우 이러한 역량을 갖추기 이전에는 외부의 전문업체 등을 활용하는 것도 하나의 방법이다.

둘째, 대학 기술이전 업무의 표준화가 지속적으로 이루어져야 한다. 대부분의 대학들이 기술이전 관련 정보 데이터베이스를 구축하고 업무를 표준화하는 추세다. 특히, 기술이전에 대한 사전 단계, 계약 단계, 사후 단계 등에 대하여 표준화된 업무 절차를 정립해야 한다.

셋째, 대학의 기술이전 전문인력의 확보와 체계적인 교육 프로그램의 제공 그리고 기술이전 성공에 대한 보상정책이 필요하다. 기술이전 관련 전문인력을 양성하는 교육 프로그램이 없기 때문에 전문인력을 확보하는 데 어려움이 있으나, 대학기술이전협의회나 대학산업기술지원단 그리고 학술진흥재단 등에서 기술이전 관련 교육 프로그램이 제공되고 있으므로 전담조직에 근무하는 직원들이 이러한 교육에 적극적으로 참여하도록 지원한다.

마지막으로, 대학의 기술이전 활성화를 위하여 관련 기관 간, 즉 대학 · 기업 · 정부 간의 협력체제가 구축되어야 한다. 우선 정부는 대학 기술이전을 통한 산업 및 기술발전에 기여한다는 측면에서 대학의 기술이전 전담조직을 재정적으로 지원해야 한다. 기업은 대학의 기술이전에 적극적으로 참여하고 대학에 대한 연구비 등을 적극적으로 지원해야 한다.

4. 대학의 연구윤리 정책

1) 연구윤리의 의의

연구윤리의 역사는 기원전 5세기 히포크라테스의 의료윤리강령으로 거슬러 올라가지만, 연구윤리 문제에 대한 사회적 관심은 제2차

세계대전 이후 독일 나치의 인체실험을 재판하기 위한 뉘른베르그 전범 재판부의 최종 판결문에서 그 출발점을 찾을 수 있다.[11] 그 이후 연구윤리에 관한 대형 사건들이 세계 곳곳에서 발생하였고, 이러한 연구윤리 문제는 사회적 갈등을 초래하기도 하였다. 그래서 선진국에서는 이미 1960년대부터 과학기술의 부작용에 관한 논의가 시작되었고, 1980년대에는 과학에서의 부정행위가 사회문제로 대두되었다. 실제로 미국의 경우 과거 10년(1994~2003) 동안 건강 · 보건 분야에서만 연평균 13건의 부정행위가 적발될 정도로 선진국에서도 과학 분야의 부정행위가 심각한 상황이다(임영모 · 고유상, 2006, Executive Summary).

미국을 비롯한 선진국의 경우 이와 같은 자국 내 대형 연구 부정행위로 인한 사건을 계기로 연구윤리, 즉 연구의 진실성 또는 충실성을 규명하기 위한 각종 제도를 마련하고 있다. 특히, 현재 연구윤리 및 진실성 검증에 대해 가장 활발한 움직임을 보이고 있는 국가는 일본으로서 문부과학성이 최근 연구부정 및 연구비 부정 사용 등에 대한 방지대책을 마련하였다(과학기술부, 2006 내부자료). 그리고 OECD도 '과학 부정행위에 대한 대응' 분석 팀을 구성하여 대다수 회원국의 참여 하에 대책 마련을 위한 작업을 진행 중이다.

우리나라는 과학연구 등의 발전에 비해 연구윤리에 대한 논의가 일천하고 이에 대한 이해도 초보 수준에 불과하다(송성수, 2006: 1). 그러나 최근 줄기세포연구 논란을 계기로 연구윤리와 연구진실성에 대하여 국가적으로는 물론 사회적인 관심이 고조되고 있다. 특히, 과학기술 분야에서 세계적인 연구성과가 산출되는 것은 물론 모든 분야

---

11) 교육인적자원부 · 한국학술진흥재단(2006)의 연구윤리의 소개 책자에서 김화진, 연구윤리의 방향, pp. ix-xiv를 참조.

의 연구 수준이 향상됨에 따라 국제적 기준에 부합하는 연구윤리가 요구되고 있다. 당시 교육인적자원부와 과학기술부 등 관련 부처가 앞다투어 연구윤리 관련 가이드라인을 제시하는 규정 등을 제정하였다.

당시 과학기술부는 연구윤리확립추진위원회[12]를 구성하여 연구윤리 확립을 위한 권고문을 발표하였다. 권고문에 따르면, 대학과 학술단체는 국제 수준의 연구윤리지침을 기관별 · 학문 분야별 특성을 반영해 마련하고 학부생 및 대학원생, 연구자를 대상으로 연구윤리 교육을 실시해야 한다. 이 권고문에 따라 모든 대학과 학회는 2007년 말까지 연구윤리지침을 마련해야 하며, 그렇지 못할 경우 학술연구조성사업의 선정이나 학회지평가 그리고 정부가 지원하는 각종 사업에서 불이익이 초래될 수 있음을 예고했다. 그리고 연구윤리지침에는 연구 부정행위의 정의 · 유형 및 기준, 연구 부정행위의 제보 · 접수 · 조사 및 판정 절차, 담당조직 및 책임자, 제보자의 보호, 부정행위자 징계, 조치 결과의 기록 및 보고 등의 내용을 담도록 했다. 그리고 연구윤리교육 프로그램에도 연구 부정행위의 정의 · 유형 · 기준 · 제보 및 절차, 데이터의 정리 · 보관, 인용 방법, 실험실 윤리, 공동연구 윤리, 지적재산권 보호, 과학자의 사회적 책임 등의 내용을 포함하도록 권고하고 있다.

또한 과학기술부는 국가연구개발사업에 참여하는 연구기관들의 연구윤리 확립 및 공정하고 체계적인 연구진실성 자체검증 시스템 구축 · 운영에 관한 기본 원칙과 공통 기준을 담은 '연구윤리 확보를

12) 이 위원회가 조사한 바에 의하면, 2006년 11월 말 현재 국내 218개 4년제 대학 및 대학원대학 중 15.6%인 34개 대학 그리고 조사대상 280개 학회 중 22.5%인 63개 학회만이 연구윤리 관련 헌장(강령) 또는 규정, 지침을 마련한 것으로 되어 있다.

위한 지침'을 2007년 2월 훈령(제236호)으로 공포하였다. 이 훈령에 따르면, 국가연구개발사업을 수행하는 대학, 출연연구기관 등 연구수행기관과 이를 지원하고 관리 · 감독하는 정부부처 및 연구관리 전문기관은 책임 있는 연구 수행 및 연구 부정행위 예방을 위한 연구윤리 교육을 강화하고, 연구진실성 자체검증 시스템을 구축 · 운영하여야 하며, 57개 우선적용 대상기관[13]은 지침 공포일로부터 3개월 이내에 그리고 이 기관들 외 국가연구개발사업에 참여하는 모든 대학 등은 지침 공포 후 협약체결일로부터 6개월 이내에 자체검증 시스템을 구축하도록 하고 있다.

연구윤리 문제는 이제 국가 차원에서는 물론 대학을 비롯한 연구집단, 학술단체, 연구자 등 모두가 관심을 가지고 적극적으로 대응해야 할 과제로 부각되고 있다. 우리나라에서는 최근에 크게 쟁점으로 떠오른 주제이기 때문에 충분한 논의 과정을 거치고 선진국의 사례 등을 참고하여 우리의 현실에 가장 근접한 토대를 마련해야 한다. 특히, 대학은 국가 차원의 연구윤리 문제 대응을 예의주시하면서 전체 대학 차원에서는 물론 각 대학 차원에서 독자적인 연구충실성 또는 진실성에 대한 제도적 장치를 마련해야 할 것이다.

2) 연구윤리의 범위와 위반 유형

연구윤리의 핵심은 충실성(integrity)이며 연구에서의 충실성이란 바람직한 연구 실행을 의미한다. 충실성은 한편으로는 정직성(honesty)을 의미하며 이는 윤리적 행위를 함축한다. 다른 한편으로 충실성은 완전함(whole) 혹은 온전함(intact)을 의미하는 것으로, 연구 수행 과정

13) 우선적용 대상기관은 30개 출연 연구기관과 2002부터 2004년까지 연평균 100억 원 이상의 정부지원비를 수탁한 27개 대학을 의미한다.

에서의 세심함과 정확성이 요구됨을 말해 준다. 이와 같은 충실성의 두 가지 의미를 합치면 이는 연구 과정에서의 금전적 이해관계의 공개에 있어서 협력뿐만 아니라 연구의 수행과 보고 과정에서의 지적 정직성과 기술적 세심함, 기만행위(fraud) 혹은 날조(fabrication)의 회피 그리고 연구대상, 학생, 동료들에 대한 윤리적 접근 등을 함축하게 된다.[14] 또한 연구윤리는 책임 있는 연구 수행(Responsible Conduct of research: RCR) 또는 훌륭한 연구실천(Good Research Practice: GRP)과 유사한 의미로 사용되기도 하는데, 전자는 미국에서, 후자는 유럽에서 널리 사용되고 있다(송성수, 2006: 2)

연구윤리가 포괄하는 범주는 논자에 따라 차이가 있지만 많은 학자들이 ① 과학연구의 과정, ② 연구 결과의 출판, ③ 실험실 운영, ④ 특정한 과학 분야의 윤리, ⑤ 과학자의 사회적 책임성 등 다섯 가지로 범주화하고 있다(Friedman, 1996; Resnik, 1998; 송성수, 2001; 김명진, 2002; Shamoo & Resnik, 2003). 여기서 과학연구의 과정, 연구 결과의 출판, 실험실 운영은 과학계 내부의 연구윤리로서 모든 과학 분야에 해당되고, 특정한 과학 분야의 윤리는 동물이나 사람을 대상으로 하는 의학, 생물학, 심리학 등 과학 또는 학문 분야에 해당되며, 과학자의 사회적 책임은 전문직업인으로서 과학자 혹은 과학계가 책임 있는 자세로 행동하고 있는가에 관련된 연구윤리 부분이다(송성수, 2006: 2).

또한 과학기술자가 지켜야 하는 규범을 크게 사회윤리규범과 내부윤리규범으로 구분하여 과학연구윤리의 위반을 유형화하고 있다(임영모 · 고유상, 2006: 2-10). 사회윤리규범은 인간복제, 대량 살상무기

14) Paul J. Fridman (1966), "Introduction to Research Ethics", *Science and Engineering Ethics*, 2: 4, pp. 443-456(김명진 역, 연구윤리 서설, 유네스코 한국위원회 편, 과학연구윤리(당대, 2001, pp. 250-281))을 참고하였다.

개발 등과 같이 사회적 기준에 따라 법률 등의 형태로 연구의 주제와 대상을 규제하고 있다.[15] 그리고 내부윤리규범은 과학기술계 내부의 필요성 또는 사회적 요구에 따라 자체적으로 규정한 윤리 기준으로 '연구에서의 충실성'을 준수하는 규범이다. 〈표 7-7〉에서 보는 바와 같이 연구 수행 과정과 연계시켜 보면 연구의 주제를 선정하고 연구를 수행하는 과정은 사회윤리규범에, 연구 결과 보고와 성과의 활용은 내부윤리규범에 해당된다. 특히, 연구 결과 단계에서 윤리위반 행위는 '연구 부정행위(research misconduct)'[16]로 규정하여 중요하게 다루고 있다.

미국 연방규제기구에서는 연구 부정행위에 해당하는 구성요소는 날조, 변조 및 표절로 규정하고, 이를 FFP로 약칭하고 있다. 여기서 날조(fabrication)는 없는 결과를 만들어 내거나 하지도 않은 실험을 한 것처럼 꾸며대는 것을 포함하는 행위이고, 변조(falsification)는 실험 방법에서 데이터 분석까지 실험의 여러 측면들 중 일부를 의도적으로 조작하여 그 결과가 정당한 절차를 거쳤을 때 나오는 결과와 달라지도록 만드는 행위이며, 표절(plagiarism)은 다른 이의 말이나 아이디어 등을 자신의 것으로 속여 넘기려는 의도를 가지고 이를 이용하

15) 우리나라에서 2005년부터 시행되고 있는 생명윤리 및 안전에 관한 법률(생명윤리법)이 대표적인 사례다.

16) 연구 부정행위는 그 자체가 가변적이라는 점에 주목할 필요가 있다. 부정행위의 범위를 FFP에 국한한 것인가 아니면 FFP는 물론 '과학자 사회 내에서 통상적으로 받아들여지는 것으로부터 심각하게 벗어난 여타의 실행들'로 확장할 것인가 하는 문제가 그것이다. 미국의 경우에는 1986년에 부정행위가 넓은 의미로 규정되었으나, 1999년에는 FFP에 국한한 것으로 조정되었고, 최근에는 다시 그 범위를 확대해야 한다는 주장이 제기되고 있다. 이에 반해 유럽의 경우에는 처음부터 계속해서 부정행위가 넓은 의미로 사용되고 있으며, 덴마크를 비롯한 북유럽국가들은 부정직성(dishonesty)이란 용어를 선호하고 있다(송성수, 2006: 2-3).

‖ 표 7-7 ‖ 과학연구윤리 위반의 유형

구분	사회윤리규범		내부윤리규범	
진행 과정	주제 선정	연구 수행	결과 보고	성과 활용
주요 위반사례	• 인간복제 • 대량 살상 무기	• 생명존엄성 훼손 • 실험실 안전관리 소홀	• 날조 • 변조 • 표절	• 불공정한 성과배분 • 성과의 과장
처벌 방법	• 법적 처벌	• 법적 처벌 • 사회적 비난	• 연구비 환수 • 퇴출	• 비난

출처: 임영모 · 고유상(2006). 과학분야의 연구윤리. 삼성경제연구소, p. 3.

는 행위를 의미한다.

연구 수행 과정에서 사회윤리규범과 내부윤리규범의 관점에서 일어나고 있는 연구윤리 위반 유형에 따른 구체적인 위반사례 등을 살펴보면 다음과 같다(임영모 · 고유상, 2006: 3-10).

- 연구주제 선정: 과거에는 과학자나 교수들이 학문의 자유라는 기본정신에 따라 외부의 간섭 없이 자유롭게 연구를 수행할 수 있었으나, 원자폭탄이나 환경오염 등 과학의 부작용이 사회문제가 되면서 과학자의 사회적 책임에 대한 논의와 사회윤리 문제가 제기되었다. 특히, 1980년대 이후 유전공학과 복제기술 등이 등장하면서 생명윤리가 과학연구윤리의 논쟁점으로 부상되고 있다. 그러나 국가의 문화적 배경이나 사회적 가치관에 따라 사회윤리규범은 다양한 기준이 적용되므로 획일적으로 연구윤리 문제로 다루는 데는 한계가 있다.
- 연구 수행: 이 단계에서는 실제 연구가 진행되는 실험실에서 발생할 수 있는 다양한 연구윤리 문제가 제기되고 있다. 특히, 스

승과 제자의 관계, 대학원생에 대한 처우 등 실제 대학에서 연구에 참여하는 학생의 인권과 권익보호에 관련된 사항들이 쟁점이 되고 있다. 또한 실험 과정에서 방사능 물질, 폭발성 시약 등 각종 위험물질이 사용되므로 연구책임자에게 안전관리의 책임을 부여하고 있다.[17] 생명과학 분야에서는 사람, 동물 등의 생명존엄성을 훼손하지 않기 위해 더 엄격한 윤리규범 및 제도적 규정을 적용하고 있다. 즉, 피실험자에게 실험에서 올 수 있는 부작용 등에 대한 충분한 정보를 제공하고 동의를 구해야 하고, 실험동물에 대한 주의와 배려를 충분히 기울였는지 등이 쟁점이 되고 있다.

- 결과 보고: 연구윤리에서 연구 부정행위로 규정되고 있는 날조, 변조, 표절과 같은 위반행위가 연구 결과에서 나타나고 있다. 실제 오늘날 연구 수행 과정에서 가장 많이 발견되는 이러한 연구 부정행위는 점차 그 적용범위를 확대하는 추세에 있다. 즉, 미국 의회는 원하는 결과 도출에 장애가 되는 데이터를 고의적으로 제거하는 행위를 의미하는 '삭제(elimination)'를 연구의 부정행위 유형에 추가하는 것을 추진하고 있다.[18] 그리고 고의가 아니라 하더라도 '자기 기만(self-deception)'[19]에 의한 부적절한 결과의 도출 역시 연구 부정행위에 해당된다. 결과 보고에서의 연구 부정행위는 과학계는 물론 전 학계의 근간을 해치는 행위로 간주

17) 우리나라는 2006년 4월에 연구실안전환경조성에 관한 법률(연구실안전법)이 발효되었다.

18) Abbott, A. (1999), "Science Comes to Terms with the Lessons of Fraud", *Nature, Vol, 398,* pp. 13-17; 임영모 · 고유상(2006), 전게서, p. 7에서 재인용.

19) 자기 기만은 연구자들이 가장 범하기 쉬운 오류로서 연구자들이 편향된 사고나 예단에 의해 충분한 검증 없이 실험 결과를 받아들이거나 무의식적으로 데이터 수집에 주관을 개입시키는 현상을 의미한다.

되어, 심할 경우 연구자를 사회에서 퇴출시키는 엄격한 윤리규정을 적용하고 있다.

- **성과 활용**: 성과 활용 단계에서는 신분에 상관없이 연구기여도에 따라 공정하게 성과를 배분해 주는 것이 가장 중요하다. 논문 작성 시 실질적인 기여 정도에 따라 저자 표시를 하는 것이 원칙이다. 특히, 대학원생이나 박사 후 연구원 등 소장 연구자의 정당한 공로를 인정하는 것은 물론, 연구에 실제 기여하지 않은 원로 과학자나 연구기관장 또는 부서장 등을 논문의 저자에 포함하는 '명예저자 표시(honorary authorship)'의 근절 등이 중요한 쟁점이다. 또한 연구의 성과 활용 단계에서 언론 등을 통해 연구 결과의 중요성을 과장하는 것도 연구윤리의 위반행위다.

3) 연구윤리의 정책 방향

(1) 연구 부정행위 증가의 원인[20]

연구환경이 변화하면서 과학계의 전통적인 윤리규범이 변질되고 연구에 대한 과학계 고유의 내부규범과 자가검증 시스템이 약화되면서 연구 부정행위가 증가하는 추세를 보이고 있다. 과학계의 전통적인 윤리규범은 Robert Merton의 'CUDOS 규범'이 폭넓게 수용되고 있는데, 공유주의, 보편주의, 무시무욕 그리고 조직화된 회의주의가 그것이다.

공유주의(communism)란 연구에 있어 데이터와 연구 결과를 서로 공개하고 공유한다는 것을 의미하며, 보편주의(universalism)는 누구나 자유로이 과학연구에 종사할 수 있으며, 정치 · 사회적 요인이 아

20) 임영모 · 고유상(2006), 전게서, pp. 11-18을 주로 참고하여 작성되었다.

닌 과학적 성취만으로 평가를 한다는 윤리규범이다. 그리고 무시무욕(disinterestedness)은 과학자는 오직 진리추구에만 관심을 두며, 개인적 또는 정치적 이해관계를 추구하지 않는다는 윤리규범이다. 또한 조직화된 회의주의(organized skepticism)란 기준의 높은 엄밀성과 증명을 추구하며, 명확한 증거 없이는 어떤 믿음도 받아들이지 않는다는 것을 의미한다.

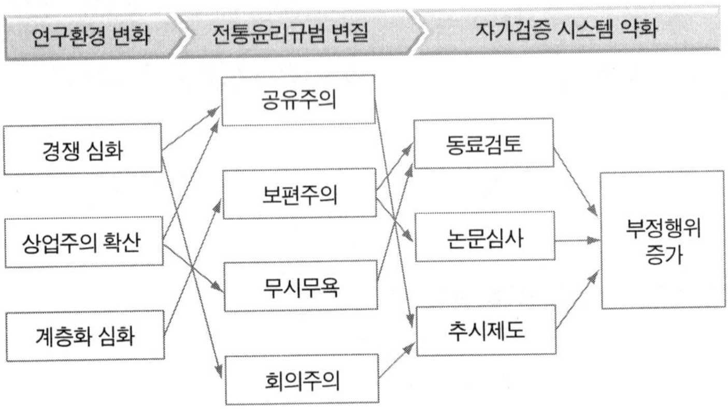

[그림 7-2] 연구 부정행위 증가 원인의 개념도

출처: 임영모 · 고유상. 전게서, p. 15.

① 연구환경 변화로 인한 전통윤리규범의 변질

- 경쟁 심화: 과학계는 새로운 것을 최초로 발견 또는 발명한 사람만이 살아남고 보상을 받는 강한 경쟁이 존재하고, 이러한 경쟁의 압박은 과학과 기술발전의 속도가 증가함으로써 더욱 심화되고 있다. 이러한 경쟁의 심화로 공리주의의 전통이 파괴되고 연구자는 부정행위의 유혹에 쉽게 노출되거나 조직화된 회의주의를 회피하는 경향을 보이게 된다.
- 상업주의 확산: 부와 권력을 추구하는 과학자가 증가하면서 학문

적 가치에 대한 신념을 고수하는 것이 점점 어려워지고 대학과 기업이 가까워지면서 기업의 속성상 더 이상 공리주의 전통이 유지되지 못하고 비밀주의가 확대되고 있다. 특히, 과학자의 실적이 학문적 명예는 물론 막대한 부를 가져다주면서 경쟁이 격화되고 연구자 사이의 공로배분에 대한 갈등이 심화되고 있다.

- 계층화 심화: 과학자사회에서도 일반사회집단과 같이 계층화 현상이 존재하며 현대 과학에서는 부익부 빈익빈 현상이 더욱 심화, 고착화되는 추세를 보이고 있다. 과학에서의 계층화의 심화는 보편주의를 파괴하고 내부통제 시스템을 약화시켜 연구 부정행위를 증가시키게 된다.

② 과학계의 자가검증 시스템의 약화

- '동료검토'제도의 약화: 보편주의가 지켜질 때 동료검토는 충분한 기능을 발휘할 수 있으나, 현실적으로 소수집단에 의한 동료검토 과정의 독점 또는 '동업자정신' 등의 요소로 객관성 확보가 어려워지고 있다.
- 논문심사 기능의 약화: 논문심사는 데이터의 진실성을 전제로 진행되기 때문에 의도적으로 조작된 실험 결과를 적발하는 데 한계가 있으며, 각종 학술지가 양적으로 증가하면서 논문심사 기능이 약화되어 연구 부정행위가 더 유발되고 있다.
- 추시제도의 약화: 연구자가 실험 방법을 불완전하게 기술하고 있을 뿐만 아니라 추시에는 많은 노력과 비용이 소요되고 있어 똑같은 조건을 재현하기가 어려운 것이 현실이다. 또한 추시에 대한 과학계의 보상이 미약하여 연구자들이 추시를 기피하는 것도 하나의 원인이 되고 있다.

(2) 연구윤리 문제 및 연구 부정행위 방지 대책

연구윤리 문제 및 연구 부정행위 방지를 위해서는 범국가 차원의 대책도 필요하지만 각 연구집단이나 학술단체 등 연구주체들의 각별한 대책이나 노력이 필요하다. 연구윤리 문제나 연구 부정행위 등이 가끔 사회적인 이슈로 제기되기도 하였지만 국가사회적으로 크게 부각되지는 않았다. 그러나 2005년 생명윤리법이 시행되고 당시 학술연구와 과학연구 정책 등을 관장하고 있던 교육인적자원부와 과학기술부 등이 이미 연구윤리 문제와 연구 부정행위 등을 다루는 기구 등을 설치하고 각종 법령 및 제도 등을 마련했다. 그리고 정부에서는 대학, 연구기관 그리고 학술단체 등에서도 연구윤리 문제와 연구부정 방지 대책을 마련하도록 권고하고 있다. 이미 독자적인 연구윤리 문제 및 연구부정 방지 대책을 마련하고 있는 대학들도 많다. 연구윤리 문제에 대응하고 연구부정을 방지하기 위해서 대학은 다음과 같은 대책 수립과 노력을 강구해야 한다.

첫째, 대학 내의 연구윤리 문제와 연구 부정행위 등을 다룰 수 있는 권위 있는 상설기구를 설치해야 한다. 이 기구는 대학총장 직속기구로서 대학 내 연구자들의 연구윤리 문제와 연구 부정행위 등을 감시 · 감독하는 책임과 권한을 가져야 한다.

둘째, 연구윤리 및 연구의 진실성을 확보하기 위한 대학 자체의 헌장 등을 제정하여 공표하고 연구윤리와 연구부정 행위의 예방과 처리를 위한 가이드라인(지침) 등을 제정하여 시행해야 한다.

셋째, 연구윤리 문제와 연구 부정행위의 방지는 사전에 예방하는 것이 가장 핵심적인 대응이므로 대학 내 연구자들에게 인식을 확산시키기 위한 토론회와 각종 사례나 외국 자료 등의 소개를 활성화하고 체계적인 교육 프로그램을 개발 · 시행해야 한다. 특히, 학부 및 대학원 정규 강좌로 개설하고 대학원 학생들의 경우 필수적으로 수강하도록 할 필요가 있다.

마지막으로, 연구윤리나 연구 부정행위 등이 생소하지는 않지만 현실적으로 그에 대한 문제의식 등은 크게 확산되지 않고 있다. 따라서 대학 내에서 이에 대한 토론을 활성화하여 많은 연구자들의 의견을 수렴하여 대학 내의 각종 제도나 규정을 마련하는 데 활용해야 한다.

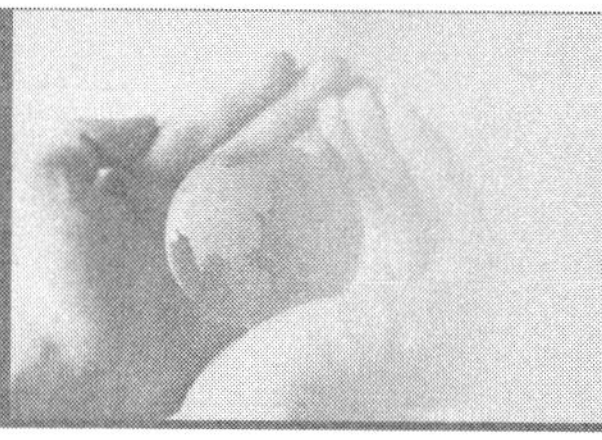

제8장
교수발전계획

오늘날 대학의 변화와 혁신, 대학의 책무성 제고, 대학의 경쟁력 향상 등 어느 것 하나 교수와 직결되지 않는 것이 없다. 우수한 교수를 확보하고 이들이 능력의 향상을 통하여 교육과 연구에 전념할 수 있도록 지원하고 유지 · 관리하는 것이야말로 대학의 미래 발전을 위한 투자다. 교수발전은 단순히 교육과 훈련을 통한 재충전의 기회를 제공하는 소극적인 접근이 아니라 우수한 교수를 확보하여 이들의 능력을 개발하고 평가를 통하여 보상하는 적극적인 접근까지를 포함하는 것이 일반적이다.

이 장에서는 우수한 교수를 확보하는 것에서부터 그들의 능력을 향상시키는 교수개발 그리고 능력과 업적을 평가하는 교수업적평가체제와 평가 결과를 바탕으로 보상하는 교수보상체제 등에 대한 발전계획의 이론과 실제를 제시하고자 한다.

1. 교수발전계획의 이론적 기초

1) 대학의 사명과 교수직무

대학교수가 어떤 직무를 수행하는가는 대학의 사명에서 비롯된다. 대학은 오랜 역사를 통하여 진리를 탐구하고 전수하는 일과 지적 자원을 동원하여 사회에 봉사하며 지도자를 양성하는 사명을 가지고 있다. 즉, 대학은 전통적으로 네 가지의 사명을 띠고 그 존재가치를 구현하여 왔다(Perkins, 1973: 3-14). 첫째는 지식의 전수를 행동의 원리로 삼는 교육의 사명, 둘째는 지식의 획득원리로 불리는 연구의 사명, 셋째는 지식의 응용으로 대변되는 봉사의 사명 그리고 넷째는 이상적인 민주사회를 창출하고 그 시범을 보이는 지적 행동의 사명이다. 이러한 대학의 사명에 따라 교수의 직무를 역할로 표현하면 교수는 교수자, 연구자, 봉사자 그리고 시범자로서의 직무를 수행한다.

그러나 대학교수의 기본 직무는 대학의 성격이나 대학이 지향하는 이념 등에 따라 그 중요성이나 비중이 다를 수 있다. 소위 연구중심대학에서의 교수는 연구활동에 큰 비중을 둘 것이며 교육중심대학의 교수는 학생을 가르치고 지도하는 데 더 많은 비중을 둘 것이다. 또한 동일한 대학 내에서도 교수의 전공에 따라 교육보다는 연구 그리고 사회봉사에 더 비중을 두는 경우도 있다. 그리고 교수의 대학관이나 철학 그리고 개인 성향에 따라 연구보다는 교육이나 학생지도에 더 치중하는 교수도 있고 다른 어떤 직무보다 연구에 우선을 두는 교수도 있다. 또한 최근에는 대학교수의 업적평가가 중요시되면서 교수들이 평가 기준과 기준의 비중에 따라 교수직무에 비중을 달리 두는 경향이 있다.

‖ 표 8-1 ‖ 대학교수의 기본 직무

직무 영역	구체적인 직무 내용
수업활동	• 정규과목의 강의와 지도 • 교육과정 및 교과과정 개발 • 논문지도 및 심사 • 학생들의 학업성취도평가 • 교수요목 개발과 강의계획서 작성 등
학생지도	• 학생진로 및 취업지도 • 학생들의 생활지도 • 학생들의 클럽활동 및 동아리활동지도 • 학생자치활동지도 • 학생들과의 인간관계 형성 등
연구 · 창작활동	• 새로운 지식, 정보 및 작품의 창조 • 논문 작성 및 저서 집필 • 학술 및 창작활동 • 연구과제의 발굴과 계획서 작성 • 학회 등 학술단체에서의 논문발표 등
봉사활동	• 민간 부문(기업 등) 봉사활동 • 공공 부문(중앙 및 지방정부 등) 봉사활동 • 전문단체 또는 시민단체에의 참여 • 사회참여 등을 통한 개인적 봉사활동 • 평생교육활동에의 참여 등
행정참여	• 대학 행정부서 등에서의 보직 수행 • 대학 및 학과 등에서의 행정참여 • 대학 내 각종 위원회에 참여 • 대학평가나 특정 사업에 참여 • 대학을 대표하여 대외적인 활동에 참여 등

그러나 대학의 공통적인 사명이 교육, 연구 그리고 봉사이며 이러한 사명에 따라 대학교수의 공통적인 기본 직무는 지식을 전수하는 활동에 해당하는 교육, 새로운 지식을 창출하는 활동인 연구 그리고 지식을 응용하는 활동인 봉사로 일반적으로 규정하고 있다. 학자들

에 따라 교육활동을 세분하여 가르치는 수업활동과 가르치는 것 이외 학생을 지도하는 학생지도활동으로 구분하기도 하고, 봉사활동을 교외봉사와 교내봉사로 구분하여 대학 행정참여를 중요한 기본 직무로 보는 관점도 있다. 여기서는 〈표 8-1〉에서 보는 바와 같이 대학교수의 기본 직무를 5개 영역으로 구분하여 정리하고자 한다.

2) 교수발전계획의 의의와 목표

오늘날 대학의 경쟁력은 교수의 기본 직무 수행 결과에 따라 좌우된다. 따라서 대부분의 대학들이 기본 직무를 잘 수행할 수 있는 우수한 교수를 확보하는 것은 물론, 확보 이후에도 교수들의 직무수행능력을 극대화할 수 있도록 지원하는 데 최선을 다하고 있다. 교수의 직무수행능력을 향상시키기 위하여 교육 및 훈련 등의 교수개발 기회를 제공하고, 다양한 지원체제와 수행한 업적을 평가하여 보상하는 보상체제를 마련하고 있다.

교수발전계획이란 대학이 필요로 하는 교수를 확보하여 이들이 높은 교육성과와 연구업적을 산출할 수 있도록 능력을 향상시키고 유지 · 관리하는 교수 인사관리의 전 과정을 현재보다 발전시키기 위한 계획을 의미한다. 장기적인 관점에서 교수수급계획을 수립하는 것에서부터 교수의 직무능력 향상을 위한 교육 · 훈련계획, 교수인사의 합리성과 공정성의 확보를 위한 교수업적평가계획 그리고 평가를 바탕으로 한 교수의 승진 및 보수 등의 유지 · 관리계획까지 포함된다. 이러한 의미에서 보면 교수발전계획은 대학발전계획과 밀접하게 연계되어 수립되어야 할 뿐만 아니라 그것의 핵심적인 부분이 되어야 한다.

교수발전계획은 대학입장에서 보면 미래 대학발전에 부응할 수 있는 우수한 교수를 확보할 수 있게 할 뿐만 아니라 그들이 기본 직무 수행에 전념할 수 있도록 동기를 부여하고 제반 여건을 마련해 줄 수 있게 한다. 그리고 교수들의 입장에서 보면 합리적이고 공정한 인사관리를 통하여 안정적으로 교수직에 전념할 수 있을 뿐만 아니라 자기 성장과 발전을 통하여 자아를 실현할 수 있게 한다. 구체적으로 교수발전계획은 다음과 같은 측면에서 꼭 필요하고 중요하다.

첫째, 교수발전계획은 미래 대학발전의 방향을 바탕으로 대학이 수행해야 할 사명을 감당할 수 있는 교수의 수요를 예측하고 필요한 교수를 확보할 수 있게 한다. 최근 교수의 신규임용 형태가 다양한 양상을 보이고 있지만, 아직도 우리나라의 대학들은 교수를 한 번 임용하면 특별한 일이 없는 한 정년까지 가는 것이 일반화되어 있다. 따라서 장기적인 관점에서 교수 수요를 파악하고 확보하는 일이 무엇보다 중요하다. 우수한 교수 확보가 대학발전, 나아가 대학경쟁력 제고의 출발점이기 때문이다.

둘째, 교수발전계획은 공정하고 합리적인 교수인사관리를 가능하게 함으로써 교수사회의 안정을 기하고, 이를 통하여 대학의 지속적인 발전을 가능하게 한다. 최근 대부분의 대학에서 도입하고 있는 교수업적평가는 공정하고 합리적인 교수인사관리의 중요한 도구다. 평가 결과를 바탕으로 교수에게 부족한 부분은 능력개발을 통하여 보완하고, 업적 또는 실적에 대해서는 보상하는 것이 교수발전계획의 핵심이다. 따라서 대학에서는 객관성, 신뢰성, 타당성 등이 담보될 수 있는 교수업적평가체제를 발전시키는 데 심혈을 기울여야 할 것이다.

셋째, 교수발전계획은 교수의 직무수행능력 개발은 물론 교수의 자기 개발 및 성장의 기회와 동기를 부여한다. 교수업적평가는 교수인사관리를 위한 목적도 있지만 최근 많은 대학들이 교수개발의 목적을 더 강조하고 있다. 따라서 교수발전계획에서 교수개발이 핵심적인 영역으로 부각되고 있고 이를 위한 다양한 프로그램을 개발하여 시행하고 있다. 최근 많은 대학이 교수학습센터 등을 설치하여 교수들의 강의를 지원하고 있는 것도 좋은 예다.

넷째, 교수발전계획은 교수의 근무조건과 환경을 개선하는 데 기여한다. 교수의 근무조건과 환경은 교육성과 업적을 극대화하기 위한 기본적인 요건이다. 여기에는 물질적 그리고 물리적인 요건도 있지만 심리적인 풍토도 중요하게 고려되어야 한다. 업적에 따른 보수를 받고 승진하는 것도 중요하지만 교수에게는 소위 '학문의 자유'가 보장되는 교육 및 연구 풍토가 더 중요할 수 있기 때문이다.

마지막으로, 교수발전계획은 대학은 물론 교수들이 급변하는 대학환경 및 정책변화에 능동적으로 대처하기 위하여 꼭 필요하다. 오늘날 대학은 혁신과 변화로 몸살을 앓고 있다. 대학 내부의 구조조정과 개혁으로 교수사회도 불안정하다. 이러한 대학의 혁신과 변화에 가장 민감한 것이 교수사회다. 따라서 대학은 교수발전계획을 통하여 교수들이 변화와 혁신을 주도하고 대응할 수 있는 능력을 길러 주고, 교수사회를 안정시키는 것이 무엇보다 중요하다.

3) 교수발전계획의 영역과 과정

(1) 교수발전계획의 영역

교수발전계획은 교수인사관리의 전 과정에 대한 계획이라고 볼 수 있기 때문에 일반조직에서의 인적자원관리에 관련된 업무 내용과 크게 다르지 않다. 조직에서의 인적자원관리 영역은 학자에 따라 다양하게 규정하고 있다. 일반적으로 먼저 인적자원에 관한 기획 영역으로서 직종분류와 직무분석, 인적자원 수급계획 등이 포함된다. 둘째는 기획을 바탕으로 한 인적자원의 확보 영역으로 모집, 선발, 배치 등이 포함된다. 셋째는 인적자원 개발 영역으로 인적자원의 실태와 평가 그리고 평가 결과를 바탕으로 한 능력개발 등이 포함된다. 마지막으로, 인적자원의 유지 · 관리 영역으로 승진, 임금과 보수, 근무조건, 노사관계 등이 해당된다.

대학의 인적자원은 대학의 사명을 수행하는 교수와 교수의 직무수행을 지원하는 직원이 있는데, 이 두 부류의 인적자원관리는 공통적인 부분도 있지만 세부적으로 들어가면 다른 부분도 많다. 교수발전계획의 주요 영역은 [그림 8-1]에서 보는 바와 같이 교수 인적자원관리의 주요 영역인 교수발전계획의 전제, 교수확보, 교수개발 그

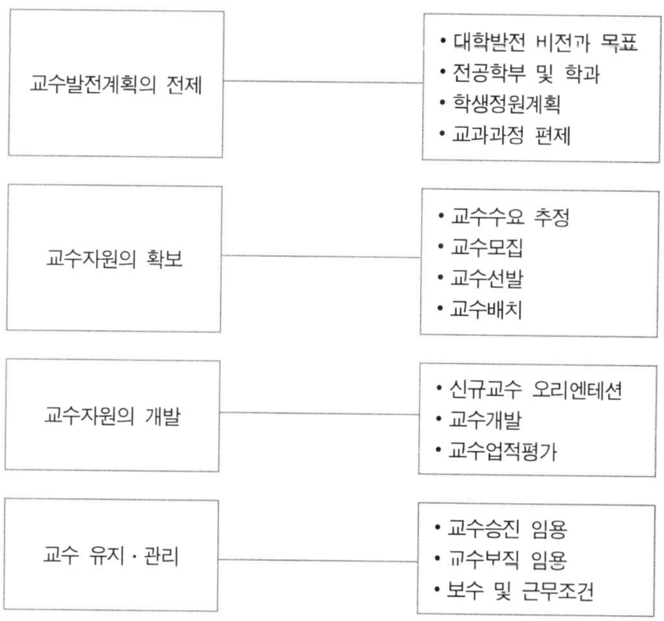

[그림 8-1] 교수발전계획의 영역

리고 교수유지 · 관리의 4개 영역으로 분류할 수 있다.[1] 그러나 교수의 유지 · 관리 영역은 교수인사관리의 핵심적인 부분이기 때문에 여기서는 다루지 않기로 한다.

(2) 교수발전계획의 과정

일반적으로 조직의 인적자원 관리계획은 복잡한 과정을 거쳐서 수립 · 실천된다. 대학의 인적자원 관리계획도 일반조직의 인적자원 관리계획과 크게 다르지는 않지만, 대학이 가지고 있는 조직의 특성 때문에 다소 차이가 있을 수 있다. 대학의 인적자원 관리계획의 과정은 먼저 대학의 미래 변화와 발전 등을 검토하고 기존의 인적자원 프로파일을 분석하는 데서부터 출발해야 한다. 그리고 이러한 검토와 분석을 토대로 미래 필요한 인적자원의 수요를 추정하여 필요한 인적자원의 확보계획을 수립하고, 평가를 통하여 한편으로는 교육 · 훈련 프로그램을 제공하는 인적자원 개발계획을, 다른 한편으로는 승진과 보상 등의 인센티브를 제공하는 인적자원 유지 · 관리계획을 수립하게 된다.[2] 서정화 등(2006)은 대학 인적자원관리와 관련된 영역별 과정을 [그림 8-2]와 같이 도식화하여 제시하고 있다.

교수발전계획의 과정은 크게 계획이전 단계와 계획 단계로 구분하고, 계획 단계는 다시 확보 단계, 개발 단계, 유지 및 관리 단계로 구

---

1) 서정화 등(2006)의 『대학 인적자원관리: 이론과 실제』(pp. 38-39)의 [그림 2]의 인적자원관리의 영역 일부를 수정하여 제시한 것이다.

2) 권기욱(1996)은 『대학의 경영관리』에서 대학 교직원의 관리 과정을 다음과 같이 6단계로 제시하고 있다. 1단계: 교직원 관리계획의 가정 설정, 2단계: 조직 구조와 교직원 인력요구 추정, 3단계: 교직원 목록의 준비, 4단계: 교직원 인력요구의 변화 예상, 5단계: 교직원 관리의 프로그램화, 6단계: 교직원 관리계획의 통제다(pp. 103-107).

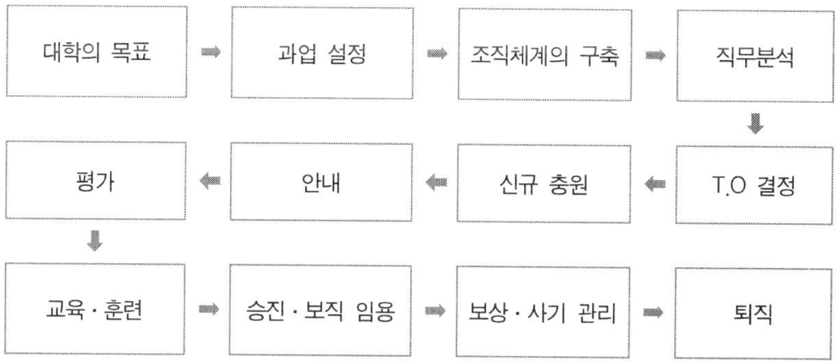

[그림 8-2] 대학 인적자원 확보, 개발, 유지 과정

분한다. 앞의 교수발전계획의 영역에서 발전계획의 준비가 계획이전 단계에 해당되는데, 여기에서 대학발전의 비전과 목표를 설정하고 대학의 교육조직(학부 또는 학과 등) 개편과 그에 따른 학생정원 책정과 교과과정 개편계획 등 교수 수요추정에 필요한 기초자료를 확보한다. 대체로 이 단계에 해당되는 자료는 대학 중장기 발전계획 등에서 주어지는 것이 일반적이다.

계획 단계 중에서 교수확보계획 단계에서는 필요한 교수수요를 추정하여 충원하고 배치 및 안내한다. 구체적으로 적절하고 유능한 교수를 적극적으로 유치하는 모집 단계, 후보자 중에서 최적임자를 선택하는 선발 단계 그리고 적재적소에 배정하여 안내하는 배치 단계로 이루어진다. 교수개발계획 단계에서는 평가를 통하여 교수의 부족한 직무수행능력을 개발하는 것이 핵심이다. 그리고 교수 유지 · 관리계획 단계에서는 평가 및 교육 · 훈련 결과 등을 고려하여 승진 및 보직 임용을 하고 보수 등의 보상을 결정하게 된다. 교수발전계획의 전체적인 과정을 도식화하면 [그림 8-3]과 같다.

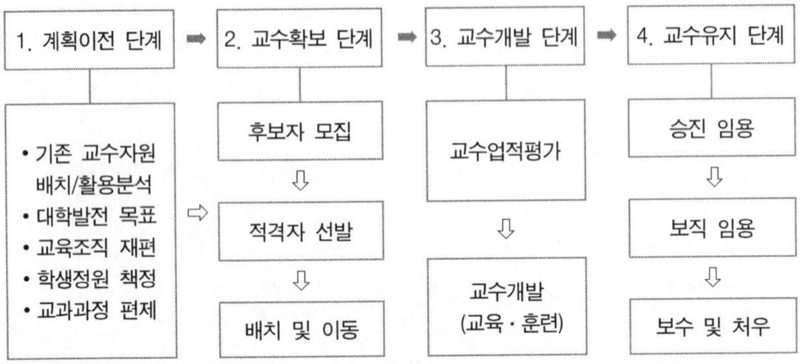

[그림 8-3] 교수발전계획의 단계와 과정

2. 교수확보계획

1) 교수확보계획의 의미와 과정

(1) 교수확보계획의 의미

조직의 인적자원관리에서 계획이 수립되면 처음 이루어지는 활동이 인적자원의 확보다. 조직에 직무가 설계되고 그 직무에 어떤 인적자원이 얼마나 필요한가가 정해지면 거기에 가장 적합한 인적자원을 찾아서 배치해야 하는데, 이러한 일련의 과정을 채용 또는 충원(staffing)이라고 한다. 구체적으로 후보자를 모집(recruitment)한 후에 일정한 심사나 평가 과정을 거쳐서 가장 적합한 후보자를 선발(selection)하여 그들을 필요로 하는 직무에 배치(placement)하기까지의 전체적인 과정이 인적자원을 확보하는 활동이라고 할 수 있다(서정화 외, 2006: 49).

인적자원 확보의 과정에서 핵심적인 활동은 모집, 선발 그리고 배치인데, 모집이란 조직이 필요로 하는 자격요건이 구비된 조직 내 · 외부 인적자원을 유인하기 위해 다양한 채널을 통하여 구인활동을 하는 것이고, 선발이란 모집을 통해 구직을 원하는 지원자들의 특성과 조직의 인적자원 확보의 목표와 적격성 여부를 판단하여 채용을 결정하는 과정이며, 배치는 선발된 사람을 직무 수행을 위해 필요한 자리에 배정하는 것이다.

교수발전계획에서 교수확보계획이란 특정 교육조직, 즉 대학 · 학부 · 학과 등에서 교수수요(requirements)가 발생하였을 때, 후보자를 모집하고 심사 또는 평가 과정을 거쳐 모집된 후보자 중에서 가장 적합한 후보자를 선발하여 요구한 교육부서에 배치하는 일련의 과정에 관련된 계획을 의미한다. 교수확보계획이 일반기업과 같은 조직에서의 인적자원 확보계획과 다소 차이가 있는 것은 모집 단계에서부터 배치계획이 결정된 상태라는 점이다. 또한 교수수요가 발생한 대학이나 학부 또는 학과가 정해서 있기 때문에 모집 단계에서부터 후보자의 자격요건이 분명하고 심사 또는 평가의 기준도 분명한 것이 특징이다.

(2) 교수확보계획의 의의

어떤 조직이든지 인적자원 확보를 위하여 많은 예산과 시간을 투입한다. 이것은 노동시장에 잠재하고 있는 많은 인적자원 중에서 그 조직에 가장 적격한 사람을 찾아서 채용하고자 하는 욕구 때문이다. 조직에서는 인적자원의 충원을 통해 조직활동의 근간을 마련한다. 대학도 마찬가지다. 대학의 사명을 충실히 수행하기 위해서는 교수를 충분히 확보해야 한다. 그래서 대학들은 가장 우수하고 능력 있는 교수를 확보하기 위해 노력한다. 대학에서의 교수확보계획은 우수한 교수를 확보하기 위해서도 중요하지만, 교수가 될 수 있는 자격을 갖춘 교수자원들에게는 물론 사회적으로도 중요하다.

우선 대학의 중장기 발전목표 또는 대학의 경쟁력을 확보하기 위한 전략 등과 연계되어 수립되어야 한다는 관점에서 보면 우수하고 능력 있는 교수 확보를 위한 치밀한 계획은 매우 중요하다. 즉, 교수 확보계획은 단위 교육조직은 물론 전체 대학의 발전 전략을 실행하고 조직을 활성화시키는 전제조건이다.

둘째, 교수확보계획은 모집 과정에서의 공개주의 원칙 그리고 선발 과정에서의 공정성 등의 적용으로 교수자격을 갖춘 잠재적인 교수자원들에게 자아실현의 기회를 제공한다. 대학은 채용하고자 하는 교수 후보자를 찾아내고 그중에서 가장 적격한 후보자를 채용하기 위해서 교수확보계획을 수립한다. 따라서 교수확보계획은 대학이 찾는 교수 자원과 대학교수가 되고자 자격과 능력을 갖춘 교수후보자를 연결시키는 데 중요한 의의가 있다. 즉, 교수확보계획은 대학은 물론 선발된 교수후보자도 만족할 수 있도록 수립되어야 한다.

셋째, 교수확보계획은 대학의 중장기 발전목표 그리고 대학의 재정여건 등을 고려하여 수립되지만, 사회적으로 보면 사회에 잠재하고 있는 교수자원을 대학에서 흡수함으로써 교수시장을 안정시키게 된다. 우리나라에는 각 분야에 많은 교수자원이 잠재해 있다. 그러나 이들은 교수자리를 찾지 못하여 시간강사 등으로 방치되어 있다. 교수수급에 관련된 국가 차원의 정책도 필요하지만, 개별대학들이 중장기적으로 계획을 수립하여 교수를 채용한다면 교수 노동시장을 안정시킬 수 있을 것이다.

(3) 교수확보계획의 과정

교수확보계획에서는 가장 적합한 후보자를 선발하는 것도 중요하지만 더욱 중요한 것은 현재 또는 미래의 교수수요를 추정하는 것이다. 교수수요가 발생해야만 교수확보계획이 성사될 수 있기 때문에 교수수요를 추정하는 것은 교수확보계획에서 모집이전 단계에서 이루어져야 한다. 이것이 교수채용계획을 수립하는 단계다. 교수채용계획 단계에서는 교수채용 과정, 즉 모집 · 선발 · 배치 등에 대한 전반적인 대학 정책과 방침을 결정해야 한다.

모집 단계에서는 유능하고 자격을 갖춘 교수후보자를 폭넓게 찾아내는 것이 가장 중요하다. 특히, 교수자원이 국내뿐만 아니라 외국 노동시장에도 공고되어야 한다는 측면에서 가장 효과적인 광고 방법을 결정하는 것이 무엇보다 중요하다. 선발 단계에서는 선발의 과정과 절차 그리고 심사 또는 평가위원 선정 등을 결정해야 하며, 가장 중요한 것이 서류심사나 면접평가 등에서 공정성과 객관성을 확보하는 것이다. 교수배치는 임용의 결격사유 등을 확인하고 필요한 오리엔테이션을 하는 것이다. 교수확보계획의 과정과 절차를 도식화하면 [그림 8-4]와 같다.

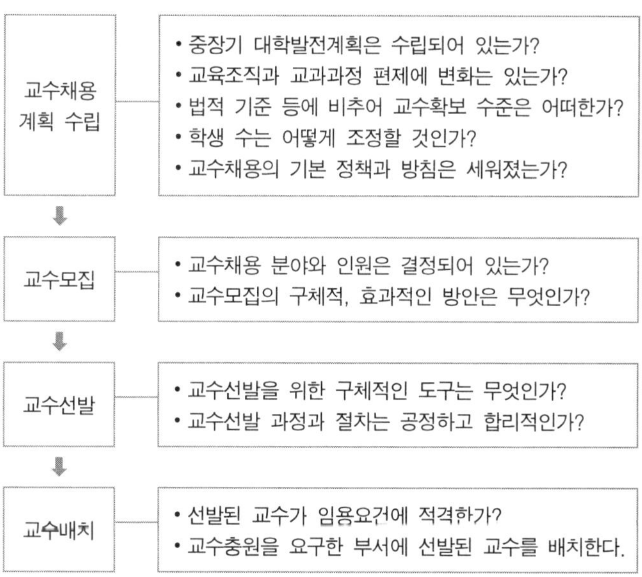

[그림 8-4] 교수확보계획의 과정과 절차

2) 교수확보계획의 실제

(1) 교수채용계획 수립

교수채용계획의 수립은 교수확보, 즉 교수채용 또는 충원을 위한 첫 단계에서 해야 할 일이다. 채용해야 할 적정 교수 수의 산정, 채용 시기와 방법 및 절차 등의 구체적인 정책과 방침을 결정하여 입안하는 과정이 교수채용계획의 수립이다. 교수채용계획에는 구체적으로 모집 방법과 과정, 선발 방법과 절차 그리고 배치의 원칙 등을 모두 포함해야 한다. 교수채용계획은 대학에 따라 학년 또는 학기단위로 수립한다. 계획수립 과정에는 교육단위 조직 구성원들의 의견을 충분히 수렴하는 것은 물론 고려해야 할 여러 가지 요인 또는 기준이 있다.

첫째, 대학이 현재 확보하고 있는 교수 현황과 실태는 향후 교수채용계획에서 반드시 고려되어야 한다. 현재 확보된 교수들의 전공 분야, 인적사항, 담당교과목, 업적평가 결과, 교수개발 실적 등 교수의 역량에 대한 프로파일이 작성되어야 하며, 이러한 자료가 교수채용계획 수립에 참고자료로 활용되어야 한다. 현재 부족한 교수의 수, 전공 분야, 직급 등 채용계획의 기본적인 자료는 교수실태 분석에서 도출되어야 한다.

둘째, 교수는 향후 10년 이상을 내다보면서 충원되어야 하기 때문에 대학의 중장기 발전목표와 전략 등이 심도 있게 분석되어야 한다. 향후 대학의 교육조직(대학, 학부, 학과 등)의 구조조정, 학생정원 조정계획, 교과과정의 개편 방향 등은 교수충원계획과 직접적으로 관련되는 요인들이다. 대학본부의 기획부서에서는 대학발전과 관련하여 항상 연동계획(rolling plan)을 수립해야 하며, 이러한 계획에는 교수발전계획은 물론 구체적으로 교수확보계획 등이 포함되어야 한다.

셋째, 교원확보와 관련된 법적인 기준이 고려되어야 한다. 교수확보와 관련된 가장 중요한 법적인 기준은 교수의 법정정원이다. 대학설립 · 운영규정 제6조에 의하면, “대학은 편제완성연도를 기준으로 한 계열별 학생정원을 별표 5에 의한 교원 1인당 학생 수로 나눈 수의 교원을 확보하여야 한다.”라고 규정하고 있다(교육법전, pp. 1580-1581). 현실적으로 법정정원 산출 기준을 충족시키는 대학은 거의 없다(〈표 8-2〉 참조). 그러나 법정정원 대비 교수 확보율은 대학의 정원조정과 각종 재정지원 등의 기초자료가 되고 있으며, 궁극적으로 대학의 경쟁력을 제고하기 위해 대학들이 지향해야 할 교수확보 기준이라 할 수 있다.

‖ 표 8-2 ‖ 교원산출 기준

계열	인문 · 사회	자연과학	공학	예 · 체능	의학
교수 1인당 학생 수	25	20	20	20	8

출처: 교육주보사(2004). 교육법전, p. 1583(별표 5).

넷째, 법적인 요건으로서 양성평등 임용에 관한 것이다. 2003년 신설된 교육공무원법 제11조의3 양성평등을 위한 임용계획의 수립에 의하면, “국가 및 지방자치단체는 대학의 교원임용에 있어서 양성평등을 제고하기 위하여 필요한 정책을 수립 · 시행하여야 한다.”라고 명시하고 있다(교육법전, p. 873). 또한 대학의 장은 특정 성별에 편중하지 않도록 매 3년마다 계열별 임용목표비율이 명시된 임용계획을 수립 · 시행하고, 매년 추진실적을 교육과학기술부장관에게 보고하도록 하고 있다. 또한 그 실적은 국가 또는 지방자치단체의 재정지원 사업의 평가 등에 반영하도록 하고 있다. 이것도 교수채용계획에서 반드시 고려해야 할 법적 요건이다.

마지막으로 고려해야 할 요건은 대학의 정관이나 학칙 또는 대학 경영방침 등으로 규정하고 있는 대학 내부의 요건 또는 기준이다. 중요한 기준으로는 교수들의 주당 수업시수, 연구교수제의 도입 여부, 안식년제의 적용시기 등이 있다.

(2) 교수모집

일반적으로 조직에서의 인적자원 모집은 조직이 필요로 하는 사람을 선발하겠다는 의지를 조직 내외에 공개적으로 알리는 것이다(이진규, 2001: 174). 조직의 인적자원 확보계획과 조직이 지향하는 가치 등에 의거해 조직이 필요로 하는 사람의 수, 형태 그리고 시기 등을 바탕으로 노동시장으로부터 유능한 인적자원에 대한 유인활동을 실시하는 것이다.

우수한 교수자원을 선발하기 위해서는 모집이 중요하다. 모집은 선발하고자 하는 전공 분야의 우수한 교수자원을 발굴하는 것이다. 실제 대학들이 교수충원 과정에서 모집 과정을 통하여 교수를 선발하려고 해도 적격한 교수자원이 없어 채용하지 못하는 경우가 많다. 이때 모집과 선발 과정에서 많은 비용과 시간을 낭비하게 된다. 또한 선발하고자 하는 전공 분야에 적격한 교수자원이 모집되지 않았는데도 선발 과정을 통해 교수를 채용하거나 선발 자체를 무산시키게 되면 훗날 두고두고 대학이 많은 부담을 감수해야 한다. 특히, 우리나라의 경우 교수이동률이 매우 낮기 때문에 더욱 신중해야 한다. 따라서 교수모집에서는 다음과 같은 원칙들이 지켜져야 한다.

첫째, 교수모집계획은 해당 분야 교수들의 참여 하에 민주적으로 수립되어야 한다. 잠재적인 교수후보자를 가장 잘 아는 것은 해당 분야의 교수들이다. 잠재적인 교수후보자들이 대학 내부에 있는지 아니면 대학 외부에 있는지 또는 국내 노동시장에 많은지 국외 노동시장에 많은지를 해당 분야 교수들이 파악하고 있을 수 있기 때문이다. 그리고 이러한 잠재적 교수후보자들이 있는 곳에 따라 모집 방법과 활동이 달라질 수 있다.

둘째, 공개모집의 원칙이다. 교육공무원임용령 제4조의3 제5항에 의하면, "대학의 장은 대학교원을 신규로 채용하고자 하는 경우에는 지원 마감일 2개월 전까지 채용 분야, 채용인원, 지원자격 등에 관한 사항을 일간신문, 관보 또는 정보통신망, 그 밖의 효과적인 방법으로 공고하여야 한다."라고 명시하고 있다(교육법전, p. 891). 교수모집에서도 공개를 원칙으로 함으로써 더 많은 우수한 교수자원을 모집할 수 있으며, 동시에 채용에서의 공정성을 확보할 수 있다. 그러나 공개원칙에도 불구하고 교육공무원법 제12조에서 '특별채용'을 규정하고 있는 것과 같이 경우에 따라서는 비공개로 모집의 과정을 거치지 않고 특별채용 또는 특별임용하는 것이 더 효과적일 수 있다.

셋째, 모집 방법과 과정이 효과적이고 효율적이어야 한다. 우수한 교수를 선발하기 위하여 우수한 교수자원을 먼저 모집할 수 있는 방법을 강구해야 한다. 광고 방법의 경우도 광고 내용이 정직하고 명료하여 잠재적인 교수자원들이 지원할 수 있도록 유도해야 효과적이다. 또한 모집의 과정과 절차가 지원자들의 관심을 끌 수 있고 안심하고 지원할 수 있어야 한다.

이와 같은 원칙에 입각하여 잠재적인 교수자원을 모집하게 된다. 그리고 교수모집은 구체적으로 모집정책의 입안, 모집활동의 전개, 잠재적 교수자원의 개발, 교수자원의 분석, 모집 방법의 평가 과정을 통하여 이루어진다.[3]

- **교수모집 정책입안**: 수립된 교수채용계획을 바탕으로 우수한 잠재적 교수자원을 모집하기 위한 구체적인 방침이나 지침을 정하는 것이 정책입안 단계다. 여기에서는 구체적인 모집 방법과 과정 및 절차 등을 결정하게 된다. 모집정책의 명확한 진술은 교수채용에 대한 대학의 의도와 태도를 지원자들에게 효과적으로 전달하고 모집 과정을 이해할 수 있게 한다. 또한 내부적으로는 교수모집에 대한 최고 의사결정자의 의도를 전달함으로써 모집 과정에서의 불확실성을 해소할 수 있게 한다.
- **모집활동의 전개**: 입안된 교수모집 정책에 기초하여 교수모집활동을 전개한다. 즉, 교수모집을 공고하는 단계다. 교수모집활동의 대표적인 것이 광고다. 광고는 일간지를 포함한 신문광고, 전문잡지, TV 또는 라디오 광고, 인터넷 광고, 대학 홈페이지를 통한 광고 등 다양한 채널을 통하여 할 수 있다. 또한 광고의 형태를 취하지 않는 모집활동도 있다. 대표적인 것이 잠재적인 교수자원이 있을 수 있는 연구기관이나 학회를 포함한 학술단체 등에 교수모집을 안내하는 방법 또는 현장을 방문하여 방법이 있다. 이 외 다음에 다룰 교수자원개발도 적극적인 교수모집활동의 하나로 볼 수도 있다.
- **잠재적 교수자원의 개발**: 잠재적 교수자원의 개발은 적극적인 교수모집활동의 한 형태다. 가장 우수한 적격자를 교수로 채용하기 위해서 대학들이 교수자원을 찾아 나서는 것을 많이 볼 수 있

---

3) 권기욱(1996)은 『대학의 경영관리』(pp. 109-113)에서 대학 교직원 모집의 단계를 1단계: 모집계획의 설정, 2단계: 모집활동의 프로그램화, 3단계: 지원자 자원의 개발, 4단계: 지원자의 탐색 및 조정, 5단계: 모집 과정의 통제로 제시하고 있다. 이러한 단계를 부분적으로 수정하여 교수모집 과정으로 제시하였다.

다. 일반적으로 인적자원관리에서 내부개발과 외부개발로 구분되는데, 교수는 특별한 경우를 제외하고는 내부개발이 흔하지 않다. 최근 강의전담교수 등 특별임용교수가 증가하는 추세이기 때문에 이러한 경우 내부개발의 대상이 될 수는 있을 것이다. 그러나 일반적으로는 외부개발이 많이 활용되고 있다. 특별한 분야의 경우는 외국 대학에서도 교수자원을 개발할 수 있다. 국내대학의 경우 교수개발은 교수입장에서 보면 교수이동인데, 우리나라의 경우 교수시장이 정상적으로 작동하지 않기 때문에 부정적으로 비춰질 수도 있다.

- 교수자원의 분석: 잠재적 교수자원을 모집한 이후 선발 단계로 넘어가기 전에 교수자원을 분석해야 한다. 물론 선발 과정에서 분석할 수도 있지만 이 단계는 모집의 성과를 분석하는 것과도 연계되어 있다. 우선 교수채용계획에서 제시한 교수자원에 적격한 후보들이 지원했는지를 분석해야 한다. 선발 이전에 제시한 자격요건은 갖추고 있는지, 이를 입증할 수 있는 문서나 서류 등은 제대로 제출되었는지 사전점검해야 한다. 만약 이러한 부분들이 미비하거나 누락되었다면 모집 과정에서의 잘못은 없는지도 점검해야 한다. 이러한 과정을 통하여 최종적으로 교수자원 모집결과의 집계표 등을 작성하여야 한다.
- 교수모집의 평가: 이 단계는 교수모집을 위해 투여한 노력과 비용 그리고 시간 등에 비추어 대학이 요구하는 교수자원이 모집되었는가를 평가하는 것이다. 교수모집 정책은 타당하게 입안되었는지, 교수모집활동은 효율적이었는지, 교수개발은 효과적이었는지 분석해 보아야 한다. 교수자원 1명을 모집하는 데 비용은 어느 정도 소요되었는지, 광고는 어느 것이 효과가 있었는지 등도 분석대상이다. 이러한 것들의 분석과 평가는 교수선발에 영향을

미치지는 않지만 향후 교수모집을 위한 기초자료가 될 수 있기 때문에 중요한 과정이다.

(3) 교수선발

선발은 조직에 필요한 인적자원을 확보하기 위하여 모집한 잠재적인 후보자 중에서 일정한 채용 기준이나 요건에 가장 적합한 후보자를 선별하는 과정으로서 인적자원 확보를 위한 가장 중요한 활동이라 할 수 있다. 가장 적합한 인적자원을 선발하기 이전에 효율적인 모집의 과정을 통하여 유능한 후보자를 많이 모집하는 것이 중요하지만, 모집의 과정에서 최선을 다했다는 전제 하에 모집된 후보자 중에서 가장 적합한 후보자를 선발하는 것은 매우 중요하다. 대체로 조직에서 인적자원을 확보하는 과정에서 문제가 제기되는 것은 선발과정이다. 이것은 그만큼 선발 과정이 중요함을 의미한다.

대학에서의 교수선발 과정도 교수인사관리에서 가장 중요한 영역이다. 대학의 경쟁력, 즉 대학교육과 연구의 수월성은 어떤 교수를 확보하느냐에 달려 있다. 특히, 대학교수는 고도의 전문성을 요하는 자리일 뿐만 아니라 이동이 심하지 않은 자리이기 때문에 선발에 더욱 신중을 기해야 한다. 그래서 교수자원의 적합성을 정확하게 인식하고 객관적이고 공정한 방법으로 심사 또는 평가하여 합리적인 의사결정을 내려야 한다. 어떤 조직의 인적자원 채용보다도 대학의 교수채용에서 많은 문제들이 제기되는 것도 바로 선발 과정의 적절성, 객관성, 공정성 때문이다. 그래서 일반조직의 인적자원 선발 과정에서 적용되는 원칙[4]보다도 더 엄격한 원칙들이 지켜져야 하는 것이 교

---

4) 이진규(2001)는 선발원칙으로 신뢰성, 타당성, 유용성, 합법성의 네 가지를 제시하고 있으며(pp. 179-186), 임창희(2003)는 효율성, 형평성, 적합성의 세 가지 원칙을 제안하고 있다(pp. 127-129).

수선발의 원칙이다. 대학교수 선발에 적용될 수 있는 원칙을 제시하면 다음과 같다.

첫째, 교수선발에 있어 공정성의 원칙이다. 공정성의 원칙은 형평성의 원칙과도 일맥상통한다. 즉, 교수가 될 수 있는 요건을 갖춘 모든 후보자에게 동등한 기회를 부여하여야 한다. 여기에는 법률적인 요건이기도 한 남녀고용평등법 등이 적용되기도 한다. 그리고 교수선발 과정과 절차 등이 윤리적 측면에서 누구에게나 공정하게 적용될 수 있는 시스템을 갖추어야 한다.

둘째, 교수선발에 있어 전문성의 원칙이다. 어떤 조직이든지 인적자원관리는 물론 특히 선발에 있어 전문성을 요하는 것은 당연한 원칙이다. 고도의 전문적인 지식집단인 대학의 교수를 선발하는 것은 그 방식과 과정 및 절차 등이 전문적이어야 함은 말할 필요도 없다. 특히, 후보자의 경력이나 연구업적 그리고 전공 분야의 교수능력심사는 고도의 전문성을 요한다. 그리고 대학이라는 조직 풍토에의 적응능력과 대인관계 그리고 대학의 비전과 발전목표 등에의 기여도 등은 평가자의 전문성을 요하는 부분이다.

셋째, 교수선발의 유용성 원칙이다. 유용성이란 조직의 인력충원 과정에서 선발이 얼마나 효과적이고 효율적인가를 나타내는 원칙이다. 거시적으로는 선발된 인력이 조직의 발전 그리고 조직의 목표달성에 얼마나 기여하는가를 그리고 미시적으로는 최소의 비용으로 어떻게 조직이 가장 필요로 하는 사람을 선발하는가에 관련된 원칙이다. 대학의 교수선발 유용성이란 최소의 비용으로 대학의 발전에 기여할 수 있는 가장 우수한 교수를 선발하는 원칙이다.

마지막으로, 신뢰성의 원칙이다. 교수모집을 위한 광고에서부터 선발의 전체적인 과정이 대학사회에는 물론 후보자들에게 신뢰를 줄 수 있어야 한다는 것이다. 그리고 교수선발의 전체적인 과정이 일관성을 유지해야 한다는 원칙이다. 특히, 교수선발 과정에서 활용되는 모든 자료의 심사 또는 평가 등이 객관적이어야 하고 신뢰할 수 있어야 한다.

이상의 원칙에 입각해서 대학들이 교수를 선발하게 된다. 교수선발 과정은 대학에 따라 다소 차이가 있지만 일반적으로 크게 채용심사, 선발 결정, 임용 그리고 선발 과정의 평가로 나누어 볼 수 있다. 각 단계별로 이루어지는 중요한 과정과 절차 등을 구체적으로 살펴보면 다음과 같다.[5]

① 채용심사

일반적으로 교수채용심사는 서류심사와 면접 등으로 이루어진다. 그리고 대학에 따라서는 논문심사를 추가하기도 한다. 첫 번째 단계에서 이루어지는 서류심사는 전체 지원자를 대상으로 하며, 이는 다시 기초서류심사와 전공서류심사를 포함한다. 그리고 서류심사를 통과한 지원자를 대상으로 서류심사 과정에서 드러나지 않은 지원자의 지원배경, 대학교육에 대한 철학, 대학발전 목표에의 기여 가능성 등을 알아보기 위한 면접심사를 거친다. 그리고 논문심사를 추가하는 경우 논문발표 등을 통하여 표현능력이나 태도, 전공 관련 분야의 전문지식 그리고 학구적인 열정 등을 파악하게 된다. 그러나 대학에 따라 면접심사와 논문발표심사의 순서를 달리하기도 한다.

채용심사는 이와 같이 여러 단계에 걸쳐 다양한 영역의 심사와 평가를 하게 되므로 합리적인 절차와 기준 그리고 심사위원의 선정이 매우 중요하다. 특히, 평정 영역을 어떻게 구분하고 각 영역에 어떻

5) 서정화 등(2006)의 『대학 인적자원관리: 이론과 실제』(홍익대학교 특성화사업단, pp. 66-95)을 주로 참고하여 작성하였다.

‖ 표 8-3 ‖ 교수채용 시 서류심사의 주안점과 주요 심사 내용

영역	주요 심사 내용	심사의 주안점
학력	① 학위(학사, 석사, 박사), ② 출신대학과 대학원, ③ 각 학위과정별 성적, ④ 출신대학의 수준, ⑤ 전공일치도, ⑥ 박사 후 연구경력, ⑦ 기타 특기사항 등	• 수학 과정 • 수학 결과 성적
경력	① 교육경력(교수 또는 강사 등), ② 연구경력, ③ 사회봉사와 학회경력, ④ 연구소경력, ⑤ 기타 특기사항 등	• 교수능력 • 연구능력 등
연구실적	① 최근 발표한 논문 · 저서 · 학위논문 · 번역서 등, ② 기타 특기사항	• 연구의 양과 질

게 점수를 배분할 것인가도 매우 중요한 문제다. 일반적으로 정량적인 지표는 분포도를 고려하여 점수를 배분하고 정성적인 지표는 5단계 측도(탁월, 우수, 보통, 미흡, 매우 미흡)로 점수를 부여한다. 그러나 채용심사는 각 대학이 지향하는 목표와 대학의 교수임용 정책에 따라 절차와 방법 그리고 각 심사 영역의 배점 기준 등이 다를 수 있다.

- 서류심사: 기초 및 전공심사에 해당되는 서류심사의 주요 영역은 학력, 경력, 연구실적 등의 세 영역으로서 지원자가 이 영역들과 관련하여 제출한 서류를 정량적 또는 정성적으로 분석 · 평가한다. 이러한 세 영역의 구체적인 심사 내용은 〈표 8-3〉과 같다. 이러한 내용의 기초 및 전공심사는 교수선발에 있어 기본이 되는 부분이기 때문에 충분한 시간을 두고 공정하고 합리적인 기준과 평정의 비율을 설정하여 실시해야 한다.
- 면접심사: 면접은 서류심사 과정에서 파악할 수 없는 인성적인 측면이나 사고 과정 그리고 자질과 태도 등을 평가하는 것이다.

면접심사는 자질 영역에서 성실성, 진취성, 탐구성, 성격, 취미, 특기 등을 그리고 태도 영역에서 용모, 교육관, 인품, 건강 등을 포함한다. 일반적으로 교수선발에서의 면접은 지원자 한 명을 피면접자로 하여 여러 면접자들이 동시에 면접을 하는 위원회 면접방식을 취하며, 질문 내용을 미리 작성하는 구조적인 질문 기법을 채택하고 있다. 그러나 대학에 따라서는 질문을 미리 준비하지 않는 비구조적 질문 기법을 취하기도 하는데, 이 경우 구조적 면접 기법에 비하여 지원자에 대한 정보를 체계적으로 파악하는 데 한계가 있다. 또한 면접심사에서는 면접자의 태도, 자질 그리고 면접에 임하는 자세와 기술 등에 따라 면접심사의 성공 여부가 결정된다. 특히, 면접자의 편견, 부정적인 접근, 성급한 판단, 정보의 잘못된 이해와 판단 등은 우수한 교수를 채용하는 데 걸림돌이 된다.

- **논문발표심사**: 서류심사나 면접 등으로 우수한 교수를 채용할 수 없다고 판단된 경우에 대학에 따라 논문심사 또는 어떤 대학에서는 모의강의심사 등을 실시한다. 이러한 논문발표나 모의강의를 통해 교수의 직무 수행에서 요구되는 표현능력 및 태도를 평가할 수 있다. 특히, 교수에게 절대적으로 중요한 표현능력에는 언어의 유창성, 논리성, 학문적 수준 등을 그리고 태도는 발표자세, 발표태도, 효과성 등을 평가할 수 있다.

이상과 같은 교수채용심사는 공정하고 객관적으로 이루어져야 하기 때문에 심사위원회를 구성하여 심사하도록 하고 있다. 교수채용심사위원 구성은 국·공립대학이나 사립대학 모두 법으로 규정하고 있다. 교수채용심사를 위한 위원의 임명 또는 위촉 방법, 심사 단계, 심사 방법, 기타 심사에 관하여 필요한 사항은 대통령령으로 구체적으로 정하고 있다(교육공무원법 제11조 제5항 및 제6항). 그리고 심사위원은 모집대상의 전공 분야와 관련 있는 당해 대학의 교수나 학식과 경험이 풍부한 전문가 중에서 대학의 장이 임명 또는 위촉하도록 하고 있는데, 이때 채용후보자의 전공과 모집 분야의 전공 일치 여부 및 전공에 대한 학문적 우수성을 심사하는 때에는 심사위원의 3분의 1 이상은 당해 대학 소속의 교수가 아닌 자로 하도록 하고 있다(교육공무원임용령 제4조의3 제4항). 사립대학 교원의 심사도 반드시 심사위원을 위촉하도록 함으로써 심사의 공정성과 객관성을 높이기 위해 노력하고 있다(사립학교법 제53조의4). 그러나 교수임용의 공정성과 객관성을 위한 이러한 법령들이 실제로는 잘 지켜지지 않아 문제가 발생하는 경우가 비일비재하다.

② 선발 결정

교수채용심사가 끝나게 되면 지원자에 대한 선발 여부를 결정하여야 한다. 교수선발에서 지원자에 대한 최종적인 결정은 모집하고자 하는 분야의 요구조건을 가장 잘 충족시키는 지원자를 가려내는 것이다. 이때 가장 중요한 것은 채용심사 결과에서 나타난 성적과 실력이 최종 결정의 준거가 되어야 한다는 것이다. 대학에 따라서는 지원자의 2~3배수를 선정한 다음 그 가운데서 최종적으로 적격자를 선발하는 경우도 있는데, 이때 교수채용의 요구조건 등을 다시 한 번 확인하는 절차가 필요하다. 경우에 따라서는 최종 임용권자가 최종 면담 과정을 거쳐서 선발을 결정하기도 한다.

③ 임용

교수선발에서 신규임용은 미리 결정되어 있는 대학이나 전공학부 또는 학과 등에 배치하는 것과 다를 바 없다. 교수선발의 최종 결정이 이루어지게 되면 임용 절차를 거치게 되는데, 종래에는 기간제 임용제도가 적용되었으나 2002년 1월부터는 계약제 임용제도를 도입하고 있다(교육공무원법 제11조의2).

기간제 임용제도에 의한 교수임용은 기간[6]을 정하여 임용하는 데 따른 과도한 신분보장과 자동승진 등으로 교수들의 무사안일 풍토를 조성하여 교육 및 연구활동의 의욕을 제고하는 데 저해요인으로 작용한다는 비판이 있어 왔다. 따라서 신규채용 교수를 일정기간 동안 계약제로 임용하고 교육과 연구능력을 검증한 후 정규교수로 임용함으로써 교수의 자기 계발 의욕을 고취하고 우수한 교수진을 확보한다는 취지에서 계약제 임용제도가 도입되었다.

계약에 의한 신규 교수채용은 계약기간 동안 교수의 자질과 직무의 성실한 수행을 통제할 수 있는 장치이기 때문에 부적격 교수를 정규 임용 과정에서 선별할 수 있는 장점이 있다. 그러나 계약사항이나 조건이 명확하지 않을 경우 임용 후 여러 가지 갈등과 문제가 발생할 수 있기 때문에 임용 이전에 선발된 신규교수와 충분한 협의가 필요하다. 국 · 공립대학의 교원은 교육공무원법(제11조의3)에서 근무기간, 급여, 근무조건, 업적 및 성과약정 등 계약조건을 정하여 임용하도록 규정하고 있으며, 이를 근거로 〈표 8-4〉와 같은 계약사항과 계약조건을 적용하고 있다(교육공무원임용령 제5조의2).

사립대학의 교원은 학교법인의 정관이 정하는 바에 따라 근무기간, 급여, 근무조건, 업적 및 성과약정 등 계약조건을 정하여 임용할

6) 교육공무원임용령 제5조의2에서 교수와 부교수는 신규채용 시 1차에 한하여 기간을 정하여 임용하는 경우를 제외하고는 정년까지 임용하며, 조교수는 4년 이내, 전임강사는 2년 이내, 조교는 1년의 기간을 정하여 임용하도록 규정하고 있고, 사립학교법 제53조의2 제3항에는 학교법인의 정관이 정하는 바에 따라 기간을 정하여 임면할 수 있다고 규정하고 있다.

‖ 표 8-4 ‖ 국 · 공립대학 교원의 계약사항과 계약조건

계약사항	계약조건
근무기간	• 교수: 정년(65세)까지로 하되, 본인이 원하는 경우 계약으로 정하는 기간 • 부교수: 정년(65세) 또는 계약으로 정하는 기간 • 조교수 및 전임강사: 계약으로 정하는 기간 • 조교: 1년
급여	공무원보수규정에 의한 보수 및 공무원수당 등에 관한 규정에 의한 수당
근무조건	교수시간 및 소속학과 등에 관한 사항
업적 및 성과	연구실적, 논문지도, 진로상담 및 학생지도 등에 관한 사항
재계약조건 및 절차	근무기간 종료 후 다시 임용되는 조건 및 절차에 관한 사항
기타	그 밖에 대학의 장이 필요하다고 인정하는 사항

출처: 교육주보사(2004). 교육법전, 제1권, p. 890.

수 있으며, 이 경우 근무기간은 국 · 공립대학 교원에 적용되는 관련 규정을 준용하도록 하고 있다.

④ 선발과정의 평가

교수선발 과정에서 신규교수의 임용이 이루어지게 되면 선발이 종료된다. 대학이 존재하는 한 지속적으로 교수이동이 이루어지고 대학이 변화 · 발전하기 때문에 새로운 교수확보를 위한 교수선발도 지속적으로 이루어져야 한다. 따라서 우수한 교수를 확보하기 위해서는 교수선발 과정을 지속적으로 평가하는 것이 매우 중요하다. 교수선발의 평가 내용은 선발 · 임용된 교수들이 직무를 얼마나 성공적으로 수행하고, 대학발전에 어떻게 기여하는가 등 결과에 대한 것도 있지만 앞에서 제시한 교수선발의 원칙, 즉 공정성 · 전문성 · 유용성 · 신뢰성의 원칙에 따라 교수가 선발 · 임용되었는지 전체적인 과정,

절차, 도구 등이 평가되어야 한다. 그리고 이러한 평가 결과는 다음 신규 교수선발에 반드시 반영되어야 한다.

(4) 교수배치 및 안내

일반적으로 조직에서 모집 및 선발의 과정을 거쳐 새로운 직원을 임용하게 되면 그 직원을 입직 교육훈련을 시키고 특정 부서의 직무나 직위에 배속을 시키게 된다. 이때 특정 직무나 직위에 배속시키는 과정이 배치(placement), 배치 전 또는 후에 입직 교육훈련을 시키는 것이 안내(introduction)다. 그러나 대학교수의 신규임용에 따른 배치 및 안내는 일반조직 또는 대학의 일반직원들의 신규임용 후 배치 및 안내와는 많은 차이점이 있다.

대학교수는 채용계획 단계에서부터 배치될 대학과 전공학부 또는 학과가 정해져 있다. 따라서 아주 특별한 경우를 제외하고는 대학교수의 신규임용 후 배치를 위한 과정은 별의미가 없다. 그러나 신규로 임용된 교수의 안내는 교수개발의 한 과정으로 중요한 의미를 가지고 있다.

일반적으로 안내는 구성원들이 조직에 적응하여 배치된 직무 또는 직위의 만족도를 극대화하고 과업성취에 효과적으로 기여하도록 돕기 위한 조직의 체계적인 노력이라고 할 수 있다. 모든 조직은 조직의 문화와 풍토가 있기 때문에, 특히 신규직원이 임용되었을 때는 구체적인 업무를 익히고 적응하는 것도 중요하지만 조직의 문화와 풍토 등에 익숙해지도록 하는 것이 무엇보다 중요하다.

대학은 대학이라는 조직이 갖는 문화나 풍토도 있지만 각 대학들에 오랜 시간을 통하여 전승된 학풍이나 전통 그리고 문화와 풍토가 있게 마련이다. 따라서 대학교수를 신규로 임용하였을 때 이러한 학풍이나 전통 그리고 대학문화와 풍토 등을 전수해 줄 수 있는 체계적인 안내 프로그램을 개발하여 실행해야 한다. 대학교수는 직무수행 능력을 갖춘 상태에서 임용되기 때문에 일반적으로 대학들이 신규교수의 임용 후 안내를 소홀히 다루는 경향이 있다. 그러나 신규로 임용된 교수들이 대학이라는 조직에 잘 적응하여 자신의 역량 발휘와 대학발전에의 기여를 극대화하기 위해서는 임용 후 체계적인 안내가 필요하며, 이것이 교수개발과 연계될 수 있도록 하는 것이 중요하다. 신규임용 교수를 위한 체계적인 안내는 다음과 같은 과정을 통하여 실천되어야 한다

- 목표의 설정[7]: 신규임용된 대학교수 안내의 목적으로 가장 중요한 것은 대학의 문화와 역사, 대학의 비전, 장기발전목표, 대학생활 정보 등 교수로서 필요한 정보를 제공함으로써 대학에 적응·동화하도록 하고, 교수의 기본 직무를 수행하는 데 필요한 능력을 충분히 발휘할 수 있도록 하는 것이다. 특히, 대학사회에 대한 이해, 대학과 학생 등에 대한 정보제공, 대학조직에의 적응과 동화, 교수의 본분과 역할 등을 포함해야 할 것이다.
- 안내의 조직화: 설정된 안내의 목적을 달성하기 위해서 다양한 안내활동과 프로그램이 조직되어야 하며, 이를 위하여 필요한 인력을 배정하고 업무 등을 체계적으로 분담하여야 한다. 안내의 조직화에서 유의해야 할 점은 우선 안내대상을 분류하고 대상에 따라 다양한 안내활동과 프로그램을 체계적으로 계획하는 것이다. 특히, 안내 프로그램에는 대학의 정책과 절차, 대학의 공식

7) 권기욱(1996)은 신규 대학교 직원 안내의 목표로 ① 정보제공, ② 욕구만족, ③ 직위조화, ④ 도움제공, ⑤ 개발, ⑥ 승인, ⑦ 적응, ⑧ 동화, ⑨ 장기근무 등 9가지를 제시하고 있다.

적 조직과 비공식적 조직 그리고 대학 내 및 주변의 환경 등이 포함되어야 한다.

- 안내의 실시: 체계적으로 조직화된 안내활동과 프로그램을 효과적으로 실시하기 위해서는 일정과 담당자들의 역할분담 등을 포함한 구체적인 실천계획이 수립되어야 한다. 신규로 채용된 교수들을 위한 안내 프로그램의 성공적인 실시는 향후 교수들의 대학생활에의 적응은 물론 교수들의 인간관계 형성 그리고 대학에 대한 책무성 등에 절대적으로 영향을 미치므로 교수들이 적극적으로 참여하도록 유도해야 한다. 그래서 대학의 상황과 여건에 적절한 기법과 활동 등을 적극적으로 활용해야 한다.
- 안내과정의 평가: 성공적인 안내활동과 프로그램은 신임 교수들이 대학에 능동적으로 적응하고 과업을 효과적으로 성취하도록 함으로써 대학의 목적을 효과적으로 달성하도록 하는 데 기여한다. 그리고 신임 교수의 안내에서 끝나는 것이 아니고 안내활동은 지속적으로 이루어져야 하고 다음의 교수확보 과정에서도 이루어져야 하기 때문에 안내활동과 프로그램의 효과와 성과 등을 평가하는 과정이 절대적으로 필요하다. 또한 안내 과정의 평가는 유능한 교수의 이직을 최소화하고 교수들이 대학에 적응해 가는 과정과 그들의 요구를 만족시키는 데 중요한 정보를 제공한다.

3. 교수개발계획과 전략

1) 교수개발의 의의와 목적

(1) 교수개발의 의미

교수개발은 교수들에게 공통적으로 요구되는 기본 직무를 수행할 수 있는 능력을 향상시키는 것을 의미한다. 그러나 오늘날 대학들이 교수개발을 어떻게 규정하느냐에 따라 교수개발은 대학 발전계획 수립에 있어 중요한 의미를 가진다. 바로 교수들의 직무수행능력이 대학의 경쟁력이고, 직무수행 결과가 대학의 책무성 이행 여부를 가늠하는 잣대이기 때문이다. 그래서 교수개발계획은 대학이 지향하는 이념과 가치를 유지 · 발전시키기 위하여 대학이나 교수의 변화하는 요구를 충분히 수용할 수 있어야 한다(Svinicki, 2002: 211-212).

선진국에서의 교수개발은 30년 이상의 역사를 가지고 있다. 전통적으로 교수개발은 안식년제 시행, 연구활동 지원 그리고 학술대회 참가 경비지원 등과 같은 기본적인 지원활동을 통한 개발과 관련되어 있었다. 그러나 1960년대 후반에서 1970년대 초반에 수업의 질 향상에 더 많은 관심을 두는 방향으로 변화하더니, 1970년대 중반부터는 수업의 질 향상과 교수의 학문적 발전 간의 균형적인 발전에 초점을 두는 방향으로 변화하였다(Lewis, 1998: 721-737). 이러한 의미의 교수개발이 점차 발전하여 오늘날에는 교수가 수행하는 다양한 직무와 연계하여 다양한 프로그램들이 개발 · 운영되고 있다.

(2) 교수개발의 의의

급격한 대학환경의 변화, 국가사회에서 요구하는 대학의 책무성, 학생인구의 변화, 심화되고 있는 대학 간의 경쟁 등 오늘날 대학이 직면하고 있는 도전은 너무나 많다. 물론 이러한 도전은 오랜 시간을 두고 대학을 압박하고 있지만 그 강도는 점차 더해 가고 있다. 대학이 직면하고 있는 이러한 도전을 극복할 수 있는 힘은 교수들로부터 나온다. 그래서 오늘날 대학의 CEO들은 교수개발의 중요성을 강조하고 있으며 이에 대한 지원을 아끼지 않는다.

교수개발이 제도적으로 정착되어 있고 대학들 간의 교수개발을 위한 네트워크가 형성되어 있는 미국의 경우 교수개발은 대학의 미래 발전을 위한 투자로 인식되고 있다(Gaff, 1975; Gumport, 2001; Schuster, 1990). 뿐만 아니라 교수들의 교육 및 연구역량을 향상시키는 교수개발이 대학에 우수한 학생들을 유치하는 전략으로 인식되고 있다. 대학의 명성이란 그 대학이 얼마나 많은 유능한 교수를 확보하고 있느냐에 따라 결정되며 학생들은 교수를 보고 대학을 지망하기 때문이다.

우리나라 대학들도 최근 대학의 경쟁력 향상 그리고 우수한 학생 유치 등을 위하여 우수한 교수를 선발 · 채용하는 것 못지않게 교수개발을 강조하고 있다. 특히, 각종 대학평가에서 교직원개발이 중요한 평가항목으로 포함되면서 대학들이 교직원개발에 더욱 관심을 갖게 되고, 대부분의 대학들이 이러한 업무를 관장하는 전담부서까지 설치하는 적극성을 보이고 있다. 최근에는 안식년제의 도입, 연구 및 학술활동 지원 등과 같은 전통적인 접근뿐만 아니라 많은 대학들이 교수학습개발센터를 설치하여 교수개발을 위한 다양한 체계적인 프로그램을 개발 · 운영하고 있다. 향후 이러한 추세는 지속될 것이며, 대학발전에서 교수개발은 핵심적인 과제일 뿐만 아니라 그 중요성이 점차 강조될 것으로 전망된다. 특히, 다음과 같은 측면에서 교수개발의 중요성과 의의가 강조될 것이다.

첫째, 국가사회 그리고 교육수요자에 대한 책무성의 관점에서 교수개발이 중요하다. 대학은 국가사회에서 필요로 하는 인재를 육성하는 동시에 유익한 연구 결과를 산출해야 한다. 이 모든 것이 교수의 기능과 역할이다. 특히, 지식정보사회에서 교수들이 새로운 지식과 정보창출을 주도하고 이러한 새로운 지식과 정보를 학생들에게 신속하게 전달하는 기능이야말로 아무리 강조해도 지나치지 않다. 오늘날 지식, 기술 및 정보의 급속한 발전으로 산업사회는 매우 빨리 변화하고 있는데, 대학의 교육과 연구가 이에 미치지 못하여 산업계의 불만이 노정되고 대학에 대한 신뢰와 기대가 추락하고 있다. 또한 교육수요자인 학생들도 이러한 새로운 지식과 기술 및 정보를 신속하게 전수받지 못하면 노동시장으로부터 도태되게 되어 있다. 따라서 이러한 변화와 발전에 뒤지지 않기 위해서는 이러한 역할을 담당하는 교수의 능력개발이 지속적으로 이루어져야 한다.

둘째, 전공 분야의 새로운 지식과 정보 그리고 새로운 교수-학습이론을 접할 수 있는 기회를 제공한다. 교수들은 자기 전공 분야의 교과과정을 지속적으로 새롭게 개편해야 하며, 수업의 질을 향상시키기 위하여 급속하게 발전하는 새로운 교수-학습이론 등을 꾸준히 체득해야 한다. 그러기 위해서는 그 분야에 대한 독자적인 연구와 학술활동을 지속적으로 수행해야 하며, 이러한 새로운 지식과 정보를 획득할 수 있는 교육·훈련의 기회를 많이 가져야 한다. 교수들의 자기 전공 분야에 대한 연구능력과 교수능력(teaching ability)이야말로 대학의 경쟁력이다. 따라서 이러한 측면에서의 교수개발은 대학이 역점을 두고 중점적으로 추진해야 할 업무다.

셋째, 교수개발은 대학이 지향하는 가치를 공유하도록 하고 학문공동체의 일원으로서 리더가 되도록 하는 데 중요한 의의가 있다. 대학 구성원들이 그 대학의 미래 비전과 사명 그리고 지향하는 가치 등을 공유하지 못하면 대학은 발전할 수 없다. 대학은 교수개발의 기회를 통하여 이러한 가치를 주입시키고 공유하도록 해야 한다. 또한 교수가 지식과 능력이 많아도 대학 구성원으로서 그리고 학문공동체의 일원으로서 필요한 가치관과 태도가 결여되어 있다면 대학 내에서 갈등을 일으키고 다른 구성원들의 사기까지 떨어뜨릴 수 있다. 따라서 교수개발 프로그램에는 반드시 대학 구성원에게 요구되는 가치관이나 정신교육 등이 포함되어야 한다.

넷째, 대학의 변화와 혁신을 주도하는 동시에 이러한 변화와 혁신에 적응할 수 있도록 하기 위하여 교수개발에 역점을 두어야 한다. 오늘날 대학은 변화와 혁신으로 대변되고 있다. 대외적으로 지식기반경제와 디지털 환경, 고령화와 저출산으로 특징되는 인구변동과 학생자원의 감소, 심화되는 국가경쟁 등 모든 것들이 대학의 변화와 혁신을 옥죄이고 있다. 그리고 대내적으로 선택과 집중이라는 정책기조 하에 평가를 통해 재정을 지원하는 정부 정책, 이에 따라 치열해지고 있는 대학 간의 경쟁, 산업사회의 대학 연구와 인적자원개발의 편향된 요구 등이 대학을 구조조정으로 몰아넣고 있다. 대학이 전통적인 상아탑으로 생존할 수 없다는 것이 눈앞의 현실로 다가온 지 오래다. 이러한 현상에 대한 이해와 공감대 형성을 위한 토론의 장이 제공되어야 하며, 이러한 논의의 과정을 통하여 대학이 변화·혁신의 로드 맵을 만들어 가는 것이 교수개발을 통하여 이루어져야 한다.

마지막으로, 교육수요집단의 대학에 대한 요구가 다양화되고 있다는 점에서 교수개발이 필요하다. 이제 대학 안에는 전통적으로 동질적인 교육수요집단만이 존재하지 않는다. 대학들이 입학제도를 통하여 동질적인 학생을 선발하려고 노력하지만 대학은 능력, 연령, 인종 등 여러 가지 면에서 이질적인 다양한 학생들이 공존할 수밖에 없다. 고졸자의 감소, 국제화에 따른 외국 유학생 유입, 평생학습의 보편화 등이 이를 입증해 주고 있다. 이러한 다양한 학생들을 교육적으로 인도하고 지도하기 위해서 교수들은 다양한 기술과 능력을 가져야 한다. 정규학생의 수업지도는 물론 그들의 진로지도와 생활지도 서비스를 제공해야 하며, 때로는 평생학습자들에게 교수들이 가지고 있는 전문적인 지식이나 정보를 나누어 주는 것도 게을리하지 말아야 한다. 이러한 다양한 지도기술과 능력을 배양하기 위해서는 다양한 교수개발 프로그램이 제공되어야 한다.

(3) 교수개발의 목적

교수개발은 다양한 목적을 가지고 있다. 대학의 사명과 목표를 효과적으로 성취할 수 있도록 할 뿐만 아니라, 나아가 이러한 사명과 목표의 성취를 통하여 국가사회 발전에 기여하게 된다. 그리고 교수의 직무수행능력 향상을 통하여 자신의 성장과 발전의 기회를 제공하고 교직의 직무만족과 사기를 높일 수 있게 해 준다. 따라서 교수개발의 일차적인 목적은 교수 자신의 성장과 발전에 있으며, 다음으로 이러한 교수 자신의 성장과 발전이 대학의 발전 그리고 국가사회 발전으로 이어질 수 있도록 하는 것이다. 교수개발의 목적은 대학의 입장에서의 목적이 있고, 교수 자신의 입장에서의 목적이 있을 수 있다. 그러나 양자의 입장에서 보는 교수개발의 목적이 일치할수록 교수개발의 성과와 효과는 극대화될 것이다.

① 대학입장에서의 교수개발의 목적

대학입장에서 보면 교수들의 교수능력과 연구력을 극대화하기 위하여 교수개발이 절대적으로 필요하다. 특히, 최근 대학 간의 경쟁이 심화되고 대학평가 등이 일반화되면서 교수개발의 중요성이 더욱 강조되고 있다. 대학입장에서의 교수개발의 구체적인 목적은 다음과 같다.

첫째, 교수능력의 향상을 통하여 학생들의 학습을 촉진하고 교육의 질을 향상시킨다. 교수개발을 통하여 교수들은 교수 기법 개발, 교육 프로그램의 설계 방법, 학생들의 학업성취도 평가 방법 등을 학습하고 터득한다.

둘째, 교수들의 전문적인 지식, 태도, 기능 등을 개발한다. 교수라는 직업은 고도의 전문성을 요하는 직업이기 때문에 교수개발을 통하여 이러한 전문성을 지속적으로 개발 · 신장시킴으로써 자신의 교수직에 대한 만족은 물론 교육수요자에게 만족스러운 서비스를 제공할 수 있다.

셋째, 대학 내외 환경변화에 대한 적응력을 제공한다. 대학경영은 물론 대학이 기능과 역할 등에 영향을 미치는 환경이 급격하게 변화하고 있으며, 이에 따라 대학의 정책 등도 수시로 변화하고 있다. 따라서 교수개발의 과정을 통하여 이러한 대학환경 변화 등에 대한 적응할 수 있는 능력 등을 향상시킨다.

② 교수입장에서의 교수개발의 목적

교수는 고도의 전문적인 지식과 자질을 요하는 직업이고 직업적인 안정도 보장되어 있다. 그러나 대학환경과 정책의 급격한 변화 등은 교수라는 직업도 지속적으로 자기 개발을 하지 않으면 생존할 수 없다는 것을 말해 주고 있다. 따라서 교수입장에서도 지속적인 교수개발의 기회를 갖는 것이 중요해지고 있다. 교수입장에서의 교수개발의 구체적인 목적은 다음과 같다.

첫째, 교수의 자기 개발과 성장을 촉진한다. 교수개발을 통하여 교수들의 전문적인 지식, 태도, 기능 등의 발전적인 변화를 촉진함으로써 교수직에 대한 만족감과 성취감을 갖도록 한다.

둘째, 대학환경과 정책변화 등에 능동적으로 대처할 수 있게 한다. 최근 교수들에게 직·간접적으로 영향을 미칠 수 있는 대학 내외의 환경과 정책 등이 급격하고 변화하고 있어 교수개발의 기회를 통하여 이러한 변화를 학습할 수 있도록 해야 한다.

셋째, 동료 교수와의 교류와 인간관계 개선 등을 촉진한다. 교수개발은 교수들이 상호 정보 등을 교류하면서 교분을 가질 수 있는 기회를 제공하고, 나아가 교수들 간 그리고 교수와 행정직 간의 인간관계 등을 개선할 수 있는 장을 마련해 주게 된다.

2) 교수개발 유형과 프로그램

교수개발의 중요성이 인식되면서 국내 대학들도 다양한 형태의 교수개발 활동과 프로그램을 개발·운영하고 있다. 특히, 최근 대학 간의 경쟁이 심화되고 대학평가에서도 교수개발이 중요한 항목으로 포함되면서 대부분의 대학들이 교수학습지원센터를 설치·운영하는 등 교수개발에 관심이 집중되고 있다. 대학의 교수개발을 유형화해 보면 교수개발의 요구주체에 따른 유형, 교수개발의 운영 형태에 따른 유형 그리고 대학의 성격에 따른 유형으로 구분할 수 있다. 이러한 유형에 따라서 다양한 교수개발 프로그램이 개발되고 있다.

(1) 교수개발 요구에 따른 유형과 프로그램

교수개발은 대학이 필요로 해서 하는 경우가 대부분이지만, 교수들이 자신의 연구력이나 교수역량을 개발하기 위하여 이루어지기도 한다. 그리고 대학의 필요도 충족시키면서 동시에 교수 자신의 발전을 위한 프로그램으로 구성할 수 있다.

① 기관요구형 교수개발

기관요구형의 교수개발은 그 내용이 대학의 요구를 핵심적으로 반영하고 대학이 중심이 되어 프로그램을 개발하고 운영한다. 대학은 교수개발의 목표를 설정하고 장·단기계획을 수립하여 체계적으로 프로그램을 실행한다. 신규임용 교수 연수와 같이 일부 교수들을 대상으로 하는 교수개발 프로그램도 있지만 대부분 전체 교수를 대상으로 하게 된다. 교수개발의 내용은 대학의 미션과 사명, 비전과 발전 전략, 대학의 변화와 혁신 등 교수들이 공유해야 할 대학정책과 대학의 교육, 연구 등의 경쟁력과 역량을 제고하기 위한 교수들의 능력과 자질개발 등이 포함될 수 있다.

② 개인요구형 교수개발

교수 개인의 자기 성장과 발전을 촉진하는 데 초점을 두고 교수의 교육적 필요를 전적으로 수용하는 입장이다. 그러나 교수의 자기 개발이 곧 대학의 교육과 연구의 질을 업그레이드시키는 데 직결된다는 것이 전제되어 있다. 교수요구형 교수개발 내용의 핵심은 교수의 교수능력과 연구력 증진 그리고 대학에서의 교수생활을 영위하는 데 필요한 지식과 정보를 획득하는 것이다. 교수요구형 교수개발의 내용과 프로그램 운영 형태 등은 교수 자신이 결정하고, 대학은 운영을 지원하는 데 주력하는 것이 일반적이다.

③ 절충형 교수개발

기관요구와 교수 개인의 요구를 절충한 교수개발의 유형과 프로그램이다. 절충형에서는 대학에 따라서 대학의 요구 충족을 우선시하는 경우와 교수 개인의 요구 충족을 우선시하는 경우가 있다. 그러나 양자의 요구를 적절히 잘 반영할 수만 있다면 동시에 두 마리 토끼를

잡을 수 있는 교수개발의 유형이다.

(2) 운영주체에 따른 유형과 프로그램[8]

교수개발 프로그램의 운영주체는 대학이다. 그러나 최근 많은 대학들이 교수개발에 관심을 가지면서 대학 이외의 대학협의기구나 전문단체 또는 영리를 추구하는 컨설팅회사 등을 활용하는 경향이 있다. 운영주체에 따른 교수개발의 유형과 프로그램은 대학이 직접 운영하는 형태와 외부기관에 위탁하여 운영하는 형태가 있다.

① 대학중심운영형 교수개발

대학의 교수개발 업무 주관부서가 교수개발 프로그램을 개발하여 직접 프로그램을 운영하는 형태다. 이 유형에서의 교수개발은 주로 수업개발과 관련하여 학습자의 동기유발, 교수화법, 강의평가와 피드백, 교수기자재의 활용 등 교수들의 전문성을 향상하는 데 초점을 두고 있다. 최근 대부분의 대학들이 교수학습센터를 설치하고 이 센터가 교수들의 전문성을 향상시키는 프로그램을 개발 · 운영하고 있다. 이러한 프로그램은 장기, 단기, 확장 프로그램 등이 있다.

- 장기 프로그램: 일정한 장소에서 장기합숙 워크숍의 형태로 운영하는 프로그램으로 교수들의 교육, 연구 등의 분야에서 고도의 전문성을 확장하는 것을 목적으로 한다. 이러한 프로그램은 방학을 이용하여 주로 운영하고 전임교수나 비전임교수, 시간강사 등을 대상으로 한다. 그리고 프로그램을 성공적으로 이수하면

8) 서정화, 구관서, 임창희(2006: 165-168)가 교내에서의 교수개발과 학교 밖에서의 교수개발로 구분하여 제시하고 있는 내용을 여기에서는 운영주체에 따른 유형으로 구분하여 교수개발 프로그램을 제시하였다.

수료증을 수여하고 이러한 결과는 교수평가 등에 반영된다. 우리나라에는 이러한 장기적인 교수개발 프로그램을 운영하는 대학이 많지 않다.

- 단기 프로그램: 일상적인 교육활동 중에 제공하는 교수개발 프로그램이다. 그리고 교수개발의 내용은 세부적이다. 예컨대 '선다형 출제 기법' 등의 간단한 주제를 선정하여 관심 있는 교수들이 정보를 교환하고 집중적으로 토론하는 세미나 형태가 여기에 속한다.
- 확장 프로그램: 전통적으로 3~12시간 정도로 진행되는 교수개발 프로그램의 유형이다. 교수들의 교내생활의 연장선상에서 수업에 지장이 없는 시간을 활용하여 교내 광고를 통해 공지하고 패널토의와 질의응답의 순서로 운영한다. 이 형태는 경비와 시간 등의 구애를 받지 않고 운영할 수 있어 많은 대학들이 선호하고 있다.

② 외부위탁형 교수개발

- 교수참여 프로그램: 교수개발 관련 전문기관 등에서 운영하는 프로그램에 일부 교수들을 참여시키는 형태다. 현재 우리나라의 대학교육협의회 등에서 운영하는 신임교수개발 워크숍과 같은 것이 좋은 예다. 현재 대학 보직교수들의 협의기구 등에서 운영하는 각종 워크숍들도 이러한 유형 교수개발 프로그램이다.
- 대학위탁 프로그램: 대학들이 자체적으로 개발 · 운영하는 교수개발 프로그램의 실효성을 문제삼아 전문기관에 교수개발 프로그램의 개발 · 운영을 위탁하는 형태다. 최근 기업체 교육과 컨설팅을 전문으로 하는 기관들이 교수개발 프로그램 등에 관심을 가지고 전문적으로 참여하고 있다.

(3) 대학성격에 따른 유형과 프로그램

우리나라는 아직 연구중심대학과 교육중심대학이 확연하게 성격적으로 구분되지 않고 있지만, 미국의 경우 이러한 대학들이 특성화되어 있어 교수개발 프로그램에도 차이가 있는 것을 볼 수 있다. 미국의 사례를 중심으로 연구중심대학과 강의중심대학의 교수개발 프로그램을 보면 다음과 같다(서정화 · 구관서 · 임창희, 2006: 170-172).

① 연구중심대학 사례

연구중심대학은 일반적으로 강의보다는 논문과 연구에 더 치중하고 있다. 대부분의 교수개발은 대학부설 연구개발부와 단과대학의 교수개발센터에 의해 주도되고 있다. 버클리 대학의 사례를 보면 비교적 전 대학 차원에서 교수개발이 이루어지지만 연구개발부나 교수개발센터 차원에서 개별교수나 교수집단에 의해 개발 · 운영되는 프로그램도 많다. 이 대학의 교수개발의 기본 목표는 교육자료 및 정보의 활용, 각 연구소의 연구과제와 연구물의 습득 및 이해, 단위대학 내의 교수협동 그리고 교수의 자기 개발과 관련된다. 이처럼 연구중심대학의 교수개발은 대부분 연구 기법과 연구에 필요한 자원의 활용 등에 치중하고 있기 때문에 교수개발 프로그램 자체가 연중 지속적으로 진행되고 있을 뿐만 아니라 단과대학단위, 학과단위, 연구소 단위 그리고 인접학문 영역 간의 단위로 분권화되어 있다.

② 강의중심대학 사례

강의중심대학의 경우는 연구중심대학 교수개발 프로그램보다 훨씬 체계적이며 비교적 활성화되어 있는 편이다. 강의중심대학의 교수개발 프로그램은 주로 도서관 부설 교육기자재센터를 중심으로 이루어지는 경우가 많다. 강의매체센터의 교수개발에서는 주로 동료 간의 교수 기법 개발과 신임교수가 수업에서 활용할 수 있는 다양한 매체에 대한 소개와 효율적인 강의를 전개하는 데 필요한 수업 기법 개발을 위한 프로그램을 제공하고 있다.

③ 소규모 대학과 2년제 대학 사례

소규모 대학들은 소규모대학증진협의회(The Council for the Advantage of Small Colleges)에서 교수개발요람을 발간하고, 이를 토대로 소규모 대학 소속교수들의 질적 향상을 위한 교수개발을 도모하고 있다. 이러한 소규모 대학 교수개발 프로그램은 교수평가체제(Instructional Assessment System)에 따라 비교적 체계적으로 이루어지고 있다. 소규모 대학들은 자체적으로 교수개발 프로그램을 개발 · 운영하는 데 자원과 역량 등에 한계가 있으므로 인근 대학들이 공동으로 참여하는 형태를 취하고 있다.

3) 교수개발 과정과 실제

교수개발은 대학에서 일상적으로 그리고 계속적으로 이루어져야 하는 전문적인 직무다. 일반적으로 대학에서 교직원 인사를 담당하는 부서에서 담당하는 업무이지만, 최근 많은 대학들이 교수학습센터 등을 설치하여 전문적으로 교수개발 프로그램 등을 개발하고 있다. 교수개발은 대학에 따라 다양한 절차와 방법을 거쳐서 개발하고 실행하지만 일반적으로 다음과 같은 4단계의 과정을 거치게 된다.

(1) 교수개발계획 단계

교수개발계획 단계에서는 교수개발의 필요성이 먼저 검토되어야 한다. 이러한 필요성은 대학의 관점과 개발의 대상인 교수의 관점에서 검토될 수 있을 것이다. 이러한 필요성이 검토되고 난 다음에는 교수개발의 목적이 설정되어야 하며, 다음으로 목적달성을 위한 구체적인 프로그램, 소요예산, 필요한 조직과 인력, 우선순위 그리고 장기 · 단기 프로그램 등을 검토해야 한다. 계획 단계의 구체적인 과정을 보면 다음과 같다.

- 교수개발의 요구를 분석한다. 요구분석은 대학 차원의 요구와 교수 개인 차원의 요구가 동시에 분석되어야 한다. 대학 차원의 요구는 대학의 목적과 사명, 대학의 발전 방향, 대학의 변화와 혁신 등이 반영되어야 한다. 특히, 교수개발계획은 대학의 전체 발전계획에 포함되어야 한다. 교수 개인의 요구는 각 단과대학, 학부 또는 대학단위의 집단토의 과정 등을 거쳐 수렴할 수도 있고 교수개발을 담당하는 부서에서 질문지 등을 통하여 조사할 수도 있다. 이때 교수들의 강의평가 결과를 반영해야 한다.
- 전년도 또는 전단계의 교수개발계획과 실행을 평가하여 그 결과를 반영해야 한다. 교수개발은 지속적이고 연속적인 과정이다. 따라서 전년도 또는 전단계 교수개발계획과 실행 과정에서 발견된 문제점을 파악하여 이러한 문제를 해결하고 교수개발의 효과를 극대화할 수 있는 대안을 찾아야 한다.
- 교수개발의 목표를 설정하고 구체적인 교수개발계획을 수립한다. 교수개발의 목표를 구체화하고 이러한 목표달성을 위한 프로그램의 구안, 프로그램 실행을 위한 소요예산 추정, 조직과 인력의 동원계획 등을 수립한다.

(2) 교수개발의 프로그램화

교수개발의 목표를 효과적으로 성취하기 위한 구체적인 교수개발 프로그램을 설계하는 것이 두 번째 단계다. 이 단계에서는 구체화된 교수개발 목표를 성취하기 위한 프로그램의 내용, 학습 방법, 운영 상황, 참여대상 등을 결정해야 한다.

- 교수개발 목표에 따라 프로그램의 내용을 선정한다. 교수개발 프로그램은 목표에 따라 다양하게 설계될 수 있지만 여기에서 고려될 수 있는 것은 두 가지다. 하나는 개념이나 원리 등과 같은 이론적인 내용이고 다른 하나는 이들의 실제 적용에 관한 내용이다.
- 교수개발 프로그램의 내용이 결정되면 다음에는 학습 방법을 결정해야 한다. 학습 방법은 자기주도적 학습, 개별학습, 집단강의, 이러한 방법들의 결합 등 다양한 방법이 활용될 수 있다.
- 교수개발 프로그램 운영장소와 시간 그리고 운영 형태 등을 결정해야 한다. 교수개발 프로그램의 성격, 내용, 학습 방법 등에 따라 대학 내에서 운영할 수도 있고, 대학 밖의 적정 장소를 활용할 수도 있다. 또는 외부 전문기관에 위탁하여 운영할 수도 있고, 이러한 기관에서 개발 · 운영하는 프로그램에 교수들을 참여시킬 수도 있다.
- 교수개발 프로그램의 참여대상과 참여 형태를 결정해야 한다. 교수개발 프로그램의 목표와 내용에 따라 참여 교수와 형태가 다양하게 결정될 수 있다. 참여 형태는 일반적으로 공식적인 것과 비공식적인 것 그리고 의무적인 것과 자발적인 것 등이 있을 수 있다.

(3) 교수개발 프로그램의 실행

교수개발 프로그램이 설계되면 다음 단계에서는 실제 프로그램을 실행하게 된다. 프로그램의 내용과 학습 방법 그리고 교수들의 참여 대상과 형태에 따라 구체적인 실행계획이 수립되어야 한다. 이 단계에서는 적정한 예산의 확보, 조직과 인력의 동원이 이루어져야 하며, 동원된 인력에 따라 적절하게 업무와 역할을 분담해야 한다. 특히, 이 단계에서 가장 중요한 것은 교수들이 교수개발 프로그램에 적극적으로 참여하도록 하는 것이다. 그래서 구체적인 자료를 개발하여 안내하고, 프로그램 운영 과정에서 행정지원이 원활하게 이루어지도록 하는 것이 무엇보다 중요하다.

(4) 교수개발 프로그램의 평가

교수개발 프로그램을 실행하고 나면 반드시 평가를 해야 한다. 그리고 단위 프로그램의 평가 결과들을 집합하여 교수개발계획 전반에 대한 평가를 실시하게 된다. 평가의 일차적인 목적은 교수개발 프로그램에서 설정된 목표가 달성되었는가를 점검하는 데 있다. 이러한 평가는 교수개발 프로그램에 참여한 교수를 통하여 이루어져야 한다. 또한 평가는 교수개발의 계획, 실행 등 전반적인 것을 포함해야 한다.

4) 교수개발 지원체제

교수개발은 대학이 가장 역점을 두어서 추진해야 할 정책이다. 오늘날 대학 간의 경쟁력이 심화되고 있는 상황에서 대학의 교육 및 연구의 질을 향상시키고 성과를 높이는 것은 무엇보다 중요한 과제다. 대학 교육과 연구의 질은 교수들의 교수능력(teaching ability)과 연구력에 달려 있다. 따라서 교수들의 이러한 능력을 개발하는 교수개발이 무엇보다 중요하다. 그러나 대학이 교수개발에 역점을 두기 위해서는 대학 최고경영자인 총장의 관심과 행정적인 지원이 뒷받침되어야 한다.

4. 교수업적평가체제

1) 교수업적평가의 배경과 목적

(1) 평가의 배경

전통적으로 대학은 상아탑(ivory tower)이라 하여 사회로부터 존경을 받는 상징적인 의미를 가지고 있으면서 사회로부터 동떨어진 하나의 신성한 사회조직으로 군림해 왔다. 그러나 제2차 세계대전 이후 대학들이 점차 확대되고 규모가 커지면서 대학 밖으로부터 공적 자금이 유입되기 시작하였으며, 이에 따라 대학의 국가사회에 대한 공공성이 강조되기 시작하였다. 뿐만 아니라 대학에 대한 공적 재정의 확대는 대학운영의 효율성과 국가사회와 교육수요자에 대한 책무성 문제를 제기하는 계기가 되었다. 결국 대학의 국가사회에 대한 공공성, 대학운영의 효율성 그리고 교육수요자에 대한 책무성에 대한 실증적인 검증이 대학평가 그리고 대학의 사명을 수행하는 교수업적평가로 연결되었다고 볼 수 있다.

그러나 교수업적을 누가 어떤 방법으로 어떻게 평가를 할 것인가에 대해서는 여전히 논란의 여지가 많고 교수업적평가에 대한 대학사회의 장애요인들도 많다.[9] 특히, 교수들은 평가의 주체, 평가의 기술적인 부분, 기준 설정의 문제 등 구체적인 방법의 측면에서 신뢰성, 객관성 그리고 공정성의 문제를 제기하고 있으며, 평가업무를 관장하는 행정부서 등에서는 이러한 기술적인 문제에는 관심이 덜하고 결과의 활용에 더 초점을 두는 경향이 있다.

우리나라의 대학 교수업적평가의 실시 배경도 선진국과 유사하지만, 그동안 논의만 무성하였지 실제 도입된 것은 그리 오래되지 않았다. 특히, 우리나라는 대학의 양적 팽창에 따른 대학교육의 질적 관리와 연계하여 교수평가의 필요성이 많이 제기되었다. 즉, 대학교육의 질 향상과 수월성 추구를 위하여 대학교수의 자질 향상이 중요한 과제였으며, 교수들의 자질 향상을 위해서는 그들의 교수활동 등을 평가해야 한다는 주장이 있었다(교육개혁심의회, 1986). 그러나 교수의 수업(강의)평가가 본격적으로 논의되고, 그 이후 교수업적평가로 발전하게 된 계기는 1995년 단행된 5 · 31교육개혁이었다(교육개혁위원회, 1995). 특히, 5 · 31교육개혁에서 제시한 공급자 중심에서 수요자(학습자) 중심으로 교육체제를 전환한다는 개혁 방향과 '선택과 집중'이라는 정책기조 하에 평가를 통하여 대학에 재정을 지원한다는 개혁방향이 대학교육개혁에 많은 영향을 미쳤으며, 대학들이 교수평가를 제도화하는 계기가 되었다.

많은 대학들이 정부의 개혁정책에 밀리고, 특히 재정지원과 관련된 평가의 중요한 지표로 교수업적평가의 시행 여부가 포함되어 교수평가를 단행하고 있지만, 아직도 대학사회에서는 평가에 대한 논란이 많다. 그러나 많은 선진국의 대학들이 다양한 형태로 교수업적평가를 하고 있는 것과 같이, 우리나라 대학들도 현재는 물론 향후에

9) Raoul Arreola(2000)는 그의 저서 『*Developing a Comprehensive Faculty Evaluation System*』에서 효과적인 교수평가를 방해하는 두 가지의 주요한 요인을 교수의 저항과 행정가의 무관심이라고 지적하고, 이 두 가지 요인 중에서 후자가 더 심각하다고 하였다(p. 21).

도 교수업적평가를 피해갈 수는 없을 것이라는 것이 지배적인 견해다. 구체적으로 교수업적평가를 단행해야 한다는 배경은 대학과 교수의 입장이 일치하는 부분도 있지만 상치되는 부분도 있다.

먼저 대학의 입장에서 보면 대학의 경쟁력을 가늠하는 핵심적인 요소가 교수들의 교육성과와 연구업적인데, 이러한 성과와 업적을 평가하여 교수들을 지원할 수 있는 기초자료를 확보하는 것이 무엇보다 중요하다. 또한 대학교육과 연구의 수요자인 동시에 수혜자라고 볼 수 있는 국가사회, 산업계 그리고 학부모와 학생은 대학의 사명과 교수의 책무 수행 결과를 확인하고자 하는 요구가 강하며, 이러한 요구에 부응하기 위해 대학은 교수평가를 통하여 입증하지 않을 수 없는 것이 현실이다. 최근 우리나라에서도 기업이 나서서 대학을 평가하겠다고 하는 것은 바로 이러한 맥락으로 이해해야 할 것이다.

또한 교수의 입장에서 보면 자신이 수행하는 교육 및 연구활동 등의 업적을 평가받음으로써 자신의 직무수행능력은 물론 학문적인 성장과 발전에 대한 자신감을 가질 수 있고 반성하는 계기가 될 수도 있다. 또한 업적평가 결과를 바탕으로 정당하게 승진, 보수, 보직 등 인사상의 불이익을 받지 않으므로 교직에 대한 안정성과 만족감 등을 성취할 수 있게 된다. 나아가 대학교수가 누려야 할 최고의 가치라고 볼 수 있는 학문의 자유도 교수업적평가를 통하여 안정적으로 확보할 수 있다.

(2) 평가의 목적

대학에 따라 교수평가를 시행하는 배경이나 목적 그리고 구체적인 방법 등에 차이가 있을 수 있지만 일반적으로 교수평가는 능력평가보다는 성취평가에 초점을 두며, 행정적 목적보다는 인사관리의 목적을 위하여 수행되고 있다(권기욱, 1996: 146). 여기서 인사관리의 목적이란 교수인사관리와 관련하여 교수개발이나 교수 유지 · 관리에 해당되는 부분으로 이해된다. 즉, 교수의 업적평가를 통하여 교수의 부족한 부분의 능력을 향상시키기 위한 교수개발 기회를 부여하거나, 평가 결과를 바탕으로 교수의 승진이나 보직 그리고 경제적 처우 등에 반영하는 것을 목적으로 한다는 것이다. 그러나 교수평가는 평가 후의 결과를 활용하는 목적도 있지만, 평가 이전에 교수들이 최선을 다하여 대학의 사명을 수행하도록 자극하는 데 더 큰 목적이 있다. 교수업적평가의 구체적인 목적을 제시하면 다음과 같다.[10]

첫째, 교수의 교육성과와 연구실적의 질적인 향상을 통하여 대학의 수월성을 추구하고 경쟁력을 제고한다. 교수업적평가에서 교육성과와 연구실적의 질적인 측면을 어떻게 객관적으로 측정할 수 있을 것인가에 대한 문제가 여전히 제기되고 있지만, 학생들에 의한 교수의 강의평가나 교수들의 논문발표 건수와 인용 정도의 평가 등은 대학교육의 질을 향상시키고 연구의 질을 향상시키는 데 크게 기여하고 있다. 대학의 입장에서 보면 교수업적을 평가하는 가장 일차적인 목적은 대학의 경쟁력 제고나 대학교육의 수월성 추구에 있다.

둘째, 대학인사관리에 필요한 정보와 자료를 제공함으로써 인사관리의 공정성과 합리성 그리고 나아가 대학경영의 효율성을 제고한다. 교수업적평가가 인사관리에 주안점을 두게 되면 피평가자인 교수들로부터 저항이 있을 수 있지만, 대학경영자의 입장에서 보면 교수들의 승진심사를 해야 하고, 보직 임명을 해야 하며, 적정한 수준의 보수 등을 책정해야 하므로 평가 결과 등을 활용하지 않을 수 없

10) 서정화, 구관서, 임창희(2006)는 교직원평가의 목적으로 ① 교직원의 성과향상, ② 교직원의 능력개발, ③ 보상의 공정성, ④ 인력활용의 효율화 등을 제시하고 있다(pp. 123-126).

다. 이는 긍정적인 측면에서 보면 인사관리의 공정성과 합리성이 담보되어 대학경영과 인력활용의 효율화를 가져올 수 있다.

셋째, 대학 사명 수행에 대한 책무성을 제고함으로써 교육수요자 또는 수혜자(국가사회, 기업, 학부모 및 학생 등)의 대학에 대한 만족도를 제고한다. 교육 기능을 통하여 국가사회에서 필요로 하는 인적자원, 특히 기업 등에서 필요로 하는 인적자원을 개발 · 제공하며, 학부모 및 학생들의 교육적 욕구를 충족시킨다. 그리고 연구 기능을 통하여 국가사회 발전과 산업기술 발전 등에 필요한 새로운 지식, 기술, 정보를 창출 · 제공한다. 그리고 봉사 기능을 통하여 지역사회 발전은 물론 사회에서 필요로 하는 다양한 서비스를 제공한다. 교수업적평가는 교수들이 이러한 사명을 더 열심히 수준 높게 수행하도록 동기를 부여함으로써 수요자의 만족도를 제고하는 데 기여한다.

넷째, 교수의 자기 성장과 발전 그리고 교수개발의 동기를 부여함으로써 교수의 능력개발에 기여한다. 교수들이 수행한 업적이나 실적 등 평가를 통하여 교수들은 자신의 교육과 연구활동 등을 점검하게 되고, 이를 통하여 자신의 잠재능력이나 발전 가능성 등을 되돌아볼 수 있다. 이것은 교수의 기본 직무 수행에 대한 외적인 자극인 동시에 내적인 동기부여가 될 수 있다. 특히, 학생에 의한 교수의 강의평가는 교과에 대한 전문지식은 물론 교수 방법 등에 대한 정보도 제공하게 된다. 따라서 이러한 평가 결과는 교수들에게 자기 성장과 발전에 대한 동기를 부여하고, 나아가 자신의 개발을 위해 노력하도록 함으로써 교수능력 개발에 기여하게 된다.

2) 교수업적평가의 내용과 방법

(1) 평가의 내용

교수평가는 목적에 따라서 평가 내용이 달라질 수 있으며 대학이 지향하는 이념과 성격에 따라서도 달라질 수 있다. 교수를 신규로 임용할 때는 학력이나 자질 그리고 인성적인 부분들이 평가의 중요한 내용으로 포함되어야 하지만, 일반적으로 대학의 경쟁력과 책무성을 제고하거나 교수의 직무수행능력을 향상시키는 것이 목적이라면 당연히 평가 내용은 교수가 성취한 업적이 평가의 핵심적인 내용이 되어야 한다.

그리고 교수평가에서 항상 논란이 되고 있는 부분은 평가 내용이나 내용에 따른 비중이다. 이러한 비중도 대학의 성격이나 이념 등에 따라 달라질 수 있다. 예를 들면, 연구중심대학은 연구에 비중을 더 둘 것이고 교육중심대학은 학생지도나 교육에 더 큰 비중을 둘 것이다. 그러나 일반적으로 교수평가에서 대학의 성격, 규모, 입지조건 등 대학의 차이가 잘 반영되지 않는 부분이 많다(Theall, 2002: 258).

교수의 강의만을 평가하는 강의평가도 있고 연구업적만을 평가하는 연구평가도 있지만, 교수업적평가는 교수의 기본 직무인 교육(강의), 연구 그리고 봉사의 전 영역에서 업적을 평가하는 것이다. 따라서 교수업적평가의 영역은 교수의 기본 직무에 해당되는 교육, 연구 그리고 봉사활동으로 볼 수 있으며, 각 영역에서의 구체적인 평가 내용은 다음과 같다.

① 교육활동 영역

교육(강의 및 학생지도)은 교수의 기본 직무 중에서도 가장 기본적인 것으로, 대학에서의 연구 기능이 태동하기 이전에 대학에서는 가르치는 활동이 전부였다. 교육활동 중에는 강의(수업)가 큰 비중을 차지하며, 학생의 논문지도나 생활지도 및 기타 학생상담 등이 포함된다. 일반적으로 강의평가는 피교육자인 학생들이 평가주체가 되며, 이때 평가의 핵심적인 내용은 교수의 사전 수업준비도, 강의계획서의 명료성, 강의방식과 기법, 수업에서의 학생 동기유발과 참여유도, 수업에서의 교수의 열정 등이다. 논문지도는 몇 명의 학생을 대상으로 어떤 논문지도를 하였으며, 논문의 질은 어떠하였는지가 주요 내용이 될 수 있다. 기타 학생지도와 관련해서는 어떤 학생을 몇 명 그리고 어떤 내용의 지도를 하였는지가 주요 내용이다. 최근 학생들의 진로나 취업지도 그리고 학생들의 학업이나 생활지도 등이 교수의 교육활동에서 중요한 내용으로 강조되고 있는데, 이러한 것들이 교수의 교육활동 평가의 주요 내용이 되어야 할 것이다.

② 연구활동 영역

대학에서 연구 기능이 강조되면서 교수들의 연구에 대한 관심이 증대되었지만 교수의 교육활동도 연구에서 출발한다. 연구 없이는 좋은 교육이 있을 수 없기 때문이다. 사실 대학교수라는 직업 그 자체가 연구라고 볼 수 있다. 그러나 최근 순수연구보다는 국가사회로부터 응용연구에 대한 수요가 많이 증대하면서 대학에 따라서는 교수들이 수행하는 기본 직무 중에서 교육과 연구 간에 갈등이 제기되고 있다. 심지어 일각에서는 교수들이 학생교육이나 지도는 뒷전으로 하고 연구비를 쫓아 연구에만 너무 열중한다는 비판도 있다. 이러한 갈등이나 비판은 대학이 지향하는 이념이나 대학이 규정하고 있는 성격 등을 고려하여 교수의 연구업적평가의 내용이나 기준 등을 제대로 설정하지 못한 데서 야기된다고 볼 수 있다. 그러나 대학교수에게 연구는 공통적으로 적용되는 기본 직무임에 틀림없다. 연구활동 영역에서 대학교수의 업적을 나타내는 구체적인 내용에는 학위논문을 포함한 연구논문, 저술이나 번역, 연구보고서, 학술회의 참가 및 논문 발표, 특허, 전시회 및 발표회, 논문상이나 학술상 등의 실적이 포함된다.

③ 봉사활동 영역

대학에서 봉사의 사명 그리고 교수들이 수행하는 봉사의 직무는 교육과 연구 기능의 확장이다. 일반적으로 대학의 봉사 기능은 사회에 대한 봉사로 인식되고 있지만, 대학 내에서 교수들이 학생을 지도하고 연구하는 것 이외에 대학행정 등에의 참여가 확대되면서 대학 내 봉사 기능의 중요성이 강조되고 있다. 특히, 대학행정은 행정가들에게만 맡겨둘 수 없는 많은 전문적인 업무들이 있기 때문이다. 교수들이 수행하는 사회봉사로는 정부나 공공단체에서의 자문과 각종 회의 등의 참여, 민간단체나 사기업에 대한 자문 혹은 산학협력 업무, 전문단체나 학술단체 등에서의 활동 등이 포함된다. 그리고 교내 봉사활동으로는 대학행정에의 참여, 학생 관련 단체활동 등의 지도, 각종 위원회 참여, 대학과 소속학과의 발전에 대한 기여 등이 포함된다.

(2) 교수업적평가 방법

교수업적평가의 방법 역시 평가의 목적에 따라 달라질 수 있다. 그러나 교수의 자질이나 특성보다는 교수의 성취, 즉 업적이나 실적을 평가하는 것이 목적이기 때문에 종합적인 평가가 되어야 한다. 구체적인 평가 방법은 평가의 내용, 평가를 실시하는 주체, 동원되는 평가도구, 평가시기 등에 따라 다양하게 적용할 수 있다.

① 강의평가 방법

강의평가에 대한 교수들이 찬반에도 불구하고 대부분의 대학들이 강의평가를 실시하고 있다. 강의평가는 자체평가, 학생평가, 동료평가, 전문가에 의한 평가 등 다양한 방식으로 실시될 수 있다. 먼저 자체평가는 강의를 총괄적으로 평가하는 데 한계가 있으나 강의계획서, 수업 방법과 학생의 과제물 제시, 학생평가 방법 등 문서화할 수 있는 범위 내에서의 평가는 활용될 수 있다.

강의평가에서 가장 위험하면서도 가장 많이 활용되는 것이 학생평가다. 학생에 의한 강의평가는 객관성만 담보될 수 있다면 교수의 강의 질 개선을 위한 가장 적절한 방법으로 이해되고 있다. 질문지에 의존하는 학생에 의한 강의평가와 교수의 자체평가가 합쳐지게 되면 강의의 질 개선을 위한 더 유효한 결과를 도출할 수 있을 것이다.

동료에 의한 강의평가는 학생에 의한 강의평가에 비교해 볼 때 좀 더 전문적이기 때문에 그 결과가 유효하게 활용될 수 있지만, 여러 동료교수가 동시에 참여할 수 없고 동료의식 때문에 관대한 평가가 이루어질 수 있다는 한계가 있다. 평가를 받는 교수나 평가를 하는 교수 모두에게 심리적인 부담을 줄 수 있다.

전문가에 의한 평가는 수업장면을 녹화하여 전문가가 세밀하게 분석하여 교수에게 피드백해 주는 방식이기 때문에 실제 수업개발에 효과가 있을 수 있다. 그러나 이 방법은 해당 교수의 자발적인 참여가 전제되어야 하며 전문가의 확보가 있어야 가능하다. 최근 일부 대학들이 교수학습센터를 설치하여 이러한 평가를 시도하고 있다.

② 연구평가의 방법

교수의 연구평가는 양적인 평가와 질적인 평가로 이루어질 수 있으나, 연구물의 반영비율 등에 대한 논란이 끊이지 않고 있다. 양적인 평가는 우선 연구물의 내용과 성격에 관계없이 균등한 점수를 부여하는 균등가중치부여법보다는 연구물의 내용과 성격에 따라 차이를 두는 차등가중치부여법으로 발전하고 있다(이현청, 2001: 39). 차등가중치를 어떻게 부여할 것인가에는 대해서 논란이 많다.

연구의 질적인 평가는 두 가지 방법이 활용되고 있는데(이성호, 1992: 98), 하나는 대학에서 널리 활용되고 방법으로 상위직급의 교수나 학자들로 하여금 연구물의 질을 판정하도록 하는 것이다. 이 경우는 상위직급의 교수나 학자가 그 분야의 연구업적과 동향 등에 전문적인 식견을 가지고 있다는 것이 전제되어야 한다. 또 다른 하나는 최근에 많은 대학들이 접근하려고 노력하고 있는 방법으로, 연구물이 얼마나 많은 전문가들부터 인정받고 있는가를 가지고 판단하는 것이다. 즉, 다른 사람의 논문이나 연구에 얼마나 많이 인용되고 있는가가 판단 기준이다.[11]

③ 봉사활동평가의 방법

교수가 수행하는 사회봉사나 교내봉사 모두 양적인 방법과 질적인 방법으로 평가할 수 있다. 그러나 교수의 봉사활동 범위를 어떻게 설정할 것인지, 이러한 봉사활동의 질을 무엇으로 볼 것인지에 대한 합의 도출에 어려움이 있다. 또한 사회봉사와 대학 내 봉사의 비중을 어떻게 산정할 것인지도 쉬운 일이 아니다. 따라서 봉사활동의 양과

---

11) 1961년에 결성된 과학정보기구(Institute for Scientific Information: ISI)는 자연과학인용색인(Science Citation Index: SCI)을 만들었고, 1973년에는 사회과학인용색인(Social Science Citation Index: SSCI)을, 1978년에는 예술인문과학인용색인(Arts and Humanities Citation Index: AHCI)을 제작하였는데, 현재 세계적으로 인정되는 7천여 종의 학술지를 망라하여 인용색인표를 작성하여 활용하도록 하고 있다.

질을 평가하기 위해서는 구성원들 간에 이러한 부분에 대한 합의 도출이 선행되어야 한다.

3) 교수업적평가의 실제

현재 대부분의 대학들이 교수업적평가를 실시하고 있다. 교수업적평가의 목적도 일차적으로는 교육의 질 제고와 연구성과 및 연구의 질 향상을 통하여 대학의 경쟁력을 제고하는 데 있으며, 다음으로는 교수들의 자기 개발을 포함한 전반적인 인사관리의 자료로 활용함으로써 인사관리의 합리성을 제고하는 데 있다. 그러나 교수업적평가의 구체적인 시행 절차와 과정 그리고 평가 내용과 방법 등은 대학에 따라 다소 차이가 있다.

외국의 경우도 많은 나라에서 대학교수의 업적평가를 시행하고 있다. 특히, 영국, 미국, 캐나다 등에서 교수업적평가가 보편화되어 있다(이현청, 2001: 43). 이들 국가 대학의 교수업적평가도 평가의 목적이나 평가의 내용과 요소 그리고 방법이 우리나라와 대동소이하다. 우리나라와 미국 대학의 교수업적평가 실제를 간략히 살펴보면 다음과 같다.[12]

(1) 우리나라의 실제

우리나라 대학에서의 교수업적평가는 교육과 관련된 평가로서 강의평가와 연구나 봉사 등의 실적 또는 업적평가로 나누어 이루어지고 있다. 대부분의 대학들이 교수업적평가를 담당하는 조직을 대학본부, 대학 그리고 학과단위 등 다단계로 설치하고 있다. 그리고 강

---

12) 이 부분은 이현청(2001)의 『대학교수업적 평가론』을 주로 참고하였다.

의평가는 대부분 학생들이 평가자가 되어 평가하고 있으며, 업적평가는 피평가자인 교수들이 자체적으로 작성한 내용을 검토 · 확인하여 평가하는 과정을 거치고 있다.

교수업적평가의 내용 영역은 교육, 연구 그리고 봉사로 구성되고 각 영역별 내용과 요소는 대학에 따라 다르게 구성되어 있다. 그러나 일반적으로 교육에서는 강의평가, 강의계획서, 강의시수, 학생지도 등을 포함하며, 연구실적에서는 논문, 저술, 수상, 학술활동 등을 포함하고 있다. 그리고 봉사 영역은 교외봉사와 교내봉사로 나누어 교외봉사의 경우 각종 위원회 참여, 각종 민간 또는 학술단체 참여, 산학협동 참여, 외부 무료강의 등 그리고 교내봉사의 경우는 행정보식, 위원회 참여, 학생활동지도 등을 포함하고 있다.

교수업적평가의 내용 영역별 그리고 구체적인 내용과 요소별 평가 기준과 가중치 부여는 대학에 따라 그리고 대학 내에서도 전공 분야에 따라 다양하다. 일반적으로 최근 대학의 성격을 규정하는 준거로 연구중심 또는 교육중심으로 구분하고 있는데, 이것에 따른 교수업적평가의 영역별 비중은 〈표 8-5〉와 같다. 즉, 교육중심대학은 교육에 더 큰 비중을 두고 연구중심대학은 연구에 더 큰 비중을 두고 있다.

교수업적평가 결과는 궁극적으로 대학의 경쟁력 제고와 대학교육의 질 제고에 기여하지만, 현실적으로는 교수인사관리를 합리적으로

표 8-5 교수업적평가의 내용 영역별 평가 기준(예시)

구분	교육	연구	봉사	계
교육중심대학	50~60	30~40	10~20	100
연구중심대학	30~40	50~60	10~20	100
평균	40~50	40~50	10~20	100

하기 위하여 활용되고 있다. 교수업적평가 결과는 교수의 승진, 재임용, 연구비 배정 등에 많이 활용하고 있으며, 정년보장 임용, 우수교수 선정, 연구년제 그리고 성과급 차등지원에도 많이 활용하고 있는 것으로 나타났다(이현청, 2001: 59).

(2) 미국 대학의 실제

미국 대학의 교수업적평가는 주로 교수 자신의 자기 개발을 위한 정보 확보에 큰 의미를 부여하고 있어 업무 수행에 동기를 부여하고 개인의 생산성을 높이는 데 그 목적이 있다. 그리고 또 다른 측면에서는 우리나라와 같이 교수의 승진, 승급, 성과급여 및 연봉 책정, 정년보장 등의 인사관리를 위한 심사자료로 활용하고 있다.

교수업적평가는 강의평가와 연구업적 및 사회봉사활동평가를 포함하고 있다. 강의평가는 학생들에게 설문지를 배포하여 그 결과를 도출하는데, 그 내용은 강의 구조, 교수와 학생의 상호작용, 의사전달의 명확성, 강의의 적절성, 과목의 난이도, 과제 등의 분량과 성적처리, 강의 충실도, 교수의 이해와 지식 정도 등을 포함한다. 그리고 강의평가 결과는 교수에게 피드백하여 교수개발을 위한 자료로도 활용되지만 대학의 입장에서는 승진 등의 인사자료로도 활용하고 있다.

연구업적평가는 연구실적물의 양과 질을 점검할 수 있는 기준을 설정하고 있다. 그 준거는 주로 연구논문 편수와 논문집의 심사유무, 연구의 내용, 연구의 질과 기여도 등을 포함하고 있다. 연구의 질 평가를 위하여 가장 보편적으로 사용되고 있는 것이 사회과학 인용색인지(SSCI), 예술인문과학 인용색인지(AHCI), 자연과학 인용색인지(SCI)이나, 연구의 질에 대한 평가는 대학마다 다르다. 그리고 봉사활동의 평가는 대학 외적으로 국가나 지역사회 발전에의 기여, 평생교육과정 참여활동 등이 중요한 평가의 준거이며, 대내적으로는 대학발전에의 기여나 학생에 대한 봉사 서비스 등이 중요하게 고려되고 있다.

4) 교수업적평가의 발전적 과제

대부분의 대학들이 교수업적평가를 제도화하고 있지만 그것을 성공적으로 실시하고 그 결과를 효과적으로 활용하는 대학은 많지 않다. 아직도 대학 내 이해관계자에 따라 교수업적평가에 대해 많은 문제를 제기하는 것도 사실이다. 교수업적평가는 대학 차원에서는 물론 교수 개인의 입장에서 꼭 필요한 것인지, 평가의 역할과 목적은 적절한지, 평가에서 얻어진 자료는 타당한지, 평가에 관여하는 사람들은 신뢰할 수 있는지 등에 대해 충분한 이해와 의견일치를 보지 못한 데 문제가 있는 것 같다. 이 외에도 대학의 성격과 특성 그리고 입지조건 등을 교수업적평가체제에 제대로 반영하지 못하는 데서 문제가 발생하기도 한다. 대체로 각 대학들의 교수업적평가와 관련하여 현재 문제로 제기되었거나, 잠재적으로 제기될 수 있는 이슈와 대처해야 할 발전적 과제를 제시하면 다음과 같다.

첫째, 일반적으로 교수업적평가의 역할과 목적에 대해 이해관계자들이 서로 다른 견해를 가지고 있다. 교수업적평가를 시행하면서 많은 의견수렴 과정을 거치고 공개토론도 하였지만, 교수와 대학행정가 그리고 교수와 학생 등 이해관계자 사이에 그 역할과 목적에 대해 공감대가 형성되지 않기 때문에 문제가 발생한다. 따라서 이러한 이슈에 대해 공감대가 형성될 때까지 공개토론 등의 과정을 거치는 것이 필요하다. 그리고 이러한 과정을 통하여 교수업적평가의 역할과 목적에 대한 공감대가 형성되면 그에 걸맞는 평가 시스템이 구축되어야 한다.

둘째, 평가되어야 할 교수업적에 대한 영역과 개념이 잘 정립되지 않았다. 전통적인 교육, 연구, 봉사만으로 대학교수의 복잡한 업적을 평가하기에는 충분하지 않다. 물론 전통적인 교수의 업적도 분명하게 개념 정립이 되어야 하지만 산학협동, 기금확보, 기술개발, 학생지도, 지역사회 봉사 등의 다른 영역들도 교수업적으로 분명하게 정의되어야 한다. 특히, 학생지도와 같은 영역은 무엇을 어떻게 평가하고 측정할 것인가에 대한 합의가 잘 이루어지지 않은 부분이기도 하다. 교수업적을 분명하게 개념 정의하고 그것을 정확하고 의미 있게 평가하기 위한 연구가 지속적으로 이루어져야 한다.

셋째, 교수의 강의평가를 지나치게 학생평가에 의존하고 있다. 대부분의 교수업적평가를 실시하고 있는 대학들이 학생에 의한 교수평가를 실시하고 있다. 그러나 학생에 의한 교수강의평가는 학생들이 교수업적평가에 대한 충분한 지식과 이해를 가지고 있지 않을 뿐만 아니라 학생들의 평가에 임하는 자세와 태도에 따라 전혀 다른 결과를 가져올 수 있기 때문에 공정성이나 객관성을 담보할 수 없다. 따라서 학생에 의한 교수강의평가는 교수의 대학교육에 대한 업적의 단면을 평가하는 자료로 활용해야 할 것이다. 그리고 교수들의 대학에서의 교육 기능에 대한 업적을 다양한 형태로 평가할 수 있는 방법을 찾아야 한다. 학생에 의한 교수평가의 경우도 학생들에게 충분한 정보를 주고 올바른 자세를 가지고 참여할 수 있도록 교육시켜야 한다.

넷째, 교수업적평가체제에 대학이 지향하는 이념과 성격 그리고 대학의 특성과 기타 대학의 입지조건 등이 충분히 반영되지 못하고 있다. 모든 대학들이 교수업적평가의 기본적인 원칙은 공유해야 하지만 세부적인 부분에서는 대학의 독자적인 체제가 필요하다. 외국 대학에서 활용하고 있는 교수업적평가체제나 국내 타대학에서 적용하고 있는 교수체제를 그대로 또는 모방하여 활용하는 경우 평가의 실효성을 담보할 수 없다. 또한 이런 경우 피평가자인 교수들로부터의 저항을 피할 수 없다. 따라서 개별대학에 적합한 차별화된 독자적인 교수업적평가체제를 구축하는 것이 중요하다. 이를 위해서 대학은 교수업적평가에 대한 전문적이고 체계적인 연구를 지속적으로 추진하고 현행 체제를 점진적으로 발전시켜 나가는 노력을 경주해야 한다.

다섯째, 교수업적평가를 위한 신뢰롭고 타당한 정보와 자료를 확보하는 것도 중요하지만 그것을 전문적으로 분석 · 해석 · 활용하는 것이 더욱 중요하다. 교수업적평가를 담당하는 교수나 행정가들이 평가에서 얻어진 자료를 정확하게 해석할 수 있는 전문적인 지식이 없어 평가 결과 활용에 기술적 혹은 개념적 오류가 발생한다면 교수평가는 성공할 수 없다. 또한 양질의 교수평가 결과에 대한 정보나 자료를 확보하고 그것을 분석하여 체계적으로 관리하는 것은 물론 정례적으로 교수업적평가체제를 점검할 수 있는 정보관리체제가 갖추어지지 않는다면 이 또한 교수평가를 성공적으로 할 수 없는 요인이다. 따라서 대학에서는 교수업적평가의 전 과정을 표준화하여 데이터베이스를 구축하고, 교수업적의 준거와 기준을 설정하여 신뢰할 수 있는 정보자료를 안정적으로 확보해야 하며, 이에 관련된 사람들에 대한 교육 · 훈련을 강화해야 한다.

여섯째, 교수업적평가와 관련하여 피평가자인 교수들이 제기하는 이슈 중 하나가 평가 결과의 활용 문제다. 교수업적평가 결과를 어디에 어떻게 활용하는가는 대학에 따라 다르다. 가장 일반적인 것이 교수의 인사고과 자료로 활용하는 것과 교수개발을 위한 근거자료로 활용하는 것이다. 우선 교수의 인사고과 자료로는 교수의 승진이나 재임용 및 정년보장과 연봉 또는 성과급 등을 결정하는 데 활용되고 있다. 그리고 교수개발을 위해서는 교수의 자기 개발을 위한 동기부여와 강의의 질 개선을 위한 자료 등으로 활용되고 있다. 최근 교수평가를 통하여 그 해에 가장 우수한 교수를 선정하여 시상하고 널리 홍보하는 것도 많은 대학에서 일반화되어 있다.

교수업적평가 결과는 크게 대학 차원에서의 활용과 교수 개인 차원에서의 활용 두 가지로 구분해 볼 수 있다. 대학 차원에서는 다시 대학 전체 차원에서의 활용과 개별 교육조직 단위에서의 활용 그리고 교수집단에서의 활용으로 나누어 볼 수 있다.

- 대학 차원에서는 교수업적평가 결과를 교수에 대한 보상체제를 포함한 인사고과 자료로 활용하는 것 이외에, 대학평가에 대비하는 것은 물론 대학의 중장기적인 발전 비전 설정이나 계획 수립에 필요한 기초자료로 활용해야 하며, 무엇보다 대학 차원에서의 교수개발과 교육업적평가체제 개선을 위한 기초자료로 활용해야 한다.
- 단위교육조직(대학, 학부, 학과 등)에서는 학생들을 위한 교수-학습의 질 개선을 위한 자료로 활용하는 것은 물론 교육과정 및 교과과정 개발과 개편을 위한 기초자료로 활용하고, 교수들의 연구활동 활성화와 지원 그리고 교수의 연구와 교육을 연계시키는 방안을 모색하는 데도 적극 활용해야 한다. 특히, 단위교육조직에서는 교수업적평가 결과를 근거로 다양한 형태로 교수들이 커뮤니케이션할 수 있는 기회(세미나, 토론회, 워크숍 등)를 제공해야 한다.
- 교수 개인 차원에서는 교수업적평가 결과를 자기 개발과 발전을 위한 자료로 활용해야 한다. 우선 학생들의 강의평가 결과는 교수의 강의 기법이나 강의의 전체적인 질 개선을 위한 자료로 충분히 활용될 수 있을 것이다. 무엇보다 교수업적평가는 교수들

의 경력개발(career development)을 위한 자료로 활용되어야 한다. 이를 위해 교수업적평가는 교수의 경력개발을 지원하는 데 필요한 정보를 제공할 수 있도록 설계되어야 한다.

마지막으로, 교수업적평가체제를 구축하고 시행할 수 있는 전문적인 조직이 구성되고, 필요한 행 · 재정적인 지원이 충분히 이루어지고 있는지가 의문스러운 부분이다. 대학의 규모, 성격 그리고 교수업적평가의 목적 등에 따라 이 업무를 종합적으로 관장할 수 있는 조직이 체계적으로 마련되어야 한다. 조직이 있다 해도 전문적인 인력이 배치되지 않으면 성공할 수 없으며, 전문인력이 배치된다 해도 방대하고 엄정한 평가업무를 독자적으로 수행하는 데 한계가 있다. 따라서 우선 대학본부 그리고 단위교육조직(대규모 대학) 수준에서 교수업적평가를 전담할 수 있는 조직을 갖추고 전문인력을 배치해야 하며, 이를 자문하고 중요한 의사결정을 할 수 있도록 지원하는 전문적인 위원회를 구성 · 운영해야 한다. 그리고 지속적이고 체계적으로 교수업적평가체제를 검토하고, 자료를 수집하여 분석하고 관리하기 위한 재정적인 지원과 정보관체제 구축 등이 이루어져야 한다.

대학의 교수업적평가체제는 교수들에게 상벌을 주는 통제기제가 아니라 대학의 발전과 경쟁력을 강화하기 위한 강력한 수단인 동시에 전략이다. 교수로서 필요한 능력과 자질을 지속적으로 개발하여 대학의 경쟁력이 제고되면 대학도 발전할 수 있고 교수들의 권위와 위상도 자연 높아질 수 있다. 따라서 대학은 교수업적평가와 관련된 갈등을 극복하고 제기된 이슈들을 해결할 수 있는 방향으로 해당 대학에 가장 적합한 교수업적평가체제를 구축 · 운영해야 할 것이다. 그러기 위해서는 대학 내부에서 교수업적평가체제에 대한 지속적인 연구개발이 이루어져야 한다.

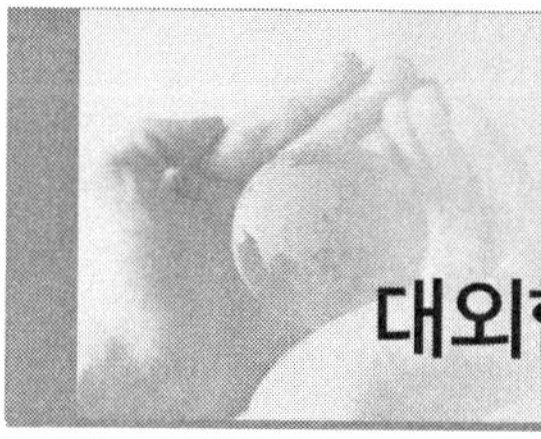

제9장

대외협력 및 사회봉사발전계획

1. 지역사회협력계획

1) 지역대학 간 역할분담

대학은 교육, 연구, 사회봉사 부문에서 일정한 서비스 권역을 가지고 있다. 전국을 서비스 권역으로 하거나 이러한 방향을 지향하는 대학이 있는가 하면, 대학이 소재하는 지역의 생활권을 주된 서비스 권역으로 삼는 대학도 있다. 물론 교육, 연구, 사회봉사 영역 중 일부 영역에서는 전국을 대상으로 하면서 다른 영역에서는 지역생활권에 한정하여 기능을 담당하는 대학도 있다. 대학의 서비스 권역이 중첩되는 여러 대학이 서로 교류 · 협력하게 되면 자원의 효율적인 활용이 가능해지고 대학별로 중점 분야에 역량을 집중할 수 있다. 지역대학 간 역할분담은 매우 민감하고 이해관계가 상충될 수 있는 사안이므로 먼저 해당 대학이 중장기적으로 계획하는 서비스 권역이 무엇인지, 동일하거나 중첩되는 서비스 권역을 가진 대학이 어떻게 위치하고 있는지를 분석하는 작업이 선행되어야 한다.

(1) 권역별 대학 간 역할분담

기본적으로 서비스 권역이 동일하거나 중첩되는 대학 간에는 경쟁관계가 형성되는 경향이 있지만 일반대학, 교육대학, 산업대학 등 대학 유형이 다른 경우 서비스 권역이 동일하면서도 비경쟁관계를 유지할 수 있다. 또한 제공하는 서비스의 특성에 따라서 서로 분리된 관계집단을 가질 수도 있다. 대학의 지역 간 역할분담의 대표적인 방식은 각 대학이 비교우위 또는 경쟁력을 갖추고 있거나 확보하는 데 유리한 분야나 기능을 중심으로 하여 특성화를 추진하면서 상호 보완관계를 유지하는 것이다.

각 대학별로 추진할 특성화의 성격이나 영역은 권역별 대학협의회(보통 지역별 총학장협의회)를 구성하여 함께 논의하고 발전시킬 수 있다. 대학별 특성화를 통한 지역대학 간 협력을 계획할 때에는 아래에 제시된 상황에 대한 분석을 토대로 하여 적합한 협력계획을 수립해 나가야 한다. 물론 대학 특성화는 기능이나 학문 분야를 기준으로 하지 않고 추구하는 인재상이나 전략 면에서도 나타날 수 있다.

- 개별대학만으로는 서비스 권역의 요구를 충족시킬 수 없는 상황
- 개별대학으로서 서비스 권역의 요구를 충족시킬 수는 있지만, 이러할 경우 미래 서비스 권역의 변화에 대응할 수 있는 자원 확보가 곤란한 상황
- 대학 간 협력으로 새로운 서비스 수요를 창출함으로써 외부 자원의 확충을 유도할 수 있는 상황
- 지역대학 간 과도한 경쟁이 대학의 경쟁력 제고로 연결되지 못하고 자원의 비효율적 소비에 그칠 수 있는 상황

2000년에 교육인적자원부가 마련한 국립대학발전방안(2000. 12. 22)에서는 장기과제로서 권역별 대학연합체제를 제안한 적이 있다. 이 방안은 2004년 이후 추진되는 국립대학 통폐합 등 구조개혁 과정에서 1도 1국립대학체제 수립을 언급하기도 하였다. 당시에 교육인적자원부가 제시한 필요성은 다음과 같다.

- 권역별 대학연합에 의한 시너지 효과(인사, 시설, 재정 등의 효율화 도모)
- 권역 내 대학 간 역할분담 및 협력을 통한 연구와 교육경쟁력 제고
- 권역 내 대학의 잠재역량과 지역별 특성에 맞는 대학 특성화
- 지방 고등교육의 요구 및 지역 균형발전에 기여

권역별 연합대학 간에 캠퍼스는 그 성격에 따라 역할을 분담하게 된다. 연합대학체제 차원에서 총정원제를 실시하면서 캠퍼스 간 학사과정과 대학원 정원 조정 자율화, 캠퍼스별 연구소 특성화 추진 및 공동연구소 개설 · 운영을 추진한다. 각 캠퍼스는 연구중심모형 캠퍼스, 연구/교육중심모형 캠퍼스, 교육중심모형 캠퍼스로 구분하여 각각 역할을 담당한다.

- 연구중심모형 캠퍼스
  - 권역 내의 기초 및 보호학문 분야 교육 강화
  - 현 학사과정 정원은 20~30% 정도 감축하고 이에 상응하는 대학원 정원 증원
  - 권역 내의 연구 중심 기능 수행
- 연구/교육중심모형 캠퍼스
  - 권역 내의 응용학문 분야 중심으로 교육 담당

– 학사/석사 중심으로 일부 특성화 분야는 박사과정까지 운영
– 기초 및 보호학문 분야는 정원 감축

- 교육중심모형 캠퍼스
  – 직업인력 양성 및 평생교육 기능 강화
  – 대학원 정원은 제한적 분야에만 허용하고 여타 분야의 정원 감축
  – 학사과정 중심으로 대학 운영
  – 권역 내의 교육 중심 기능 수행

(2) 대학 간 교류 활성화 계획

대학 간 교류는 학생교류, 교수교류, 교육협력, 연구협력, 교육 및 연구시설의 공동 구축 및 활용으로 구분할 수 있다(교육인적자원부, 2000. 12. 22). 교수자원이 제한되어 있는 상황에서 학생의 다양한 요구에 부응하는 과목을 개설·운용하는 것은 쉬운 일이 아니다. 특히, 다양한 학문 분야를 포괄하고 있는 종합대학교가 아닌 대학에서는 폭넓은 교양과목을 개설하여 학생의 선택기회를 확대하기가 어렵다. 전공과정에서는 유사학과가 협력하여 과목을 공동으로 운영한다면 규모의 경제를 살리면서 풍부한 교육과정을 구성해 낼 수 있다. 구체적인 협력방안을 계획할 때에는 각 방안별로 관련 조건을 검토해 보아야 한다(〈표 9-1〉 참조).

교과목 교류의 방안으로는 공동으로 교양풀(pool) 개발·운영, 유사 전공을 가진 학과 간 전공학점 상호 인정, 협력대학 수업을 책임시수로 인정, 학기단위별 상호 교수파견제도, 가상대학의 공동 운영, 각 대학의 특성화 분야별로 교육과정의 공동 개발·운영 등을 고려할 수 있다. 교과목 교류 시 검토사항으로는 대학 간 상호 학점인정

‖ 표 9-1 ‖ 대학 간 교류의 분야와 내용

분야	내용
학생교류	• 학점교류의 활성화 • 교육 중심 분야 졸업자들의 연구 중심 분야 대학원 진학 활성화
교수교류	• 대학 간의 교수 전 · 출입 장려 • 공동연구 확대
교육협력	• 유형별, 권역별 국립대 간 교육협력 컨소시움 구축 및 운영 지원 • 원격교육체제 구축을 통한 강좌 교류 추진
연구협력	• 공동연구소 운영 추진 • 공동연구 프로젝트 실시
교육 및 연구시설의 공동 구축 및 활용	• 시설의 중복투자 배제 및 공동활용 확대 • 실험실습 기자재 공동구매 및 공동활용 • 도서, 학술저널, 온라인 DB, CD-ROM DB, 박물관 등 자료 공동활용체제 구축

과 최대 인정 학점 수, 학점 상호 인정에 따른 비용처리 방안, 학점 상호 인정에 따른 학사관리 시스템의 운용방식, 지리적 근접성, 학생의 선호도와 요구, 전공의 상호 보완성 정도 등이다.

한편, 각 대학의 재정자원이 제한되어 있는 만큼 대학별로 보유하고 있는 교육 및 연구시설과 기자재를 상호 개방하여 활용함으로써 활용도를 높이고 자원을 효율적으로 활용할 수 있다. 대학 도서관을 비롯한 연구시설을 완전히 개방하는 수준에서부터 일정한 제한 하에서 개방하는 수준까지 다양한 개방 수준을 검토할 수 있다. 또한 시설자원의 개방과 함께 시설과 기자재의 확보 단계에서부터 지역대학 간 역할분담을 통하여 중복투자를 방지하고 상호 보완적 협력을 강화해 나갈 수도 있다. 기자재의 상호 개방적 활용 계획을 수립할 때

검토할 사항으로는 시설 · 기자재의 개방에 따른 비용분담 방안, 상호 보완적인 효과 기대치, 장기적인 협력관계의 지속 가능성 등이다.

| 사례 | 강원대학교

- 거점 국립대학 간의 학술교류: 공동교육과정의 연구 · 개발, 단일카드에 의한 학생 서비스, 교직원 교류의 강화
- 원격교육체제 구축을 통한 강좌의 교류: 교과목 개발의 다양성 강화, 학문 분야별 대학 간 역할분담, 평가 방법의 공동개발 및 운영, 기반기술의 공동개발

| 사례 | 충북대학교

- 교직원의 국내교류사업 활성화: 교수의 질을 높이기 위한 방편으로 국내 유명 대학이나 유명 연구소와의 교류사업 확대
- 국내 유명 대학, 연구소와 공동연구 적극 추진
- 국가기관, 지방자치단체와의 협력체제 구축: 국가, 지방자치단체가 주관하는 주요 프로젝트에 적극 참여하여 긴밀한 관계 유지
- 유명 인사의 석좌교수제도 도입
- 객원교수제도 활용: 본교와 협력관계에 있는 공공기관, 연구소, 사기업체 등에 근무하는 인사를 객원교수로 활용

2) 사회봉사활성화계획

대학의 3대 기능 중 하나로서 사회봉사는 단순히 대학이 사회에 봉사한다는 수혜 차원에 그치지 않고 대학의 생존과 발전에 중요한 변수가 되고 있다. 대학도 일정한 생명체로서 사회의 믿음과 신뢰를 바탕으로 성장해 나가기 때문이다. 특히, 사회가 급속하게 개방체제로 변하고 있고 대학 역시 자원의 활발한 교류를 요구하는 개방조직

으로 나갈 수밖에 없는 상황에서 사회봉사는 이제 더 이상 대학의 부수적인 기능에 머물지 않고 있다. 우리나라에서 사회봉사를 정규 교과목으로 가르치기 시작한 것은 1979년 강남대학교 사회복지대학이 효시라고 할 수 있으나, 본격적으로 대학이 정규 교과목으로 채택하기 시작한 것은 1990년대부터다(이현청, 2006: 305). 대학의 총학장들이 관심을 가지고 사회봉사 교과목을 대학교육과정에 본격적으로 개설하기 시작한 것은 1996년 5월 삼성의 지원 하에 중앙일보가 주관하여 20여 명의 대학 총학장이 미국 대학의 사회봉사 현황을 시찰한 것이 계기가 되었다(이현청, 2006: 306). 같은 해에 한국대학사회봉사회가 창립되어 대학의 자원봉사활동에 관한 상호 협조체제를 갖추게 되었다.

사회봉사는 크게 보면 사회교육 프로그램을 통한 사회교육에 의한 사회봉사와 자원봉사활동으로 구분할 수 있다. 사회교육에 의한 봉사는 대학이 학생 이외에도 지역주민을 대상으로 대학의 지식자원을 확산시키는 것으로, 대학의 전통적인 교육 기능을 확대한 것으로 볼 수 있다. 자원봉사에 의한 사회봉사는 대학의 인적 · 물적자원을 활용하여 무상으로 사회에 기여하는 활동으로서, '지도자로서 인격과 덕성' 함양을 지향하는 대학의 성격과도 부합한다고 할 수 있다. 보통 대학의 자원봉사라 하면 학생의 활동을 가리키지만, 대학의 자원봉사는 학생뿐만 아니라 교직원에 의한 활동도 광범위하게 포함하고 있다. 대학교수의 업적평가에서도 교육, 연구와 함께 사회봉사 영역이 포함되고 있으며, 교수의 사회봉사는 대학에 대한 사회적 평가에도 영향을 미치고 있으므로 대학발전계획에서 함께 고려되어야 한다.

(1) 사회교육 프로그램

사회교육 프로그램은 대상, 목표, 기간, 시기, 전달방식, 운영방식, 내용, 주관 등에 따라 구분할 수 있다. 대학마다 다양한 사회교육 프로그램을 운영하고 있으므로 면밀한 요구조사를 바탕으로 계획이 수립되어야 한다. 이 요구조사에서는 사회교육 프로그램에 대한 요구뿐만 아니라 해당 대학의 사회교육 프로그램에 참여할 수 있는 잠재적 집단에 대한 진단이 이루어져야 한다. 잠재적인 사회교육 프로그램 개발 · 시행에서 점진적인 접근방식으로서 우선순위를 매기고자 할 때에는 대학의 특색이나 이미지와 상호 상승효과를 기대할 수 있는 프로그램을 우선 선택하는 것이 유리하다. 또한 지방자치단체와 공동협력하여 기획을 추진하면 운영재원 확보에 유리할 뿐만 아니라 수강생 확보에도 도움을 받을 수 있다.

사회교육 프로그램 계획 시에는 프로그램 자체 계획뿐만 아니라 재정수지계획, 강사확보계획, 평가계획이 함께 수반되어야 한다. 평가계획은 프로그램의 성과와 개선 방향을 점검하는 자료가 될 뿐만 아니라 전반적인 대학경영에 관한 정보를 제공하는 데 기여할 수 있다. 보통 사회교육 프로그램 등록자로서 외부인은 대학의 실상에 대해 잘 모르는 경우가 많은데, 이 프로그램에 참여함으로써 많은 정보를 얻게 되며, 이것이 대학에 유리한 홍보효과를 가질 수도 있고, 역으로 대학의 평판에 부정적인 결과를 초래할 수도 있다.

- 대상: 초등학생, 중등학교 학생, 학부모, 일반 성인, 전문가
- 목표: 전문교육, 교양교육, 특별활동 등
- 기간: 1일, 1주일, 1달, 1학기, 1년 등
- 시기: 학기 중, 방학 중, 연중 등

- 장소: 학교 내, 학교 외부
- 전달방식: 온라인, 오프라인, 혼합형
- 운영방식: 대학 단독운영, 지방자치단체나 외부 기관과 공동운영
- 내용: 인문, 자연, 예체능, 어학, IT 등
- 주관: 학과, 연구소, 평생교육원, 센터, 도서관, 박물관 등

표 9-2 이화여자대학교의 사회교육 프로그램 일부

주관	프로그램
이화리더십개발원	이화리더십과정
국제대학원/ 국제교육원	국제하기대학, 청소년국제학 프로그램, CMG 워크숍
정책과학대학원	고급홍보전문가특별과정
경영대학원	이화여성고위경영자과정
평생교육원	카운슬러전문과정, 논술교육수료과정, 아동미술전문교육과정, 몬테소리전문교육과정, 놀이치료전문교육과정, 독서교육지도사교육과정
연구소	Food & Culture, 이화특수교육연수, 약사연수교육과정, 중국음식문화워크숍, 묘사분석훈련과정, 색채디자인전문가인증교육, 패션비즈니스강좌, e-learning 전문가과정
이화인증원	이화-삼성 Essence
국제회의센터	국제회의전문가과정
간호과학대학	호스피스자원봉사자교육
경력개발센터	전문비서교육과정, 컴퓨터단기교육과정, 웹프로모션전문가과정
언어교육원	English Speak-Up, 중국어정규과정, 일본어정규과정, 어린이영어전문가과정
사회복지관	어린이교실, 방과후교실

(2) 자원봉사활동

자원봉사는 대학의 자원을 활용하여 사회의 필요를 충족시켜 주는 자발적인 봉사활동이다. 대학의 구성원으로서 교수, 학생, 직원별 봉사활동이 있을 수 있고, 국내외 기준에 따라 국내 자원봉사와 국외 자원봉사로, 봉사활동 내용에 따라 농산어촌근로봉사, 의료지원봉사, 복지기관지원봉사, 지역청소년지원봉사, 환경보호봉사 등 다양하게 개발할 수 있다. 최근에는 일정한 사회봉사를 학점으로 구성하고 이러한 학점 취득을 대학졸업 요건으로서 설정하는 대학도 많다. 일정한 시간의 사회봉사를 이수한 경우 학점을 인정하는 방안도 있고, 사회봉사활동과 함께 사회봉사에 관한 학습을 병행하는 방식으로 구성할 수도 있다.

| 사례 | 인제대학교(봉사활동학점인정제)

- 학칙 제59조와 학사운영규정 제96조에 따라 졸업요건으로서 봉사활동 요구
- 봉사활동의 범위: 추천된 사회복지기관 및 시설에 봉사 근무하는 행위, 농어촌봉사활동 및 의료봉사활동, 교내외 환경정화 및 자연보호활동, 헌혈 · 병원봉사활동 등 단과대학 성적사정회의에서 인정할 수 있는 활동
- 봉사활동의 이수시간은 총 48시간 이상으로 하되, 한 학기에 총 4시간 이상을 활동하여야 이수시간으로 인정함

표 9-3 ‖ 사회봉사활동 운영방안의 예(경상대학교)

기본운영방안	세부운영방안
사회봉사활동지침 및 계획 수립	• 사회봉사활동지침 및 세부계획 수립 • 교과목연계 봉사활동, 일반봉사, 해외봉사, 사회봉사육성발전지원사업으로 구분

사회봉사활동 육성 및 발전	• 사회봉사 책자 발간 • 홈페이지 구축 • 사회봉사활동 프로그램 개발 및 보급 • 우수 사회봉사활동자(팀) 지원
지역사회와 함께하는 사회봉사 운영 구축	• 체계적이고 효율적인 농촌봉사활동 실시 • 전공 분야와 연계하여 실시
대외봉사기관과의 상호 유기적인 협조체제 구축	• 공공기관, 사회복지기관, 기업체, 시민단체, 소비자 단체, 여성단체와의 연계 실시
사회봉사 교육 및 사회봉사 행사 주관	• 오리엔테이션 및 자원봉사 기본교육 • 워크숍 및 사회봉사 축제 실시
국제자원봉사 (해외봉사) 협력	• 한국대학사회봉사협의회 파견 대학생해외봉사단 활동 참여 • PAS(태평양아시아협회) 청년해외봉사단 참여 • 기타 봉사단체와 국제교류사업에 적극 동참
사회봉사활동의 체계적 지원관리	• 사회봉사 관련 업무를 전담하는 직원을 둠

사회봉사의 의미를 체험하고 각종 봉사활동 단체, 기관 간 상호 연계 및 정보교류를 위하여 사회봉사박람회를 계획할 수도 있다. 사회봉사학점제를 시행할 경우 체계적인 지원과 관리가 요구되는 만큼 전담조직을 구성하는 방안 혹은 학생처 소속으로 전담 팀을 구성하는 방안을 마련할 수 있다. 경우에 따라서는 사회봉사활동을 학생의 경력개발과 연계할 수 있도록 대학의 경력개발센터(취업정보센터 등)에서 관할하면서 국내외 인턴십과 연계하는 방안도 시도되고 있다.

자원봉사활동을 계획할 때 검토사항으로는 전공과 연계하여 체험학습의 장으로서 자원봉사활동 활용 가능성, 졸업요건으로서 봉사활동을 설정할 경우 이수 인정 관리 방안, 사회봉사활동을 장학제도와 연계하는 방안(예: 교내장애학생도우미제도, 방과후학교학생지도), 국내

외 자원봉사 지원단체나 재정지원 기구와 연계하는 방안 등이 있다. 한국대학교육협의회와 협력관계를 맺고 있는 한국대학사회봉사협의회에서는 아래와 같은 업무를 담당하고 있으므로 이 조직과 연계체제를 갖추는 것은 사회봉사를 위한 네트워크 구축 차원에서 장점이 있다. 또한 자원봉사활동이 단순히 일회성의 행사가 아니라 대학교육의 전반적인 활동과 유기적으로 연계되어 통합적으로 관리됨으로써 대학의 발전을 꾀할 수 있다는 점도 봉사활동 계획 시에 유의해야 한다. 이를 위해서 자원봉사활동의 운영방안에 대한 세부적인 계획이 요구된다.

| 사례 | 한국대학사회봉사협의회 운영 팀 업무

- 뉴스레터 '대학봉사' 발간 배포
- 대학사회봉사활성화방안을 위한 세미나 및 워크숍 개최
- 선진 자원봉사 연구시찰
- 대학 사회봉사 활성화를 위한 과제 연구
- 대학생 자원봉사 프로그램 공모 지원
- 한국 대학생 해외봉사단 파견
- 대학생 자원봉사 지도자 양성 및 청소년 연계 자원봉사활동
- 대학과 초 · 중 · 고등학교 연계 프로그램 개발 지원
- 하계 대학생 의료 및 기술봉사활동 지원
- 지역권역별 회원대학 연합 사회봉사 지원

| 사례 | 전북대학교

- 해외봉사활동 지원
  - 전북대학교 해외봉사단(동 · 하계: 12개팀 200여 명 파견)
  - PAS 청년해외봉사단(동계: 20여 명 파견)
  - 해외의료봉사단(동계: 20명 파견)

- 한국대학사회봉사협의회 봉사단(하계: 2명 파견)

• 사회봉사 교과이수
  - 취득학점: 1학점(30시간 이상 봉사활동)
  - 취득인원(1학기 사회봉사: 300명, 하계 사회봉사: 600명, 2학기 사회봉사: 500명, 동계 사회봉사: 200명)

• 전북대학교사회봉사단 활동 지원
  - 2007학년도 중 20회 이상 봉사활동 실시
  - 전공과 연계한 학습도우미제도 실시 등 확대 방안 모색
  - 지역사회와 연계한 자매결연 등 집중봉사체제 확립

2. 국제교류계획

1) 국제교류의 요구

대학의 거시적인 정책 흐름을 지배하는 이념을 보면 1980년대부터 1990년대 초반까지는 '민주화'가 우세하였다면, 1990년대 후반으로 접어들면서 '정보화'의 요구가 강하게 대두되었고, 2000년대로 접어들면서 '국제화'가 시대정신으로 등장하였다. 국제화는 정치, 경제, 사회, 문화, 교육 등 제반 영역에서 세계 각국이 더욱 밀접하게 연결되면서 나타나는 현상이면서 요구되는 변화의 방향이기도 하다. 대학의 국제화라고 하면 국제사회 마인드 함양, 외국어교육 강화, 국제교류 활성화와 여건 조성, 국제 기준에 맞춘 대학체제 혁신을 모두 포괄하는 의미로서 국제교류는 국제화 사업의 일부를 이룬다.

국제하를 이루기 위한 국제교류의 초기 단세에서는 영어, 일본어, 중국어 등 외국어능력 배양을 통해 단순히 의사소통이나 정보교류를 원활히 하는 수준에 머물렀으나, 점차 국제사회에서 주도적인 역할

을 담당할 수 있는 경쟁력 있는 인재 양성으로 나아가고 있다. 즉, 단순 외국어 연수에서 전공과목과 통합된 전체 교육과정 차원에서 프로그램이 구성되는 경향을 보이고 있다. 대학교수 역시 외국의 앞선 정보를 효과적으로 전달하는 데 필요한 국제화 단계에서 국제무대에서 공동협력하고 기여할 수 있는 높은 차원의 국제화를 요구받고 있다. 국제교류를 지원하기 위하여 「고등교육법」 제21조에 따라 대학은 외국의 대학과 공동으로 교육과정을 운영할 수 있으며, 「고등교육법 시행령」 제13조에서는 교육과정의 공동운영에 학사학위과정 외에도 대학원과정까지 인정하고 있다. 1990년대 후반에는 국내 대학이 외국인 교수를 임용하는 것의 적법성을 법원에서 다투기도 하였는데, 이제는 외국인 교수의 임용 비율이 중요한 국제화의 기준이 될 만큼 시대가 변하였다. 이미 1999년 1월 29일 「교육공무원법」 개정으로 제10조의2가 신설되어 국립대학도 외국인 교원을 임용할 수 있는 법적 근거가 마련되었다.

〈고등교육법〉

제21조 (교육과정의 운영) ① 학교는 학칙이 정하는 바에 의하여 교육과정을 운영하여야 한다. 다만, 외국의 대학과 공동으로 운영하는 교육과정에 대하여는 대통령령으로 정한다.

② 교과의 이수는 평점 및 학점제 등에 의하되, 학점당 필요한 이수시간 등은 대통령령으로 정한다.

제23조 (학점의 인정 등) ① 학교는 학생이 다음 각 호의 어느 하나에 해당하는 경우(해당 학교에 입학하기 전의 경우를 포함한다)에 학칙으로 정하는 바에 따라 이를 해당 학교에서 취득한 학점으로 인정할 수 있다.

1. 국내외의 다른 학교에서 취득한 학점(제2호 이하 생략)

〈고등교육법 시행령〉

제13조 (외국대학과의 교육과정 공동운영) 대학, 산업대학, 교육대학, 전문대학, 기술대학과 방송대학, 통신대학, 방송통신대학 및 사이버대학(이하 '원격대학'이라 한다) 및 법 제59조 제4항에 따라 교육과학기술부장관의 지정을 받은 각종학교는 법 제21조 제1항에 따라 교육과정을 운영함에 있어서 교육과학기술부장관이 정하는 바에 따라 외국의 대학과 공동으로 다음 각호의 과정을 운영할 수 있다.

1. 대학 및 산업대학 및 교육대학: 학사학위과정 또는 대학원 교육과정

1의2. 원격대학: 전문학사 · 학사학위과정 및 대학원 교육과정

2. 전문대학: 전문학사학위과정

3. 기술대학 및 법 제59조 제4항에 따라 교육과학기술부장관의 지정을 받은 각종학교: 전문학사학위과정 또는 학사학위과정

국제교류는 대학의 여건과 특성에 따라 그 목표가 달리 정해질 수 있는데, 대학에 따라서는 국제교류를 대학 특성화의 핵심 과제로 설정하기도 하고 대학 발전을 이끄는 발전 전략으로 채택하기도 한다.

| 사례 | POSTECH의 국제화계획

- 글로벌 브랜드 이미지 제고
- 영어강의 및 외국인 교수 · 학생 유치: 영어강의 확대, 외국인 교수/연구원 유치 확대, 외국인 학생 유치 확대
- 노벨상/필즈상 수상자 및 후보자 초빙 프로그램 운영
- 국제적 학술연구 인프라 구축(국제공동연구소 유치)
- 프로세스 혁신(인력 육성, 프로세스 혁신, EPR 시스템 구축)

2) 국제교류사업계획

국제교류사업은 당해 대학의 학생과 교직원이 외국 대학으로 나가

는 1단계(outbound), 외국 대학 교직원을 유치하는 2단계(inbound), 외국의 대학과 공동으로 국제사회를 주도하는 프로그램을 운영하는 3단계로 구분할 수 있다. 대학의 특성과 발전목표에 따라 국제교류사업 단계 설정은 달라질 수 있는데, 아직 우리나라의 많은 대학은 1단계에 머물고 있고, 일부에서 2단계와 3단계를 위한 사업을 추진하고 있다. 국제교류사업 중 가장 기본적이고 일반적인 사업은 교환학생 제도로서 학술교류협정을 체결한 외국 대학과 학부 또는 대학원 재학생을 단기간(보통 1년 이내) 교환하는 프로그램이다. 보통 교환학생은 소속대학에 등록금을 납부하고 연수를 받는 대학에서 등록금을 면제하는 방식을 취하고 있으며 대학에 따라 왕복 항공권을 지원하기도 한다.

외부 평가를 의식해서 최근에 많은 대학이 외국 대학과 자매결연을 맺고 있는데, 실질적인 교류로 연결되지 못하는 경우가 많으며, 교류가 이루어지는 경우에도 균형 있는 양방향 교류보다는 한국 학생이 외국으로 나가는 일방적인 교류가 우세하다. 따라서 일단 실질적인 교류가 가능한 대학을 선택하여야 하고 자매결연을 체결한 경우에는 정례적인 교류가 이루어지도록 프로그램을 개발하고 관리해야 한다. 주로 영향력을 제고할 수 있는 동남아시아의 발전도상국과의 집중 교류를 선택하는 것은 국제교류를 실질화하는 데 도움이 될 수 있다. 제3세계 대학원생을 유치하여 대학원과정을 이수하게 하고 본국으로 귀국한 후 중요한 위치에서 일할 수 있도록 도와주는 프로그램은 지속적인 교류의 효과를 창출하기도 한다.

국제교류사업을 계획할 때에는 국제교류 프로그램의 개발 못지 않게 담당인력의 확보 및 전문화 계획도 함께 고려되어야 한다. 국제교류는 신뢰를 바탕으로 축적된 전문능력과 노하우를 요구하며 사업의 지속성이 중요하기 때문이다. 담당직원의 빈번한 인사교류를 피하기 위한 인사계획과 지역별 전문화 인력을 유치하고 유지하기 위한 계획이 포함되어야 한다.

| 사례 | 건국대학교

- 국제교류 기반 확충
  - 국제화 인프라로 국제학사 건설(외국인 교수 초빙, 장단기 교환학생 수용, 외국 대학 및 기관과 세미나 개최)
  - 외국 대학에 건국대 전용기숙사 확보
  - 외국어교육원 운영(선진대학으로부터 선진 교육 방법을 전수받고 우수강사를 유치하며 TESOL 과정 운영)
- 학생교류 확대
  - 자매결연 체결 대학 증대(유럽, 아시아, 중동, 아프리카 등으로 다변화)
  - 교환학생 프로그램 확대 실시(상대교 등록금을 In-state 자격으로 지불하는 방안, 상대 학교의 등록금을 파견학생이 부담하는 방안, 상대 학교의 등록금을 차등 지원하는 방안, 등록금이 저렴한 대학으로 파견하는 방안)
  - 자비학점인정제도 실시(학기중 해외 어학연수, 방학중 해외 어학연수)
  - 하계 어학연수 실시(자매결연 대학 파견 어학연수)
  - 대학원생 교류 확대
  - 귀국 학생에 대한 추후 관리 강화
- 교직원 교류 확대 방안
  - 전임교원의 국제화 역량 지원 강화(해외파견 교수 확대, 국제학술지 논문발표 지원 강화, 우수 외국인 연구인력 확충)
  - 국제학술세미나 개최 및 지원
  - 국제화 전문 행정직원의 양성(국제화 부문 담당자 전문화, 연수기회 확대)
- 외국 대학과 공동학위 프로그램 개발(Dual Degree Program)

  - 4학기 수강 + 3학기 파견 수학 + 1학기 귀국 후 수강
  - 취득학점 인정 및 학점 대체
- Global 전문인 교육 활성화
  - Virtual 국제학부(지역전문가양성 전공과정) 신설 추진
  - 청소년지도자 프로그램(International Fellowship Research Program) 개발
  - 영어 및 원어강의 개설(외국인 학생 교육여건 조성)
  - 외국인 교수 채용
  - 졸업인증제(외국어 및 정보처리능력) 도입
  - 외국인 학생 유학 유치 전략(외국인 유학생을 위한 한국어 교육, 장학금 확충, 국제교류 전문인력 확보, 유학생 전용 기숙사 확보, 국제학사를 중심으로 International Zone 구축)
- 국제화 마인드 조성 및 확산
  - 국제장학정보설명회 개최
  - 국제친선의 밤 개최
  - 건국 21세기 뉴프런티어 프로그램 확대
  - 국제 캠퍼스 설치 운영(여름 · 겨울 캠프)
  - 지역주민과 연계한 Host Family 프로그램 활용

1단계와 2단계를 거친 대학에서는 단순한 어학연수 차원이 아니라 외국의 대학, 기업, 공공기관 등과 공동으로 협력하여 국제지도자(global leader)를 양성하는 전문교육 프로그램을 개발하는 경향을 보이고 있다. 일부 대학에서는 지역 전문가, 즉 중국 전문가, 인도 전문가, 베트남 전문가 등을 양성하여 국제사회에 진출시킬 수 있는 협력 프로그램을 시도하고 있다.

‖ 표 9-4 ‖ 국제교류사업계획의 예(성균관대학교, China Project)

구분	China School(한국형 중국학)	한국학센터(중국형 한국학)
목적	• 한국인 대상, 중국의 전반에 대한 교육 · 연구	• 중국인 대상, 한국의 전반에 대한 교육 · 연구
학위 프로그램	• 학술원 산하, 중국학대학원(특수대학원) 설립 • 대졸자 중 중국학 전공 희망자, 유학 · 취업 · 재교육 수요	• 중국 협력대학 학 · 석사 운영(dual degree) • 대상: 중국 학생 중 한국학 전공 희망자
비학위 프로그램	• 특수대학원 산하, 중국 전문가 교육과정에 어학 및 중국학 프로그램 운영 • 대상: 공무원, 기업체 임직원, 개인사업가 등	• 현지 협력대학 산하 한국전문가 교육과정에 어학 및 한국학 교육 프로그램 운영 • 대상: 중국 공무원, 기업체 인지원, 사업가 등
어학과정	• 학위, 비학위 어학부문 담당 • 독자적 어학 프로그램	• 학위, 비학위 어학부문 담당 • 독자적 어학 프로그램
교수요원	• 한국인: 전임교수, 전문강사, 기업체 임직원, 전문연구원(겸임교수) • 중국인: 현지대학 전임교수, 관료, 기업전문가	• 중국인: 현지대학 전임교수(한국학 전공) • 한국인: 본교 교원(현지 파견), 현지기업 임직원, 외교관 등

3. 산학연협력계획

1) 산학연 협력의 필요성

경제환경이 전통적인 산업사회에서 지식기반 경제사회로 변화하면서 경쟁력의 기반이 자본, 노동력으로부터 신지식, 기술로 옮겨 가고 있나. 이에 따라 산학연 협력의 활성화를 통한 국가혁신체제를 확립하기 위해 2002년에 '국가혁신체제 구축을 위한 산학연협력활성화종합대책'을 수립하여 시행하였다. 신성장산업과 지식기반 산업

위주로 산업구조 재편이 진행되고 있으나, 대학교육의 산업현장 적합도는 미흡하다는 평가를 받고 있다. 즉, 대학교육의 기업요구 부합도는 IMD 평가에 의할 때 2004년 51위에서 2005년 46위로 올라갔지만 여전히 낮은 수준에 머물러 있다는 인식이 깔려 있다(교육인적자원부, 2006).

산학연 협력은 대학, 연구기관, 산업체가 서로 도움을 주고받음으로써 선순환 구조 속에서 상호 발전을 꾀하기 위한 것으로서 새로운 도전이자 발전 패러다임이라고 할 수 있다. 과거에 대학은 인력을 양성하고 산업체는 인력을 채용하여 활용하는 분리된 구조가 지배하고 있었는데, 사회전체적인 융합현상에 따라 서로 분리된 방식으로 발전하는 데 한계가 있다는 반성에서 새로운 방식의 산학연 협력이 대두되었다. 산학연 협력은 주요 목적에 따라 교육 · 훈련을 위한 산학연 협력, 연구 · 기술개발을 위한 산학연 협력, 생산지원 및 기술이전을 위한 산학연 협력의 세 가지로 구분할 수 있으며(정부, 2002), 산학연 협력의 방법은 공동연구, 위탁연구, 연구원의 초청연구나 파견연구, 연구지도 · 자문, 교육 · 훈련을 포함하는 인적 교류 활동, 시설 및 설비의 공동이용, 정보교류, 공동행사 등으로 나눌 수 있다(권업 외, 2000: 20).

이미 첨단산업의 육성을 위해 과학 · 기술 관련 주체가 유기적으로 연계되고 통합되어야 한다는 인식의 확산으로 세계 여러 나라에서 사이언스파크, 리서치파크, 테크노파크 등이 조성되고 있다(정부, 2002). 예를 들어, 미국의 Silicon Valley, Research Triangle Park, Route 128, 독일의 베를린 기술혁신센터, 한국 및 대만의 테크노파크 등은 새로운 산학협력단지모형을 제시해 주고 있다. 정부가 산학연협력활성화종합대책에서 밝힌 산학연 협력의 필요성은 다음과 같다.

- 한국경제의 위기 탈출을 위한 새로운 성장동력 창출 필요
  - 그동안 한국은 노동, 자본투입의 증가를 통해 높은 경제성장을 달성하였지만 정보기술혁명, 세계화를 배경으로 하는 지식기반경제(know ledge-based economy)에서 이러한 전통적 성장 전략은 한계
  - 향후 '지식과 기술'을 핵심 축으로 하는 산업이 국가발전과 경제성장을 견인
  - 지식 · 기술의 효율적인 창출 · 공유 · 확산을 위한 국가혁신체제(national innovation system) 구축 없이는 경제성장도 국가발전도 기대할 수 없는 시대가 도래
- 지식기반산업 중심 구조변화로 지식 · 기술혁신의 요구 증대
  - 정보통신, 생명공학 등 신기술의 비약적 발전과 경제전반에 걸쳐 지식집약화가 가속됨에 따라 지식 · 기술혁신이 경쟁력의 핵심 요체로 대두
  - 이에 정부는 범부처적으로 IT, BT, NT, ET, ST, CT 등 6대 분야를 국가 전략 분야로 선정하여 중점육성 추진 중
  - 향후 전략 분야 산업 육성과 더불어 경쟁력의 기반인 지식 · 기술의 혁신은 산학연 협력을 통한 지식 · 기술의 집적을 형성할 때 더욱 강화될 수 있음
- 과학 · 기술의 급속한 발전추세에 따른 대응 전략 마련
  - 과학의 산업기술로의 이전이 급속화되고 기초 및 응용과학 간 구분이 불분명해짐에 따라 연구, 개발, 생산의 단계 간 장벽 극복이 요구됨
  - 대학 및 연구소가 개발과 생산으로, 산업체는 연구활동으로 통합되어 교육, 연구, 개발, 생산이 상호 연계를 이룰 때 학문과 지식 · 기술의 혁신이 가속화됨

–과학, 기술의 담당 주체인 산업체, 대학 및 연구소가 상호 연계와 협력을 통해서 정보를 제공 · 공유하는 메커니즘 개발정책의 추진이 긴요함

• 기업 및 대학의 문화와 체질을 개선하고 혁신 촉매제 개발

–산업체가 기술경쟁력을 구비함에 있어 산학연 협력에 적극 동참하게 하여 협력연구 개발의 중요성을 체험하도록 유도

–산학연 협력을 통하여 대학은 폐쇄적 상아탑에 안주하기보다는 기업가정신과 산업현장의 경쟁 풍토를 학내에 고취하고 재정적 자생력 향상이 절실

2) 제도 기반 정비

정부의 '국가혁신체제 구축을 위한 산학연협력활성화종합대책'에 따라 새로운 지식과 기술의 창출 · 공유 · 확산을 위한 국가혁신체제의 구축을 위하여 산업체, 학교 및 정부출연연구소 간의 협력과 교류를 활성화하는 데 필요한 법적 · 제도적 기반을 마련하는 조치가 이루어졌다. 즉, 2003년 5월 27일 「산업교육진흥법」을 「산업교육진흥 및 산학협력촉진에 관한 법률」로 명칭 변경하고 내용을 전면 개편하였다. 이 법 제2조 제5호에서는 산학협력을 산업교육기관과 국가, 지방자치단체, 정부출연연구기관 및 산업체 등이 상호 협력하여 산업체의 수요와 미래의 산업발전에 부응하는 인력의 양성, 새로운 지식 · 기술의 창출 및 확산을 위한 연구 · 개발, 산업체 등으로의 기술이전 및 산업자문 등을 하는 것으로 규정하였다. 여기에서 산업자문이란 산업교육을 실시하는 교원이 산업체의 경영이나 산업기술의 개량 · 개발 등에 관하여 산업체, 사업자단체 및 직능단체의 자문에 응하는 것을 말한다. 「산업교육진흥 및 산학협력촉진에 관한 법률」에서 산

학연 협력을 지원하기 위해 규정하고 있는 제도는 아래와 같다.

- 특정 산업 분야에 대한 전문적인 산업교육이 필요하다고 인정되는 경우에는 당해 산업교육기관에 특별과정을 설치 · 운영(제7조)
- 산업교육기관은 국가, 지방자치단체 및 산업체 등과의 계약에 의하여 직업교육훈련과정 또는 학과 등을 설치 · 운영할 수 있도록 함(제8조)
  - 국가, 지방자치단체 또는 산업체 등이 채용을 조건으로 학자금 지원계약을 체결하고 특별한 교육과정의 운영을 요구하는 경우
  - 국가, 지방자치단체 또는 산업체 등이 그 소속직원의 재교육이나 직무능력 향상 또는 전직교육을 위하여 그 경비의 전부 또는 일부를 부담하면서 교육을 의뢰하는 경우
- 대학에 산학협력에 관한 업무를 관장하는 조직으로서 산학협력단을 둘 수 있도록 하되, 산학협력단은 법인으로 함(법 제25조)
  - 산학협력단에 단장 1인을 두되, 단장은 산학협력단을 대표하고 당해 대학의 장의 지도 · 감독을 받아 그 소관업무를 통할하도록 함(제28조)
- 산업교육기관 또는 산학협력단은 학생 및 교원의 현장실습교육과 연구에 활용하고, 산업교육기관에서 개발된 기술을 민간 부문에 이전하여 사업화를 촉진하기 위하여 특정의 학과 또는 교육과정과 연계하여 직접 물품의 제조 · 가공 · 수선 · 판매, 용역의 제공 등을 행하는 학교기업을 둘 수 있음(제36조)
  - 사업활동으로 인하여 교육에 지장을 주거나 학생 및 교직원에게 이용을 강제하여서는 안 됨

–학교기업의 수입은 산업교육기관의 회계(사립학교의 경우에는 「사립학교법」 제29조의 규정에 의한 교비회계를 말하며, 산학협력단을 둔 국 · 공립대학의 경우에는 산학협력단의 회계를 말한다)의 수입으로 하도록 하되, 학교기업별로 구분하여 계리하여야 함

- 대학의 교지 안에 국가 · 지방자치단체 · 정부출연연구기관 및 산업체 등이 운영하는 연구소를 설치할 수 있도록 하고, 이 연구소의 시설 · 기자재 · 인력 등은 대학과 공동으로 활용하도록 함(제37조)
- 산업교육기관의 장은 산업교원이 산학협력에 참여한 실적과 그 성과가 당해 산업교원의 평가, 승진, 보수 등에 적정하게 평가 · 반영되도록 필요한 조치를 취하여야 함(제12조의2)

산학협력단을 활성화하기 위한 국세 차원의 세제지원은 관세, 부가가치세, 농어촌특별세에 대해 이루어졌다. 특히, 산학협력 지원을 위해 「법인세법 시행령」 제19조 제15호가 개정되어 다음에 해당하는 비용도 손비처리가 가능해졌다.

- 「산업교육진흥 및 산학협력촉진에 관한 법률」 제8조의 규정에 따라 교육기관이 당해 법인과의 계약에 의하여 채용을 조건으로 설치 · 운영하는 직업교육훈련과정, 학과 등의 운영비
- 「직업교육훈련촉진법」 제7조의 규정에 따라 현장실습에 참여하는 학생들에게 지급하는 수당
- 「고등교육법」 제22조의 규정에 따라 현장실습 수업에 참여하는 학생들에게 지급하는 수당

「지방세법」 제107조(취득세), 제127조(등록세), 제186조(재산세), 제238조의2(도시계획세), 제242조(공동시설세)에 따라 제사, 종교, 자선, 학술, 기예, 기타 공익사업을 목적으로 하는 대통령령으로 정하는 비영리사업자가 그 사업에 사용하기 위한 부동산에 대해서는 지방세가 면제된다. 「산업교육진흥 및 산학협력촉진에 관한 법률」에 따른 산학협력단의 활성화를 지원하기 위하여 사립학교와 마찬가지로 지방세를 면제하는 「지방세법」 개정이 이루어졌다.

위와 같이 산학연 협력을 위한 정부 차원의 적극적인 의지와 제도적 기반이 조성되었으며, 산학연 협력을 활성화하기 위한 국가 및 지방자치단체의 지원 프로그램이 개발 · 지원되고 있다. 따라서 대학별 특성화와 역량을 고려하여 협력사업을 계획한다면 높은 효과를 기대할 수 있다. 산학협력단 내에서 창업보육센터는 실질적인 산학협력을 촉진하는 토대 역할을 할 수 있다. 창업보육센터는 대학이 보유한 우수한 연구인력과 시설을 활용하여 창업보육이 필요한 창업자 및 예비창업자에게 기술개발에서 경영, 사업화까지 종합적인 창업보육 및 기술혁신 등 능동적인 지원과 중소기업체의 애로기술에 대한 공동기술 개발을 도모할 수 있다.

3) 산학협력 프로그램 계획

산학협력 프로그램은 산학협력교육 영역, 공동연구개발 및 사업 영역, 인적 · 물적자원의 교류 영역, 정보의 교류 영역으로 구분할 수 있으며(이종선 · 주용국, 2005: 16-17), 대학은 여건과 특성을 살려서 발전 프로그램을 계획할 수 있다. 정부는 앞서 언급한 제도기반 정비 이외에도 산학협력을 확산시키기 위하여 산학협력중심대학지원사업, 인턴십 프로그램 지원사업, 학교기업지원사업을 추진하고 있다.

산학협력중심대학지원사업은 산업집적지를 '혁신 클러스터'로 전환할 수 있도록 산업단지와 긴밀한 협력을 이끌어 갈 산학협력중심대학을 지원하는 사업으로 일반대와 산업대를 대상으로 하였다. 인턴십 사업의 경우 대학과 기업이 협약을 체결하여 학생이 기업에서 몇 개월간 연수를 하고 그 결과를 학점으로 인정받으며 기업은 일정한 학생에게 수당을 지원하게 된다(이종선 · 주용국, 2005: 39).

표 9-5 산학협력 프로그램

영역	영역별 하위 요소
산학협력교육	취업연계형 맞춤교육, 현장실습 및 인턴제, 위탁교육, 차세대 성장동력 인력 양성, 산업 아카데미 확산
공동 연구개발 및 사업	공동 기술개발, 학교기업 운영, 창업보육센터 운영, 테크노파크 운영, 산업별 연구개발협의회 구축
인적 · 물적자원의 교류	인적자원 교류, 물적자원 교류, 1사 1전담 교수제, 기술 및 경영지도
정보의 교류	산업체의 정보 제공, 학교의 정보 제공

출처: 이종선 · 주용국(2005). 고등교육과 HRD 중심 산학협력. 한국직업능력개발원, 16-17.

POSTECH이 지향하는 산학연 협력 유형은 세계적 수준의 R&D 역량과 산업기술력이 결합된 협력 모델로서, 연구중심대학과 지역 대기업, 연구소가 연계하는 국내 유일의 하이테크 기반의 산학연 협력 유형이다. 자체적으로 진단하는 성공요인으로서는 상호 이해와 협의를 통한 산학연 협력문화 조성, 산학연 협력체제 강화를 위한 지속적 투자, 지역특성화에 부합하는 지역산업 경쟁력제고정책 추진 등이 있다.

| 사례 | POSTECH

- 산학연계 인력양성
  - 산학연관 인력교류 활성화 프로그램 운영
  - 대학 내 연구인프라의 활용 및 연구 결과를 공유
  - 지역 내 최고경영자 및 임원들을 대상으로 산학연관 간의 인력교류의 장으로서 최고경영자과정 운영
  - 협력기업을 직접 방문하여 산업체가 필요로 하는 현장실무 중심의 강좌를 개설하여 강의하는 산학강좌
  - 전문교육기관을 통한 기술인력양성 프로그램 운영
  - 산업체 위탁교육 중심의 현장지향적 산학교육·연구 프로그램을 추진(산업체 위탁생에 대하여 입학 시에 일정의 가산점 부여)
- 기술이전 업무
  - 기술이전사업 추진 지원조직(기술이전센터) 운영
  - '직무발명규정'을 제정·운영
  - 지적재산권에 대한 효율적인 관리와 기술이전 활성화를 담당하는 전문 Agency를 활용
  - 중소기업지원 종합정보 시스템 구축사업
  - 국내기업과의 기술이전교류사업
- 공동 연구기술 개발
  - POSTECH－POSCO－RIST 간의 산학연 협력을 통한 공동 연구기술 개발
  - 연구기술 개발을 위한 지원사업(특허출원지원사업, 기초과학연구비지원사업, POSRIP(POSTECH Research Initiative Program) 연구과제지원사업, 학부생연구참여프로그램지원사업, 국내외학술지논문게재료지원사업
  - 외국과의 공동연구기술개발사업 추진
  - 연구 인프라를 활용한 공동연구개발사업
- 창업보육 업무
  - 하이테크 중심형 창업보육 업무 지원

–포항 테크노파크와의 연계 강화를 통한 창업보육사업의 기능 확충
–벤처캐피탈 운영으로 실질적인 벤처지원체제 구축
–기존 대학 연구시설 활용을 통한 보육효과의 기능 제고

| 사례 | 부경대학교(계약학과)

- 산업체의 소속직원 재교육, 직무능력 향상을 위하여 대학의 전공교육과 기업의 현장교육을 접목시킴으로써 창의력 있는 인재를 양성하기 위한 대학의 사회봉사 역할을 수행함과 동시에 관련학과의 활성화를 통한 대학 경쟁력 증대
- 추진 과정
  –2006.08 (주)삼성전기에서 실용영어과, 전자과 등 2개학과 개설 요청, 학과개설 업무 협의
  –2006.09 설립 관련 세부사항 검토
  –2006.10 (주)삼성전기에서 협약대상 대학으로 부경대 선정
  –2006.11 (주)삼성전기와 계약학과 개설 MOU 체결
  –2006.12 계약학과 입학설명회 개최(삼성전기 부산사업장)
  –2007.01 계약학과 운영위원회 구성(총 9인: 학교 측 5인, 회사 측 4인)
  –2007.02 입학식

제10장
대학행정발전계획

1. 행정조직관리계획

1) 행정 서비스 개선 계획

1995년 5월 31일 문민정부의 대통령 교육자문기구인 교육개혁위원회는 공급자 위주에서 수요자 위주로 전환하는 신교육체제구상을 발표하였다. 신교육체제구상은 학교의 본질적 사명에 대한 반성을 요구하면서 자연스럽게 학교 편의 위주의 행정에서 학교 구성원의 실질적인 요구를 존중하고 반영하는 행정으로 전환해야 한다는 계기를 마련하였다. 이어서 2000년대에 접어들면서 학생 수 감소는 대학의 위기감을 촉발시켰고 대학 편의 위주의 행정 서비스는 학생 편의 위주로 점차 변화하게 되었다.

참여정부에 들어와서 정부의 행정 서비스 개혁은 대학을 포함하여 사회 전반에 걸쳐 영향을 미치게 되는데, 그 핵심은 민원인의 편의를 도모하는 절차나 방법 개선을 넘어서 고객만족(customer satisfaction: CS)행정으로 전환한다는 것이다. 고객만족행정이란 고객의 요구와 수요를 적극 수렴하여 고객의 기대 수준을 충족시켜 줄 수 있도록 고객 관점에서 행정 서비스를 획기적으로 개선하는 총체적 혁신활동이다. 행정 서비스를 통한 고객만족의 형태는 첫째, 행정 서비스의 공급 과정에서 고객이 만족할 수 있도록 행정 서비스 전달체계 및 방식을 개선하는 것이고, 둘째, 고객이 원하는 내용으로 정책과 행정 서비스를 시행하는 것이다(행정자치부, 2006: 10).

결국 단순히 민원인의 편의나 친절이라는 단편적인 차원을 넘어서서 모든 업무를 고객 중심으로 종합기획하고 관리하는 것으로, 행정서비스에 대한 철학의 전면적인 전환을 의미하는 것이다. 고객만족행정을 위한 정책은 국립대학의 경우 2006년에 각 대학별로 교육행정서비스헌장, 서비스 이행 기준, 잘못된 서비스의 시정 및 보상, 고객만족도조사 실시 및 공표, 고객협조 사항을 제정하여 공포 · 시행하고 있는데, 앞으로 각 대학별로 발전계획을 수립할 때 행정 서비스 개선을 위한 종합계획이 중요한 요소로 고려되어야 할 것이다. 행

▌표 10-1 ▌ 고객만족행정의 특징

구분	종래 행정 서비스	고객만족행정
고객만족의 개념	행정기관 관점에서 고객이 만족할 수 있는 수준	고객의 관점에서 고객의 기대 수준을 충족시켜 고객이 만족하는 수준
고객관계	특정 민원(업무)부서에 한정, 그룹화된 고객과의 일방적 관계	전 기관 차원에서 고객 세분화, 개별고객과 쌍방향 의사소통
추진체계	개별업무 중심, 산발적 추진(서비스헌장, 친절교육 등)	전 기관 차원에서 모든 업무를 고객 중심으로 종합기획 · 관리
담당부서(역량)	업무소관 부서(개별추진)	CS 부서(종합추진 · 평가)

출처: 행정자치부(2006). 지방자치단체 고객만족행정 실행매뉴얼.

정 서비스 개선은 대학의 최고경영자를 비롯하여 보직교수와 간부 직원의 사고전환을 요구하는 것이므로 교직원의 혁신을 촉진하는 교육계획도 병행되어야 한다. 부경대학교는 리더들의 혁신 마인드를 높이기 위해 보직교수, 행정팀장 대상 지속적인 혁신교육을 실시하였다. 총장 이하 보직교수 전체가 참여하는 혁신연수(연간 5회)뿐만 아니라 단과대학에서도 전체 교수를 대상으로 혁신교육을 이행하였다.

| 사례 | 충남대학교(교육행정서비스헌장)

우리 충남대학교 교직원은 대학 고유의 사명인 교수, 연구, 사회봉사와 이상사회의 창조를 위한 기능을 충실히 수행할 수 있도록 내실화를 기해 나갈 것이며, 학생, 학부모, 지역사회 주민, 동창회원 등 모든 교육수요 고객에게 최상의 서비스를 제공하기 위하여 다음과 같이 모든 정성과 노력을 다하겠습니다.

- 우리는 고객을 항상 밝은 미소와 공손한 말씨 그리고 단정한 용모와 명쾌한 답변으로 대하겠습니다.
- 우리는 고객의 입장에서 생각하고 결과에 대하여 만족을 드리도록 노력하겠습니다.
- 우리는 모든 고객의 의견을 존중하고 언제 어디서나 양질의 행정 서비스를 제공받을 수 있도록 실천하겠습니다.
- 우리는 고객에게 민원처리 과정에서 불편을 초래하였거나 부적절하게 민원을 처리하였을 경우 시정함은 물론 적절한 보상을 하겠습니다.
- 우리는 우리의 노력과 실천에 대하여 고객으로부터 매년 평가를 받고 그 결과를 공표하겠습니다.
- 이와 같은 우리의 목표를 달성하기 위하여 구체적인 서비스 이행 기준을 설정하고 이를 성실히 이행할 것을 약속드립니다.

| 사례 | 부경대학교

- 다면적 고객만족도조사를 통한 고객지향 행정지원 시스템 구축
  - 고객만족도조사를 통한 대학혁신 전략 및 행정지원 시스템 개선방안 마련
    - ※ 학생의 종합적 만족도조사(전문기관조사)
    - ※ 부문별 고객만족도조사(대학자체조사)
- 부서에 대한 대학행정 서비스 만족도/학과에 대한 재학생 만족도/졸업생에 대한 산업체 만족도/학생, 교수, 직원에 대한 대학만족도조사
- 조사 결과의 활용
  - 학생 선호도 및 산업체 적응도 향상을 위한 교육과정 개선
  - 개선과제로 선정된 분야에 대한 예산 집중투자

영남대의 경우에는 수요자를 위한 행정으로서 수요자의 요구를 발견하고 이에 대응하는 대응 시스템을 확립하는 일과 서비스 체계를 개선하는 일로 구분하여 계획을 수립하였으며, 실행계획은 단계별 접근법을 택하여 수정 · 보완기(2002~2004), 발전 · 도약기(2005~2008), 성숙 · 완성기(2009~2011)의 3단계를 제시하였다.

| 사례 | 영남대학교(대응 시스템)

- 서비스 수요 조사 · 분석: 의견함 설치, 인터넷 민원 시스템 구축, 정기적인 설문조사 실시, 구성원 간 의사소통 기회 확대, 창안 및 제안제도의 활성화(우리의 의견제도 도입, 1인 1건 창안 또는 제안제도 실시)
- 서비스 마인드 확산: 자기 의식 혁신을 위한 기회 제공, 해외 자매대학 파견을 통한 선진 행정의식 함양, 고객 서비스 의식 배양을 위한 위탁교육 추진
- 서비스평가제도 확립: 행정 서비스에 대한 모니터링 시스템 구축, 서비스 실명제 실시(green, yellow, red card 제도 도입)

| 사례 | 영남대학교(서비스 체계의 개선)

- 서비스 전달방식의 개선
  - 직무 프로세스의 분석 및 개선을 통한 절차의 간소화
  - 서비스 조직의 수평적 통폐합으로 고객 편의성 증진
  - one-stop service 설치 및 운영
  - 총체적 품질관리(total quality management)제도의 시행(서비스의 품질을 고객이 정의하고 평가함, 고객지향적 목표 설정)
- 서비스 전달환경의 개선
  - 결재 시스템의 개선으로 서비스 공급의 효율성 제고
  - 문서관리 시스템의 표준화 및 과학화
  - 시설관리 서비스의 개선(캠퍼스 관리시스템(GIS) 구축)
  - 도서 서비스의 개선(이용자 중심의 도서대출 및 반납제도 수립)
  - 학사 서비스 기능의 강화(FAQ 시스템 구축, 학생상담센터 활성화, 다기능 스마트카드 발급)
  - 정보제공 서비스 강화(첨단화된 종합정보 시스템 구축)
  - 일반행정 서비스 강화(직원 신분증 착용 및 사무실 좌석배치표 부착)
  - 편의복지 서비스 확대(보건진료소 활성화, 식당의 특성화, 문화공간 설치)
  - 서비스 편람의 작성 및 활용
  - 옴부즈맨제도 시행(천마신문고제도 시행, 각종 민원처리 결과통보 의무화, 일정기간 경과 후 고객의 반응 재조사)

2) 조직관리의 효율화 계획

(1) 행정수요에 대응한 조직개편 계획

대학조직은 외부환경의 변화에 따라 행정수요에 대한 변화가 불가피해진다. 기존의 행정수요 중 일부는 줄어들거나 소멸되기도 하고 일부는 더욱 확대되기도 한다. 또한 기존의 행정수요와는 전혀 다른

새로운 행정수요가 발생할 수도 있는데, 이러한 경우에는 모두 조직 개편이 필요하다. 물론 기존 조직으로 변화된 행정 서비스 요구에 적응할 수도 있으나, 때로는 기존 조직을 개편하여 새로운 대응체제를 갖추어야 하는 경우도 있다.

최근 대학환경은 기존의 안정적이고 예측 가능한 상황에서 상대적으로 불안정하고 예측 가능성이 낮은 상황으로 변하고 있다. 또한 낮은 경쟁환경에서 높은 경쟁환경으로 변화하고 있기 때문에 대학의 생존과 발전을 위해서는 일반적으로 전략 기능이 더욱 확대 · 강화되어야 한다. 구체적인 활동 차원에서 새로운 행정수요는 학생모집 및 홍보, 교수-학습 개발, 연구지원, 취업지원과 국제교류 등에서 나타나고 있다.

한편, 조직개편의 대안으로서 최근 관심을 모으고 있는 것이 팀제다. 정보화 및 세계화에 따른 변화하는 환경에 적응할 수 있는 신속한 의사결정이 가능하고 외부환경의 변화에 맞추어 구조를 변화시킬 수 있는 유연한 조직인 팀제에 대한 선호가 나타나고 있다. 팀제에 따른 책임과 권한을 평가할 수 있는 모니터링과 팀평가를 제도화하고, 직위에 따라 주어진 업무를 수행하는 것이 아니라 업무에 따라 일하는 조직을 구현하는 것이다. 팀제의 조직구성 유형에는 flat형, 대팀형, 프로젝트형, 다기능형으로 구분할 수 있다(건국대학교, 2002: 119-120).

| 사례 | 영남대학교

- 대학의 발전을 구상, 기획, 모니터링, 평가하는 전략부서의 확대 개편
  - 본부조직을 수평적으로 통폐합
  - 본부의 통제 완화와 권한위임에 따른 사후평가 기능 강화
  - 본부는 전략 기능, 종합조정 기능, 규모(집적)의 경제가 나타나는 기

능 수행
- 교육과 연구의 질적 제고를 지원하는 부서의 체질 강화
  - 입학처 신설, 홍보 기능 강화
  - 연구지원 기능의 통합
- 내부관리 및 운영을 위한 부서를 축소하고 신규 행정 서비스 대응
  - 취업정보실 확대 개편
  - 국제협력 업무의 통폐합
  - 멀티미디어 강의지원센터 신설

| 사례 | 건국대학교

- 대학의 본부조직에 원칙적으로 세 가지 형태의 팀제를 도입하도록 함
  - 기존 조직 구조를 다소 수평화, 슬림화한 flat형 팀제
  - 여러 부서에 걸친 업무 과정(flow)에 따른 프로세스 팀제
  - 특정한 사업 또는 중요 업무를 관리하는 프로젝트 팀제

(2) 행정의 전문화 계획

대학이 과거와 달리 정보화 사회를 배경으로 개방체제로 접어들면서 조직 운영도 단순관리나 통제로는 생존이 위협받는 상황이 되고 있다. 대학은 다른 대학과 경쟁할 뿐만 아니라 유사한 기능을 수행하는 기업, 연구기관, 사회교육기관 등의 도전을 받고 있다. 나아가 한정된 자원을 확보하고 유지하고 활용하는 과정에서 생산성을 높이지 못한다면 대학의 경쟁력을 강화하기 어려운 상황이 되고 있다. 이러한 환경변화에 대응하여 대학은 지식경영, 종합질관리체제, 전사적 자원관리(ERP) 등 기업 부문에서 발전되어 온 경영 기법을 도입하는 데 적극적으로 나서고 있다. 즉, 경쟁력의 원천으로서 행정조직 운영의 효율화를 추구해야 하는 과제를 안고 있다. 일부 대학에서는 대학 행정의 전문화 추세에 부응하여 대학 외부에서 홍보 전문가, 기획 전

문가, 조직관리 전문가를 영입하기도 하였다.

강원대학교는 종합질관리체제(Total Quality Management: TQM) 개념에 입각하여 K-EQM 사업을 추진하고 있다. 2003년부터 발전계획 및 수행실적보고서사업을 추진하였고, 2005년부터 학문단위 Annual Report로 명칭을 변경하여 연차별로 보고서를 취합하여 평가하고 있다. 학문단위 Annual Report는 자율적으로 설정한 학문단위로 작성하여 제출하고 평가와 차등지원을 실시하고 있으며, 차등의 폭을 점차적으로 확대해 나갈 예정이다. K-EQM 사업에서는 수준별 등급인정제(4단계)를 채택하고 있는데, 0단계는 미참여학과, 1단계는 도전학과(평가 기준에 의거, 최소한의 요건을 갖추어 평가에 참여하는 학과), 2단계는 자율학과(상당한 수준의 기준을 소화하고 TQM을 실행해 나가는 학과), 3단계는 자립학과(효과적인 TQM 실행이 정착되어 지속적으로 제도 개선이 가능하며 높은 성과를 내는 학과)로 구분된다.

한편, 한국대학교육협의회는 고등교육연수원을 부설하여 대학행정의 전문화 노력을 지원하고 있다. 교육과정은 직무연수과정, 교수법개발과정, 관리직과정, 실무기술향상과정, 리더십과정, 특별과정으로 구성되어 있다. 보직교수의 임기가 보통 2년으로서 비교적 짧다는 사정은 행정의 전문화에 불리한 여건이므로 대학의 상황에 맞는 전문화 발전계획의 수립이 요구된다.

| 사례 | 한국대학교육협의회 부설 고등교육연수원 연수과정

- 직무연수과정
  - '직무 관련 지식'과 '분임 토론' 중심으로 프로그램 구성
  - 참석자들 간 정보를 교환하고 친교를 나눌 수 있는 시간 마련
- 관리직과정
  - 대학환경 변화, 구조개혁 및 특성화 전략 등 대학의 '변화와 혁신' 관

련 내용과 함께 관리직에 필요한 리더십
– 조직 활성화, 동기유발 등 실제적인 경영지식을 중심으로 프로그램 구성

• 실무기술향상과정
– 관련 선행지식을 집중적으로 이수한 후 개인별 과제를 직접 수행하는 프로젝트 수업으로 진행
– 1~2명의 강사에 의해 실습위주의 워크숍 형태로 운영

• 리더십과정
– 연수대상자의 제한을 두지 않되, 과정의 특성과 강의 운영방침에 따라 일정 인원으로 제한하여 운영
– 1~2명의 강사에 의한 워크숍 형태로 진행
– 배운 내용을 실습을 통해 활용해 보는 시간을 가짐

• 특별과정
– 정부, 회원대학 또는 유관기관의 요구사항을 반영하여 프로그램을 구성
– 1박 2일 일정으로 연수원에서 운영하는 것을 원칙으로 하되, 필요 시 신축적으로 조정
– 회원대학의 자체 교수 및 직원연수 위탁 프로그램 운영

| 사례 | 성균관대학교

• 행정조직의 전문가조직 지향
– 신규 · 전략 부문을 중심으로 한 매니저급 전문가 초빙 확대
– 교육 프로그램을 전문가 양성 프로그램 수준으로 확대

• 6시그마운동 전개
– 대학경쟁력의 핵심 요소로서 행정 시스템 개혁을 추진
– BPR, TQM, ISO, 6시그마 등 경영혁신 기법을 도입, 본교에 적합한 행정혁신 프로그램을 개발 · 운영

• ERP 시스템 및 성과중심예산(PBB) 도입
– ERP 시스템 개발 · 운영, 성과중심예산제도 시범 도입 및 단계적 확

대
– 교육 · 연구의 본원적 가치를 중심으로 목표를 설정하고 원가 파악 및 성과 측정
– ERP와 PBB를 기관평가(MBO)의 양대 축으로 정착

| 사례 | 조선대학교

- 통합자원관리 시스템 구축
  – ERP(Enterprise Resource Planning): 일반 행정업무 및 구매, 재무 및 관리회계, 인사 등 기간업무 프로세스들을 통합적으로 연계 · 관리하여 대학의 가치창출을 위해 필요한 효율적 프로세스 처리와 전교적 정보의 실시간 공유를 이룰 수 있는 행정혁신 시스템
  – ERP 도입을 통해 내부 업무효율성을 제고시키고 학술연구를 통합시킬 수 있으며 전략적 의사결정을 합리적으로 지원
- 능력개발을 통한 행정의 전문성 추구
  – 일반교육 프로그램: 필수교육과정과 자기계발과정으로 구분하여 전자는 업무 수행의 기초가 되는 내용에 대해 교육하고 후자는 자기 진단을 통한 능력개발을 지원
  – 전문교육 프로그램: 직무교육, 필요성분석(needs analysis)을 통한 프로그램 편성 및 운영을 통해 외부환경 변화에 대비한 필수교육 프로그램을 운영함
  – 능력개발지원 프로그램: 자기개발계획제안제도를 통해 교육비 지원, 자기계발훈련휴가제 등을 운영
  – 우수제안제도: 상시제안제도를 마련, 학기별로 우수제안에 대해 포상하여 구성원의 근로의욕을 향상시키고 행정 시스템 개선을 촉진
- 지식경영제도 정착
  – 지식경영은 경영혁신의 일부가 아니고 직원들 간의 업무지식을 전수하는 방식의 변형이라는 개념이 필요
  – 정보 시스템 활용능력을 배양하여 전 구성원이 가지고 있는 지식과 경험 노하우를 정리하여 지식경영 시스템에 등록할 수 있도록 함

- 업무지식에 각종 규정, 제도, 매뉴얼, 보고서를 공지하여 직원들이 공유할 수 있도록 하고 공개적으로 정책 수립 등에 대해 토론할 수 있도록 함
- 제안마일리지제도를 두어 보상을 하고 자극함

(3) 자율과 분권화 계획

대학조직의 효율화 계획에서 고려해야 할 또 다른 요소는 자율과 분권화에 관한 사항이다. 대학환경의 빠른 변화는 과거와 같은 중앙통제 방식의 조직관리로는 적시성과 적합성을 달성하기 어렵다는 인식이 확산되고 있다. 물론 발전목표를 행하여 조직요소가 유기적으로 통합 · 조정되어야 한다는 차원에서 전략적 기획 기능은 집중되어야 하지만, 상시적이고 반복적인 업무는 현장의 구체적인 상황을 고려한 접근이 요구되는 만큼 적절한 자율과 분권화가 요구된다. 또한 지식경영과 조직학습을 조장하기 위해서는 조직의 구성원을 능동적인 학습자로서 인정하고 권한을 분산할 필요가 있다.

이러한 자율과 분권화 계획에서 고려해야 할 요소 중 하나가 단과대학의 위상에 관한 것이다. 단과대학과 본부 간의 역할분담을 어떻게 구성하느냐에 따라 분권화 계획은 상당히 달라질 수 있다. 일부 대학에서는 단과대학의 기능을 축소하고 본부와 학과의 직접 서비스 체제를 강화하는 경우도 있고, 또 다른 대학에서는 단과대학 중심의 자율경영체제를 도입하는 경우도 있다. 자율과 분권화 계획의 구체적인 모습은 대학의 위임전결 확대로 나타날 수 있으므로 위임전결 규정에 대한 검토 및 개정의 기준을 정립하는 일은 분권화 계획을 수립하는 기초가 된다.

| 사례 | 성균관대학교

- 분권과 자율 심화
  - 총장은 CEO, 인문부총장은 CIO, 자연부총장은 CRO를 담당하여 수평적 분담체제 구축
- 학부조직: 학사관리의 기본 단위조직으로 위상 정립(본부-단위 간 모든 학사운영 프로세스를 본부-학부로 일원화)
- 학부장
  - 자율과 책임행정 정착을 위해 학부장 임기의 탄력적 운영
  - 학부장 권한 강화: 교수채용 추천, 교수업적평가 기준 책정, 학부예산 편성 및 운영, 소속교수에 대한 교육 · 행정, 봉사 영역 평가 반영, 연봉협상, 학부 내규 · 직제 제정, 내부조직자 임면(추천), 교수업적평가 일부 면제특례 적용
- 학부행정실: 과감한 권한위임, 규제개혁(고객에 초점을 맞춘 밀착행정 구현)
- 학사 시스템과 프로세스: 인사, 재정, 학사관리, 업적평가, fund rasing, 연구소 조직, 정보관리체제 등 기존 제도 · 시스템을 학부분권형 기본 조직 구조와 자율, 자기 책임의 원칙에 입각하여 전면 보완

2. 의사결정 조직

1) 의사결정 조직의 구조

(1) 의사결정 조직의 이념

대학조직에서 의사결정 방식을 구성할 때 고려할 수 있는 이념으로 민주성, 전문성, 효율성을 들 수 있다. 민주성이 의사결정의 과정에 초점을 맞추어 구성원의 참여적 의사결정을 강조한다면, 전문성은 의사결정의 질에 관심을 두고 전문적 의사결정을 요구한다. 효율

성은 약간 다의적으로 해석될 수 있고 민주성이나 전문성과 중첩되는 부분이 있는데, 주로 의사결정의 경제성에 초점을 맞추어 시간비용의 감소를 추구한다. 1980년대 이후 대학은 권위주의적 행정체제에 대한 비판과 함께 민주성이 의사결정의 이념으로 강조되어 왔다.

그런데 어느 정도 민주적인 통제장치가 정착되어 가고 있고 대학환경의 불확실성이 증대되면서 전문성과 효율성에 대한 요구가 늘어나는 경향이 있다. 하지만 여전히 민주성의 원리는 기본적으로 추구해야 할 이념으로서 가치를 가지고 있으며, 민주성을 지키기 위해서는 견제와 균형의 장치를 적절히 마련하는 것이 중요하다. 전문성의 원리를 실현하려면 의사결정의 내용에 따라 분업화된 의사결정체제를 구축하여야 하며, 효율성을 달성하려면 의사결정 기구의 유기적 분업과 협력체제가 마련되어야 한다.

의사결정 구조 계획으로서 민주성을 강화하기 위해 총학장 직선제를 포함하여 교수회, 교무회의, 대학평의원회 등의 기능을 확대하거나 위상을 강화하는 내용이 포함될 수 있다. 전문성을 강화하기 위해서는 업무 영역별로 전문가로 구성된 각종 위원회를 구성하여 활용하는 계획이 제시될 수 있으며, 효율성을 확보하기 위해서는 각종 집행기구, 견제기구, 전문화된 위원회 조직이 중복 · 중첩되거나 어느 한쪽으로 치우치지 않고 균형을 유지하면서 상호 생산적인 협력관계를 이루도록 하는 조정이 요구된다.

| 사례 | 충북대학교

- 대학의 자율성을 확보하고 예산 심의 및 결산보고 등 대학운영에 교수회의 능동적 참여를 보장함으로써 학교운영을 원활하게 함
- 학사운영, 인사행정, 학생지도, 교직원과 학생의 복지, 기타 학교운영에 관한 중요한 기본 방침을 정함에 있어 대학행정 실무와 유기적인 관계

를 형성함으로써 효율성과 형평성을 제고함

| 사례 | 경상대학교

- 학무회 활성화
  - 총장과 대학(원)장 및 처실국장 등의 위원으로 구성되어 있으며 총장이 필요하다고 인정할 경우 대학(원)장, 처실국장 이외의 자도 참석할 수 있음
  - 학무회의 현재 구성원으로는 부속기관이나 각종 연구소 등에 관한 문제점 파악 및 자료수집 등에 한계가 있으므로 사안에 따라 관련 기관 관계자들의 의견을 폭넓게 수렴하고 반영시킬 수 있는 제도적 장치가 필요함
  - 학무회에서 심의할 안건은 위원들에게 사전 제공되고 있으나, 대학 구성원에게도 공지하여 학무회 위원들에게 대학 구성원이 의견을 제시할 수 있도록 함
- 위원회제도 개선
  - 유명무실한 위원회는 과감하게 통폐합하고 교육 및 연구지원 기능과 관련된 위원회를 활성화하여 전문성을 갖춘 교수와 직원들의 참여를 유도
  - 모든 위원회는 최소한 3개월에 1회씩 정례적 개최를 의무화하고 기타 필요한 경우 수시로 개최할 수 있도록 함
  - 상설 위원회는 가능하면 최소화하고 사안별로 필요할 경우 특별전문 위원회(task force)를 적극 활용토록 함

(2) 의사결정 기구

국립대학에는 최고 의사결정권자로서 총학장이 있고 사립대학에는 이사회와 총학장이 분권화된 의사결정 관계를 갖고 있다. 즉, 총학장은 학사에 관한 업무를 담당하고 이사회는 인사 및 재정에 관한 업무를 관장한다. 총학장 또는 법인 이사회의 권한에 속하는 사항에

대한 각종 심의 · 자문기구로서 학처장회의, 교무위원회, 대학평의원회, 교수회, 대학인사위원회, 교원인사위원회, 대학예 · 결산자문위원회, 총학장선출관리위원회 등 각종 회의나 위원회가 있다. 각종 위원회 중 대학평의원회(사립), 대학인사위원회(국립), 교원인사위원회(사립)는 법정 위원회이고 다른 위원회는 학교규칙이나 정관으로 설치하여 운영하고 있다.

- 대학의 총학장: 「고등교육법」 제15조 제1항에 따라 교무를 통할하고, 소속 교직원을 감독하며, 학생을 지도한다. 또한 「고등교육법」 제6조 제1항에 따라 법령의 범위 안에서 학교규칙을 제정 또는 개정할 수 있다.
- 이사회: 7인 이상의 이사로 구성되는 이사회는 ① 학교법인의 예산, 결산, 차입금 및 재산의 취득 · 처분과 관리에 관한 사항, ② 정관의 변경에 관한 사항, ③ 학교법인의 합병 또는 해산에 관한 사항, ④ 임원의 임면에 관한 사항, ⑤ 학교법인이 설치한 사립학교의 장 및 교원의 임면에 관한 사항, ⑥ 학교법인이 설치한 사립학교의 경영에 관한 중요사항, ⑦ 수익사업에 관한 사항, ⑧ 기타 법령이나 정관에 의하여 그 권한에 속하는 사항을 심의 · 의결한다.
- 대학평의원회(사립): 대학교육기관에 교육에 관한 중요사항을 심의하는 기구로서 11인 이상의 평의원으로 구성한다. 평의원회는 교원, 직원 및 학생 중에서 각각의 구성단위를 대표할 수 있는 자로 구성하되, 동문 및 학교의 발전에 도움이 될 수 있는 자를 포함할 수 있다. 다만, 평의원회의 구성단위 중 어느 하나의 구성단위에 속하는 평의원의 수가 전체 평의원 정수의 2분의 1을 초과하여서는 안 된다. 사립대학의 경우 학교회계의 결산은 대

학평의원회의 자문을 거쳐야 하며 대학평의원회의 심의사항은 다음과 같다.

- 대학의 발전계획에 관한 사항
- 대학헌장의 제정 또는 개정에 관한 사항 및 학칙의 제정 또는 개정에 관한 사항(자문사항)
- 대학교육과정의 운영에 관한 사항(자문사항)
- 추천위원회의 위원의 추천에 관한 사항
- 그 밖에 교육에 관한 중요사항으로서 정관으로 정하는 사항

• 대학인사위원회(국립): 부총장, 대학원장, 단과대학장에 대한 보직 동의 및 교수, 부교수, 조교수, 전임강사에 대한 임용 동의, 기타 대학교원의 인사에 관한 중요사항을 심의하기 위하여 대학(산업대학, 교육대학, 전문대학 및 방송·통신대학을 포함)에 대학인사위원회를 둔다.

• 교원인사위원회(사립): 학교의 장을 제외한 교원의 임면 등 인사에 관한 중요사항을 심의하기 위하여 대학에 교원인사위원회를 둔다.

• 징계위원회: 교직원의 징계를 담당하는 징계위원회를 둔다. 징계권자는 징계위원회의 의결에 따라 징계처분을 한다.

2) 총학장 및 단과대학장의 선임 개선 계획

국립대학의 장은 「교육공무원법」에 따라 당해 대학의 추천을 받아 교육과학기술부장관의 제청으로 대통령이 임용한다. 대학은 '대학의 장 임용추천위원회'에서 임용 후보자를 추천하게 되는데, 이 위원회는 직접 후보자를 선정하거나 해당 대학 교원의 합의된 방식과 절차에 따라 선정할 수 있다. 최근에는 대학 구성원으로서 직원의 선거

참여 기회가 확대되는 경향이 나타나고 있는데, 교원에 비해 대개 10분의 1 내외의 가중치를 부여하고 있다.

이 위원회는 당해 대학이 정하는 바에 따라 10인 이상 50인 이하의 위원으로 구성하되, 위원은 당해 대학의 부교수 이상의 교원으로 한다. 다만, 필요에 따라 당해 대학 외의 인사를 위원으로 할 수 있다. 이 위원회의 여성위원 비율은 100분의 20 이상으로 하되, 위원회의 위원이 될 수 있는 여성교원이 부족하여 여성위원의 비율을 충족하지 못하는 대학의 경우에는 학칙으로 그 비율을 달리 정할 수 있다.

선거에서는 누구든지 자기 또는 특정인을 대학의 장 후보자로 당선되거나 당선되도록 또는 당선되지 아니하도록 할 목적으로 특정한 행위를 할 수 없도록 되어 있는데, 금지되는 행위는 다음과 같다.

- 선거인(선거인명부 작성 전에는 선거인명부에 오를 자격이 있는 자를 포함한다)에게 대학의 장 후보자 선거일 전 180일부터 선거일까지 금전, 물품, 향응, 그 밖에 재산상의 이익이나 공사의 직을 제공하거나 제공할 의사의 표시 또는 약속을 하는 행위
- 대학의 장 후보자 선거에 후보자가 되지 아니하도록 하거나 후보자가 된 것을 사퇴하게 할 목적으로 후보자가 되고자 하는 자나 후보자에게 제1호에 규정된 행위를 하는 행위
- 위의 두 가지에 규정된 이익이나 직을 제공받거나 그 제공의 의사표시를 승낙하는 행위 또는 그 제공을 요구하거나 알선하는 행위

또한 누구든지 대학의 장 후보자 선거와 관련하여 선거인을 호별로 방문하거나 하게 하는 행위 또는 특정 장소에 모이도록 하거나 하게 하는 행위를 할 수 없으며, 대학의 장 후보자 선거와 관련하여 연

설 · 벽보 및 그 밖의 방법으로 허위의 사실을 공표하거나 공연히 사실을 적시하여 후보자를 비방할 수 없다. 나아가 대학의 장 후보자 선정 선거와 관련하여 다음과 같은 방법 외의 행위를 할 수 없다.

- 선전벽보의 부착
- 선거공보의 배부
- 소형 인쇄물의 배부
- 합동연설회 또는 공개토론회의 개최
- 전화, 컴퓨터 통신을 이용한 지지 호소

한편, 대학의 장 선거와 관련하여 과열, 혼탁에 따른 부작용을 방지하고 공정한 선거관리를 위하여 직접선거에 의해 후보자를 선정하는 경우 소재지를 관할하는 구 · 시 · 군선거관리위원회에 선거관리 사무를 위탁하도록 의무화하고 있다. 중앙선거관리위원회는 구 · 시 · 군선거관리위원회가 대학의 장 후보자 추천 선거를 수탁 · 관리함에 있어서 후보자 등록, 선거기간, 선거운동, 선거비용, 투표, 개표 등 필요한 사항에 관하여 「선거관리위원회법」의 규정에 따라 중앙선거관리위원회규칙으로 정하고자 하는 경우에는 미리 교육과학기술부장관과 협의하여야 한다. 이 경우 교육과학기술부장관은 각 대학의 의견을 들어야 한다.

사립대학에서 대학의 장은 「사립학교법」 제53조 제1항에 따라 학교법인이 임면하는데, 대학에 따라 정관과 학교규칙에 의해 대학 구성원의 직접선거로 후보자를 선정하거나 후보자선정위원회에 구성원이 참여하기도 한다. 국립대학의 경우 단과대학장은 「교육공무원임용령」 제3조 제2항의 위임에 의해 학교의 장이 보하도록 되어 있지만, 일부 대학에서는 학교규칙에 따라 단과대학 내 교원의 선거에 의해 단과대학장을 선출하고 학교의 장이 보하는 방식을 취하기도 한다.

대학의 총학장 및 단과대학장의 선임 방법 개선에 관한 계획은 대학의 역사나 특성, 과거의 행정관행과 문화 등에 따라 방향이 달라질 수 있다. 지나치게 권위주의적인 행정문화를 유지해 온 대학에서는 직선제를 통한 민주성 강화가 요구될 수 있고, 학교 내에 사회적 통제 · 견제장치가 잘 작동하고 있는 대학에서는 직선제의 부작용을 해소하는 방향으로 계획이 구성될 수도 있다.

| 사례 | 강원대학교

- 단과대학장 선출방식의 부작용 해소 방안
  - –민주적 대표성을 충족시키기 위해서는 단과대학장은 구성원에 의해 선출되는 것이 바람직함
  - –선거의 갈등을 줄이기 위해서는 선거과열을 방지할 방법이 전제될 필요가 있음(후보의 등록제도 폐지, 선거운동 방법 중 교수연구실 방문금지, 선거운동기간을 1개월로 제한)
  - –투표 결과 득표 순으로 2명을 총장에게 추천하고 총장에게 임명권을 완전히 일임함
- 총장선출제도 개선방안
  - –본교에 재직하고 있는 사무국장(직원대표)에게 선거권을 부여하며 총학생회장과 기성회장(학부모대표), 총동창회장에게도 선거권을 인정함으로써 대학 구성원 모두가 참여하여 대학의 대표를 선출하는 축제 마당이 되도록 함
  - –외부인사가 후보자가 될 수 있는 길을 대폭 완화하여 전문경영인사가 대학을 책임질 수 있는 기회를 대폭 확대
  - –선거비용의 상한액을 명시하고 3개월을 초과하지 않도록 함
  - –후보자 난립을 방지하기 위한 방법으로 후보자 기탁금을 상향조정하고 아울러 함께 일할 교무처장, 학생처장, 기획처장 등 주요 보직자를

동시에 등록하게 하여 총장 후보자와 주요 보직자들을 동시에 판단할 수 있도록 함

- 책임지는 총장을 만들기 위해서는 평의원회로 하여금 공약의 실천사항을 점검하도록 하고 중간평가 실시를 제도화

제11장
대학재정발전계획

1. 대학등록금계획

1) 대학등록금계획의 의의

대학등록금은 입학금, 수업료, 기성회비로 구성되어 있다. 「고등교육법」 제11조 제1항에 따라 학교의 설립 · 경영자는 수업료와 기타 납부금을 받을 수 있으며, 동조 제2항에 근거를 두고 제정된 「학교 수업료 및 입학금에 관한 규칙」에서는 입학금과 수업료의 징수금액, 면제 · 감액, 징수 방법, 징수기일, 반환, 미납자에 대한 징벌, 가산금에 대해 규정하고 있다. 기성회비는 「고등교육법」 제11조 제1항에서 말하는 '기타 납부금'에 포함되지만 교육 관련 법령에서 특별히 규정하고 있지는 않으며, 각 대학별로 학칙에서 기성회비 납부를 학생의 의무로 규정하고 있다. 기성회는 설립자의 부담금으로 미치지 못하는 긴급한 교육시설 및 학교운영 등을 지원함으로써 면학 분위기 조성과 교육여건 개선에 기여함을 목적으로 1963년경부터 조직되었다. 기성회비는 원래 자발적인 후원의사에 의하여 부담하는 납부금이었으나, 오랜 관행에 의해 이제는 학교교육의 대가로 지급하는 등록금의 일부로 인식되고 있으며, 법원은 학생이 기성회 회원 여부와 관계없이 기성회비를 납부할 의무가 있다고 보고 있다(수원지방법원 성남지원 1999.12.15. 선고 99가합2733 판결).

1990년대에 접어들면서 학생 수 감소에 따라 대학 간 경쟁이 심화되고 정부의 정책 방향이 대학의 교육 · 연구여건과 재정지원을 연계하면서 대학재정 확보방안은 대학의 생존과 밀접한 관계를 맺고 있다. 특히, 현재 국립대학의 등록금 중 기성회비의 비중은 80.1%에 이르고 있고, 사립대학의 경우 등록금 수입은 운영수입 총액의 76.9%에 달하고 있는 만큼 대학등록금은 대학재정계획 중 재원확보계획의 핵심 부분이라고 할 수 있다.

대학등록금은 1989년 이후 정부의 통제에서 벗어나 자율화되면서 국립대학은 기성회비를 중심으로 매년 꾸준히 인상되어 왔고, 사립대학 역시 지속적으로 수업료와 기성회비가 상승하였다. 최근 5년간 사립대학의 평균 등록금 인상률은 평균 물가상승률의 2배에 이르면서 대학등록금 부담이 사회적 문제로 언급되고 있다. 대학등록금 책정이 자율화되었지만 정부의 통제를 받지 않는다는 것일 뿐, 공식 또는 비공식적으로 많은 대학에서 대학 당국과 학생회 간의 협의 · 조정 과정을 거쳐 등록금 인상률이 결정되거나 승인되는 과정을 거쳐왔다. 일부 대학에서는 인상률에 대한 의견 차이로 심각한 학내 분규를 겪기도 하고 학사일정에 차질을 빚기도 하였다. 따라서 등록금계획은 단순히 대학재정계획에 그치지 않고 대학 구성원이 대학의 발전 비전과 발전계획에 대한 공감대를 형성하고 상호 이해와 협력을 이끌어 내는 정치적 과정을 포함하는 발전계획으로 이해해야 한다. 즉, 등록금계획은 대학발전계획의 재정적 기반을 마련하는 계획이면서 동시에 대학발전계획이 구성원의 참여 하에 역동적으로 시행되기 위한 동력을 마련하는 실행계획의 성격도 갖고 있다.

‖ 표 11-1 ‖ 국·공립대학 등록금 인상 현황 (단위: 천 원)

연도	재학생 1인당 연간 등록금(학부생 기준)						기성회비 비율(%) (기성회비/등록금 총액)
	수업료		기성회비		등록금 총액		
	금액	인상률	금액	인상률	금액	인상률	
2000	504	-	1,689	-	2,193	-	77.0
2001	529	4.9	1,772	4.9	2,300	4.9	77.0
2002	557	5.4	1,914	8.0	2,471	7.4	77.5
2003	585	5.0	2,069	8.1	2,654	7.4	78.0
2004	613	4.7	2,290	10.7	2,903	9.4	78.9
2005	639	4.2	2,476	8.1	3,115	7.3	79.5
2006	683	7.0	2,742	10.7	3,426	10.0	80.1

출처: 최순영(2006). 대학등록금 문제해결, 어떻게 할 것인가. 대학교육, 제144권.

‖ 표 11-2 ‖ 사립대학 등록금 인상 현황 (단위: 천 원)

연도	재학생 1인당 등록금 총액(학부생)	전년대비 인상률(%)
2000	4,511	-
2001	4,779	5.9
2002	5,109	6.9
2003	5,452	6.7
2004	5,776	5.9
2005	6,068	5.1
2006	6,472	6.6

출처: 최순영(2006). 대학등록금 문제해결, 어떻게 할 것인가. 대학교육, 제144권.

| 사례 | 충북대학교

- 2003년도 현재 우리 대학의 등록금 인상률은 4.9%로서 전국 국립대학 중에서도 최하위 수준으로서 전국 평균 11.4%의 반에도 못 미치는 수준임.
- 등록금 인상률이 저조한 것은 학생회의 반발에 기인한 바 크지만 그 배경에는 등록금 인상을 통하여 학교 재정이 건실해지고 이는 곧 학생의 후생 수준과 학교발전에 직접적 관계가 있다는 것에 대한 구성원 간의 합의를 이끌어 내지 못한 것이 주된 요인으로 작용함.
- 과감한 등록금 인상을 통해 일단은 발전의 기틀을 마련할 최소한의 재원을 확보할 필요가 있음.

2) 대학등록금계획 수립 시 고려사항

(1) 재정부담의 원칙

대학등록금계획을 수립할 때 우선 고려할 수 있는 원칙은 수익자부담원칙과 설립·경영자부담원칙이다. 전자가 기본적으로 대학의 재정을 수익자가 부담하여야 한다고 보는 반면, 후자는 대학이 공공기관인 만큼 설립·경영자가 1차적인 재정부담 책임을 진다고 본다. 대학 재정부담 책임에 대한 두 원칙 중에서 어느 원칙을 채택하느냐에 따라 등록금계획은 학생부담을 증가시키는 방향의 계획이 될 수도 있고 학생부담을 감소시키는 방향의 계획이 될 수도 있다.

초등학교부터 고등학교까지는 국민으로서 기본적으로 받아야 할 보통교육이고 기본보통교육은 국민으로서 기본권의 주체로 활동하는 데 필수적인 교육이라고 본다면, 고등학교 이하 교육은 설립·경영자부담원칙이 적용되어야 한다. 현재 초등학교와 중학교는 「헌법」 제31조 제2항 및 제3항, 「교육기본법」 제8조에 따라 의무교육이고 「초·중등교육법」 제12조 제4항에 따라 의무교육을 받는 자에게는 수업료를 받을 수 없다.

초 · 중등교육이 교육복지의 측면에서 고려되는 반면 고등교육은 투자의 측면에서 고려되고 있기 때문에 고등교육에 대해서는 수익자부담원칙이 적용된다는 것이 일반적인 통례다. 다만, 수익자가 구체적으로 누구이고 수익자로서 학생이 얻는 수익과 등록금을 연계하여야 하는가에 대해서는 논란이 제기될 수 있다. 교육은 개인적 수익과 함께 사회적 수익을 갖는 활동이므로 수익자를 학생으로만 볼 수 없으며, 학생의 재학관계를 등록금과 학생의 수익 사이의 등가관계로 파악할 수 있느냐 하는 점이다. 미국의 경우 사적 수익률은 11%이고 사회적 수익률은 10.8%로서 사적 수익률이 월등히 높다고만은 볼 수 없다는 자료(정봉주, 2006: 103)를 참조할 때, 수익자를 학생으로만 보기 어렵다는 주장이 제기된다.

대학교육에 대해 수익자부담원칙이 아니라 기본적으로 설립 · 경영자부담원칙을 적용해야 한다는 주장은 대학이 각종 국세와 지방세의 특례를 적용받는 비영리 공공기관이며, 「교육기본법」 제16조에서 "학교 및 사회교육시설의 설립 · 경영자는 법령이 정하는 바에 의하여 교육을 위한 시설, 설비, 재정 및 교원 등을 확보하고 이를 운용 · 관리한다."고 규정하고 있다는 점을 든다.

(2) 등록금 차등화 기준

대학재정에 대한 부담 주체로서 설립 · 경영자와 학생 간 배분원칙이 등록금계획을 수립할 때 1차적인 고려사항이라면, 학생이 부담하여야 할 부분에 대해 학생 간에 공평하게 분담하게 하는 원칙을 설정하는 것이 2차적인 고려사항이다. 학생 간 분담 기준이 설정되면 이 기준에 따라 학생 간, 계열 간 또는 학점당 등록금을 차등하여 책정할 수 있게 된다. 이 경우 어떤 기준을 적용하는 것이 학생 간에 공정하고 합리적인가에 대한 판단은 간단하지 않으며, 보통 다음 세 가지 기준이 많이 활용되고 있다(이현청 외, 1999: 42-44).

첫째, 교육 내용 및 비용 차이와 등록금을 연계하는 원칙이다. 학과나 계열별로 투입되는 교육비가 다르다는 전제 하에 다른 교육비에 대해 다른 등록금을 책정하는 방식이다. 「대학설립 · 운영규정」에서는 계열에 따라 요구되는 시설 · 설비 기준과 교원 기준을 달리 정하고 있다. 예를 들어, 인문 · 사회계열의 경우 교원 1인당 학생 수 기준은 25명인 반면 자연계열, 공학계열, 예체능계열은 20명이며 의학계열은 8명으로 되어 있다. 시설 · 설비나 교원 기준 이외에도 교육비는 계열이나 학과에 따라 달라질 수 있으므로 이러한 차이를 등록금에 반영하는 것이다. 교육 내용과 비용을 등록금과 연계하는 경우 교육원가계산이 필요하다. 교육원가는 실제 과거에 투입된 교육원가를 기준으로 삼을 수도 있고, 교육목표에 따라 미래에 투입될 표준교육비와 연계하는 방안도 가능하다.

둘째, 대학교육은 기본적으로 투자라는 관점에서 시장가치와 등록금을 연계하는 원칙이다. 시장에서 수요와 공급의 법칙에 따라 가격이 결정되듯이 사회적 수요가 높은 학문 분야에 대해서는 높은 등록금을 책정하는 것이다. 즉, 비용 투입과 관계없이 대학교육의 시장가치를 고려하여 등록금을 차등화하는 것이다. 최근에 학생 수 감소에 따라 대학이나 학과의 존폐가 문제되고 있는 현실적인 상황을 고려할 때 대학 역시 시장논리의 틀을 벗어날 수 없는 만큼 시장 기능과 부합하는 등록금 책정이 필요하다는 관점이다.

셋째, 교육수익자의 미래 수익과 등록금을 연계하는 원칙이다. Beker, Schultz 등이 주창한 인적자본론의 입장에서(N.L. Hicks, 1987: 103) 대학등록금을 파악하는 것이다. 즉, 대학교육을 받으면 인적자본이 늘어나고, 인적자본이 늘어나면 미래에 얻을 수 있는 생애소득이 올라가게 된다. 따라서 이러한 수익을 얻을 수 있도록 인적자본을 축적해 준 대학에 대해 학생은 그에 상응하는 비용을 부담해야 한다는 것이다. 미래 높은 수익률이 예상된다는 것은 그만큼 현재 시점에서 사회적으로 많은 투자가 이루어진 것으로 볼 수 있으므로 학생 개인 차원을 넘어서 사회적 차원에서 분담의 공평성을 꾀하는 것이기도 한다.

등록금 차등화 단위는 보통 일반적으로 '계열'을 활용하고 있지만 '학점'을 단위로 고려할 수도 있다. 부전공, 복수전공, 연계전공, 자기 전공 등 다양한 방식의 학업이수 유형이 권장되고 있는 상황에서 교육비 차이를 학과나 계열을 단위로 하는 것은 적합성이 떨어진다는 비판이 제기될 수 있기 때문이다. 실제로 특정 학과에 소속되어 있다고 하더라도 최소전공인정학점제를 실시하는 대학의 경우 최저 35학점 정도만을 소속학과에서 이수하면 되기 때문에 학과, 계열을 단위로 등록금을 다르게 적용하는 것은 문제가 된다. 학점당 교육비 방식은 대학 내에서 책임강좌제를 촉진시킬 수 있으며, 등록금 인상에 따른 저항을 줄이는 데 용이하기도 하다. 하지만 특정 수업으로 배당하기 어려운 공통비용을 어느 수준에서 어느 과목으로 배당할 것인지의 복잡한 문제가 남는다.

| 사례 | 경상대학교

- 현행과 같이 등록금 내역이 수업료와 기성회비의 2원체제로 유지되는 동안에는, 수업료는 전공에 관계없이 균등하게 부과하고 기성회비는 수익자부담원칙에 입각하여 차등 적용함.
- 기성회비 차등 적용을 위한 기초자료를 구축하기 위해서는 지속적인 교육원가계산이 필요함.

- 수혜자부담원칙에 따라 등록금을 합리화할 경우 학부(과)별 현재의 교육원가 및 교육원가 부담률도 고려해야 하지만, 전공별 특성에 따라 원래의 교육목표를 달성하기 위해 필요한 전공별 교육직접비가 있을 경우 이것도 등록금 책정 시 고려할 필요가 있음.
- 교육원가를 반영한 등록금 중 기성회비는 수강학점 단위로도 환산하여 학과목별 등록학점 수에 따라 차등 부과할 필요가 있음. 수강학점 단위의 교육원가는 현재 시행되고 있는 시간제 등록생 모집과 관련해서도 필요한 정보임.

(3) 대학 외부환경 여건

대학의 재정수입은 일반적으로 학생의 등록금, 국고보조금, 기부금, 전입금, 교육부대수입, 기타 수입으로 구성되어 있는데, 등록금을 제외한 다른 수입은 상대적으로 안정성이 낮은 수입재원이라고 할 수 있다. 대학의 지출 중 인건비의 비중이 50% 내외를 차지하고 있고 여기에 경상경비로서 운영비를 추가한다면 보통 80%를 넘는 지출이 경직성 경비인 만큼 재원의 안정적인 재원으로서 등록금 수입은 그만큼 중요한 의미를 가지고 있다. 반면 학생의 관점에서 등록금은 고등교육 기회의 선택권을 제약할 수 있는 중요한 변수인 만큼 대학재정의 등록금 의존율이 높아진다는 것은 학생의 교육받을 권리를 침해하거나 제한할 수 있는 문제를 안고 있다.

대학에서 등록금계획을 수립할 때에는 대학의 외부환경 여건으로서 물가상승률, 1인당 명목 GNI, 인건비 상승률, 장학금 부담률 등을 합리적으로 고려하여야 한다. 아울러 유사 규모나 성격의 타대학 등록금 규모도 준거자료로 활용할 수 있다. 특히, 타대학의 사례를 참조할 때에는 동일하거나 중첩되는 서비스 권역을 가진 대학으로서 경쟁관계에 있는 대학의 사례를 고려해야 한다. 경쟁관계에 있는 대학 간 등록금의 차이는 대학 선택의 결정적 변수는 아니더라도 의미 있는 변수가 될 수 있기 때문이다.

2. 대학발전기금 등 재원확보계획

1) 발전기금

대학등록금을 기반으로 한 대학재원은 일반적인 경상비 소요를 충당하는 구조로 되어 있으므로 중장기적인 발전목표를 실현하기 위한 추가적인 재원 발굴이 요구된다. 대학예산 중 대부분이 경직성 경비이며 이러한 비용은 매년 지속적으로 증가하는 추세를 보이고 있어 연구 및 학술진흥사업, 교육 · 연구기반구축사업, 장학사업 등을 추진하는 데 한계가 있다. 대학발전기금은 대학의 재정난이 심화되는 가운데 새로운 외부재원 확보 방안으로 대두된 것으로서 각종 기부금을 재원으로 한다.

학교에 대한 기부금에 대해서는 「소득세법」 「법인세법」 「조세특례제한법」이 몇 차례 개정되면서 세제 지원책이 강화되었으며, 특히 국 · 공립대학에 비해 불리하게 적용되던 부분이 거의 해소됨으로써 사립대학이 기부금 모금을 통해 발전기금을 조성하는 데 유리한 여건이 마련되었다. 특히, 2003년 12월 30일 「소득세법」 제34조 제1항 제6호가 개정되어 근로소득자나 개인사업자가 학교에 기부하는 기부금과 관련하여 「산업교육진흥 및 산학협력촉진에 관한 법률」에 따른 산학협력단도 사립학교와 동일한 혜택을 누리게 되었다. 또한 산학협력단에 법인이 지출하는 기부금 역시 2003년 12월 30일 「조세특례제한법」 제73조 제1항 제2호의 개정을 통해 산학협력단이 포함됨으로써 법인의 기부금에 관해 사립학교와 동일한 지위를 갖게 되었고, 2005년 12월 31일「법인세법」개정으로 사립학교 기부금이 법정기부금으로 인정되면서 산학협력단도 동일하게 규정되었다.

표 11-3 학교(산학협력단 포함) 기부금에 대한 세제지원 현황

기부자 및 기부처	기부금 용도	소득공제 또는 손금인정범위	기부금 종류
개인→ 국·공립학교	시설비, 교육비, 연구비, 장학금	100 %	법정기부금
개인→사립학교	시설비, 교육비, 연구비, 장학금	100 %	법정기부금
법인→ 국·공립학교	시설비, 교육비, 연구비, 장학금	100 %	법정기부금
법인→사립학교	시설비, 교육비, 연구비, 장학금	50% (2008년까지는 75%)	법정기부금

발전기금확보계획은 크게 보아 기부금목표계획, 기부금모금계획, 기부금모금조직관리계획, 확보한 발전기금의 효율적 운용계획으로 나눌 수 있다. 기부금 모금의 출발은 합리적이면서도 도전적인 목표금액을 설정하는 것이 중요하다. 목표가 불분명한 채 막연히 많은 기부금을 확보한다는 계획은 구성원에게 적절한 긴장감을 주지 못하고 외부의 잠재적인 기부자를 자극하기 어렵다.

| 사례 | 경상대학교

- 경상대학교 발전후원회의 참여인원을 현 120명선에서 2,000명 이상으로 끌어올리고 운영의 실질화를 도모함.
- 발전기금 조성목표: 목표연도인 2010년까지 200억 원을 조성. 조성목표를 달성하기 위해 1단계로 2005년까지 60억 원을 추가 조성하고 2단

계로 2010년까지 100억 원을 추가 조성함.

다음으로 기부금 모금은 총장이나 교직원의 열의와 외부의 호응이 어우러져야 성공할 수 있는데, 이를 위해서는 과학적인 기부금모금 계획이 먼저 수립되어야 한다. 즉, 기부자 발굴, 기부 프로그램 개발, 마케팅 전략, 기부자 사후관리계획이 포함되어야 한다. 기부자 발굴은 기부대상자의 특성에 따라 세분화된 집단을 발견하고 조직하는 일로서 기본 정보와 특성화된 정보를 수집하는 것이 중요하다. 잠재적 기부자와 긴밀한 유대관계를 형성할 수 있고 기부자의 욕구를 파악할 수 있다면 기부를 유도하는 데 도움을 얻을 수 있다. 기부 프로그램은 기부자별 특색 있는 욕구를 충족시킬 수 있도록 개발되어야 하며, 마케팅은 상황에 맞추어 프로그램을 실행하는 단계로서 성과를 측정하고 관리할 수 있는 계획이 포함되어야 한다. 마지막으로,

표 11-4 기부금 모금을 위한 의사소통 전략별 특성(건국대 자료)

의사소통 전략	특성
우편(DM)	• 경제적이며 넓은 대상자에게 효과적 • 기부금 조성의 필요성 설명에 유리
전화(TM)	• 우편의 보완 매체로서 친밀감 제고 • 전문요원의 활용으로 직접적인 설득활동 가능
정기간행물	• 특정 기부대상자 그룹에 customize된 메시지 전달 • 대외적 홍보효과
매스미디어	• 이미지 홍보효과 큼 • 기부금 조성에 대한 인식 및 관심 제고
각종 행사 및 모임	• 일반인 대상과 특정 그룹 대상으로 분리 가능 • 기부금 조성의 분위기 조성효과 큼
직접 방문	• 강력하고 개인적으로 customize된 소통 가능 • 직접적인 기부행위 유도 및 친밀한 관계 형성 가능

사후관리계획은 기부금 모금의 지속적인 성장을 좌우하는 중요한 부분으로서 기부자의 자생적인 확산과 새로운 2차, 3차의 기부를 유도할 수 있도록 구성되어야 한다.

| 사례 | 건국대학교 기부 프로그램

- 이해관계 구분에 따른 기부자 유형
  - 직접 이해당사자(학교 사랑의 마음에 직접 호소하는 프로그램)
  - 간접 이해당사자(학교 사랑의 마음에 더하여 명예욕구의 충족 강조)
  - 관련 외부인(실질적 혜택을 강조)
  - 외부 관망자(이벤트성으로 이미지 홍보와 연계되는 프로그램)
- 세분화된 기부자집단 구분
  - 학부 재학생, 대학원 재학생, 학부 졸업생, 대학원 졸업생, 학부모, 교수, 직원, 최근 3년간 졸업동문, 일반동문, 유력동문, 준 유력동문, 건대 주변상가, 영농 · 축산 · 식품기업, 일반기업체, 국내재단, 해외재단, 일반인(독지가 포함)
- 기부 프로그램
  - 기부예약제, 건국사랑 저금통, 건국발전기금 ARS, 학교채권 발행, CMS(자동이체), 입학기념식수 · 동판 설치, 평생학생증 발급, 후배에게 장학금 물려주기, 건대발전 명예위원, 석좌교수기금 조성, 기여 명예학위(박사/석사), 건대 주변상가 발전 운동, 기부산학협동, 기술자문교수제, 기금조성 이벤트

과거에 일부 소수 대학에서만 대학발전기금 확보에 나서던 시대와 달리 최근에는 거의 모든 대학에서 잠재적인 기부자를 찾아서 모금을 유도하고 있기 때문에 기부금 모금은 대학 간 또는 다른 비영리단체와 치열한 경쟁 속에서 이루어지고 있다. 기부금 모금을 담당하는 교직원은 과학적인 모금기획, 대외 네트워크 관리, 마케팅에 관한 전문능력을 필요로 하므로 기부금 모금 조직 역시 체계적인 계획 하에

관리되어야 한다. 나아가 확보한 발전기금을 최대한 효율적으로 관리 · 운용하여 수익을 극대화할 수 있는 전문적인 자산관리계획도 중요하다.

| 사례 | 성균관대학교 기부금 모금 조직과 관리

- 대외협력처를 전문가 조직으로 재편하고 인력을 보강
- 대외협력처의 모금담당 조직은 모금기획, 동문 · 산학관 섭외 및 네트워크 관리, 펀드매니저, 캠페인 프로젝트 마케팅 전문가로 구성(필요 시 외부 초빙, 아웃소싱 등 활용)
- 정 · 재 · 관계 동문과의 폭넓은 네트워크 역량을 갖춘 교수진으로 자문기구(발전협력위원회) 운영
- 모든 학부에 기금모금 계정을 부여하고 각 기관별 기금(발전 · 연구 · 시설 · 장학 등) 다양화 및 모금조직체계 운영 유도
- 펀드매니지먼트, 투자자문기구 설치 · 운영(기금 자산의 수익 재창출을 위한 기구 설치 · 운영 및 전문가 육성)
- 기금관리지침 제정 · 시행(지침 제정을 통해 각 기관별 기금계정 설치 및 모금조직체계 기준을 제시하고 회계 기준, 매뉴얼 정비 및 교육 실시)

2) 학교기업을 통한 재원확보계획

기부금을 유치하여 발전기금을 조성하는 것 외에도 학교기업을 비롯하여 자체 수익사업을 확대하는 방안을 고려할 수 있다. 학교기업은 대학에서 학교교육과정 운영을 풍부하게 하면서 자체 수익을 개발할 수 있는 기회를 제공한다(교육인적자원부 보도자료, 2006. 1). 학교기업은 「산업교육진흥 및 산학협력촉진에 관한 법률」 제36조 제1항에 따라 학생 및 교원의 현장실습교육과 연구에 활용하고, 산업체 등으로의 기술이전 등을 촉진하기 위해 학교 소속의 부서로 설립되며,

물품의 제조 · 가공 · 수선 · 판매, 용역의 제공 등을 수행하는 것을 목적으로 한다. 「대학설립 · 운영규정」에서는 학교기업 및 산학협력단의 시설(생산공장 및 그 부대시설)을 교사시설 중 부속시설로 인정하고 있다.

학교기업의 사업종목과 설치 · 운영에 관해서는 「학교기업의 설치 · 운영에 관한 규정」에서 정하고 있다. 대학은 '학교기업설치 · 운영계획'을 수립하고 학교규칙을 개정한 후 관할 세무서에 사업자 등록을 하면 된다. 회계처리의 경우 사립학교는 교비회계로 계상하여 처리하되, 학교기업별로 구분하여 계리하고, 국 · 공립학교는 산학협력단회계로 계상하고 학교기업별 구분 계리한다. 사업종목은 특정 학부 · 학과 또는 교육과정의 교육 · 연구와 연계하되, 학교의 공공성 · 건전성을 고려하여 학교기업의 사업금지 종목이 설정되어 있다. 즉, 한국표준산업분류에 의한 사업종목 중 담배소매업, 여관업, 주거용 건물 공급업, 전자게임장 운영업, 점술업 등을 포함한 19개 업종은 제한되어 있다(「학교기업의 설치 · 운영에 관한 규정」 별표 참조).

표 11-5 학교기업의 사례

학교명	학교기업 명칭	사업 내용
서울산업대	서울산업대 Capstone Design 학교기업	• 소형 주사형 현미경과 교육용 로봇 제작 · 판매 • 현재 수입품에 의존하는 소형 주사형 전자현미경을 국산화할 경우 충분히 가격경쟁력이 있음
동명정보대	라츠인터랙티브 학교기업	• 게임 관련 기술개발 및 제품 판매(자체 개발 보유) • 국내 최초의 범프매핑(Full-Screen Bump-Mapping) 기술 구현, 온라인 게임 서버 동기화 기술 보유 • 게임개발전문가과정, 인턴십과정 운영을 통하여 게임 개발인력을 양성

남부대	엔비팜(NB Pham) 학교기업	• 토종약초 분야에 BT 제품 가공기술을 이용한 고기능성 건강식품 제조사업 • 약용식물의 친환경재배, 조직배양을 통한 대량 생산 원천기술 획득 • 현장능력 강화를 통한 건강 기능성식품 개발 전문인력 양성
충남대	충남대 바이오테크 학교기업	• 사료첨가제, 식품첨가제, 의약품 소재 등 바이오 제품의 생산, 가공 수행 • 현장실습, 기술개발을 병행하여 BT 분야 현장 적응능력을 갖춘 전문인력 양성
한밭대	실내환경전문 클리닉 학교기업	• 신축 공동주택 및 다중시설 유해물질 측정(분석)사업(공기질 측정 분석 → 공기청정기 → 리모델링 → 공기질 측정분석) • 기술개발사업 및 공기청정기 생산 • 실내환경 조성 및 리모델링 사업
한국 기술 교육대	에스이텍 학교기업	• 반도체장비 제조업을 통해 반도체 공정기술인력 양성 및 기업체 기술인력의 재교육 • 학교기업 현장실습에 대해 최대 12학점까지 인정
전북대	전북대 햄 학교기업	• 동물자원과학과 등과 연계하여 다양한 타입의 햄 가공 생산 • 식육학, 육가공학 등 햄 관련 교육과정과 공장자동화론, 소비자마케팅, 산업포장학 등 생산 관련 교육과정에 대한 현장실습을 종합적으로 실시
경상대	경상대 경남동물 과학기술 학교기업	• 부속 동물사육장에서 생산되는 소, 돼지, 우유, 벌꿀 등을 원료로 가공제품 생산 • 학생들이 동물자원생산 관련, 식육 관련, 우유 관련 실습과목을 관련 사업 팀에서 이수
창원대	제로이미션(ZEM) 학교기업	• 태양광 에너지를 이용한 수소 제조 · 판매 • 국가산업, 환경, 자원, 인력개발 및 발전에 기여할 수 있음

3) 산학협력단을 통한 재원확보계획

「산업교육진흥 및 산학협력촉진에 관한 법률」 제25조에 근거하여 설립되는 산학협력단은 산학협력사업, 지적재산권 취득 및 관리, 기술의 이전 및 사업화 업무를 추진할 수 있으므로 이러한 업무를 통해 다각도로 재원을 확보할 수 있는 계획을 수립할 수 있다. 또한 「산업교육진흥 및 산학협력촉진에 관한 법률」 제37조에 따라 대학은 국가, 지방자치단체, 정부출연연구기관 및 산업체 등이 운영하는 연구소를 유치할 수 있다. 협력연구소와 시설, 기자재 및 인력 등을 공동으로 활용하게 되면 직·간접적으로 대학의 재원 확충 효과를 거둘 수 있다. 나아가 국가나 지방자치단체의 사업에 대한 관학협력을 추진하여 외부 재원을 유치할 수도 있다.

| 사례 | 경상대학교

- 운영경비와 시설을 위한 국고 교육예산 외에 경쟁력을 가질 수 있는 우수 연구센터 유치와 같은 정책사업을 수행하기 위해 정부와 지방자치단체의 특별예산을 확보하도록 지속적으로 노력
- 주로 개인단위 또는 사업별로 추진되고 있는 지방자치단체와의 협력관계를 조직화하여 지방자치단체와의 적극적이고 지속적인 협력체계를 구축하며, 수시로 이루어지는 지방자치단체 사업에 대한 관학협력을 추진함.
- 외부연구비 수주 확대와 간접연구경비의 확보를 위해 각종 우수 연구센터의 유치와 활성화를 도모하고 산연학관 협동 연구용역사업의 확대
- 연구지원행정을 강화하되 연구를 위하여 학교가 제공하는 행정 서비스, 시설, 장비, 전기, 수도, 정보통신 등 각종 서비스 비용을 연구간접비 형태로 징수하여 이를 연구 및 교육환경 개선에 투자

| 사례 | 영남대학교

- 정원 외 입학생 적극 유치 및 산학연 연계 교육과정 개발(전문대학 연계 교육과정 운영, 계약에 의한 학과과정 운영, 직업교육훈련과정 운영, 외국인 학생 특별전형의 확대)
- 한국어 어학당 운영, 학교건물 대여료 및 사용료 수입 극대화, 각종 증명 발급 수수료 등 증명 수수료 수입 극대화, 실습농장 수입, 수목매각 수입 등 교육실습 부대수입 극대화
- 초 · 중 · 고 음악경연대회, 무용실기대회, 토익경시대회 등 참가료 수입이 발생하는 행사 개최를 통한 부대수입 증대 및 대학 이미지 제고
- 지식경제부, 교육과학기술부의 국고지원사업 활성화 추진

3. 재정효율화계획

1) 재정관리의 전문화 · 민주화 계획

대학의 재원확보계획과 함께 병행되어야 할 재정계획이 확보한 재원을 효율적으로 관리하고 활용하기 위한 전문적 관리계획이다. 모든 조직이 자원의 제약과 희소성을 전제로 생존경쟁을 하고 있는 만큼 대학 역시 물적 토대로서 재원의 활용가치를 극대화함으로써 조직의 역량을 강화하고 지속적인 발전을 꾀해 나가야 한다. 예산의 전문적 관리계획을 수립할 때에 검토해야 할 사항으로는 예산 기법과 함께 예산편성과 집행의 합리적 관리체제다. 예산편성과 집행에 관한 계획으로는 예산배분 기준의 객관성과 합리성을 꾀할 수 있는 민주적 절차와 심사 · 분석 · 평가체제에 관한 내용이 포함되어야 하며, 재정관리의 투명성을 확보하기 위한 적절한 내부 통제장치를 어떻게 마련하고 활용할 것인지에 대해서도 검토되어야 한다(한국교육평가

센터, 2005: 148-9).

예산 기법은 통제지향의 품목별 예산(line item budgeting system), 관리지향의 성과주의 예산(performance budgeting system), 계획지향의 기획예산(planning programing budgeting system), 우선순위지향의 영기준예산(zero base budgeting system)으로 구분할 수 있는데, 각각 장단점을 가지고 있기 때문에 대학별 주된 요구가 무엇인지를 고려하여 예산 기법의 활용 계획이 수립되어야 한다. 다만, 최근 들어 대학의 재정여건 예측이 낙관적이지 않은 상황인 만큼 신규사업에 대해서는 투자심사제도를 강화할 필요성이 커지고 있으며, 대학의 외부환경 역시 상당히 불안정하고 급변하고 있기 때문에 중장기적인 관점에서 전략적인 재원배분의 요구가 증가하고 있다. 예산의 편성 과정에서는 대학 구성원의 의견을 민주적으로 수렴하면서도 조직의 목표에 초점을 맞추어 전략적인 판단에 의한 자원의 배분이 이루어질 수 있는 제도적 장치에 대한 계획이 강구되어야 한다(한국교육평가센터, 2005: 148).

| 사례 | 영남대학교

- 정기적 재정분석을 통한 사전경보 시스템 구축
  - 신규사업에 대한 사전투자심사제도의 적극적 활용
  - 교육원가에 기초한 재정운영제도의 점진적 시행
  - 매년 중장기적 관점에서 재정분석 실시
- 예산배정 시스템 개선
  - 교육의 질적 행상을 위한 전략 부문에 우선 집중 배정하는 시스템 마련
  - 단과대학 운영예산 배정에서 자발적 동기부여 유인방식을 활용
- 예산집행 과정의 투명화 및 효율화
  - 공사입찰 및 물품구매 분야에 있어서 입찰과 예산집행의 과정 공개

–내부감사제도의 정착과 외부 회계기관의 감사를 통한 예산회계의 적정성 확보

| 사례 | 충북대학교

- 예산의 배분 과정과 사용내역의 공개 등 재정투명성 확립
  - –공개 내용으로는 대분류뿐만 아니라 중분류 및 필요한 소분류까지 기관 운영과 관련되어 구체적으로 공개할 수 있는 모든 내용이 포함되며, 연구비 용역 등 집행 책임이 이전되는 경우는 그 실질적인 결정권자, 결정참여자 및 수령자의 실명을 포함하는 것이 필요함.
- 대학재정관리 전문 팀 구성
  - –예산편성위원회를 재정비하여 실질적인 전문가 시스템이 도입되도록 함.
  - –관련 전공학과의 교수들과 필요하면 외부 민간기업의 재정관리 전문인력의 활용 및 채용을 통해 팀을 구성하여 전문성 있는 재정관리를 이룸.
- 학과, 단과대학, 학부 등 예산집행 주체별 자율성 확보
  - –예산집행 항목의 분류에 있어 유연성을 주고, 예비비와 이월금제도를 도입하여 기존의 경직된 예산집행 관행을 벗어나 효율적인 예산운용을 가능하도록 함.
  - –기간별 예산초과와 예산전용에 대한 기준을 정립하고 전산화를 통해 효율적인 통제체계 구축 및 집행과 세무관리, 자금관리를 통합함.

2) 총액배분 · 자율편성계획

정부의 종래 예산편성 방식은 각 부처에서 예산요구서를 제출하면 예산부처에서 각 사업별로 검토하여 조정하는 방식이었다. 이러한 상향식 방식(bottom-up)은 불필요한 예산낭비를 억제하고 세입여건에 따라 지출규모를 신축적으로 결정할 수 있는 장점이 있는 반면,

정보의 비대칭으로 인해서 각 부처는 필요 이상으로 예산을 과다 요구하고, 재정당국은 대폭 삭감하는 악순환을 반복하는 단점도 있다(정부, 2006: 339). 또한 국가 차원의 장기 비전과 우선순위에 입각한 전략적인 재원배분이 곤란하고, 재정환경이 복잡 · 다양해지고 행정 업무의 범위와 전문성이 확대되는 상황에서 재정 당국이 모든 사업을 조정하는 방식은 비효율성을 낳게 되었다. 이런 배경에서 국가재정운용계획과 연계하면서 각 부처의 전문성을 살려 나갈 수 있도록 하는 예산총액배분 · 자율편성제도를 도입하게 되었다.

총액배분 · 자율편성 방식은 중앙정부의 경우 2004년도 예산편성 과정에서 일부 기관에 대해 시범 실시되었고, 2005년도 예산편성 시에는 53개 전체 중앙관서 중 국회, 대법원, 헌법재판소, 중앙선거관리위원회, 감사원 등 5개 독립기관을 제외한 48개 부처를 대상으로 전면 실시하였다. 2006년도 예산안 편성부터는 1월 초에 국가재정운용계획수립지침을 각 부처에 통보하여 부처별 중기사업계획서를 2월에 제출하도록 하고, 4월에 국가재정운용계획(시안)이 확정되면 부처별 지출한도를 결정하는 방식을 취하고 있다. 지출한도가 결정되면 각 부처별로 5월까지 자율편성을 한 다음에 7~8월에 예산부처와 협의 · 보완한 후 9월 말에 국무회의 보고 · 의결을 거쳐 국회에 제출하는 절차를 취하고 있다(송기창 외, 2006: 15).

국립대학의 경우 정부의 총액배분 · 자율편성제도의 적용을 받고 있는데, 장점을 살리면서 단점을 줄이기 위한 발전계획이 요구되고 있으며, 사립대학의 경우에도 각 단위기관의 자율성을 존중하면서 자원을 효율적으로 활용하기 위하여 이 제도에 대한 도입 계획이 검토될 수 있을 것이다.

| 사례 | 경상대학교

- 대학 내 총액예산제 도입: 총액예산제란 교육 기본단위에 예산을 배정할 때 예산의 일정비율은 총액예산으로 배정하고 배정된 총액예산은 교육 기본단위의 책임 하에 자율적으로 예산을 편성 및 집행하도록 하는 것임.
- 동일한 법령과 규정의 제약을 받고 있는 서울대학교에서는 예산의 일부를 총액예산으로 각 단과대학에 이관하여 예산편성 및 집행의 효율성과 책무성을 제고하는 조치를 취하고 있음.

3) 성과 중심의 재정관리계획

체제모형의 세 요소로서 투입, 과정, 산출을 전제할 때 대학행정은 그동안 주로 투입 과정에 초점을 맞추어 왔으며, 권한남용을 방지하기 위한 통제 위주에 머물렀다. 하지만 사회의 다변화에 맞추어 대학행정 수요자의 요구가 다원화되고 관리 위주의 행정에서 고객만족 위주의 행정으로 전환하기 위해서는 투입 측면보다는 성과 영역을 중심으로 행정의 중심이 옮겨져야 한다는 요구가 강해지고 있다. 행정 담당자의 창의성과 상황적응력 및 대응도를 높이면서 행정 서비스의 질을 개선하기 위해서는 투입과 과정을 표준화하여 관리하는 전통적인 방식은 한계를 드러내고 있기 때문이다.

산출에 초점을 맞추는 새로운 행정철학은 재정관리 측면에서도 적용되기 시작하여 이미 정부 차원에서는 2006년 제정된 「국가재정법」 제8조에서 성과 중심의 재정운용을 규정하였다. 성과관리제도는 재정사업으로 달성하고자 하는 목표와 이를 측정할 수 있는 성과지표를 사전에 설정하고 재정사업의 집행 후 지표의 실적치와 목표치를 비교 · 평가하여 그 결과를 재정운용에 환류하는 제도다(정부, 2006: 343). 「국가재정법」에 따르면, 각 중앙관서의 장과 법률에 따라 기금을 관리 · 운용하는 자는 재정활동의 성과관리체계를 구축하여야 하고, 각 중앙관서의 장은 예산요구서를 제출할 때에 다음연도 예산의 성과계획서 및 전년도 예산의 성과보고서를 기획재정부장관에게 함께 제출하여야 한다.

[그림 11-1] 성과관리제도의 기본 구조

출처: 송기창 외(2006). 2006 교육재정백서. 교육인적자원부.

▌표 11-6▐ 성과지표의 네 가지 유형

성과지표	내용
투입지표 (input)	• 예산, 인력 등 투입물의 양을 나타내는 지표 • 예산집행과 사업진행 과정상의 문제점을 발견하는 데 도움 예: 예산집행률, 세미나 개최 실적
과정지표 (activity/process)	• 사업진행 과정에서 나타나는 산출물의 양을 나타내는 지표 • 사업진도 등 사업추진 정도를 중간 점검하는 데 도움 예: 건설공정률(%), 계획대비 집행률(%)
산출지표 (output)	• 사업 완료 후 나타나는 1차적 결과 또는 산출물을 나타내는 지표 • 투입에 비례하여 목표한 산출을 달성하였는가를 평가하는 데 도움 예: 논문게재 건수, 상수도 보급률
결과지표 (outcome)	• 1차적 결과물을 통해 나타나는 궁극적인 사업의 효과를 나타내는 지표 • 사업이 의도한 최종 결과의 달성 정도를 측정하는 데 도움 예: 교통사고 감소율, 민원인 만족도 증가율

출처: 송기창 외(2006). 2006 교육재정백서. 교육인적자원부.

성과 중심의 재정관리에서는 보통 성과계획서를 작성하는데, 각 부서별로 전략목표–성과목표–사업의 목표체계를 구축하고 목표의 달성 여부를 확인할 수 있는 성과지표를 개발 · 제시한다. 성과지표는 성과목표의 달성 여부와 정도를 판단할 수 있는 구체적인 측정지표로서 가급적 계량적으로 측정 가능한 지표를 사용하고 궁극적인 사업효과를 보여 주는 결과지표를 사용해야 한다. 성과지표는 투입지표, 과정지표, 산출지표, 결과지표로 구분되는데, 성과관리제도에서는 가급적 결과지표를 중심으로 관리할 것을 요구한다.

| 사례 | 조선대학교

- 성과지향 예산과 책임회계제도 도입
  - 사업성 예산평가: 신규사업, 계속사업 등에 대한 사전 타당성 평가를 통해 사업 추진 혹은 투자 여부를 판단하는 의사결정 보조자료로 활용하고 사후 집행평가를 통해 효과성과 능률성을 평가하여 정책 결정에 피드백
  - 자율예산평가: 각 단위기관의 자율예산을 효과성과 능률성을 핵심으로 구성된 지표를 통해 평가하여 연차별 차등지원 여부를 결정
- 성과목표 초과 달성에 따른 절감 예산 부분에 대한 보상 기준 마련

| 사례 | 한밭대학교

- 대학재정 운영혁신을 위한 사업성과주의 예산 시스템 도입
  - 대학의 비전, 전략목표, 사업성과 및 예산의 유기적 연계로 대학의 미션 수행을 위한 사업의 선정 및 집중지원 등 재원이 효율적으로 배분되도록 예산운용 시스템 혁신
- 대학중장기발전계획의 발전 전략인 특성화 · 교육 · 연구 · 대학관리인 4대 전략과 21개 세부과제를 기본으로 전략목표를 구축하고, 전략목표 달성 및 사업성과 평가를 위한 성과목표 · 성과지표 설정

※ 예시: 학생 취업 강화(전략목표) → 졸업생 취업률을 80%로 제고(성과목표) → 졸업생 취업률(성과지표)

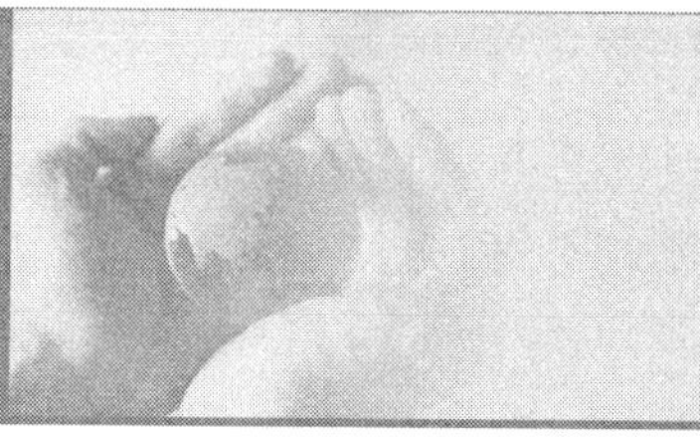

제12장

대학인프라발전계획

1. 대학캠퍼스조성계획

대학 캠퍼스는 단순히 물리적인 측면으로만 보면 대학의 각종 시설을 건축하는 데 필요한 토지에 해당하지만, 학생과 교직원이 활동하는 무대로서 본다면 생활공간이라 할 수 있다. 생활공간으로서 대학 캠퍼스는 대학 구성원과 함께 대학과 직 · 간접적으로 관계를 맺고 있는 사람들에 의해 만들어지고 변화되고 재발견되는 역사, 지식, 문화, 감정, 상징, 정신을 갖고 있는 의미체다. 생활공간으로서 캠퍼스는 기본적으로 물리적 측면의 교지를 기반으로 하여 만들어지고 진화해 가는 것인 만큼 캠퍼스에서 생활하는 사람의 입장에서는 이 두 가지 개념 요소를 굳이 분리할 필요를 느끼지는 않는다. 다만, 대학캠퍼스조성계획을 수립하는 과정에서는 교지로서의 캠퍼스와 생활공간으로서의 캠퍼스를 분리하여 각각의 계획을 검토하고 작성하는 작업이 요구된다. 이 양자는 서로 성격을 달리할 뿐만 아니라 전자에 대해서는 법령에서 최소한의 기준을 설정하고 있기 때문이다.

캠퍼스의 개발과 효율적 관리가 대학 인프라 구축에서 중요한 부분을 차지한다는 인식이 확산되면서 각 대학별로 전문화된 기획 · 관리부서를 신설하는 경향도 있다. 예를 들어, 부산대학교는 2003년 10월 1일부로 캠퍼스기획관리본부를 신설하여 양산 제2캠퍼스 조성 업무와 부산 메인캠퍼스의 발전기획 업무 등 캠퍼스 전반에 대한 기획 기능을 강화하고 시설공간 관리의 효율성을 제고하는 활동을 하고 있다. 캠퍼스기획관리본부는 현재 부산캠퍼스 재개발사업 및 34만 평의 양산캠퍼스 조성사업을 추진 중이고, 밀양캠퍼스 재개발사업을 추진하고 있다. 나아가 부산-양산-밀양을 잇는 광역 캠퍼스의 효율적인 운용과 공간활용 기능을 강화해 나감으로써 부산대학교가 동남권의 산학협력 및 인재양성의 산실로서 국가 균형발전을 선도해 나갈 수 있는 동력을 제공하기 위한 캠퍼스 장단기 발전계획을 수립하여 실행하고 있다.

1) 교지확보계획

대학캠퍼스조성계획의 일부로서 교지확보계획을 수립하는 데 1차적인 고려사항은 「대학설립 · 운영규정」에서 정하는 기준이다. 교지는 교육 · 연구활동에 지장이 없는 적합한 장소에 「대학설립 · 운영규정」 별표 4에 의한 기준면적을 확보하여야 한다. 이 경우 동일한 대학에 교지가 분리되어 있는 경우에는 각 교지별로 수용하는 학생정원에 해당하는 기준면적을 확보하여야 하되, 교지가 도로 · 하천 등으로 부득이하게 분리되어 인접한 경우에는 그러하지 아니한다. 여기서 '교지'라 함은 농장, 학술림, 사육장, 목장, 양식장, 어장 및 약초원 등 실습지를 제외한 학교구내의 모든 용지를 말한다.

한편, 「대학설립 · 운영규정」에 의한 요구 기준과 별도로 기존 캠퍼스가 증가하는 건축 수요를 충족시킬 수 있는 부지를 제공할 수 없

표 12-1 교지 기준면적(「대학설립 · 운영규정」 별표 4) (단위: ㎡)

학생 정원	400명 이하	400명 초과 1,000명 미만	1,000명 이상
면적	교사 건축면적 이상	교사 기준면적 이상	교사 기준면적의 2배 이상

※ '학생정원'은 편제완성연도를 기준으로 한 학생정원을 말한다.
※ '건축면적'은 「건축법 시행령」 제119조 제1항 제2호의 건축면적을 말한다.

을 때에는 새로운 건축부지를 확보하여야 한다. 이에 대응하는 방식으로는 캠퍼스의 이전, 기존 캠퍼스 인근 부지의 확보, 제2의 캠퍼스 조성으로 나눌 수 있는데, 각각은 장단점을 가지고 있으며 대학의 사정에 따라 현실적으로 가능한 대안은 제한될 수 있다. 캠퍼스의 이전은 물리적으로 보면 대학의 위치변화라고 할 수 있지만, 대학 전체를 재구조화할 수 있는 기회를 제공한다는 점에서 부지의 확장이라는 좁은 관점에서 벗어나 대학발전계획의 관점에서 접근해야 한다. 단국대가 서울캠퍼스를 수지캠퍼스로 이전하면서 다음과 같이 이전 배경을 제시한 것은 바로 이 점을 잘 보여 주고 있다.

| 사례 | 단국대학교(신캠퍼스 조성 배경)

신캠퍼스가 입지할 경기남부 지역의 급성장과 진학자원의 급증, 인근지역 첨단기업 및 연구단지의 확대 등은 향후 대학발전을 뒷받침할 중요한 자원이 될 것이다. 신캠퍼스의 풍부한 잠재력과 첨단 캠퍼스의 가능성을 확신하고 경쟁력을 갖춘 대학으로 거듭나겠다는 도전의지가 곧 대학발전의 원동력이 될 것이다.

- 천안캠퍼스의 교지확보율은 법정 기준의 2배가 넘지만 서울캠퍼스의 교지면적과 교사면적은 부족함.
- 서울캠퍼스 부지는 「국토의 계획 및 이용에 관한 법률」상 고도제한지구, 자연경관지구 등으로 2중, 3중의 제약을 받고 있음. 건폐율, 용적률,

건물 고도상의 법적 제약을 고려하면 향후 건축물의 신축이 거의 불가능한 상황임.

- 이공계 학과의 경우 1970년대에 강남구 내곡동으로 이전하기 위한 마스터플랜을 입안했지만 이 부지가 정부의 강요로 매각되면서 이후 적절한 공간 확보가 어려웠음. 이에 따라 실험실 확충, 기자재 도입 및 운용에 심대한 지장을 받고 있는 실정임.
- 현 서울캠퍼스는 1960년대에 기본적인 공간배치가 이루어졌고 이후 1980년대 입학정원이 팽창하면서 강의실 증설 중심으로 리모델링 형식의 개축이 있었음. 정보통신 네트워크, 문화 · 복지시설, 각 전공별 실험실습실, 연구실, 기숙사의 중요성을 반영한 21세기형 대학교육으로 업그레이드하려면 근본적이고 획기적인 '캠퍼스 혁신사업'이 시급함.

새로운 장소에 제2의 캠퍼스를 조성하는 경우에는 제2캠퍼스의 위상과 성격을 어떻게 설정할 것인지에 대한 계획이 포함되어야 한다. 우선 행정체계상 양 캠퍼스의 관계와 관련하여 별도의 대학으로 취급되는 캠퍼스로 추진하거나, 행정체계상 단과대학의 재배치 혹은 확장으로 계획할 수도 있다. 또한 복수의 캠퍼스를 조성하는 경우에는 각 캠퍼스가 고유의 특색을 바탕으로 발전동력을 갖출 수 있도록 캠퍼스별 특성화 계획을 함께 추진하여야 한다. 부산대학교의 경우 부산캠퍼스는 전통적 개념의 캠퍼스로, 양산캠퍼스는 창조적 개념의 캠퍼스로 개념체계를 설정하였다. 전통적 개념으로서 부산캠퍼스는 교육 · 연구시설 현대화, 노후시설 리모델링, 문화 · 체육시설 확충, 친환경 녹지공간 확충에 초점을 맞추고, 창조적 개념으로서 양산캠퍼스는 첨단 캠퍼스로서 생명과학 · 실버과학 및 첨단 분야 중심 캠퍼스를 지향하고 의료복지 및 산학협동 기능을 동시에 수행하는 것으로 설정하였다.

| 사례 | 부산대학교

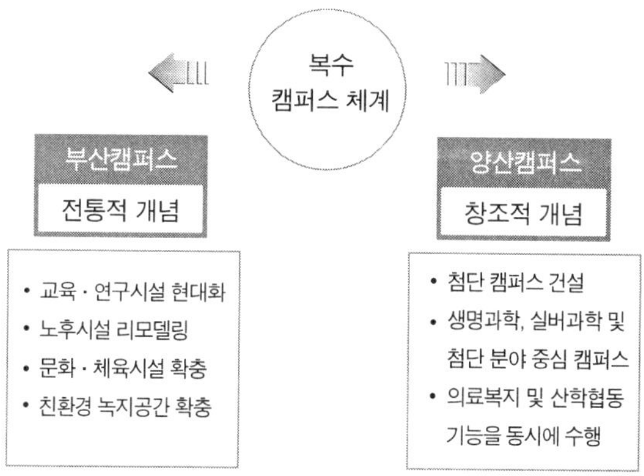

| 사례 | 충북대학교(제2의 캠퍼스 추진)

- 오송생명과학단지 내에 BINT 융합 과학특성화 캠퍼스를 조성하여 오송 혁신신도시 내 산업체 및 국가기관과의 연계망 구축에 따른 인력양성 및 교육으로 국가경쟁력 강화
- 보건의료기술 정보와 보건시설의 상호 교류 및 산 · 학 · 연 · 관 간의 연계 강화
- 보건의료 분야의 R&D 클러스터를 설립하여 기술혁신의 구심점 형성

2) 캠퍼스개선계획

대학캠퍼스개선계획은 배치계획, 조경계획, 교통계획, 문화계획으로 구분할 수 있다. 배치계획은 캠퍼스 내 건물과 각종 시설물의 배치에 관한 계획으로서 캠퍼스 조성 단계에서부터 지속적으로 필요한 계획이다. 조경계획은 건물의 디자인, 색상, 수목, 광장 등에 걸쳐 생활공간으로 캠퍼스를 개선하기 위한 계획으로서 대학의 역사와 특성을 잘 드러낼 수 있어야 한다. 교통계획은 캠퍼스 내 이동과 이동수

단에 관한 계획으로서 오늘날에는 주차장확보계획이 중요한 부분을 이루고 있다. 문화계획은 배치계획, 조경계획, 교통계획과 중첩될 수 있고 또 이들 계획을 수립할 때 함께 고려되어야 할 내용으로 캠퍼스의 역사, 성격, 정신, 가치를 다룸으로써 캠퍼스의 브랜드 계획이라고 할 수 있다. 문화계획의 중요한 부분은 랜드마크(landmark)를 만들어 냄으로써 대학의 역량과 특색을 효과적으로 홍보하는 것이다. 일반적으로 가장 많이 적용되는 것이 정문조성계획이지만 대학에 따라서는 다른 조형물이나 건물을 대상으로 하기도 한다. 보통 정문은 대학 캠퍼스로 들어오는 문으로서 사람들의 첫인상에 큰 영향을 주는 변수이면서 대학의 이미지를 상징적으로 보여 줄 수 있다는 점에서 대학캠퍼스개선계획에서 중요한 비중을 차지하고 있다.

| 사례 | 단국대학교(신캠퍼스 정문조성계획)

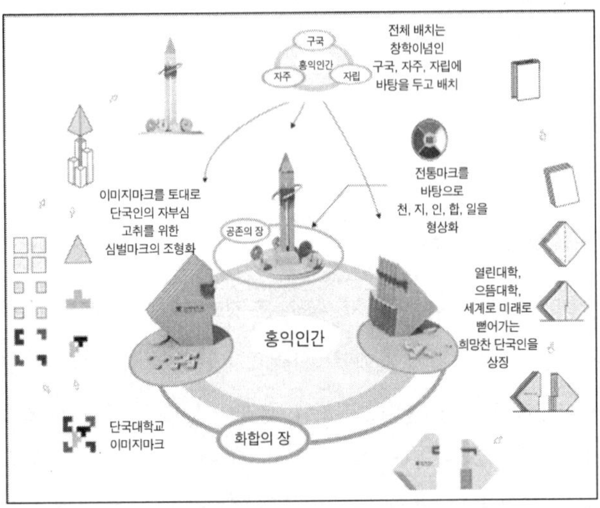

• 디지털, 그린, 휴먼 캠퍼스를 지향하는 신캠퍼스의 정문설계로서 '공존의 장–역사와 미래, 화합의 장–화합, 융화, 소통'을 주제로 우리 대학

의 전통 마크와 우주의 합일을 뜻하는 '천 · 지 · 인'의 세 가지 형태를 모티브로 함.

- 전통 마크를 기본 요소로 현대적인 조형미와 더불어 심벌마크를 도입, 미래로 향하는 단국의 힘찬 기상과 희망의 이미지를 형상화함.

| 사례 | 이화여자대학교(Ewha Campus Center: ECC)

- 기존의 이화캠퍼스와 편안하게 어울리면서도 긴 통로를 통해 다양한 이벤트가 펼쳐질 수 있으며, 향후 대학교육의 기능적인 변화에도 폭넓게 대응할 수 있도록 설계

'캠퍼스 밸리' 전경. 이화광장 진입구에서 본관까지 대로형 광장으로 길게 이어져 있다.

- ECC의 주제: '공원 같은 대학교정, 도시와 연결된 대학공원, 여성성과 자연을 결합한 열린 공간'
- 지하 5층 규모로 하부 2개층은 지하주차장, 상부 3개층은 교육기본시설 · 문화복지시설

캠퍼스개선계획의 영역과 별도로 캠퍼스개선계획을 수립할 때에 지향하고자 하는 가치준거를 어떻게 설정하느냐 하는 점은 캠퍼스개선계획의 주제를 결정짓는 초점이 된다. 영남대는 캠퍼스계획을 수립하면서 다음과 같은 10가지 가치준거를 고려하였다. 대학별로 실제 계획에서 이 모든 가치를 충족시킬 수 없을 때에는 대학별 철학이

나 배경 또는 요구 수준의 차이를 고려하여 가치별 우선순위를 정하여야 한다. 특정 가치를 중심으로 한 캠퍼스 계획의 예로서 조선대의 Well-Being Campus 조성계획, 부산대의 정보 · 문화 · 첨단 · 친환경 캠퍼스비전 등을 들 수 있다. 캠퍼스가 갖는 가치 개념은 캠퍼스의 무형자산을 확충하는 효과를 가지며, 결국 대학의 브랜드 가치를 높여 줄 수 있는 원천이 된다.

| 사례 | 영남대학교(캠퍼스계획의 가치준거)

- **정체성**: 캠퍼스의 토지를 기반으로 대학의 모든 시설과 건축물이 보여주는 총체적 경관이 독특한 대학문화와 학풍을 반영하여 영남대만의 고유성과 차별성을 나타냄.
- **쾌적성**: 캠퍼스의 건축과 조경은 신체유지적 안정감은 물론 정신심리적 쾌감을 줄 수 있어야 함.
- **효율성**: 시설과 공간은 인간 척도에 알맞고 교육 기능과 연구활동에 적절하여 경제적이며 효과적인 조성과 관리가 되어야 함.
- **명료성**: 캠퍼스가 전반적으로 조화롭고 통일된 질서 하에 각 건물과 외부공간이 그 자체로 용이하게 인식되어 하나의 교육터전으로서 명확한 공간질서를 유지해야 함.
- **심미성**: 자연과 인조물이 어우러진 캠퍼스의 풍치가 서정적이며 그 경관은 아름다워야 함.
- **안전성**: 캠퍼스의 시설 이용과 공간 활용이 안전하여야 함.
- **접근성**: 각 시설과 건물은 길찾기가 용이하며 동선이 편리해야 함.
- **영역성**: 캠퍼스가 하나의 도시로서 기능별 영역이 확립되어야 하고, 교육단위와 연구단위가 각각 고유한 공간 영역과 상호 관련성이 확보되어야 함.
- **보전성**: 영남대 캠퍼스의 특이성을 감안하여 생태적 혹은 문화적으로 경관 학술적 가치가 높은 시설이나 공간의 질적 수준이 보호, 보전되어야 함.
- **변화성**: 캠퍼스의 시설 건설과 이용공간 확장은 전체 수용능력 이내에

서 단계적으로 추진하되, 기수립된 전반적인 계획의 틀 내에서 미래 변화에 대응적인 단위계획의 추진요건을 충분히 만족시켜야 함.

| 사례 | 조선대학교(Well-Being Campus 계획)

- 종합운동장을 체력단련장으로 조성(현재 낙후되어 있는 종합운동장을 보완하여 구성원이나 지역민이 공동으로 활용할 수 있도록 지방자치단체의 지원을 받아 인조잔디 축구장 2면 조성)
- 제2순환도로와 연계하여 학교시설 구내로 차량 진출입로 설치
- 계절별 꽃향기가 자욱한 캠퍼스 조성
- 지역주민이 함께하는 테마공원과 연계된 웰빙 산책로 조성

| 사례 | 부산대학교(환경친화적 캠퍼스계획)

- 자연친화공간의 보존 및 개선: 미리내 계곡을 환경보존구역으로 설정하고, 교내 농협 부근의 이른바 미라보 다리를 차량통행금지구역으로 하녀, 단계적으로 차량 없는 길을 확내하여 환경친화공간을 조성함.
- 자연환경과 건축물의 조화: 전체 캠퍼스 환경과 건축물의 조화를 위해 전문가의 진단과 함께 건물의 내·외부에 대한 종합적인 색채계획과 이를 조정·운영하는 상시점검제도를 마련함. 향후 캠퍼스가 24시간 체제로 운영될 경우에 대비하고 캠퍼스 전체의 24시간 연구·교육 분위기에 상응하는 야경의 조성을 종합적으로 검토함.
- 캠퍼스의 소음 방지: 대형 순환버스의 교내 진입으로 인한 도로의 독점화, 소음 및 안전문제 등이 심각한 실태이므로 단기적으로는 순환버스의 소형화를 유도하고 자율도서관 좌측의 곡각지점 등 위험구간에 대한 교통사고 방지대책을 세우며, 장기적으로는 학교 홍보와 환경을 고려하여 교내를 일주하는 전차의 운행을 검토함.

3) 캠퍼스타운계획

(1) 분리 개념

캠퍼스와 주변지역의 관계에 대한 전통적인 생각은 분리 개념이었다. 학교는 성스러운 곳인 반면 주변지역은 세속적인 곳으로서 가급적 캠퍼스와 주변지역은 분리될수록 좋다고 생각하였다. 캠퍼스는 주변지역에 대해 우월한 지위를 요구하면서 지역 거주민조차도 캠퍼스의 입장에서는 외부인으로 취급되는 경향이 있었다. 학교는 담장을 공고히 하고 권위를 높이기 위하여 캠퍼스 정문을 높고 웅장하게 세우려는 욕구를 가지고 있었다. 지역민이 캠퍼스에 출입하는 일은 환영받을 수 없는 일이었으며, 때로는 통제되기도 하였다. 그러다가 1970년대에 서울대학교가 관악캠퍼스로 이전하면서 논란이 되기도 하였던 정문 조형물을 설치하였고, 이후 많은 대학과 일반국민은 대학 캠퍼스 정문에 대해 높은 관심을 나타내었다. 많은 대학이 발전계획을 수립할 때에 정문의 새로운 조성계획을 포함시켰고, 여러 개의 출입문이 있는 대학에서는 어떤 곳을 정문으로 인정하느냐를 둘러싼 갈등이나 논쟁이 벌어지기도 하였다.

캠퍼스와 주변지역의 분리 구도의 연장선에서 학교를 보호하기 위하여 제정된 제도가 「학교보건법」에 따른 학교환경위생정화구역이다. 학교환경위생정화구역은 학교경계를 기준으로 설정되며 이 지역 내에서는 학교의 보건 · 위생 및 학습환경을 해칠 수 있는 일정한 행위와 시설이 금지된다. 학교환경위생정화구역제도는 1967년 3월 30일 「학교보건법」 제정 시에 도입되어 현재까지 계속 유지되고 있다. 「학교보건법」 제5조에 따라 유치원, 초 · 중등학교, 대학에는 학교환경위생정화구역을 설정하여야 한다. 학교환경위생정화구역은 절대구역과 상대구역으로 나뉘는데, 절대구역은 학교 출입문으로부터

50m까지의 지역이고 상대구역은 학교 경계선에서 200m 지역 중 절대구역을 제외한 지역을 말한다. 정화구역 내에서는 유해업소 및 시설의 설치가 원칙적으로 금지되지만, 상대정화구역 안에서는 교육청의 학교환경위생정화위원회 심의를 통해 학습과 학교 보건위생에 나쁜 영향을 주지 않는다고 인정되는 경우 개별적으로 금지대상에서 해제될 수 있다.

(2) 개방 개념

학교는 국세 및 지방세의 면제를 포함하여 국가 · 사회적 지원을 받고 있는 공공재다. 이런 차원에서 볼 때 학교의 캠퍼스와 각종 자원 역시 학교의 내부 구성원에 의해서만 독점적으로 활용되어서는 안 된다는 반성이 제기되면서 지역주민에게 개방되기 시작하였다. 우선 조경과 환경 미관의 면에서 부정적인 평가를 받아 온 담장을 헐어내고 자연친화적인 방향으로 조경을 하려는 움직임이 나타났다. 과거에 정부 지원이 학교 담장을 벽돌이나 시멘트 블록으로 튼튼하게 쌓아올리는 데 있었다면, 이제는 담장 대신에 나무를 심고 화단을 가꾸는 데에 투자되기 시작하였다. 「초 · 중등교육법」 제11조는 "모든 국민은 학교교육에 지장이 없는 범위 안에서 국립학교의 경우에는 학교의 장이, 공립 및 사립학교의 경우에는 시 · 도의 교육규칙이 정하는 바에 의하여 학교시설 등을 이용할 수 있다."고 규정하였고, 「고등학교 이하 각급학교시설의 개방 및 이용에 관한 규칙」에서는 구체적인 이용 절차와 방법을 규정하고 있다.

대학의 경우에도 고등학교 이하 각급학교와 마찬가지로 캠퍼스를 개방하기 시작하였고, 이러한 대학의 자세변화에 맞추어 여러 지방자치단체에서 대학 캠퍼스를 열린 공간으로 조성하는 데 재정지원을 하였다. 대학 캠퍼스는 휴식공간으로서, 운동공간으로서, 주말 가족 놀이공간으로서, 각종 클럽 행사장으로서 제공되면서 지역민과 함께 공유하고 만들어 가는 열린 공간으로 바뀌고 있다. 소극적으로 캠퍼스 공간을 개방하는 단계에서 더 나아가 대학의 인적 · 물적자원의 혜택을 지역주민에게 제공하려는 사업도 활발해지고 있다. 「고등교육법」 제26조에 근거를 둔 공개강좌를 비롯하여 지역주민과 함께하는 학생축제, 지역주민을 위한 음악회나 전람회, 지역민에게 도서관 도서대출증 발급 등 많은 사업이 이루어지고 있다. 과거 교육인적자원부는 교육개혁추진우수대학평가사업을 진행하면서 지역 초 · 중등학교에 대한 정보화사업 지원 등 지역사회에 대한 봉사를 평가항목에 포함시키기도 하였다.

(3) 타운 개념

캠퍼스와 지역사회가 공간적으로 분리되지 않고 통합적인 유기체로서 진화하도록 하는 것이다. 대학이 타운과 경계선을 치고 울타리 안에서 공간난을 해소하려 한다면 대학 캠퍼스는 얼마 안 가서 슬럼지대로 변할 것이니, 하루 빨리 캠퍼스 개념을 울타리 개념에서 타운 개념으로 바꾸고 기업 및 지역자치단체와 제휴하여 대학 주변 타운을 기존 캠퍼스의 외연으로 재개발함으로써 공간 개념을 새로이 창출해야 한다는 것이다(유향산, 2003).

타운 개념으로서 대학촌을 조성해 나가는 일은 대학이 단순히 교육하는 공간으로서가 아니라 삶과 문화의 중심지로서 변하는 것이며, 문화관광 자원으로서 지역의 역사를 만들어 가는 일이기도 한다. 곧 특정 지역을 얘기하면 그 대학이 떠오르고, 역으로 그 대학을 얘기하면 그 지역을 그릴 수 있는 생활공동체로서 공간을 만들어 가는 것이다. 최근에는 굳이 대학의 기숙사를 캠퍼스 안에 배치하지 않고 학교 밖에 조성하기도 하고, 지역의 아파트 단지를 기숙사로 활용하는 사례도 늘고 있다. 또한 학습자의 수학 편의를 고려하여 수업을 기존 캠퍼스 안이 아닌 학습자가 있는 곳으로 이동하여 진행함으로써 캠퍼스 타운을 형성하는 움직임이 나타나고 있다. 산학연 협력체제의 활성화와 함께 대학과 외부기관이 클러스터를 형성하면서 타운 개념은 현실적인 대안으로 떠오르고 있다. 한양대학교 안산캠퍼스의 경우 서해안 산업벨트의 중심에 위치하면서 대학존과 클러스터존을 구성하고 있다. 대학존은 일반대학의 기능 및 업무를 담당하고 클러스터존은 산업체존(경기테크노파크, 창업보육센터), R&D 존(한국생산기술연구원, 한국전기연구원, 산업기술시험원, LG R&D 센터), 문화사업존(자연사박물관)으로 구분되어 유기적 연결체를 구성하고 있다(교육인적자원부, 2005년 보도자료).

| 사례 | 한양대학교(안산캠퍼스의 산학연 클러스터)

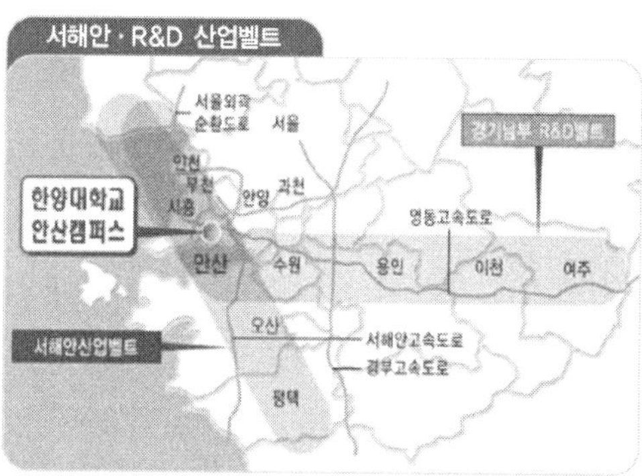

- 서해안 산업벨드와 경기 R&D 벨드의 교차점에 위치
- 우수한 제조업을 기초로 한 하이테크 산업의 중심
  - 중소기업 30,000여 개, 벤처기업 1,939개(전국의 26%)

- 최대 규모의 반월 · 시화산업단지

| 사례 | 부산대학교

- 효원캠퍼스의 외곽선을 단계적으로 정비해 감. 필요한 경우 지방자치단체와의 협조를 통하여 도로 및 건물 등을 정비함.
- 현재 캠퍼스를 관통하도록 계획된 부산시 계획도로가 조기 완공되도록 노력함. 이 계획도로의 조기 완공 시 학교 진 · 출입 교통망을 분산시켜 학교 앞 대학촌의 환경정비를 촉진시키는 효과를 기대할 수 있음.
- 현재 상업성 위주로 형성되어 있는 학교 앞 대학촌을 미래지향적인 대학문화를 상징하는 부산의 대표적인 문화거리로 정착시키며, 학교 주변의 하숙 및 자취공간에 대하여도 기숙사의 연장 개념으로 정착시킴.

2. 시설 · 설비계획

넓은 개념으로 시설이라고 하면 설비를 포함하고, 좁은 개념으로 시설이라고 하면 설비를 제외한 구조물을 말한다. 통상적으로 시설과 설비는 엄격히 구분하여 사용되기보다는 '시설 · 설비'라는 통칭이 더 많이 사용되고 있으며, 시설 · 설비는 특정한 활동을 위해 설계된 구조물과 구조물에 장치되어 있거나 배치되어 있는 제반 장치 및 도구를 가리킨다. 대학의 시설 · 설비는 기본적으로 대학의 교육 · 연구활동을 위한 공간을 제공하며, 현실적으로 교육 · 연구활동을 촉진할 수도 있고 제한할 수도 있는 변수다.

대학의 시설 · 설비는 대학의 설립 · 운영에 필요한 하드웨어 측면이라고 할 수 있는데, 정보화 사회를 맞이하여 하드웨어와 소프트웨어의 구분이 모호해짐에 따라 시설 · 설비의 개념도 점차 확대되고 있다. 대학의 시설 · 설비는 대학의 기능을 수행하는 데 기본적인 요소로서 사용목적에 따라 교육용, 연구용, 학생용, 행정용, 편의 및 복지용으로 구분할 수 있으며(한국교육평가센터, 2005: 323), 중요도에 따라 기본시설(교육용 · 연구용), 지원시설, 부속시설로 구분할 수 있다. 한국대학교육협의회의 『대학종합평가편람』을 보면 학생지원, 교육지원, 연구지원, 정보지원 시설로 나누고 있다.

시설 · 설비계획을 어떤 차원에서 수립할 것인지는 대학별 사정에 따라 달라질 수 있지만 일반적인 기준으로 보면 확보계획과 활용 · 관리계획으로 구분할 수 있다. 대학교육협의회의 대학종합평가편람에 따르면, "대학은 교육과 연구 수행을 지원하기 위하여 각종 시설과 설비를 충분히 확보하고 효율적으로 관리 · 유지 · 운용하여야 한다."(한국대학교육협의회, 2006)고 하여 확보의 측면과 관리 · 유지 · 운용의 두 가지 차원을 언급하고 있다.

1) 확보계획

(1) 「대학설립 · 운영규정」상 요구 기준

시설 · 설비의 확보계획을 수립할 때 1차적으로 고려할 사항은 관련 법령에서 요구하는 최소한의 기준이다. 현행 「교육기본법」 제16조 제1항을 보면, "학교 및 사회교육시설의 설립 · 경영자는 법령이 정하는 바에 의하여 교육을 위한 시설 · 설비 · 재정 및 교원 등을 확보하고 이를 운용 · 관리한다."고 하였고, 「고등교육법」 제4조 제1항에서는 "학교를 설립하고자 하는 자는 시설 · 설비 등 대통령령이 정하는 설립 기준을 갖추어야 한다."고 요구하고 있기 때문이다. 구체적으로 시설 · 설비 기준에 관해서는 「대학설립 · 운영규정」에서 정하고 있다.

「대학설립 · 운영규정」에 의하면, 대학은 일정한 교사(校舍)를 갖추어야 하는데, 교사는 교육기본시설, 지원시설, 연구시설, 부속시설로 구분되고, 부속시설은 공통시설과 계열에 따른 전문시설로 다시 구분된다. 교육기본시설은 강의실 · 실험실습실 · 교수연구실 · 행정실 · 도서관 · 학생회관 · 대학본부 및 그 부대시설이며, 지원시설은 체육관 · 강당 · 전자계산소 · 실습공장 · 학생기숙사 및 그 부대시설, 연구시설은 연구용 실험실 · 대학원 연구실 · 대학부설 연구소 및 그 부대시설이다. 최근에 일부 대학에서는 「대학설립 · 운영규정」의 요구 기준을 넘어 지역주민과 공동활용하는 것을 전제로 지방자치단체의 주민복지시설확보계획과 연계하려는 시도를 하고 있다. 전북대학교는 단순 체육관이 아닌 스포츠 콤플렉스 건립사업을 발전계획에 포함시켰다.

| 사례 | 전북대학교(스포츠 콤플렉스 건립사업)

- 스포츠 콤플렉스 설립의 필요성
  - 학내 구성원의 건강과 건전한 여가활동을 지원하는 복합시설로서 교육 · 연구활동에 기여함.
  - 전주시 일반시민의 여가활동을 지원할 수 있으며 건강을 중시하는 현대의 사회적 분위기를 고려할 때 바람직함.
  - 학내 부족시설을 확충하고 공원부지의 적절한 활용방안을 마련할 수 있음.
- 소요시설: 헬스클럽, 에어로빅, 수영장, 스쿼시, 런닝트랙
- 운영 프로그램: 9~10개 종목으로 구성함.

교사 중 교육기본시설과 지원시설의 기준면적은 각 계열별로 구분되어 규정되어 있고 도서관 중 열람실의 경우 학생정원의 20% 이상을 수용할 수 있는 좌석을 두도록 하고 있지만 나머지 시설 · 설비에

▌표 12-2▐ 교사시설의 구분(「대학설립 · 운영규정」 별표 2)

시설	구분		
교육기본시설	강의실, 실험실습실, 교수연구실, 행정실, 도서관, 학생회관, 대학본부 및 그 부대시설로 하며 도서관에는 다음 각 호의 시설을 두어야 한다. 1. 열람실, 정기간행물실, 참고도서열람실, 서고 및 사무실 2. 열람실에는 학생정원의 20% 이상을 수용할 수 있는 좌석		
지원시설	체육관, 강당, 전자계산소, 실습공장, 학생기숙사 및 그 부대시설로 한다.		
연구시설	연구용 실험실, 대학원 연구실, 대학부설 연구소 및 그 부대시설로 한다.		
부속시설	공통		박물관, 교수 · 직원 · 대학원생 · 연구원의 주택 또는 아파트, 공관, 연수원, 산학협력단의 시설과 그 부대시설, 학교기업의 시설과 그 부대시설 및 부속학교
	농학계열	농학에 관한 학과	농장, 농장건물 및 농장가공장
		축산학에 관한 학과	사육장 또는 목장과 그 부속건물
		임학에 관한 학과	학술림, 임산가공장
	공학계열	공학에 관한 학과	공장
		항공학에 관한 학과	항공기, 격납고
	수산해양계열	어로학, 항해학에 관한 학과	실습선
		수산제조학에 관한 학과	수산가공장
		증식학에 관한 학과	양식장 또는 어장 및 그 부속건물
		기관학에 관한 학과	기관공장
	약학계열	약학에 관한 학과	약초원, 실습약국
		제약학에 관한 학과	제약실습공장
	의학계열	의학, 한의학, 치의학에 관한 학과	부속병원
		수의학과	동물병원

※ 대학 또는 학부(과)의 필요에 의하여 설치할 수 있는 세부 부속시설의 종류는 교육과학기술부장관의 고시로 따로 정할 수 있다.

대해서는 구체적으로 설정하고 있지 않다.

교육기본시설과 지원시설의 면적은 학생 1인당 교사 기준면적에 편제완성연도를 기준으로 한 계열별 학생정원을 곱하여 합산한 면적 이상으로 한다. 이 경우 계열별 학생정원을 합한 학생정원이 1천 명(대학원대학 및 장애인만을 입학대상으로 하는 대학의 경우에는 200명) 미만인 경우에는 그 정원을 1천 명(대학원대학 및 장애인만을 입학대상으로 하는 대학의 경우에는 200명)으로 보되, 계열별로 학생정원을 환산하는 방법은 교육과학기술부령으로 정한다. 계열별 학생정원을 산정함에 있어서 동일한 학과 또는 학부에 주간과 야간과정을 함께 운영하는 경우에는 그중 학생정원이 많은 과정의 학생정원을 합한 정원을 기준으로 한다. 이 경우 야간과정의 학생정원을 산정함에 있어서는 야간수업 대학원 학생정원을 제외한다.

표 12-3 교사(교육기본시설 · 지원시설) 기준면적(「대학설립 · 운영규정」 별표 3)

(단위: m^2)

계열별	인문 · 사회	자연과학	공학	예 · 체능	의학
학생 1인당 교사 기준면적	12	17	20	19	20

※ 전문대학 및 이에 준하는 각종 학교의 경우에는 교사 기준면적의 10분의 7에 해당하는 것으로 한다.

한편, 「대학설립 · 운영규정」 제4조 제5항에 따라 교수-학습에 직접 사용되는 교사의 내부환경은 「학교보건법」 제4조의 규정에 의한 환경위생 및 식품위생의 유지 · 관리에 관한 기준에 적합하여야 한다. 「학교보건법」 제4조를 보면, 학교의 장은 교육과학기술부령이 정하는 바에 따라 교사 안에서의 환기 · 채광 · 조명 · 온습도의 조절, 상하수도 · 화장실의 설치 및 관리, 오염공기 · 폐기물 · 소음 · 휘발성 유기화합물 · 세균 · 분진 등의 예방 및 처리 등 환경위생과 식기 · 식품 · 음료수의 관리 등 식품위생을 적절히 유지 · 관리하여야 한다. 세부적인 기준에 대해서는 「학교보건법시행규칙」 별표 2부터 별표 5까지에서 규정하고 있다.

- 환기 · 채광 · 조명 · 온습도의 조절 기준과 환기설비의 구조 및 설치 기준(「학교보건법시행규칙」 별표 2)
- 상하수도, 화장실의 설치 및 관리 기준(「학교보건법시행규칙」 별표 3)
- 폐기물 및 소음의 예방 및 처리 기준(「학교보건법시행규칙」 별표 4)
- 교사 안에서의 공기의 질에 대한 유지 · 관리 기준(「학교보건법시행규칙」 별표 4의2)
- 식기, 식품 및 먹는 물의 관리 등 식품위생에 관한 기준(「학교보건법시행규칙」 별표 5)

| 사례 | 영남대학교

- 수정 · 보완기(2002~2004): 강의용 정보화 기자재 연도별 확보, 멀티미디어 지원센터 설치, 디지털 교육기자재 및 소프트웨어 모델 확립 및 시범 활용, 중앙기기센터 분원 설치, 디지털 교육 활성화, 온라인 강의와 오프라인 강의의 균형적 발전, 중앙기기센터의 대구 · 경북 주요 측정 서비스 센터로 발전
- 발전 · 도약기(2005~2008): 멀티미디어 지원센터를 교수학습센터로 확대 개편, 기초과학 실험실습용 기자재 현대화, 전공 실험실습용 기자재 현대화, 강의지원 멀티미디어 자료 확보, 가상실험 교육자료 확보, 디지털 대학의 확산에 대비한 디지털 교육 기자재 대량 확보, 외국어 교육용 디지털 장비 및 소프트웨어 구축
- 성숙 · 완성기(2009~2011): 가상실험 활성화 및 강의와 실험실습의 일

체화, 중앙기기센터 국가공인 시험기관 선정 추진

(2) 장애인 지원시설

「대학설립 · 운영규정」의 일반 기준과 별도로 「장애인 등에 대한 특수교육법」 제31조에서는 장애학생의 교육활동 편의를 위해 각종 학습보조기기 및 보조공학기기 등의 물적 지원, 교육보조인력의 배치 등 인적 지원, 취학 편의 지원, 정보 접근 지원, 「장애인 노인 · 임산부 등의 편의증진보장에 관한 법률」에서 정한 편의시설 설치 지원 등을 강구하도록 요구하고 있다. 다만, 구체적으로 대학이 어느 정도의 지원시설을 갖추어야 하는지에 대해서는 명료한 기준이 제시되어 있지 않은 상태다. 각 대학은 이 규정의 목적이 장애와 관계없이 실질적으로 교육받을 기회가 보장될 수 있는 학습환경을 갖추도록 요구하는 것이라는 점을 고려하여 적합한 조치를 취해야 할 것이다. 서울의 A 대학을 상대로 장애인 학생이 제기한 손해배상 소송사건에서 법원은 다음과 같이 판단하였다.

> 원고가 입학할 때부터 교내에 모든 장애인 편의시설이 완벽하게 갖추어져 원고가 조금의 불편도 없이 학교생활을 할 수 있었다면 가장 이상적이겠지만, 장애인 편의시설을 완벽하게 갖추기 위해서는 많은 비용과 시간이 소요되는 문제가 있다. 이와 관련된 피고의 배려의무의 범위는 다른 비장애 학생들과 동등하게 교육을 받을 수 있는 원고의 권리와 피고의 재정적인 능력, 편의시설 설치에 소요되는 비용 및 시간 등을 종합적으로 비교 · 형량하여 판단하여야 한다(서울지방법원 2002. 7. 26. 2001가단76197).

대학에서 장애학생의 실질적 학습권 보장이 이루어질 수 있도록 편의시설의 확충 및 학습지원 시스템 구축 등을 위해 2004년 8월 '대학장애학생학습권보장종합대책'을 수립 · 발표하였으며, 이를 실현하고자 2003년 대학장애학생 교육복지지원평가 결과를 반영하여 '우수' 등급 이상의 평가를 받은 대학에 교수-학습활동 경비를 일부 지원하였으며, 2차로 2005년도 장애학생 교육복지지원실태조사 및 평가를 실시하였다(대학장애학생교육복지지원실태평가단, 2005: 2). 교육인적자원부(현 교육과학기술부)가 2005년에 장애학생 교육복지 지원 실태를 평가하면서 제시한 평가항목은 장애학생을 위한 지원시설 계획 시 준거가 될 수 있다. 여기에서는 지원시설을 매개시설, 내부시설, 위생시설, 안내 및 기타 시설, 강의실, 도서관, 강당, 식당, 체육관, 기숙사 및 침실로 구분하여 구체적인 기준을 제시하였다(〈표 12-4〉 참조).

표 12-4 대학 장애학생 교육복지 지원 실태 평가항목

부문	항목 및 배점
매개시설	• 보도, 접근로 바닥재질과 마감상태 • 보도 및 접근로의 단차 • 보도 및 접근로의 유효폭과 기울기 • 보행안전통로 확보 및 연속성 • 유도, 방향전환, 위험지역 경고시설 • 주차장의 설치 위치, 크기 및 수 • 주차구역 표시, 유도, 안내표시의 적절성
내부시설	• 교사시설 주출입구의 접근성 • 건물 주출입문 전후 공간, 유효폭, 구조, 턱 낮추기 • 일반출입문 공간, 유효폭, 구조, 턱 낮추기 등 • 복도의 유효폭, 턱 낮추기, 단차해소, 연속성 등 • 경사로 기울기, 휴식참, 손잡이, 안내표시 등 • 계단의 형태, 유효폭, 휴식참, 난간굵기 및 높이 • 교사시설 내 수직이동 장애 유무 • 승강기, 휠체어리프트 등 유효바닥 크기
위생시설	• 장애인 화장실 각 건물 설치 여부 • 휠체어 접근 가능 화장실 구조, 위생기기 설치 등 • 위생기기 손잡이, 세정장치, 높이, 안내표시 등

안내 및 기타 시설	• 정보통신 등 장애인 접근 가능성 • 각 시설의 적정한 유도와 안내표시 • 음료대 높이와 수도꼭지의 구조 • 장애학생용 휴게실
강의실	• 강의실 출입 내부이동, 시야 확보 등
도서관	• 도서관의 장애인 이용 열람실, 자료검색실 등
강당	• 강당 등 다목적 집회실의 장애인용 객석, 출입 등
식당	• 구내식당, 매점 등 진출입, 배식대, 식탁 이용 등
체육관	• 체육관의 진출입 가능성 및 샤워시설
기숙사 및 침실	• '편의증진법' 수준의 기숙사 객실 확보 • 장애인 이용 가능 객실 진출입구, 화장실, 욕실

| 사례 | 한일장신대학교

- 모든 교사시설의 주출입구, 연결 접근로, 주차장이 법령에 맞게 설치되어 있음.
- 모든 건물에 남녀 장애인 화장실을 100% 완비하고 장애학생 휴게실을 비롯해 각 강의실에는 장애학생들을 위한 좌석이 별도로 마련됨.
- 식당 및 구내매점 등 편의시설은 건물 1층에 위치하여 장애학생들의 진출입이 용이하도록 함.
- 도서관에도 1층에 장애인전용 PC석과 특수교육 기자재 이용에 불편함이 없도록 설치함.
- 장애학생들을 위한 특수교육 기자재로 점자도서, 독서 화상기, 스크린리더, 시각장애인용 녹음기, 장애인전용 PC석, 전동휠체어, 키오스크 등 장애 유형별로 학습기자재를 확보함.

(3) 정부의 요구 기준

교육과학기술부는 2009학년도 사립대학 정원 순증원 기준으로 교원 확보율, 교사 확보율, 수익용 기본재산 및 교지 확보율에 대해 다음과 같이 100% 충족을 요구하고 있다.

- 교원 확보율: 2009년 4월 1일 현재 100%(재학생 기준/대학원생 포함)
  ※ 의학계(의예(학)과, 한의예(학)과, 치의예(학)과)를 제외한 지표를 정원 증원 기준으로 반영
- 교사 확보율: 2009년 4월 1 현재 100%(재학생 기준/대학원생 포함)
- 수익용 기본재산 및 교지 확보율: 2009년 3월 1일 현재 100%

순증원이 아닌 총 입학정원 범위 내 정원조정 시의 확보 기준으로는 국 · 공립대학의 경우 모집단위 간 정원조정의 경우에도 편제정원 기준(또는 재학생 기준)으로 2009년 4월 1일 현재 교원 확보율이 2008년 4월 1일 기준 확보율 이상을 유지하여야 한다. 사립대학의 경우 모집단위 간 정원조정의 경우에도 편제정원 기준(또는 재학생 기준)으로 2009년 4월 1일 현재 교원, 교사, 교지, 수익용 기본재산 확보율이 2008년 4월 1일 기준 확보율 이상을 유지하여야 한다.

정부는 현재 대학의 교원 확보율이 법정 기준에 훨씬 미치지 못한다는 점을 고려하여 대학의 통폐합 등 구조개혁을 추진하는 과정에서 적용할 특례를 정하였다. 즉, 「대학설립 · 운영규정」 별표 1의4에서는 대학이 구조개혁을 추진하면서 정원을 감축하는 경우에 적용되

‖ 표 12-5 ‖ 연차별 전임교원 확보 기준(「대학설립 · 운영규정」 별표 1의4)

(단위: %, 의학계열 제외)

구분	2005년	2006년	2007년	2008년	2009년
대학(연구중심대학)	55.0	57.5	60.0	62.5	65.0
대학(교육중심대학)	54.5	56.0	57.5	59.0	61.0

※ 학생은 편제정원과 재학생 중 그 수가 많은 인원을 기준으로 산정한다.

는 연차별 교원확보 기준을 교육중심대학과 연구중심대학으로 구분하여 정하고 있다.

(4) 정보화 사회의 요구

「대학설립 · 운영규정」에서 특별히 기준으로 삼고 있지는 않지만 지식정보화 사회의 도래에 따라 대학정보화사업에 대한 요구는 대학의 발전을 넘어서 생존의 문제로까지 인식되고 있다. 1980년대에 국내 대부분의 대학이 전자계산소를 중심으로 정보화 기반을 마련하는 것으로 대학 정보화를 추진하기 시작하였고, 1990년대에는 사회 전반에 정보화 추세가 확장됨에 따라 대학별로 학사업무 전산화, 대학 캠퍼스 전산망 구축, 학사행정 정보화 등의 사업이 확산되었다(한국교육학술정보원, 2006: 238). 대학 정보화의 흐름에 따라 대학의 시설 · 설비도 전통적인 시멘트 블럭 건축물로서의 공간 개념을 넘어 정보화 기반을 토대로 한 지능형 공간 개념으로 옮겨 가면서 새로운 투자 요구에 직면하고 있다.

당시 교육인적자원부는 1990년대 초 · 중반부터 대학 학사업무 전산화 등 정보화 성과를 바탕으로 2002년에 정보화 기반 교육, 학술, 연구의 체제 개편을 지향하는 '대학정보화활성화종합방안'(e-Campus Vision 2007)을 마련하였다(교육인적자원부, 2002). 이 계획을 바탕으로 2003년부터 대학 e-러닝지원센터 구축, 차세대 대학행정정보 시스템(Enterprise Resource Planning: ERP) 구축, 교육대학 교육환경정보화사업, 지방 국립대학 정보화 기반 확충 지원, 대학정보화협의회 구성 · 지원 등 대학경쟁력을 강화하기 위한 사업을 전개하였다(한국교육학술정보원, 2006: 238).

대학 e-러닝지원센터는 2003년에 제주권역에 제주대를 시작으로

| 표 12-6 | 2007년 교육인적자원부 대학정보화사업 추진 예산 (단위: 백만 원)

세부사업명	2006년 예산	2007년 예산	비고
합계	12,680	10,860	
대학교육정보화 지원	11,680	9,760	
-교육전산망 운영 지원	5,600	5,600	
-대학 e-러닝지원센터 구축	2,139	2,820	
-국립대학 정보화 기반 확충	2,641	600	2007년 사업 종료
-대학행정정보 시스템 구축	1,160	300	시스템 유지보수
-대학정보화 활성화 지원	140	440	
교육정보보호 지원체제 구축	1,000	1,100	

2004년에는 부산 · 울산 · 경남권역에 경상대, 2005년에는 강원권 강원대, 광주 · 전남권 전남대, 대구 · 경북권 영남대에 설치되었다. 2006년에는 전북권 전북대, 충북권 청주대가 선정되었고, 2007년에는 서울권역 한양대, 인천 · 경기권역 인하대, 대전 · 충남권역 충남대가 추가되었다. 2006년 성과를 보면 7개 센터에서 176개의 이러닝 콘텐츠를 개발하였고, 5개 센터에서 개설한 이러닝 프로그램을 수강한 학생은 약 9만 5천 명에 달하였다(교육인적자원부, 2007a). 이와 같은 시대변화를 반영하여 각 대학별로도 유비쿼터스 IT 캠퍼스 완성 등 대학 정보화 기반을 구축하는 일이 발전계획의 중요부분으로 등장하고 있다.

| 사례 | 강원대학교

- 인텔리전트 사이버 캠퍼스 목표
  - 맞춤형 교육포털 시스템(Customized Education Portal System: CEPS) 구현

–상시교육 시스템(All knowledge, Anywhere, Anytime: AAA) 실현
–강원 멀티미디어 스튜디오(Kangwon Multimdeia Studio: KMS) 설립

- 사이버 캠퍼스 하드웨어 인프라 확충
  –강원 멀티미디어 스튜디오 설립(멀티미디어 컨텐츠를 제작할 수 있는 첨단 기자재 및 시설의 구축)
  –교수가 제공하는 강의자료를 원스톱으로 멀티미디어 컨텐츠화하여 제공함으로써 비전공교수의 컨텐츠 제작부담 완전 해소
  –연구실 및 강의실의 인텔리전트 사이버화
  –학생들에게 첨단 휴대용 멀티미디어 모바일 단말기 제공
  –가정용 초고속정보통신라인 지원

(5) 투자 우선순위

대학의 시설 · 설비는 일반적으로 수요가 공급을 초과한다. 대학입학 학령인구의 감소에 따라 신입생 확보 및 우수학생 유치를 위한 경쟁, 대학의 여건 개선에 대한 외부의 압력, 대학등록금 협상 과정에서 나타나는 학생의 요구, 산학연 협동과 외부 재정지원사업에 따른 새로운 요구 등 다양한 환경변화는 시설 · 설비의 양적 규모와 질적 고도화의 두 가지 측면에서 수요를 계속 낳고 있다. 반면 대학의 재정규모는 제한되어 있어 시설 · 설비계획을 수립할 때에는 투자 우선순위에 대한 판단을 요구한다.

투자 우선순위에 대한 판단 기준은 대학별로 다양하게 나타날 수 있는데, 보통 고려할 수 있는 항목으로는 대학의 건학 이념과 특성, 중장기 발전계획, 대학종합평가나 학문분야평가 등 외부평가, 학내 구성원의 관심사항, 투자의 효과성 및 효율성, 대학 내 학사조직 또는 업무 영역별 시설 · 설비여건의 격차 등을 들 수 있다. 대학의 자원배분은 중장기적인 관점에서 고려하지 않으면 대학 내 정치적 역학관계에 따라 비효율적으로 소모될 수도 있으므로 중장기 발전계획

을 사전에 수립하고 이 계획에 시설 · 설비의 우선순위에 대한 기본 원칙을 포함시켜야 한다.

2) 활용 · 관리계획

(1) 활용계획

대학시설 · 설비를 확보하는 것 못지않게 효율적으로 활용할 수 있는 계획을 수립하는 것이 중요하다. 시설 · 설비의 효율적 활용계획이 수립 · 시행되면 시설 · 설비에 대한 신규 요구를 줄임으로써 투자재원 압박을 완화하는 경제적인 효과가 있다. 예를 들어, 강의실이 절대적으로 부족하지 않음에도 불구하고 수업이 특정 요일이나 시간대에 편중되어 편성되어 있다면, 강의실이 효율적으로 활용되지 못함으로써 투자비용에 비추어 활용도는 낮은 것이므로 활용계획에서는 이러한 점을 고려해야 한다. 다른 한편 활용계획은 교육 · 연구활동의 혁신과 활성화를 자극할 수도 있다. 각 학과나 단과대학별로 배정된 시설 · 설비의 활용성과를 점검하고 피드백을 제공할 수 있기 때문이다.

한편, 대학에서는 절대적으로 시설 · 설비가 수요에 미달하는 경우도 있지만 상당 부분은 확보된 시설 · 설비가 비효율적으로 활용됨으로써 수요와 공급의 격차가 나타나는 경우도 있다. 일반적으로 고가기기의 활용도를 제고하기 위한 계획에는 중앙집중관리계획을 수립하거나 공공기기센터 또는 공동실험실습관에 집적시켜 활용하는 계획이 포함된다. 나아가 실험실습 기자재의 활용계획에는 기자재 도입 단계에서의 심사장치에 대한 계획이 밀접하게 연계되어야 한다. 기자재 구입 단계에서부터 활용가치를 평가하고 활용도를 극대화하기 위한 관련 대책을 수립하거나 점검하도록 하는 것이다. 대학 차원에서 활용계획을 수립하지 않을 경우 학과나 단과대학별로 중복투자가 되기 쉽고 규모의 경제효과를 거두지 못함으로써 자원의 낭비를 초래할 수 있다. 기자재의 도입 단계에서 활용도 제고를 위한 심사항목으로는 다음과 같은 것을 고려할 수 있다(「경북대학교 기자재 도입 심의위원회 규정」 참조).

- 도입 기자재의 우선순위
- 기자재 구매의 필요성 및 타당성
- 구매의 규모 및 품목별 적합성
- 타기관 보유 기자재의 전용 및 공동사용 여부
- 기자재 운용예산, 관련 기술 및 요원 확보 대책
- 고장 시 수리, 대체 등에 관한 사후관리 대책
- 기자재의 규격, 성능 등의 적정성

공간의 경우에도 체계적인 활용계획을 가지고 있지 못하면 학과나 단과대학별로 일단 배정된 공간이 배타적으로 관리됨으로써 우선순위가 높은 신규 수요를 위해 활용되지 못할 수 있기 때문에 공간용도계획이 중요하다. 경북대는 학내 공간을 공정하고 효율적으로 활용하기 위하여 기본사용면적을 정하고, 초과사용하는 면적에 대해서는 사용주체에게 초과공간 사용료를 부과하여 늘어나는 수요공간을 합리적으로 조정하고, 학내 부족공간에 대한 문제점을 완화하여 장기적으로 학내 불필요한 건물 건립을 지양하기 위한 제도를 시행하고 있다.

2006년 3월과 4월에 각각 「경북대학교 공간사용규정」과 「경북대학교 초과공간사용지침」을 제정하여 공간 사용과 비용부담을 연계시키고 있다. 이 규정은 별표 1, 별표 2, 별표 3에서 각각 전임교원 1인당 기본사용면적, 학과 · 전공당 기본사용면적 기준, 대학별 기본

사용면적 기준을 정하고 있으며, 기본사용면적 기준을 정하고, 이 기준면적을 초과하는 1칸당 연간 200만 원의 비용을 부담하도록 하고 있다. 초과 공간사용료를 미납할 경우 또는 반납하여야 할 공간을 반납하지 않는 사용주체에 대하여는 총장이 공간조정위원회의 심의를 거쳐 행 · 재정적 제재를 가할 수 있다. 초과공간에 대한 사용료 적용기간은 매 학년도 기준으로 1년 단위로 하여 부담하게 하며, 사전납부 미이행 시(4월 1일까지) 당해 연도 배정예산에서 다음과 같은 방법으로 차감한다.

- 초과공간 사용자가 부서일 경우에는 그 부서의 예산에서 차감함.
- 초과공간 사용자가 교수일 경우에는 학과 운영비, 교수 개인 연구비, 현금납부 중에서 교수 개인이 지정하는 순으로 차감(납부)하고, 선택이 없는 경우에는 학과운영비에서 차감함.
- 초과 공간사용 부서에 배정예산이 없거나 부족할 때에는 상급부서의 예산에서 차감하며, 해당 연도 배정예산에서 차감할 수 없을 때에는 그 다음연도에 차감함.
- 사용료 부담은 월 단위로 하되, 15일 이상 사용할 경우 1개월로 계산한다. 단, 월 사용료 계산은 만 원 단위에서 절사함.

| 사례 | 경북대학교의 공간사용 기준

[별표 1] 전임교원 1인당 기본사용면적 기준(칸, Span)

계열 용도	자연계열	공학계열	인문사회 계열	예 · 체능 계열	의학계열
교수연구실	1	1	1	1	1
실험실, 대학원생 연구공간	2 이하	2 이하		1	2 이하

※ 실험실 · 대학원생 연구공간은 실험실 구조변경 없이 1개실 단위를 기준으로 함.
※ 실험실 및 대학원생 연구공간은 10명 이상 1Span 추가 배정.

[별표 2] 학과 · 전공당 기본사용면적 기준(칸, Span)

용도 \ 계열	자연계열		공학계열	인문사회계열	예체능계 열	의학계열	비고
	실험위주	실습위주					
사무실	1	1	1	1	1	1	
다용도공간(회의실, 휴게실, 창고 등)	1	1	1	1	1	1	입학정원 40명 기준으로 1칸임.
강의실 및 실험실습실	5	5	5	5	5	5	입학정원 + 50명 초과 시 50명마다 1Span 추가
자료실	3	3	3	3	3	3	
대학원생 연구공간	–	–	–	1	2	–	대학원생 10명 초과 시 1Span 추가

※ 입학정원은 2005학년도 기준임.

※ 강의 및 실험실습공간, 자료실의 운용은 단과대학의 특성에 따라 공동운용할 수 있음.

[별표 3] 대학별 기본사용면적 기준(칸, Span)

용도	기준	비고
학장실, 행정실, 창고, 관리실 등	7	통합행정실의 경우는 1칸 추가
학생활동공간	3	학생회실, 여학생 다용도실 등
학생 자율학습공간	6	열람실, PC실 등 * 입학정원 400명 초과 대학은 2칸 추가
세미나실	1	학과 수 5개 이상인 경우 2칸 추가
특수대학원, 최고관리자과정 운영	2	개설대학에 한함
교수회의실	2	교수 50명 초과 시 1Span 추가

(2) 관리계획

시설 · 설비는 본래의 목적에 따라 최상의 성능을 발휘할 수 있도록 유지 · 관리되어야 한다. 이를 위한 관리계획은 넓게 보아 시설 · 설비의 유지 · 관리 및 성능개선, 안전관리 및 안전교육, 공해방지, 관련 조직과 인력의 운용, 관리예산 등에 관한 계획이 포함되며, 좁은 의미로 관리계획이라고 하면 시설 · 설비의 유지계획이라고 할 수 있다. 일반적으로 시설 · 설비의 안전한 유지를 위해서는 관리책임자 지정, 이용자수칙, 관리점검에 관한 계획이 수립되어야 한다. 방사선 장비와 같은 특수시설 · 설비에 대해서는 그 특성에 맞는 관리계획이 별도로 마련되어야 한다. 2005년 5월 31일 제정된 「연구실 안전환경 조성에 관한 법률」은 대학이나 연구기관 등에 설치된 과학기술 분야 연구실의 안전관리 및 피해보상에 관한 사항을 정하고 있으므로 관리계획 수립에 참조하여야 한다. 일반적으로 건물관리점검계획에는 다음과 같은 사항이 포함된다(「경북대학교 건물관리지침」 참조).

- 건물관리계획의 수립 및 적용 여부
- 소방계획의 수립 및 적용 여부
- 건물의 구조, 기재, 설계, 사용 현황 및 옥내외의 가연성 인화물질 등의 관리사항
- 화기사용시설의 관리사항
- 위험물, 특수가연성 물질 취급기관은 취급면허 소지 여부
- 전기시설의 관리사항
- 기계설비의 관리사항
- 소화설비, 경보설비, 소화용수설비의 설치 및 관리사항
- 대피 및 유도설비의 관리사항
- 방화대 편성 및 방화훈련 실시 여부

| 참고문헌 |

강무섭 편(1992). 한국고등교육정책. 교학사.

강무섭 · 전도근(2004). 청년실업문제해결을 위한 대학생 직업능력개발방안 연구. 한국직업능력개발원.

강원대학교(2001). 강원대학교 발전계획.

건국대학교(2002). 대학발전계획 2003～2011. Dream Konkuk 2011.

경상대학교(2002). 경상대학교 장기발전계획.

교육개혁심의회(1986). 대학교육의 질 향상 방안.

교육개혁위원회(1995). 세계화 · 정보화 시대를 주도하는 신교육체제 수립을 위한 교육개혁방안.

교육부(1999). 학사자율성 제고 및 엄정한 학사운영을 위한 대학 학사운영관리지침.

교육과학기술부(2008. 6). 2009학년도 대학 및 산업대학 학생정원조정계획.

교육인적자원부(2000). 국립대학발전방안.

교육인적자원부(2002. 12). 대학정보화활성화종합방안. e-campus vision 2007 (2003～2007).

교육인적자원부(2003. 11). 대학경쟁력강화방안.

교육인적자원부(2004. 12). 경쟁력 강화를 위한 대학구조개혁방안.

교육인적자원부(2004. 12). 대학자율화추진계획.

교육인적자원부(2005). 대학혁신포럼혁신사례발표집.

교육인적자원부(2005. 2). 2006년도 전문대학특성화지원사업 설명자료.

교육인적자원부(2005. 3). 2005년도 대학특성화지원사업 기본계획.

교육인적자원부(2006). 2008 대입제도 바로알기(미간행).

교육인적자원부(2006). 고등교육정책 바로 알기(미간행).

교육인적자원부(2006a). 2006년도 학교기업, 50개교 지원. 2006. 1. 6. 보도자료.

교육인적자원부(2006a). 2007년 대학 이러닝 지원센터에 한양대, 인하대, 충남대 선정. 2007. 5.

교육인적자원부(2006b). 2007학년도 대학 및 산업대학 정원 책정기준 및 조정 계획. 2006. 6.

교육인적자원부(2007). 2007 대학정보화사업추진계획.

교육인적자원부 · 한국학술진흥재단(2006). 연구윤리 소개.

교육주보사 편(2005). 교육법전.

권기욱(1996). 대학의 경영관리. 원미사.

권업 외(2000). 지식기반사회의 새로운 산학협력 패러다임. 산학경영기술연구원.

권용수 · 박병무(2000). 지식기반 중심의 과학기술력지수 개발에 관한 연구. 한국과학기술정책연구원.

김계현(2000). 학교상단과 생활지도. 학지사.

김병주(1994). 교육비분석에 근거한 대학납입금 차등화에 관한 연구. 서울대학교 박사학위논문.

김영식(2005). 21세기에 요구되는 대학경쟁력. 교육정책포럼, 100호. 한국교육개발원.

김영철(2005). 대학경쟁력강화방안. 한국경제학회.

김영철 외(1996). 한국교육비전 2020: 세기의 대전환. 한국교육개발원.

김영철 · 이병식(2002). 교육규제개혁의 국제동향 분석. 한국교육개발원.

김종서(1996). 교육개혁안에 따른 진로교육 실천방향. 진로교육연구, 5, 1-12.

김종철(1974). 교육계획론. 교육출판사.

김충기(1990). 생활지도와 상담. 교육과학사.

김태완(2007). 대학의 자율성과 학생선발권. 한국교육행정학회 2007년도 제2차 교육정책포럼 발표자료(미간행).

남궁근 외(2005). 대학의 규제 완화를 통한 자율혁신역량 강화 및 구조개혁방안연구. 교육인적자원부.

대교/한국교육평가센터 편(2005). 대학경영의 원리와 진단. 학지사.

대학장애학생교육복지지원실태평가단(2005). 2005년도 대학 장애학생 교육복지지원실태 평가보고서.

기획예산처(2006). 2006~2010년 국가재정운용계획.

동국대학교(2005). 동국대학교 교육연구의 발전방향.

류지성 외(2006). 대학혁신-7대 유형별 전략. 삼성경제연구소.

민철구 외(2003). 대학의 연구능력 확충을 위한 연구지원체제의 혁신. 한국과학기술정책연구원.
민철구 외(2002). 대학연구시스템의 활성화방안. 한국과학기술정책연구원.
민철구 외(2000). 연구중심대학의 효과적 육성방안. 한국과학기술정책연구원.
박도순(2007). 교육평가-이해와 적용. 교육과학사.
박세일 외(편)(2004). 자율과 책무의 대학개혁. 한국개발연구원·한국직업능력개발원.
배경내(1998). 학생인권침해에 관한 연구: 고등학교를 중심으로. 연세대학교 대학원 석사학위 논문.
부산대학교(2000). 부산대학교의 발전: 계획과 전망.
삼성사회봉사단(1996). 자원봉사의 이해와 활동방법, 2-4.
서정화·구광서·임창희(2006). 대학인적자원 관리: 이론과 실제(대학행정총서 2). 홍익대학교 특성화사업단.
선우현(2000). 대학사회봉사 활성화 방안에 관한 연구: 학학협동(學學協同) 프로그램 중심으로. 호남대학교 행정대학원.
성균관대학교(2004). Vision 2010.
송기창 외(2006). 2006 교육재정백서. 교육인적자원부.
송성수·김석관(2006). 연구윤리의 쟁점과 과제학교. 혁신정책 Brief, 통권 9호. 한국과학기술정책연구원.
신현석(2001). 학부제 운영사례 연구. 한남대학교 논문집(31).
신현석(2005). 대학 구조개혁방안: 정부 방안의 쟁점과 과제. 한국교육개발원 정책토론회 발표자료.
신현석(2005). 한국의 고등교육개혁정책. 학지사.
영남대학교(2002). 영남대학교 장기발전계획.
유향산(2003). 캠퍼스 커리어 타운 형성과 대학경쟁력. 대학교육, 제122호.
유현숙(2001). 정부부처의 고등교육기관에 대한 재정지원분석 및 효율화 방안. 한국교육개발원.
이무근·원상원(1990). 직업교육과정과 평가. 교육과학사.
이병식 외(2004). 지방대학 혁신역량강화사업 선정평가 결과 분석. 한국교육개발원.
이병식 외(2005). 한국 고등교육체제 진단 및 개선방안(시안). 한국교육개발원.
이부련(2005). 프랑스 고등교육개혁. 교육정책포럼, 통권 97호.

이성호(1987). 대학교육과정론. 연세대학교 출판부.

이성호(1992). 한국의 대학교수: 그들은 누구인가?

이장재(1997). 무엇을 하는 사람들인가? 학지사.

이재창(1987). 생활지도: 성장과 적응을 위한 접근. 문음사.

이재창(1991). 대학생의 진로지도. 학생생활연구(건국대학교), 2, 22-50.

이재창(1994). 진로교육 발전방안 탐색에 관한 연구. 진로교육연구, 2, 80-119.

이재창(1995). 대학생의 진로상담에 관한 연구. 교육연구, 12, 81-99.

이재창(1996). 교육개혁안에 따른 대학교 진로교육 실천방향. 진로교육연구, 5, 83-108.

이재창 · 김경창 · 안희정 · 한수미(1995). 홍익대학교 재학생실태조사연구. 홍익대학교 학생생활연구소.

이재창 · 박부권 · 유혜경 · 최상근 · 고진영(1981). 청소년문제 종합 진단 연구: 자아개념과 가치관을 중심으로. 한국교육개발원.

이종선 · 주용국(2005). 고등교육과 HRD 중심 산학협력. 한국직업능력개발원.

이주호 외(2004). 대학개혁의 청사진: 제2단계의 개혁. 박세일 외(편) (2004). 자율과 책무의 대학개혁. 한국개발연구원 · 한국직업능력개발원.

이지연(2001). 고등교육 단계에서 효율적인 진로지도 방안 연구. 한국직업능력개발원.

이진규(2001). 전략적 · 윤리적 인사관리. 박영사.

이창기 · 이명선 · 원두리(1990). 1990학년도 신입생의 특성보고. 서울대학교 학생생활연구소.

이현청 외(1997). 대학 학부제 개선방안 연구. 한국대학교육협의회.

이현청 외(1999). 대학등록금 책정의 차등화 방안 연구. 한국대학교육협의회.

이현청 외(2001). 21세기 대학 학사관리체제 개선방안 연구. 한국대학교육협의회.

이현청(2001). 대학교수업적평가론. 학지사.

이현청(2006). 전환기 대학교육개혁론. 문음사.

임언 · 장홍근 · 윤형한(2005). 직업진로교육의 실태 및 과제. 한국직업능력개발원.

임연기 외(1998). 대학의 연구활동 조사 · 분석모형 개발 연구. 한국교육개발원.

임영모 · 고유상(2006). 과학분야의 연구윤리. Issue Paper. 삼성경제연구소.

장수영(2005). 대학 연구개발역량강화방안. 한국교육개발원 정책토론회 발표자료.
전경련(2002). CEO가 본 한국의 국가경쟁력.
전북대학교(2000). 종합발전계획, Global Vision 2010.
정봉주(2006). 대학등록금 문제, 어떻게 풀 것인가?. 대학교육, 제144권, 103-106.
정부(2002). 국가혁신체제 구축을 위한 산학연협력활성화대책.
정원식 · 김경동 · 김신일 · 배규한 · 최일섭(1985). 청소년 의식구조 조사연구. 서울대학교 사회과학연구소.
조광제(2004). 대학행정론. 원미사.
조선대학교(2004). New Jump 2010.
중앙대학교(2006). CAU 2018.
진미석(2005). 대안적 교육으로서의 진로교육의 재음미. 한국직업능력개발원.
천희완(1999). 고등학교 특별활동과 민주적 정치 태도 형성에 관한 연구. 서울대학교 대학원 석사학위 논문.
청소년대화의광장(1992). 청소년 일상생활 실태조사.
최순영(2006). 대학등록금 문제 해결, 어떻게 할 것인가?. 대학교육, 제144권, 110-119.
최일섭(1990). 사회복지의 이념과 자원봉사. 자원봉사능력개발연구회, 5-6.
충북대학교(2003). 동북아시대 충북대학교의 VISION.
하인호(1995). 미래학이란 무엇인가. 고도.
한국교육개발원(1982). 진로교육자료.
한국교육평가센터(2005). 대학경영의 원리와 진단. 학지사.
한국교육학술정보원(2006). 2006 교육정보화백서.
한국교육행정학회(1995). 교육제도론. 도서출판 하우.
한국대학교육협의회(2005). 21세기 대학교육발전계획.
한국대학교육협의회(2005). 국내 대학의 국제협력 실태와 활성화 방안 연구.
한국대학교육협의회(2006). 2006년도 대학종합평가인정제 시행을 위한 대학종합평가편람. 자료 RM 제2006-7-300호.
한국청소년연구원(1991). 한국 청소년의 실태와 문제.
한국학술진흥재단(2006). 2005 대학산학협력백서.
한승환 · 황영희 · 손진(2006). 2005년도 전국 4년제 대학 대학연구활동 실태조사연구. 한국학술진흥재단.

한정신(1991). 한국 대학생문제 진단검사 개발연구. 학생생활연구(숙명여자대학교), 17, 1-54.

행정자치부(2006). 지방자치단체 고객만족행정 실행매뉴얼.

홍성욱 외(2002). 선진국 대학연구체제의 발전과 현황에 대한 연구. 과학기술정책연구원.

홍성훈(1999). 한국 대학의 학부제 형성에 관한 기초연구. 중앙대학교 박사학위논문.

황대준(2004). e-Learning 현황과 발전 방향. 서원대 e-TLC 창립기념 강연회 자료.

Arreola R. A. (2000). *Developing a Comprehensive Faculty Evaluation System* (2nd ed.). Bolton, MA: Anker.

Astin, A. W. (1993). What Matters in College? *Four Critical Years Revisited.* San Francisco: Jossey Bass.

Chickering, A. W., & Gamson, Z. E. (1987). Seven Priciples for Good Practices in Undergraduate Education. *Wingspread Journal,* 9, 1-4.

Clements, I. (1977). *Career Education and Vocational Education.* Washington, DC: National Education Association. Florida Department of Education, Division of Vocational Education.

Diamond, R. M. (1998). *Designing and Assessing Courses and Curricula.* San Francisco: Jossey Bass.

Diamond, R. M. (2002). "Curricula and Courses-Administrative Issues", Diamond, R. M. (ed.), *Field Guide to Academic Leadership.* San Francisco: Jossey-Bass, pp. 135-156.

Dror, Y. (1963). "The planning process: A facet design(I)." *Internal Review of Administrative Sciences,* Vol. 29, No. 1, pp. 50-51.

Dunn, W. N. (1981). *Public policy analysis: An introduction.* N. J.: Prentice-Hall Inc.

Eison, J. (2002). Teaching Strategies for the Twenty-First Century, In Robert, R. M. (ed.), *Field Guide to Academic Leadership.* San Francisco: Jossey

Bass.

Fayol, H. (1949). "Administration industrielle et generale", In *Constance Starrs, General and industrial management.* London: Sir Isaac Pitman & Sons, Ltd.

Finch, C. R., & Crunkilton, J. R. (1999). *Curriculum Development in Vocational and Technical Education.* Allyn and Bacon, 272–279.

Flowers, L., Osterlind, S. J., Pascararella, E. T., & Pierson, C. T. (2001, 9–10). "How Much Do Students Learn in College? Cross-sectional Estimates Using the College BASE". *Journal of Higher Education, 72*(5), 564–583.

Friedman, P. J. (1996). "Introduction to Research Ethics". *Science and Engineering Ethics,* Vol, 2, pp, 443–456.

Gaff, J. (1975). *Toward Faculty Renewal.* San Francisco: Jossay Bass.

Gardiner, L. F. (2002). Research on Learning and Student Development and Its Implications, In Robert, R. M. (ed.), *Field Guide to Academic Leadership.* San Francisco: Jossey Bass.

Gulick, L., & Urwick, L. (1937). *Papers on the science of management.* New York: Institute of Public Administration.

Gumport, P. J. (2001). "Restructuring: Imperatives and Opportunities for the Academic Leaders". *Innovative Higher Education, 25* (4), 239–251.

Gustafson, K. L., & Branch, R. M. (1997). *Survey of Instructional Development Models* (3rd ed.). Syracuse, NY: Syracuse University.

Harrold, R. (1992). "Resource allocation", In B. R. Clark & G. Neave (eds.), *The encyclop edia of Higher Education* (pp. 1464–1476). Oxford: Pergamon Press.

Hicks, N. L. (1987). Education and Economic Growth, In George Psacharopoulos (ed.), *Economics of Education: research and studies.* Oxford: Pergamon Press.

IMD (2005). *The World Competitiveness Yearbook.*

Kaufman, R. A. (1972). *Educational system planning.* Englewood Cliffs. N. J.: Prentice-Hall, Inc.

Kim, Young-chul (2005). *Income generation at the institutional level.* KEDI-

World Bank International Forum.

Knezevich, & Stephen, J. (1975). *Administration of public education.* New York: Harper & Row.

Krugman, P. (1996). *Pop Internationalism.* Cambridge: MIT Press.

Lewis, K. G. (1998). "Instructional Improvement in Higher Education", In G. R. Firth & E. F. Pajak (Eds), *Handbook of Research on School Supervision* (pp. 721-737). New York: Simon & Schuster-Macmillan.

Newman, W. H. (1950). *Administrative action.* Englewood Cliffs. N. J.: Prentice-Hall, Inc.

OECD (1990). *Financing higher education: Current patterns.*

OECD (2000). *Knowledge Management in the Learning Society: Education and Skill.*

OECD (2003). *Education policy analysis 2003.*

OECD (2006). Main Science & Technology Indicators 2006/1.

Patton, C. V., & Sawicki, D. S. (1993). *Basic methods of policy analysis and planning.* Englewood Cliffs, New Jersey: Prentice Hall.

Perkins, J. A.(ed.) (1973). *The University as an Organization.* NY: McGraw-Hill Books Co.

Resnik, D. B. (1998). *The Ethics of Science: An Introduction.* London: Routledge.

Shamoo, A. E., & Resnik, D. B. (2003). *Responsible Conduct of Research.* Oxford: Oxford University Press.

Schuster, J. (1990). "The Need for Fresh Approaches to Faculty Renewal", In J. Schuster, D. W. Wheeler, & Associates. (Eds.) (1990), *Enhancing Faculty Careers: Strategic for Development and Renewal* (pp. 3-9). San Francisco: Jossay Bass.

Svinicki, M. (2002). "Faculty Development: An Investment for the Future", In R. M. Diamond (Eds.), *Field Guide to Academic Leadership* (pp. 211-220). San Francisco: Jossay Bass.

Theall, M. (2002). "Leadership in Faculty Evaluation", In R. M. Diamond (Eds.), *Field Guide to Academic Leadership* (pp. 257-270). San Francisco:

Jossay Bass.

Toffler, A. (1972). *The futurists.* New York: Random House.

Ziderman, A., & Albrecht, D. (1995). *Financing universities in developing countries.* Washington, DC: The Falmer Press.

| 찾아보기 |

인 명

내 용

| 저자 소개 |

• 김영철

미국 플로리다주립대학교 교육행정학박사

한국교육개발원 기획처장, 교육정책연구본부장

한국교육재정경제학회 회장

현) 한국교육정책연구원 원장, 고려대학교 교육대학원 겸임교수

• 강무섭

미국 오하이오주립대학교 철학박사(교육행정 전공)

한국교육개발원 수석연구위원

한국직업능력개발원 원장

현) 강남대학교 교수, 평생교육원 원장

• 조석훈

서울대학교 법학과

서울대학교 대학원 교육학석사

서울대학교 대학원 교육학박사

한국대학교육협의회 연구원

인제대학교 교수

현) 청주교육대학교 초등교육과 교수

대학행정총서 4

대학발전계획 이론과 실제

2009년 9월 10일 1판 1쇄 인쇄
2009년 9월 15일 1판 1쇄 발행

지은이 • 김영철 · 강무섭 · 조석훈
펴낸이 • 김진환
펴낸곳 • (주) 학지사
121-837 서울특별시 마포구 서교동 352-29 마인드윌드빌딩 5층
대표전화 • 02)330-5114　　팩스 • 02)324-2345
등록번호 • 제313-2006-000265호

홈페이지 • http://www.hakjisa.co.kr
커뮤니티 • http://cafe.naver.com/hakjisa

ISBN 978-89-6330-084-9 94370
978-89-6330-080-1(set)

정가 17,000원